How to Be a Victorian

成为一名维多利亚人

[英] 露丝·古德曼（Ruth Goodman）◎著

亓贰 ◎译

SPM
南方出版传媒
广东人民出版社
·广州·

图书在版编目（CIP）数据

成为一名维多利亚人 / （英）露丝·古德曼著；亓贰译. —广州：广东人民出版社，2018.5

ISBN 978-7-218-12717-0

Ⅰ. ①成… Ⅱ. ①露…②亓… Ⅲ. ①英国—历史—研究—1837-1901 Ⅳ. ①K561.43

中国版本图书馆CIP数据核字（2018）第067041号

How to be a Victorian
Text Copyright © Ruth Goodman, 2013
Illustrations copyright © Penguin Books Ltd.
First published 2013
First published in Great Britain in the English language by Penguin Books Ltd.
Simplified Chinese language translation copyright © 2018 by **Grand China Publishing House**
Copies of this translated edition sold without a Penguin sticker on the cover are unauthorized and illegal.
All rights reserved.
封底凡无企鹅防伪标识者均属未经授权之非法版本。

No part of this book may be used or reproduced in any manner whatever without written permission except in the case of brief quotations embodied in critical articles or reviews.

本书中文简体字版通过**Grand China Publishing House（中资出版社）**授权广东人民出版社在中国大陆地区出版并独家发行。未经出版者书面许可，本书的任何部分不得以任何方式抄袭、节录或翻印。

CHENGWEI YI MING WEIDUOLIYAREN
成为一名维多利亚人
[英]露丝·古德曼 著 亓 贰 译
版权所有 翻印必究

出 版 人：肖风华

策　　划：中资海派
执行策划：黄 河 桂 林
责任编辑：胡艺超 梁敏岚
特约编辑：韩周航
版式设计：吴惠婷
封面设计：胡椒書衣

出版发行：广东人民出版社
地　　址：广州市大沙头四马路10号（邮政编码：510102）
电　　话：（020）83798714（总编室）
传　　真：（020）83780199
网　　址：http://www.gdpph.com
印　　刷：深圳市东亚彩色印刷包装有限公司
开　　本：787mm × 1092mm 1/16
印　　张：23 **字　　数：**319千
版　　次：2018年5月第1版 2018年5月第1次印刷
定　　价：59.80元

如发现印装质量问题，影响阅读，请与出版社（020-83795749）联系调换。
售书热线：（020）83795240

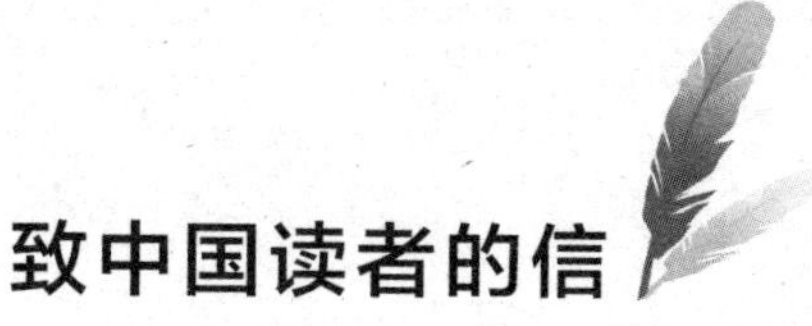

致中国读者的信

你们好，感谢你们与我一起踏上此次发现之旅，共同体验维多利亚时代英国人生活中的酸甜苦辣。

我仔细研究了那个时代的书籍和其他各种文献，更亲身以维多利亚人的生活方式度过了一段愉快的时光。

衷心希望你们能在阅读本书的过程中感到快乐，就像我在写作本书时所感受到的那样。

露丝·古德曼

权威推荐

How to Be a Victorian

《纽约时报》(*The New York Times*)

古德曼称自己为“英国的历史学家”，她因参加“重现英国历史”系列节目而成名。在《维多利亚时代的药铺》《维多利亚时期的农场》等节目中，她连续几个月像19世纪的先辈一样劳作、打扮、饮食和沐浴，或者说不沐浴。她对高高在上的王公贵族和政客的生活并不感兴趣，却对像“你我”一样的维多利亚普通人的生活兴趣盎然。本书描写的就是你我的生活……如果你想知道他们的外表、音容笑貌、想法和体味，那么再也没有比这本书更好的指南了。

《科克斯书评》(*Kirkus Reviews*)

紧身胸衣、童工以及性道德恐惧，这本书通过描写维多利亚时代男女的“日常生活”，展现了妙趣横生的图景。英国社会历史学家古德曼在维多利亚时期的农场待了一年，写成了本书。她像个亲切的朋友，与我们分享了维多利亚时代各个阶层的生活，时间跨度长达60年。

《出版商周刊》（*Publishers Weekly*）

在这本无可挑剔的研究报告中，古德曼自身的冒险“生活史”肯定会让读者惊奇万分……（她）妙趣横生地为我们描述了面临着时代巨变的普通人的日常生活，成功向我们展示了一段“更加私密、个人化和客观的历史”。

埃琳·恩特拉达·凯莉（Erin Entrada Kelly）
《图书馆杂志》（*Library Journal*）评论员

古德曼技巧娴熟地以一种平易近人、引人入胜、感悟深刻的散文形式，创造了一幅维多利亚时代的日常场景图……让读者欲罢不能。

亚历山德拉·金博尔（Alexandra Kimball）
《华尔街日报》（*Wall Street Journal*）

如果将与现在截然不同的过去看作一个陌生的国度，我们能有博学的露丝·古德曼做向导是多么幸运……虽然古德曼着迷于过去的事物，但她并不盲目崇拜它们，或者将它们浪漫化。她是一位令人钦佩的实事求是者……这本书对我们有巨大的启示。

《纽约客》（*The New Yorker*）

这本书非常有趣……古德曼将专业知识与历史情境结合起来，为了解释女性为什么穿紧身胸衣，她甚至自己动手做了一件来穿……这本书巨细无遗地描写了诸多细节，比如购买一张新的地铁票，用有麻醉作用的奎宁水为婴儿治病，追踪同性恋等等，不得不说它使人如临其境。

帕特里夏·哈根（Patricia Hagen）

《明尼阿波利斯星坛报》（*Minneapolis Star Tribune*）

古德曼的研究无可挑剔，她满腔热情地引领着读者穿越到普通的一天中，深入浅出地向我们揭示了生活的种种怪诞……尽管这本书分了很多章节，但我是像读小说一样一口气将它读完的，因为我实在很想知道这本书接下去会说些什么。

凯特·塔特尔（Kate Tuttle）

《波士顿环球报》（*Boston Globe*）

本书用诙谐的笔法对君主统治时期的生活进行了描摹……古德曼对史实力求精准，为此她甚至对妇女胸衣和家庭治疗方法做了亲身试验。为了写就此书，她“深入调查了饥饿、疾病、超负荷工作和虐待”等沉重话题。其中最让人痛心的是，维多利亚小孩的工作负荷比现在的成人还大，他们常常饿着肚子工作，有时甚至需要在危险和可怕的环境中作业。本书深意极大，描述了那些受难的孩子和他们的家庭。

《西雅图时报》（*Seattle Times*）

《成为一名维多利亚人》读来令人身心愉悦！

A.N. 威尔逊（A. N. Wilson）

《成为一名维多利亚人》生动有趣，引人入胜。

朱迪丝·弗兰德斯（Judith Flanders）

《成为一名维多利亚人》是一个巨大的成功！

目录

前言

大时代，小人物

我想探索一种更亲切、更亲近，也更具生命力的历史，它歌颂平凡，描绘普通男人、女人和孩子的生活，讲述他们是如何与周围的真实世界相互作用的。我想走进我们祖先的心灵，见证他们的希望、恐惧和观念，不管它们看起来有多么微不足道。总之，我正在探索的是那些能构成日常生活的历史。在那样一个完全不同的时空中生活，我们究竟会有怎样的感触呢？

对我而言，研究历史更像是一种兴趣爱好。然而，当这朵小小的火花闪现，并逐渐燃烧成激情后，研究历史最终成为我的专业。最开始的时候，我常依靠为数不多的几次实验来理解过去。我很乐意花费时间和精力来鼓捣前人创造或使用的小物件和工具，也愿意亲身尝试那些方法和配方。

比如，在西萨塞克斯郡一家小博物馆的抽屉里躺着的那件深色羊毛外套，它磨损严重，缝着大块补丁，曾属于一位 19 世纪 80 年代的农场劳工。透过这件外套，我能想象到这名劳工流着汗工作的样子。他的汗液将衣服晕出一块块污渍，最终只得脱下衣服，冻得瑟瑟发抖；而他的妻子则要花上好几个小时来仔细地缝补衣缝。如果你细细观察，会发现在袖扣的旁边，针脚还清晰可见。当看着这工整而细密的修补痕迹时，我又想起了维多利亚工人阶级孩子在学校里使用的缝纫课本。通过在书架上查找相关信息，我又找到了一系列维多利亚时期的操作指南，上面配有漂亮的手绘图解。只需拿上针和线，我就能按照指南来缝补衣服上的裂缝了。这名劳工的妻子手艺显然很纯熟（尤其是跟手忙脚乱的我相比）。那么，四个新的问题诞生了。这种缝纫教育究竟普及到了何种程度？承担这项修补工作的都是女性吗？鉴于我得花上一小时来完成，我的维多利亚祖先是否比我更麻利呢？她们会把这样一项家庭琐事安排在一天的何时来进行呢？

这种私人的生活细节使我与过去的人们联系起来，同时，它也为历史的大主题提供了一条路径。鉴于男士外套上的一小块污渍能引起关于大众教育性质，或纺织工业状况的探讨，那么政治和经济生活的宏观缩影也能带我们回顾微观的个体。国际反奴隶制运动和美国内战造成了棉纺织业的崩盘，驱使纺织工人回到饥饿之中。这将导致外套价格上涨，缝补衣服成为一种必然。

维多利亚女王的统治延续了60多个年头，其间发生了跨越社会、政治和经济多个领域的变化革新。各行各业几经浮沉，而科技革命颠覆了旧时的人们对世界的理解。人们的是非观受到了挑战，随之而来的是新的立法。随着这些变化的发生，谁还能够确切地了解当一个维多利亚人是一种怎样的感受？

本书是我的首次尝试。不妨跟随我的痴迷、疑惑和兴趣来开启个人探险，尽管我有很多遗漏之处，而且还有很多优秀的作品更详细地讲述了维多利亚时期的政治、经济和制度变革。但我的目的是探索维多利亚子民的日常生活，带领你们到我去过的地方，去寻找那个时代的人们。

我选择按照那个时代的日常节奏来描述，故事开始于晨间醒来，结束于紧闭的卧房门后。只要有机会，我就会阅读维多利亚人留下的日记、信件和自传，以及那时广为传播的杂志和报纸、广告和建议手册，并通过那些私人的思想和感受来讲述并重塑当时的舆论。日常生活的惊鸿一瞥来自于那些被人们遗忘在身后的事物，从衣服到剃须刷、玩具、车票和炖锅。更多正式的规则条例和规章制度——从启用白线来划出足球场地，到制定学校的毕业成绩标准——让维多利亚式的生活初具雏形。

在这场关于平凡和日常的探索中，我亲身经历了许多生活要素。很多经历都发生于我在维多利亚农场度过的那一年，当然还有之后在药铺里待过的一段时间。[①]还有许多经历则源于我持续不断的探索：试吃菜品、缝制衣服、遵守卫生保健守则、制作玩具……这些经历都非常有用，尽管并不总是能成功。它们帮我塑造了问题，并促使我批判地思考问题背后的证据向我们说明了什么。最后，这还需用到一定的同理心和想象力。现在，让我们开始吧。想象自己在维多利亚的漫漫长夜后睁开了双眼。

①作者曾参加英国 BBC 节目《维多利亚时期的农场》和《维多利亚时代的药铺》等，化身维多利亚人，体验那个时期的衣食住行。该节目在英国热播。——译者注

How to Be a Victorian

第1章

晨起时分

维多利亚人的晨起从一个哆嗦开始。不论是富贵还是贫穷，住在城中公寓中还是乡村农舍里，维多利亚人一旦钻出被窝，就很可能立刻遭受冷空气的侵袭。富裕阶层的卧室里通常都有烧煤的壁炉和铁炉子，但极少点燃。19 世纪 50 年代，苏格兰评论家托马斯·卡莱尔（Thomas Carlyle）的妻子简·卡莱尔（Jane Carlyle）居住在伦敦市内的一套高级住宅里。尽管家中富裕，但她只有在卧室里有病人的特殊时期，才会在楼上生起火。有一次，当她去一个豪门朋友家做客时，对方因为她的到来而点燃了壁炉，对此她给出的评价是“罪恶的奢侈”。在这样的待遇下，她甚至为自己拥有一副健康的身体而感到惭愧。

对简·卡莱尔而言，每一天都开始于早上 7 点半，而她的仆人会起得更早。比顿（Beeton）夫人在其著作《家政管理》（*Book of Household Management*）中建议道，仆人夏天时应该在早上 6 点开始工作，冬天时则应在 6 点半或 7 点，这取决于天何时放亮。

汉娜·卡尔威克（Hannah Cullwick）是一位在家政岗位上奉献了一生的女士。很多年来，她都用日记的方式记录下自己的日常工作。在整洁的蓝色墨水字迹间，她透露了自己通常早上 6 点起床，若有额外工作，可能会更早。譬如遇到需耗费一整天的春季大扫除时，她往往凌晨 5 点就开始工作。但她偶尔也能睡个懒觉，比如1863年的圣诞节，她就奢侈地在床上躺到了8点。每天早上，她会燃起壁炉，抖开地毯，擦亮餐厅的家具，吃早餐，擦靴子，在主人醒来之前，她会结束上面的所有工作。

黎明的到来预示着大部分劳动人民要起床了，但也有很多人有着更固定的起床时间。对于那些必须准时早起的人（比如工厂工人）而言，“敲窗人”（Knocker-upper）的存在则显得无比重要。他们手持一根长长的木杆和一盏提灯，在街上走走停停，用长杆敲打客户的窗玻璃。这种不寻常的职业产生的原因之一，是钟表售价昂贵使工人阶级难以负担。对于敲窗人来说，投入些资本买块表却可以用来谋生。他们从夜晚一直工作到凌晨，每次叫醒服务都会给自己带来1便士的收入。从朴茨茅斯到因弗内斯，大不列颠的工业城镇几乎都能找到这样的服务人员。不仅如此，这种职业甚至扩展到了一些小市集，比如位于赫特福德郡的鲍尔多克。那里的三大啤酒厂家之一也雇佣了一名敲窗人，负责在凌晨3点叫醒运货的马车车夫。尽管鲍尔多克的总人口只有2 000，却有大量的晨工在铁路公司、酿造厂和小作坊里工作，这保证了敲窗人总能有口饭吃。

图1　敲窗人手拿长杆，1900年前后。

一旦起了床，维多利亚人就得迅速给自己做好保暖措施，否则新的一天就只能从冰冷开始。不管什么时候，他们都更愿意伸出去的脚踩在毯子而不是光秃秃的木地板上。在贵族式住宅中，最好的卧室里通常都配有漂亮的编织地毯。上层社会的人们甚至会设法给自己子女的房里也铺上些旧地毯，即便这些毯子应该在更重要的地方发挥作用。在不那么富裕的家庭里，脚下垫东西的情况就比较稀罕了。如果你足够幸运，正好住在纺织工业区，比如约克夏郡，碎布地毯则是一个流行选择。这种纺织物的生产过程很简单，但是需要的材料很多。那些住在工厂附近的人可以靠着工厂织布机用剩的边角料，来获取早起时脚下所需的暖和感。

我曾根据维多利亚时代的两种编织技术，按不同的风格做了很多这样的厚地毯。一种技术是利用金属钩拉动线绳穿过麻布衬底；另一种是直接将织物线绳编成一根根长条，然后将它们缠绕、缝合在一起。一块厚地毯只有 3 英尺[①]长，但在制作过程中，要消耗三倍于同尺寸其他毯子的材料。对那个时期的大多数人来说，如果拿不到当地工厂的下脚料，这将是一种奢侈行为。因此，一英尺见方的小地毯应运而生。对工人阶级的家庭来说，这种由旧衣服和纺织物等报废布料做成的小毯子就实惠得多。很显然，与爱德华时代及其后的时期相比，维多利亚时代的卧室地毯要更小一些。但这种简单的小毯子仍旧有着伟大的意义，毕竟，它唤醒了维多利亚人开始新的一天的勇气。

除了熄灭的壁炉和厚度还算凑合的地毯，维多利亚人卧室里的窗户总是整夜打开着，以保证室内空气循环。这项习惯基本上是源于阿诺特（Arnott）博士在著作中对污浊而沉闷的房间提出的警示。阿诺特博士是一名受人尊敬的科学家，他是英格兰皇家协会（Royal Institution）的成员，对大气现象和“公共卫生”问题的研究饶有兴趣。他在当时的主流媒体上发表了关于某次实验的报告，其中某些模糊的言论引发了维多利亚民众对室内缺氧现象近乎偏执的恐惧。这份报告提道：“夜间，如果人们在自己的床帐顶部挂上一只金丝雀，早上起来时，就会发现它已经死掉了。”

阿诺特博士和当时的其他研究者主要研究二氧化碳的积累现象。在通风不佳的空间里，二氧化碳通常会变为碳酸（Carbonic Acid）。当然，如果缺氧，人类在封闭环境中确实会窒息。但人们担心有炭火和煤气灯的常规家庭环境也会对呼吸系统造成危害，即使不引起窒息，吸入高浓度的二氧化碳也会造成中毒和疾病的发生，从而威胁人体健康。鉴于人们待在卧室的时间比较长，这种情况更让人不安。派伊·亨利·谢瓦斯（Pye Henry Chevasse）是一位在维多利亚时代专为普通民众撰写健康指南的医学博士，他热衷于将当时有限的研究结果传得骇人听闻。“睡在没有通风装置

① 1 英尺约为 30.48 厘米。——译者注

的房间里简直就是疯了——这就是在吸入毒气啊；至于二氧化碳，这种排汗产生的废弃物，肺部无时无刻不在向外排放的气体，是……致命的！”这是个很有影响力的论点，以至于整个世纪都没有权威媒体有信心能推翻它。有一些科学家试图通过给所需的氧气量分级来量化问题，比如乔蒙（Chaumont）博士，他提出每人每小时需要 4 000 立方英尺[①]的氧气来保证生命健康。这样的氧气量需要 10 英尺高、10 英尺宽、40 英尺长的房间才能装下，而一般的维多利亚人的房间满足不了这种需求。21 世纪，分析报告把谢瓦斯和他的同僚的错误简单地解释为低估了室内外的空气对流。

如今，就算我们住房的密闭程度不知要比维多利亚时代高上多少倍，人们也几乎不会担心发生二氧化碳中毒的危险。事实上，即使有高密封的双层玻璃，烟囱也早就消失在历史的长河里。现代研究仍指出，室内空气每 2 ～ 3 个小时就会完成一次完全更换。然而，维多利亚时代不仅提倡时刻保持烟囱打开着（无论是否使用），而且还建议不管什么天气，都要把框格窗的上下格齐齐推开，以保证新鲜空气能自由流动，拂过整个房间。对于那些没有烟囱的屋子，则可以在门上装一扇气窗。当窗户打开时，就能带来一些穿堂风。

如果你有幸成为一名维多利亚人，但实在忍不了窗户始终开着，那你可以靠一碗水来提高室内空气质量。这个小窍门在那时相当流行，“在房内放上一碗水”，在“几个小时”里，这碗水会吸收一切生活浊气，空气将“在水被彻底污染的同时，变得纯净”。另一种检测碳酸含量的小实验则在指南类书籍和学校的教科书里都有描述。《家庭生活科学》（*The Science of Home Life*）是一本专为校园女生设计的书。书里提道：“如果在浅盘或者茶碟里倒入一些澄清的石灰水，使之暴露在空气中，并静置一个小时左右，我们会发现液体表面出现了一层白色薄膜或底部有沉积物。这就证明，空气中存在碳酸。”不幸的是，从科学的角度来说，这两个实验的准确度极低。譬如，后面那项实验主要是因为石灰水中的水分蒸发，析出溶质；至于前一项实验，水被“污染”很可能纯粹是臆想和幻觉。无论

① 1 立方英尺约为 0.0283 立方米。——译者注

如何，当时的流行观念很少能得到科学方法的佐证。

那么当时的人们是否真的一年到头都开着窗户呢？实际情况似乎并非如此。根据慈善家、研究人员和政府官员提供的关于穷苦人民生活状况的资料，孩子们夜晚会在床垫上挤作一团。在永远敞开着的窗户下，能够让他们感到些许温暖的，只有日间的服装和彼此。父母们想尽力做点正确的事。他们害怕孩子们会中毒，尽管没法给孩子们提供温暖，还是会把窗户打开。其他报道一样夸张，比如一大群人挨肩叠背地睡在窗户紧闭、密不透风的屋子里。对这些人来说，温暖环境比有毒空气更具影响力。亨利·梅休（Henry Mayhew）是《纪事晨报》（*The Morning Chronicle*）的一名新闻记者，他在回忆对穷苦百姓的采访时提道："在死寂的深夜里，他们呼出的浊气在密闭的卧室中升起，化成恶臭的蒸气，令人窒息。"

对于大多数人来说，在没有暖气的房间中打开窗户，可以给新的一天一个令人振奋的开端。刚离开床时，人们会在他们所能鼓捣出的任何类似地毯的东西上晃晃悠悠地待一小会儿，然后，炼狱般的晨间洗漱就此开始。

洗漱学

在维多利亚时代的大部分时间里，起床洗漱是维持个人卫生的最主要方式，也是大多数人日常起居的开始。一般男性以及中上层阶级的女性，他们一离开床就会穿着长睡衣或者睡袍开始洗漱。但仆人则有所不同，由于他们得清扫壁炉，给炉灶加煤、生火，因此会在完成这些脏兮兮的晨间工作之后再洗漱。汉娜·卡尔威克把她的洗漱时间安排在给主人做完早饭之后。她会利用厨房设施来梳洗。"我在水槽边把自己打理好，然后再铺好早餐的桌布。"她在 1863 年 8 月 11 日记录道。但大多数情况下，她还是会在睡房里洗漱，毕竟，那里的器皿一应俱全。

维多利亚人所需的洗漱器具不过是一个脸盆、一个污水桶、一条法兰绒毛巾、一点儿肥皂和一壶刚从厨房端出来的热水。很多人也会用凉水，据说这样可以改善血液循环，也比较方便，因为头天晚上就可以把水壶拿进房间，和脸盆、毛巾放在一起备好。然而不幸的是，维多利亚时代的肥皂并不能溶于冷水，也就意味着它不能打出肥皂泡。所以，即便你更习惯每天用冷水洗漱，但最好还是每周用一次热水，以便去除脸部油脂。

如果你处在某种条件清苦、设施简陋的情况下，站立擦洗则是一种既实际又环保的清洁方式。只需一壶水，你就可以全身进行整体清洁。往盆子里倒一点点水，沾湿毛巾，抹上一点肥皂，就可以开始擦洗身体了。当盆子里的水开始变得浑浊时，就把它倒进污水桶里，然后再从水壶里倒入干净的水。如此循环，直到你把全身都擦洗干净。跟洗刷地板不一样，清洗身体可以一点一点地洗，先洗一小块，冲干净，擦干，再洗下一小块。这样，人们在洗澡时就不必把衣服全脱光了。只需先脱掉某一部分的衣服，接着将该部位清洁干净，然后在转战下一个部位之前把这边的衣服先穿上。采用这种洗澡方式，哪怕在一月的卧室里清洗身体，你也不会冻得打哆嗦。不仅如此，在与人合住时（正如大部分人那样），这样做也能显得大方得体许多。甚至隔着层衣服（如女士睡袍和男士的长睡衣）你也能这样清洗。如果有必要，你可以从头到尾穿着它们洗澡，因为你手中的法兰绒毛巾可以触碰到身体的各个部位。当水壶里最后的清水洗涤过毛巾，冲刷干净了脸盆，最终也沦为浑浊物被倒进污水桶里，随后就会被拎下楼倒掉。

图2　在脸盆架旁洗漱，1850年。

从奢华房间里用着高级手绘陶瓷马桶的富家淑女，到农舍里用着破损开裂、不成套锅碗瓢盆的穷媳妇，站立擦洗为妇女们提供了经典的维多利亚式卫生保健体验。富家淑女们会烧一壶水，或者让她们的仆人帮忙。对于可以在储藏室屯煤的有钱人来说，也许还能雇个女佣帮忙倒水。每天来一次热水澡，在富人生活中是件稀松平常的事。至于那些有一屋子孩子，没法付钱请人帮忙的妇女，一壶热水则是很稀罕的东西。

在没法经常烧水的情况下，她们就只能少洗几次澡或者洗冷水澡了。而那些处在贫困中的妇女们，不仅每天得挤在狭小的房间里长时间劳作，还得忍饥挨饿。对于这些人来说，在冰冷的房间里提着水壶楼上楼下地跑更像是在无意义地消耗体力。

浴缸不是常规的物件，那些能够买得起它的人，通常在一天的最后时分才会用到它（我们会在这本书的末尾来详细讲解）。一般而言，浴缸是男性的专属。究其原因，羞耻心起了很大的作用。男人可能觉得在自家大房子里穿着浴袍在过道走来走去也挺自在，但是很少有女人愿意这么干，她们觉得这样做太暴露也太危险。即使是少数能在炉灶前添置一个锡铁澡盆的工人阶级家庭，也主要是男人和小孩使用浴缸。就算是在自己家，也很少有女人愿意在厨房里赤裸着身子，在这种半公开的环境下，甚至连男人都更愿意穿条薄的棉毛内裤后再洗澡。

无论是用冷水还是热水，用或者不用肥皂，站立擦洗这种模式在接下来的一个世纪里都颇为流行。这有助于人们快速地搞定晨间的清洁工作，为接下来的一整天做好准备。而全身入水的洗浴方式其实可以说是一种突破。在维多利亚时代前，人们相信疾病会通过皮肤上的毛孔侵入身体，而健康的排汗会让毒素和体味从毛孔中释放出来。所以大家认为保护皮肤，使之避免过多地暴露在传染源中非常重要。为此，能够使毛孔打开的水，尤其要远离。人们相信疾病藏匿于空气中那些邪恶的瘴气（水蒸气）里，空气中的气味和潮湿感越明显，瘴气也就越浓重，这也就意味着人们越危险。

图3　一则广告：小女孩用热水和肥皂洗碗。

穿过制革工人的工作间和陈腐的粪堆里弥漫出来的恶臭水雾，经过没盖的下水道或漂染作坊，那些肆意张狂的疾病因子就附着在你周围，叫嚣着要钻进你的口鼻，渗透你的皮肤。聪明的人都尽其所能远离这样的环境，再用点儿香氛来驱赶恶臭。他们还会紧紧包裹住皮肤，使之与污秽之气完全隔绝。

维多利亚时代的科学家针对皮肤及其功能，发展出了一些激进的理论。关于毛孔封闭的实验时有开展，其中最著名的一项则是在马身上进行。可怜的动物全身被涂了好几层清漆（就像给家具上漆一样）以保证绝对密封，不过几个小时，马就死了。人们认为，马是窒息而死，由此证明皮肤在呼吸和排汗两方面都扮演着至关重要的角色。21 世纪的解剖学将其简单解释为毛孔闭塞造成了动物体热过高，中暑而死。然而，在维多利亚的大部分时期，人们还是郑重其事地秉持着如下观点（哪怕是错误的）：皮肤上的毛孔是氧气进入身体的重要渠道。在当时，毒素和废物从身体中被不断释放出来的这一陈旧观念，也使科学家们感觉到了改变皮肤护理方式的必要性。

在此之前，肌肤处于时刻被包裹的状态被人们认为是非常好的卫生习惯。紧贴皮肤的衣物质地一般是棉或者麻，因为这两种布料清洗起来方便又彻底。

男士的衬衫、内裤还有长袜，女士的衬裙（Petticoats）和长袜，都覆盖住了除头和手之外的全身皮肤。至于睡衣，男式的长衬衫以及女式的及踝长睡裙，冬天里的睡袜、睡帽，同样在被窝里覆盖住了全身。爱干净的人会尽可能地经常更换内衣（通常是每天一换），当然，只要你的时间够充裕、衣服够多，一天换几次更好。但对于不太富裕的家庭而言，更换服装则只是脱下睡衣，换上日间服装，整个过程简单、快速。

一件件干净的内衣吸收了身体排出的汗液和污物，每更换一次，就有一层代谢废物随着旧睡衣带走。这时，人们再用干净的亚麻毛巾擦洗掉皮肤上的残余油迹和汗渍，为机体代谢增添充分的活力。这些步骤能让整个人都容光焕发、精神振奋。至于那些留下了污渍和痕迹的衣服，则非常容易清洗，能保证人们的皮肤干净健康，不受水的威胁，从而减少了感冒的可能，并让毛孔免于感染。

这确实很管用，我知道，因为我试过很长一段时间。通过这种方式，不仅人们的皮肤状况会变得非常好，而且各种体味问题都可以被控制住。每天用干燥的布料或者“体刷”（木刷背面的麂皮绒垫）从上至下擦一遍身体，会使皮肤细嫩、洁净又舒适。最长的一次，我有4个月没有用水清洗过身体——完全没有人发现。与刷子相比，我更喜欢使用布料作为清洁工具。当然，这意味着，我得在腋窝部位下点功夫。擦洗身体的布料要旧而柔软，更易吸收水分才更有效果。当下有很多作家和历史学家沉浸在自己的想象中，觉得水洗清洁方式开始之前，古人都散发着无法忍受的恶臭。而我的亲身经历让我开始怀疑这些观点的真实性。

但必须承认，维多利亚人对皮肤会呼吸这个观点的认同，让肥皂和热水洗涤进入了人们的生活。医学家们相信，毛孔被堵塞十分危险，可能会让毒素在体内堆积，致人虚弱、反应迟缓，最终走向死亡。而水和肥皂可以让我们的皮肤毛孔张开、保持健康，而据当时的理论，它们还可以让宝贵的氧气涌入血液，进而刺激全身机能。同时，水和肥皂还能让毒素自然流出体外，带走病痛产生的副作用。

维多利亚时代的身体清洁和皮肤机能理论让人们认真地思索了他们的着装问题，尤其是夜间着装。最终，人们提出避免裹得太厚，应该穿轻薄透气的服装，即便在大冷天也是如此。透气性是挑选服装和毯子时要考虑的首要因素。

在21世纪的今天，我们还保留了一些同样的考虑，比如用于运动服的埃尔特克斯（Aertex）网眼织物和网状针织儿童毯，又轻又暖和还很透气，可以让空气接触到皮肤。不过并不是所有的服装都能在舒适的同时兼顾透气性。事实上，那时很多服装虽然透气却并不好穿，比如在19世纪后期流行的所谓“健康”紧身胸衣（Health Corsets）。这种女士胸衣因其新潮设计而广受推崇，旨在改善胸型和呼吸问题，但这是否真的意味着解放胸廓？当然不是，19世纪90年代所谓的“卫生”“健康”女士胸衣依旧如之前一样撑着沉重的鲸骨，缠着紧紧的束带。人们只是在上面多打了几个孔，就认为女士们的肌肤可以自由地“呼吸”了。

香氛与体味

尽管除臭剂到20世纪才开始普及，晨间洗漱却改变了维多利亚人对气味的看法。随着更多人（多为中产阶级）开始在清晨使用肥皂和热水，体味从此打开了一个全新的局面，有了分裂国民的意味。1850年，威廉·萨克雷（William Thackeray）在他的小说《潘丹尼斯的历史》（*The History of Pendennis*）中创造了“下层民众”（Great Unwashed）一词。很快，该词被广泛接受，并被用来形容工人阶级，以将他们与上层社会的人区别开来。中产阶级和更上层的人们闻起来与下层民众十分不同——有着浓郁的肥皂味，更重要的是没有一丝汗臭味。维多利亚时代的肥皂以动物油脂和烧碱（Caustic Soda）为原材料，浓烈的气味有效地遮掩住了大部分体味。19世纪末，薰衣草、紫罗兰和玫瑰等香味的肥皂开始流行，人们在个人清洁习惯上投入了更多的精力。虽然这些迷人的花香并不能完全掩盖肥皂本身的气味，但这特殊的香气还是成为一枚嗅觉上的荣誉勋章，一份只有可以洗澡的人群才能享用的荣耀。

虽然大量的体力工作让衣服邋遢不已，体味不堪入鼻，但工人阶级对于用水清洗身体这一方法还是持保留态度。他们也不会去购买或是借阅最新的健康指南和家庭手册等倡导这一方法的读物。仔细思索，或许造成这一现象的重要原因是条件拮据，无论洗澡还是洗衣，他们很少具备这两项活动所需的硬件条件。

图4　药用肥皂带有独特的气味。

肥皂和热水对于这些徘徊在贫困线上的人们来说已经够

奢侈了，更不要说洗衣设备本身所需的费用。按维多利亚时代的物价来算，4 盎司[①]一块的肥皂条（与现在英国市面上的肥皂尺寸差不多）就相当于一大块牛肉的价钱。一个遵循新清洗理念的中产阶级家庭，每星期能用掉 3 ~ 4 块肥皂条，这远超平民家庭的承受范围。甚至到了 19 世纪末，主流技术革新引发了多次物价下调，但对于工人家庭来说，清洗身体和服装所必需的肥皂仍旧占据了每月支出预算的 5%。这样的额外花费将意味着烧水用的铜壶无法出现在工人阶级家庭的房子里。也就在这时，衣服绞干机（Wringer）的出现使服装清洗工的数量有了显著的改变。但衣服绞干机很烧钱，所以直到 19 世纪末，大部分工人家庭没有做购买它的打算。因此，穷人和富人比起来差距那么大也就不足为奇了。

清洗服装（之后会详细讨论），是产生嗅觉差异的一个重要因素。承载着汗液和其他各种身体分泌物的脏衣服，很自然地成为滋生细菌和异味的理想温床。羊毛是让汗液自然蒸发最有效的材料。21 世纪的徒步旅行者和登山爱好者重新悟到了维多利亚人的经验，纯羊毛制品以“无臭”袜和美利奴羊毛（Merino-wool）内衣为代表，再次受到追捧。在这一点上，高科技人造纤维无法与传统羊毛相媲美。

对于某些被衣服紧束或者汗液分泌很旺盛的身体部位，最明智的选择是穿上一层易脱易洗的服装。紧绷的束胸内衣和衣服的袖管、腋窝处都是维多利亚女人心中的大麻烦。虽然女式背心（Vests）和无袖衬裙可以清洗，但穿件保护服（Dress Protectors）也是不错的选择。这是一种小巧的，可拆卸的衬垫，能塞进裙子、垫在腋窝处。由于它可以单独取出来清洗，因而确保了精致华美却脆弱的衣裙不会被毁掉。这种保护服如今在英国传统的缝纫店里依然可以买到。

爽身粉（Dusting Powders）是让身体呈现理想香味，引起嗅觉差异的另一因素。它以淀粉或者滑石粉为基质，可以加一点儿香料，也可以不加，能吸收汗液并且轻易去除污渍。大小药房的货架上都能找到它的身影。最昂贵的爽身粉装在一种圆形的陶瓷罐中，表面还附有一块海绵，方便蘸取。

①英制重量单位，1 盎司约为 28.35 克。——译者注

便宜点儿的则在盖子上设有一个孔，方便人们使用的时候直接抖动，让粉末直接从孔里落到皮肤上。对于那些条件拮据，只求便宜的顾客，小贩们卖的是最普通的淀粉或粉末，而且是论重量卖。如果有人还担心体味问题，那这里还有最后一招：用布蘸着氨水擦拭腋下和其他“体味易发区”。氨水能杀死引发体味的细菌，是一种非常有效的除臭剂。也可以用醋擦拭，不过效果稍弱一些。虽然醋的杀菌效果没有氨水那么强，但有一个好处，那就是对于敏感型肤质而言，醋的刺激作用要小很多。

无菌文化

除了摆脱恼人的体味，维多利亚人的个人卫生观念还围绕着健康展开。而这一时期有关健康的研究，却在经历着有史以来最大的革新。

维多利亚时代，微生物理论的基本架构虽已成型，但并没有完全得到证实。直到19世纪60年代初，路易·巴斯德（Louis Pasteur）才向世人证明了事物的衰变是由空气中存在的微生物造成。他的实验很简单：将一组材料暴露在空气中，另一组放置在真空状态下。在真空中的样本一直没有腐烂，直到空气被导入器皿。自此，人们相信，小到只有在显微镜下才能看得到的微生物就是衰变的根源。衰变和腐坏并不如人们之前所想为自然生成，而是生物活动的结果。生物可以被消灭——在理想情况下，用某种药剂能够消灭细菌，却不会伤害病人。巴斯德的下一个突破就是确定了石炭酸在杀菌方面的用途。

当人们逐渐接受这些观点之后，越来越多关于已知微生物的信息涌现出来。在这股全新的实验热潮中，最杰出的发现来自伦敦流行病学会（Epidemiological Society of London）创始人之一约翰·斯诺（John Snow）博士。他在1854年爆发的霍乱中，成功找出了疫情的来源，指出每一起霍乱病例都源于索霍区百老大街一处被感染的水泵。几乎可以肯定，正是由于处理了这处受感染的水泵，无数的生命才得以拯救。

瘴气理论认为，所有的疾病都由不干净的空气引起，但病人身上所表现的病症是由其本身，而不是感染源决定。在旧理论中，同样邪恶的瘴气在一个人的身体上可以表现为肺病，而在另一个人身上可能就成了胃病，这取决于患者的体格特征和所处环境。直到1879年，德国医生罗伯特·科赫（Robert Koch）首次证明了某种特定的微生物是某种特定疾病的病原。到1884年，伤寒、麻风、白喉、结核、霍乱、痢疾、淋病、疟疾、肺炎和破伤风的致病细菌被相继发现并区分开来。这是认知的革命性转变，对之后的疾病研究和医疗手段都有着巨大影响。然而，在清洁问题上，它似乎改变了一切，却又什么都没有改变。

如果细菌真的存在于每一个角落——在空气中，在水里，在一切物体表面，那么清洁就变得前所未有的重要。祛除污垢一直被认为是保护家庭免受疾病困扰的良方。人们之前是为了避免受到不洁空气的污染而清理垃圾，而现在，却是为了消除细菌本身。最终，所有曾经被奉为教条的清洁习惯依旧全都适用，且有效。

微生物理论，就如旧理论一样，提倡注重个人卫生，定期清空污水池、打扫房间、清洗服装、擦洗厨房、洗净碗碟，如此种种。不论基于何种理论，家政工作都对保持健康有着重要意义。社区清洁工作也是如此：微生物防治与瘴气防治采取的措施一样——完善城镇垃圾管理，定期清扫街道，起诉在公共场合倾倒垃圾的行为。在微生物理论和瘴气理论下，保持个人卫生也同样对疾病预防有着重要作用。这让人们相信干净的身体既不会污染空气也不会滋生病菌。

如果汉娜·卡尔威克在微生物理论被广泛接受和认可之后，依然在厨房进行晨间洗漱工作，她就再也不用担心热水会打开毛孔的问题了。她可能不再只是想洗手，而是更想给手消毒。

彼时，石炭酸依然是很受欢迎的杀菌剂之一。它除了能在药店里以水剂和粉末的形式出售，也能掺入肥皂中进行售卖。这样一来，清洁就不再只是愉悦视觉和嗅觉的行为了。石炭酸自身的刺鼻气味赋予“干净”这个词一种全新、无菌的含义。在当时，闻起来有石炭酸肥皂气味的女仆通常都能得到女主人的信任与青睐。如果你想感受维多利亚时代的清洁感，现在市面上一种“焦油”肥皂（Coal Tar Soap）与之类似，不过其内部的活性成分被换成了茶树精油。值得一提的是，我们的制造商仍保留了石炭酸气味，因为时至今日，这种气味仍带有一些暗示安全无菌的文化意味。

牙具也疯狂

有了干净的身体和宜人的体香，牙齿部位的卫生就成了很多人关注的重点。维多利亚时代的牙刷跟我们现在用的牙刷外形看起来差不多，只是前者的手柄处材质是骨头或者木头，而刷毛由马鬃或者小矮马的毛发制成。如今我们称为牙膏的东西，在那时被称作“洁牙剂”(Dentifrice)。这些膏剂在家就可以制作，最简单的不过是一些灰或者盐，商店柜台上也有得卖。事实上，不论是自己做的还是在商店买的，大部分膏剂都是被调味和染色了的抛光剂。这里有3份早期版本的《英格兰女性的家佣杂志》(*The Englishwoman's Domestic Magazine*)，收录了一些牙膏配方：

> 樟脑牙膏粉：准备滑石粉1磅[①]，樟脑1～2德拉克马[②](Drachms)；樟脑必须先用一丁点儿红酒润湿，然后研磨成粉末，

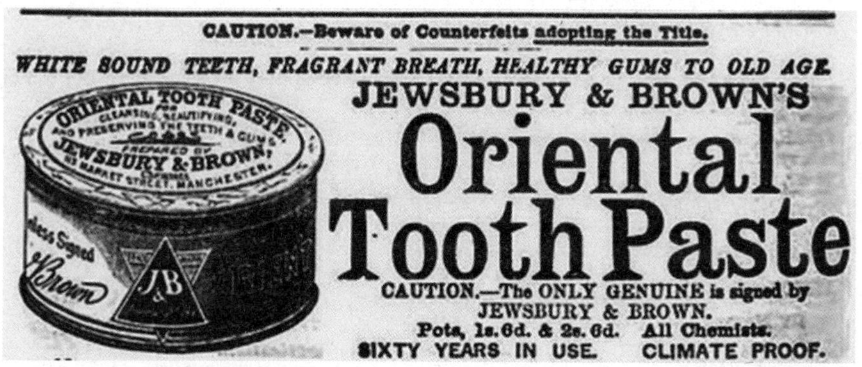

图5 牙膏广告，1897年。

①英美制重量单位，1磅约为0.4536千克。——译者注

②古代西方的重量单位，古希腊时期1德拉克马约重4.37克。——译者注

最后，再与滑石粉充分混合起来。

没药[①]牙膏粉：墨鱼骨粉1磅；没药粉末2盎司。

美洲牙粉：珊瑚、墨鱼骨、麒麟竭，每样8德拉克马；焦明矾和紫檀，每样4德拉克马；鸢尾根，8德拉克马；丁香和肉桂，每样0.5德拉克马；玫瑰岩，8德拉克马；全部制粉后混合。

滑石粉和墨鱼骨粉是在所有配方中最常见的两样材料，用其轻轻地摩擦牙齿，可起到亮白牙齿的作用。稍次一些的材料是煤灰和木炭，虽然也能起到同样的作用，但很难做成好看的膏状。樟脑（从樟科植物中提炼而成）、没药和焦明矾（一种天然形成的矿石，常用于净水、漂染和除臭）可以让牙膏有一种“药剂”的味道，这种气味能在嘴里停留较长时间；而樟脑和焦明矾可能还能起到一些杀菌作用。美洲牙粉的颜色看上去应该相当浓厚。在洁牙剂中，珊瑚粉、麒麟竭和玫瑰岩粉末都是添色材料，其中还有一些可以增添味道与清新口气的材料。

上面的配方里的药材在药房里可以轻易买到。滑石粉就是由白垩岩充分研磨成的粉末——跟人们用来摩擦身体和洗澡的材料差不多，至今仍有很多知名洗涤剂和洁厕剂品牌，以它为基础研磨材料。墨鱼骨粉是用墨鱼体内的石灰质内壳制成，它们有时可以在海滩边捡到。在如今的英国，墨鱼骨粉最广为人知的用途就是作为虎皮鹦鹉的辅助饲料。墨鱼骨研磨制成粉后，其质地比滑石粉更细软。木炭粉与墨鱼骨粉的细软度差不多，但还多了一重除臭的功效。不过，煤灰才是我的首选推荐，甚至可以作为现代牙膏的替代方案。除去其颜色不谈，煤灰在所有研磨材料中质地最柔软，它可以在不损伤牙齿和牙龈本身的情况下祛除牙菌斑和牙垢。当然，它也很容易洗干净，不会留下残余，而且使用者即使偶尔不小心吃掉了一点儿也没什么关系。

其他的成分我们可得留些心了。焦明矾是一种腐蚀性物质，在口腔这

①又名末药，为橄榄科植物地丁树或哈地丁树的干燥树脂。主产于非洲索马里、埃塞俄比亚以及印度等地。——译者注

么敏感的环境里，即使只有一丁点儿，也会引起强烈的刺激感和疼痛感。在维多利亚时代，它作为清洁剂和漂白剂而被人熟知。樟脑可用以防治蛀衣的虫蛾，从古至今都十分常见。它的气味让人印象深刻，闻后久久不忘。这倒不是说它有多难闻，但着实非常特殊。与现在很多薄荷口味的品牌牙膏相比，樟脑味的牙膏更像是一种个人广告——只要你一张嘴，就能让所有人知道你今天刷牙了。麒麟竭，尽管名字听上去相当有异域色彩，却是不需要太担心的一种药材。其根茎可以提取出一种亮红色的染料，时至今日依然偶尔被用作食品着色剂。令人吃惊的是，维多利亚时代的牙膏里居然用了那么多的粉色和红色染色剂。毕竟，现代人显然偏爱白色的牙膏。依照维多利亚时代的品味，牙膏的颜色更应该与健康的牙龈相近，而不是牙齿的颜色。

我对维多利亚时代的医药配方秉持着相当谨慎的态度，除非弄清了其中的所有成分，否则绝不会轻易尝试。我建议你们也应该谨慎一些。上面引用的那篇美洲牙粉的配方，我从来没有尝试过，但在煤灰和墨鱼骨粉上的尝试经历还挺满意。我把这两种粉末分别洒在准备好的湿牙刷上，用起来感觉都不错。如果你像我一样，不太能接受牙膏带来的满嘴怪味的体验，这些粉末可能会是你不错的选择。

裹着遮羞布的卫生巾

对于育龄妇女来说，晨间的卫生流程还有一个步骤。到了20世纪末，我们可以在商店的货架上买到卫生巾。

针对那些太过羞涩，不敢堂而皇之走进商店购买卫生巾的人，商店甚至做起了邮寄订单服务——将卫生巾包裹在不起眼的棕色袋子里，送到客户的手中。这类产品的广告也开始悄无声息地出现在杂志上，被浓重的医疗说辞层层伪装。水灵灵的护士，穿着浆过的制服，愉快地捧着一个素雅的小包裹，就好像那只是一贴创伤膏药。到了19世纪和20世纪之交，有一份刺绣杂志早期时登过一期广告：一个不起眼的包裹上印有“索斯韦尔牌卫生巾”(Southwell’s Sanitary Towels) 的字样。但在杂志的后期版本里，一只手悄无声息地出现在了画面中，遮住了一部分文字，就只能看见“索斯维尔牌——巾”几个字了。对于大多数人来说，连“卫生”两个字都算是敏感词。

图 6　较早的卫生巾广告之一，1898 年。

可以说，像卫生巾这样的商业产品的出现是个巨大创新。在此之前，从来没有人能在大庭广众之下见到这么私人的东西。

然而，在维多利亚时代，有关卫生巾的文字信息和使用说明仍旧很罕见。即使女人之间也不太说得出口，当然更不会用文字表述出来。最客观实用的描述来自于 20 世纪晚期的一位美国作家玛丽·艾伦（Mary Allan）博士。她建议应该将两根挂在肩膀上的带子与卫生巾连接起来：先用带子连接卫生巾的前部，在背后用纽扣系住后，再与卫生巾尾部相连。这样，卫生巾就能通过纽扣固定在支撑带上。她向读者们建议道，卫生巾应该由一块 16 英寸见方的棉柔材料制成：

> 从一端起大概 3 英寸处，每边剪一道 4 英寸长的切口。把这个长条竖着往中间折叠，再把切口缝起来，这样就成了一条中间有小口袋的带子。边缘卷边缝合好。在每一边的 4 英寸处折叠这

条带子，使之与切口一样宽。然后横着折叠，直到你可以将整块布条收成一个厚度适中的长条。这样做出来的卫生巾中间较厚，两边较薄，如此就可以利用支撑带固定住了。

利用支撑带固定卫生巾似乎是个不寻常的想法。虽然关于卫生巾和卫生条的文字记录比较罕见，但仍有许多的卫生巾和支撑带被保存了下来。作为具有女性特征的实用性物件，支撑带安安静静地躺在妆奁里或者是在抽屉的最下面。卫生巾通常被挂在腰部附近，有些只不过是一条布袋，有些却结实很多。最舒适的穿着方式是将它系在衬裙腰带下方，类似于现代的吊带丝袜。唯一不同的是，只有前后两根支撑带系着一条卫生巾，而不是四根带子连着两只长袜。

我从没真正见到过艾伦博士那种中间厚两头薄的精巧折叠卫生巾，但我认为她的这一想法听起来很是巧妙。保留至今的卫生巾大部分都是超薄的棉布带，一头开着口，便于向里填充吸收性材料。一般而言，这种布带的每条边都有一根带子，方便缠在腰带上固定住。用过之后，布袋会被洗干净，但里面的填充材料可不用洗。对许多人来说，用过一次的填充材料就像破抹布，可以立刻扔掉，只有在物资紧缺、条件艰苦的时候，人们才会将之洗干净，重复使用。也有人用天然材料，比如苔藓。艾伦博士设计的卫生巾没有小口袋，因为它本身就被设计成了一块挂在支撑带上的吸收性材料。它被交叉着的支撑带固定住，中间厚厚的部分就等同于填充主体。有可能在美国，卫生巾就长这样，因为我见过的留存品都来自英国本土。

我自己尝试用过这样的布带。从舒适性和有效性上来说，它跟我们现在使用的卫生用品差距不大。虽然维多利亚时代的卫生巾确实会有渗漏的情况，但现在的卫生巾同样也有。不过，从两个方面而言，维多利亚时代的卫生巾和现代替代产品有着显而易见的差距。首先，前者通过支撑带悬挂、固定着。虽然往后的一个世纪，女性们慢慢开始接受像内裤一样穿着的新型卫生巾，但直到 1900 年，当大部分女性开始为之着迷时，却发现这东西没法用。1900 年的女式短衬裤相当肥大，有一双宽松的灯笼裤腿。

那是因为布料没有弹性，所以为了活动方便，必须做成肥大宽松的款式，但这也意味着它没办法把任何东西束缚在身体上。而 1880 年之前的内裤更不支持使用这类卫生用品，因为那时流行开衩的内裤，裤腰下就只有两条裤管。可卫生巾得靠点什么撑着才行。所以这个方法直到 20 世纪 70 年代末才真正投入使用。

维多利亚时代的卫生巾与现代卫生巾的第二个不同点主要在于前者可以重复使用。从个人经验来说，我觉得这个不寻常的想法比较可取。我们现在已经习惯了卫生用品用完就扔，以至于会觉得洗这种东西是件恶心的事。但比起尿布，洗卫生巾肯定就不算什么了。洗尿布的时候，得用一个带盖的桶装着冰冷的盐水；接着得把弄脏的棉麻布料扔在桶里浸泡，大部分恶心的污渍都需要经过浸泡来处理；之后人们要做的是倒掉脏水，再冲洗一遍。由于之前经历了复杂的工序，所以最后当你搓洗时，它们已经差不多干净了。

基本的卫生工作处理完毕，是时候穿件衣服了。

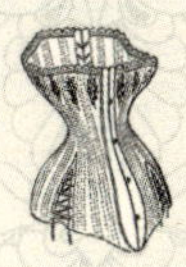

How to Be a Victorian

第2章

时尚着装

抓住潮流的男人

维多利亚时代，男性的服装主要因裁剪方式、衣领、地域及裤子的宽窄程度而不同。

内 衣

站在冰冷的卧室里，维多利亚男性会脱下睡衣，然后迅速套上衬衫和衬裤。这一时期的衬衫以长袖款为主，首要作用是保暖。鉴于能看见衬衫的除了家里人就只有洗衣女工，所以好不好看，时不时髦对男性来说都无所谓。衬裤同样也是为了保暖而存在，其长及脚踝，腰部和裤腿两处都要紧紧扎住（通常是用纽扣或者系带捆扎），以防滑脱。再加上一双好袜子，就是维多利亚男性日常生活中的一整套内衣了。

托尼·威杰（Tony Widger）是19世纪末20世纪初时居住在南德文郡锡顿市的一位渔民。在一个雾气朦胧的早晨，托尼的房客看见他穿着长筒袜（有点古怪）、长裤和浅格子衬衫在厨房里忙得不可开交，给妻子准备早茶。托尼全身上下只有头和手露在外面，其他部位都被内衣覆盖住。尽管这种穿着方式一点儿也不正式，但被他的房客朋友和爱人看到，托尼倒也不觉得不好意思。不过，要是让他以这副扮相踏出家门，他肯定不敢。男式内衣包含的性联想比女式内衣要少得多，但它们也有其他功能。维多利亚男性如果不在腿和西裤之间穿上条衬裤的话，会被人嫌弃。人们觉得这样很不干净，而且内衣相对外衣来说，洗得也更加频繁。

在一年的大部分时间里，英国的气候让穿上温暖、毛茸茸内衣的想法都非常具有诱惑力。法兰绒是一种可供选择的内衣面料，它是最便宜的毛料，质地柔软，多编成网状，具有天然隔热的功效。19 世纪 40 年代后期，另一种毛料内衣出现了，不过，你得买得起才行。1856 年的世界博览会（Great Exhibition）上，出现了大量机器编织内衣。一时间，各公司之间竞争激烈，而产品的适体性、精细度和可洗性就成了众人关注的重点。最贵的牌子用的是精梳长羊毛，这种材质的产品不会对皮肤造成刺激，其按照人体曲线设计，不仅有保暖的效果，还不会使穿者显得臃肿累赘。这都是针对富裕的中产阶级男性设计的奢侈品。

一般而言，内衣舒适与否和款式、材质有很大的关系。法兰绒保暖性非常好，但人们发现它会导致皮肤瘙痒。天鹅绒作为一种易磨损的棉织物，是人们制衣的另一种选择，而且更加便宜。但由于它弹性较差，因此以其为原材料制作的内衣拘束感比较强，会限制人的行动。也许针对羊毛致痒问题，最好的解决方案是一些小小的“接触带”。羊毛材料造成的皮肤瘙痒问题最常发生在领口和袖口位置，所以，这两个部位的布料内侧缝一块宽宽的棉质布就能解决问题了。同样的方法也可以用在羊毛内衣上，这是当时最能保证弹性的解决办法，既能保证使用者绝对的行动自由，又不需要在身上穿一层又一层的多余布料。

内裤（或者按托尼·威杰的房客的叫法，“长裤”）也可以用棉质、法兰绒和羊毛等材料制成。对于像裤子这样的服装很容易给腰部造成不适。松紧腰带在那时并不常见，虽然衣用松紧带早在 1820 年就已经获得了专利，但在 19 世纪的大部分时间里，人们对这种材料的使用都仅限于手套和靴子上。鉴于此，就只剩下两种选择：将细绳系在腰部充当腰带，或者用一颗纽扣固定住束腰带。用细绳充当腰带的方式会在腰部留下痕迹，多少有点不舒服，所以大部分裤子的腰身都用纽扣固定，内侧还垫有棉布。裤脚处一般也会有棉布衬底，即使缠紧也不会摩擦或刺激皮肤。

短袜，以及在托尼的这个案例中出现的“长筒袜”，偶有丝绸制的，但大多数还是羊毛制品。使用针织机器编织而成的、商业化量产的袜类产品，其质量高，价位合理，但各个阶级家庭中仍能看见自家手工制作的短袜。无论最初的制作流程如何，但随着使用时长的增加，这类袜类最终都会因为局部的磨损成为手工缝补品。假使补丁缝得好，缝补处几乎看不见，而且就像之前一样舒适合脚，那倒好说。但假若补丁缝得不好，那穿着可就遭罪了，又粗又硬，甚至会像不合脚的鞋子一样，将脚磨出水泡。

19 世纪末，一种混合型服装问世了——连裤内衣，将内衣和内裤合并到一起，包裹着全身，前部有开裆，后部有下拉帘（Drop-down Flap）。它因在与西部荒原有关的电影中多次出现而为人知晓。由此看来，这种内衣在美国非常吃香。它就像分开的内衣和内裤一样，覆盖住身体以保持温暖，同时在皮肤和外衣之间充当一层隔绝污渍的防护，便于清洗。在英国，连裤内衣只是一种挺时髦的选择，但还替代不了大众化的传统内衣裤。

衬衫通常穿在内衣外面，但从某种意义上来说，它既是穿在里面的内衣，又是穿在外面的外衣。因为那时的社交礼仪要求马甲和外套必须时刻穿在身上。但是在现代英国，衬衫作为一种非常得体的穿着被定期展出，

图 7　20 世纪初，连裤内衣的流行程度开始上升。

即使在正式场合也不会失礼。这与维多利亚人对衬衫的看法完全不同。衬衫的领子和袖口独立于衣服主体，是单独加工而成，人们通常用纽扣或者饰钉将它们固定起来，露在外面。在西装马甲和外套下可以看见衬衫的胸口处，但若要脱下外套，露出衣袖，则只能是临时或是在非正式的情况下才可行。纵观维多利亚时代的各种报纸杂志上的图画、绘像、雕刻，几乎没有不穿外套的男性形象。即使偶有这种情况，大多也是为了塑造一个居家男人的形象：在一天的最后时分，与家人其乐融融地围坐在炉火边。这时他们才可能脱下外套，尤其是在工人家庭中。处于运动或者争吵中的男性也经常不穿外套，同样，还有那些辛苦的体力工作者。

尽管衬衫大多隐藏在外套底下，但它可是颇为时髦的流行元素，有着令人惊叹的缤纷色彩和多种款式。早期，格子花纹、条纹和波点是精英人士最常选择的衬衫纹样。随着时间的推移，社会经济水平的提高，人们开始青睐白色衬衫。纯粹的白色成为绅士的象征。与此同时，工人阶级的偏好则转向了完全相反的方向。维多利亚统治初期，工人的衬衫还是白色的，至少是奶白色或者灰白色，但在19世纪七八十年代，富人的品味发生改变后，被他们抛弃的奇特式样却被工人们迎了回来。格子衬衫和条纹衬衫比纯白衬衫更耐脏，也给工人们平淡的衣橱带来了一些亮色。19世纪末，格子衬衫成了体力劳动者的徽章，像托尼·威杰这样的渔民也包含在内。

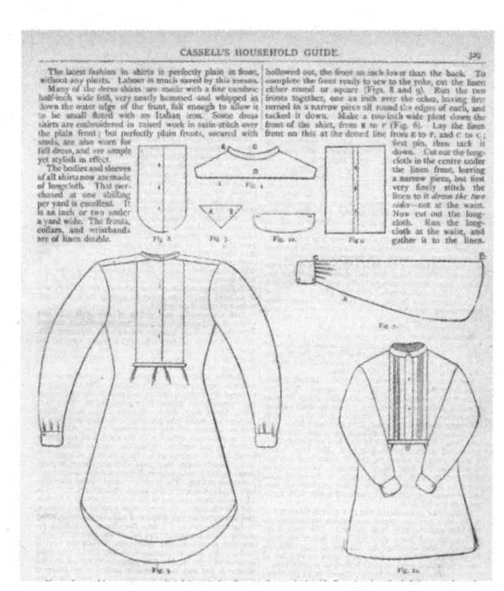

CASSELL'S HOUSEHOLD GUIDE. 329

The latest fashion in shirts is perfectly plain in front, without any plaits. Labour is much saved by this means.

Many of the dress shirts are made with a fine cambric half-inch wide frill, very neatly hemmed and whipped in down the outer edge of the front, full enough to allow it to be small fluted with an Italian iron. Some dress shirts are embroidered in raised work in satin-stitch over the plain front; but perfectly plain fronts, secured with studs, are also worn for full dress, and are simple yet stylish in effect.

The bodies and sleeves of all shirts now are made of longcloth. That purchased at one shilling per yard is excellent. It is an inch or two under a yard wide. The fronts, collars, and wristbands are of linen double.

hollowed out, the front an inch lower than the back. To complete the front ready to sew to the yoke, cut the linen either round or square (Figs. 8 and 9). Run the two fronts together, one an inch over the other, having first turned in a narrow piece all round the edges of each, and tacked it down. Make a two-inch wide pleat down the front of the shirt, from E to F (Fig. 6). Lay the linen front on this at the dotted line from E to F, and C to C; first pin, then tack it down. Cut out the longcloth in the centre under the linen front, leaving a narrow piece, but first very finely stitch the linen to it *down the two sides*—not at the waist. Now cut out the longcloth. Run the longcloth at the waist, and gather it to the linen.

图8 衬衫通常是自制的。

比衬衫的出镜率更高的领口、袖口和领结，成为男性着装的关注重点。小小的领子可以反映出主人的身份地位。如果领口处理得干净有型，就说明这个男人很爱干净；而从衣服的挺括程度，则可以看出浆洗衣服用了多少淀粉，也就能准确定位这个男人所处的社会阶层。无论是农业劳动者还是工业劳动者，基本上穿的都是没领子的衬衫，后者有一条布带紧紧地系在脖子周围，取代了领带。只要穿着带领子的衣服，不论是什么款式，都会把这个男人排除在工农群体外。当然，礼拜天除外，毕竟在这个特殊的日子里，哪怕是穷苦劳工也得额外费点功夫，花点钱打扮下自己。

翻领（Turned-down Collars），即我们在 21 世纪时常见衬衫款式，在维多利亚时代是非正式的穿法，而且只有有钱人在闲暇消遣时才会这样穿。硬挺厚重的立领（可拆卸）衬衫才是这一时期正式场合的规范穿着，是业务洽谈和办公室工作的必备服饰。19 世纪 40 年代时，男人们的正式领子的前部比后部要高，硬挺的领边高过了下颌，靠着脸颊。稍晚一些的时尚潮流开始主张把靠着脸的那一部分领子折下来，就像现在搭配着蝴蝶领结的翼领衬衫一样。自此，领子的高度就保持低调了，而且保持了几十年，直到 19 世纪的最后 10 年，领子的高度才又开始一路飙升。

维多利亚时代浆洗衣领通常所需的淀粉量成谜。用这种谜一样的剂量浆出来的衣领又硬又尖，用来做面团分切机毫无压力。要弄出这样的衣领，在浆洗完之后还得再熨烫一遍，做最终定型。但如果要把已经熨平了的衣领强行立起来围住脖子，一个不小心就会开裂。想在家里浆洗出尖而硬的衣领几乎不可能，因此人们通常会把它送去专业的洗衣店，那里有圆形的蒸汽熨烫机，能给领子定形。至于那些做文职类工作的社会底层人员，即使经济拮据，大部分衣服只能在家自己洗，也会把衣领送到洗衣店去处理。

在维多利亚时代的英国，以及其他日不落帝国照耀下的遥远领土上，除了造型和颜色，男士衬衫的羊毛含量是另一个值得众人说道的指标。无论是在奥里诺科河（Orinoco River，在委内瑞拉境内，流入大西洋）上游航行还是在西藏攀冰，紧贴着男性皮肤的羊毛都越多越好。在 19 世纪的最后 20 年，耶格（Jaeger）博士成了该想法的倡导者和传道士。他曾自豪地称，1887 年亨利·莫顿·史丹利[①]（Henry Morton Stanley）去非洲腹地搜索戴维·利文斯通[②]（David Livingstone）时穿的就是他提供的羊毛内衣。

①美国记者和探险家，以搜索利文斯通的事迹以及发现刚果河文明而闻名。——译者注

②英国探险家和传教士，发现维多利亚瀑布和马拉维湖。——译者注

同样，耶格博士还指出几乎所有去往北极和南极的探险队，包括欧内斯特·沙克尔顿[①]（Ernest Shackleton）1907—1909年的南极历险和斯科特[②]（Scott）船长在前往南极点时不幸夭折的探险队，穿的也是他提供的产品。

然而，用羊毛制内衣的想法早在维多利亚时代前就已存在。1823年，莫雷船长（Captain Murray）的“无畏号”（HMS Valorous，HMS是Her Majesty's Ship的缩写）在北拉布拉多区沿岸冰川带巡游两年的任务结束，光荣返英。那是一片能让水手们为哪怕只是衣服上多缝了一针一线，都感激涕零的极北寒域。回到英国后，舰队只在港口停留了短短几个星期就又向大海进发了，这一次，他们的目的地是西印度群岛，那里的气候将与他

OUTFITS FOR ABROAD.

The JAEGER COMPANY make a special feature of outfits for Abroad—Arctic, Tropical and Sub-Tropical. Every Expedition of importance for the last twenty-five years has carried "JAEGER," including :—

Sir H. M. STANLEY, Equatorial Africa, 1887.
Dr. NANSEN, Arctic, 1893.
JACKSON-HARMSWORTH, Polar, 1894.
WELLMAN, Polar, 1898.
DUKE OF ABRUZZI, Arctic, 1899.
ZIEGLER-BALDWIN, Arctic, 1901.
NATIONAL ANTARCTIC ("Discovery"), 1901.
NATIONAL ANTARCTIC Relief, 1902.
ZIEGLER-FIALA, Polar, 1903.
ARGENTINE, Antarctic, 1903.
BERNIER'S CANADIAN Polar, 1904.
ZIEGLER Polar Relief, 1905.
WELLMAN, Polar, 1907.
BRITISH ANTARCTIC (Sir E. SHACKLETON), 1907-1909.
Ex-President ROOSEVELT, Mid-Africa, 1909-10.
DUKE OF CONNAUGHT, Mid-Africa, 1910.
BRITISH ANTARCTIC (Captain SCOTT, R N.), 1910.
AUSTRALASIAN Antarctic Expedition, 1911. (Dr DOUGLAS MAWSON).

图9　耶格博士的荣誉客户名单。

①四次前往南极探险，其中1907—1909年的“猎人号”探险到达了距南极点仅180公里的南纬88度23分，打破了当时的纪录并引起轰动，在第四次探险的路上因心脏病发作去世，葬于南乔治亚岛。有趣的是他曾参与罗伯特·斯科特（Robert Scott）1900年计划的南极探险，失败后，斯科特船长将其归咎于沙克尔顿的病。——译者注

②即罗伯特·斯科特，一位出生于德国的英国海军军官和极地探险家，1900年开始了第一次南极洲探险，发现并命名了爱德华七世半岛。——译者注

们前两年经历的截然相反。船长作为一个羊毛内衣万能理论的虔诚信徒，在几个星期内为船上的每个人都准备了两套法兰绒衬衫、衬裤，同时制定了每日检查机制，从而确保每个人都穿着这套标准着装。当他返回英国后，自豪地称，尽管气候发生了巨大变化，但他的所有队员都活着回来了。借着这一实践，莫雷船长认为万能的羊毛内衣适用于任何气候条件，即使在热带也是如此。

羊毛内衣被如此推崇的主要因素是它的隔热特性，这显然只是针对寒冷气候。但大多数推崇者都情愿把它的隔热能力夸大，说它不仅可以防止体表热量流失，还可以防止外界高温侵入。不可否认，这多少有点依据。比如说，若你在火堆或者是熔炉面前工作，任何衣服都会成为你和高温之间的屏障，但羊毛织物在这方面的表现相对棉麻来说要好一些。羊毛能把你的身体与热流隔离开来，火星落在毛料上也只会引起一小缕烟后就消失不见了。羊毛也能减轻由阳光直射而产生的热度。沙漠中的人们通常认为裹住全身可以最大限度地减轻由干燥的热浪和强烈的日光带来的伤害。同样，人们发现羊毛在这方面的表现也比棉制品要好。

然而，与从热源直接产生的热量不同，高湿度环境下的潮热或大气均匀高温并不能直接隔绝。面对这个问题，羊毛内衣的支持者们指出了羊毛的另一个特性：透气。羊毛将肌肤上的汗液都吸收干净，使皮肤自然清爽，同时避免感冒。感冒对维多利亚人而言是一种普遍存在的恐惧，人们广泛承认无论是严寒还是酷热都不是最让人忧心的问题，真正威胁到健康的是从这两者之中的某一种突然转变成另一种。与21世纪的理解相反，维多利亚人相信正是突然的天气变化导致了“感冒”。

回到英国，从新潮流中赚得盆满钵满的耶格博士成立了卫生服装公司（Sanitary Clothing Company）。他在原来的羊毛内衣已知的优越特性上，又开发出解毒和瘦身两项新功能。他相信，被羊毛包裹的皮肤会受到其天然特性的刺激，放出更多毒素和水状油脂。“组织会自动地排呀排，排呀排，排出所有多余的脂肪和水。”据他说，这比单纯靠节食和运动要有效得多。

不过为了更加全面而有效减肥，耶格博士提出，光靠羊毛内衣还不够。

内衣、外衣，还有床上用品，所有的物品都必须是纯羊毛。棉制品最好不要使用，即使是棉质衬衫、床单也不行（对女性来说，甚至还有束胸衣）。这才是完美的“卫生”服装系统。

图10　羊毛制品倡导者耶格博士绘像，1911年。

耶格博士干劲十足，撰写并发表了众多论文和宣传册，还设计了服装（包括五指分离的袜子，俗称五指袜）和床上用品。他的服装公司，从最开始的一家，渐渐发展成了围绕其认证产品的连锁零售店。时至今日，英国还有名为耶格的连锁时尚商店。但遗憾的是，它们的货架上连件羊毛马甲也找不到了。

城乡衣着之异

位于加州北部雷丁小城的乡村历史中心（Rural History Centre）珍藏着一件农民穿的夹克。这是一件为维多利亚特定人群的生活方式正名的外套，其表面僵硬、结实，非常耐穿。它的颜色类似于“浅棕色”，过度使用后会褪色。袖口、口袋和所有的边缘都用棉布条紧紧包裹住，以防磨损。衣服里面油迹斑斑，可以清晰地看到汗渍。手臂部分的褪色磨损和褶皱形状只有经过数载的风吹日晒才能形成，日复一日的重复弯折摩擦才能在结实耐磨的布料上留下这种痕迹。夹克表面的布料已经褪色了，而那些已经永久变形的褶皱底部的颜色还十分清晰。夹克正面染上的油污更多，可能是擦洗马匹时留下的；而双肩部位可能直接遭受了多次雨雪风霜的折磨，是整件衣服褪色最严重的地方。

当身处同一社会阶级的托尼·威杰为一天的工作着装做准备时，他会穿上一条长裤和一件格恩西防水羊毛衫（Guernsey Jumper）。这种针织衫可谓渔民的制服，它是维多利亚社会中这一独特行业的从业人员的标志。

维多利亚初期，城市工作者与乡下劳动者的衣着有着显著差别。乡下人穿得都很厚实，主要是白色或者未染色的耐磨棉织物；而城里人穿的则多是深色的羊毛制品。

罩在乡村男性的马甲和长裤（所有阶级的男性都会穿）最外层的，不是大衣而是罩衫。这类服饰同样也是由紧绷、结实的未染色棉布做成。穿它时，你只需从头上套下去即可。它就像一件袍子，能把下面的服装保护起来。针脚是罩衫最为与众不同的部分，它能在其领子和肩膀处打出非常完美的褶子来。与大衣和夹克衫不同，罩衫对剪裁没有太多的要求——简单地扯一块长方形的布料用针线缝出型。尽管也有做得挺好看的，但是必须得说，其大多相当简陋。所以罩衫不需要专业的缝纫技巧，在家里都能做，很是经济实用。到了 1840 年，罩衫逐渐从英国市场淡出。只有在一些相对封闭的乡下地区，上了年纪的人还会穿它。很快，年轻人们已经穿上了夹克衫，就像在雷丁小城的乡村历史中心里展出的那件一样。

图 11　1876 年的工人阶级男性，左边这位穿的就是传统的罩衫。

厚重的帆布面料能做成质量上乘的裤子，非常适合乡村的男性。用斜纹针织法织成的裤子有足够的弹性，且款式多样。其中有我们今天很熟悉的牛仔裤，在美洲工人中尤其受欢迎。和法兰绒裤和灯芯绒裤一样，牛仔裤很快便凭其独特的布料而广为人知。即使是与便宜的丹宁裤[①]（Denim Fabric）相比，美国人也会更喜欢牛仔裤。但是，温暖的棉织裤更符合大部分英国工人的需求。出于同样的原因，斜纹厚绒布（Moleskin）在 19 世

①由斜纹粗棉布，而不是真正的牛仔织物做成，后来继承了“牛仔裤”这个名称，现在我们说的牛仔布就是指丹宁这种布料。——译者注

纪末成了最受维多利亚人欢迎的选择。斜纹厚绒布是一种纯棉编织布料，有抓绒处理，因而表面柔软，且具有一种毛茸茸的触感，你只有从内侧才能看得见针法。这种面料显然比牛仔布更保暖，不透风，又耐穿。

在如今的英国，想买斜纹厚绒布和灯芯绒的裤子也很容易，但两者间还是有区别：现代的版型只到腰胯；而维多利亚时代，尽管有不同的流行款式，但裤头都提到了胸廓上。这样，人们无论在外边得弯腰锄地干多少体力活，都可以保证腰背及以下部位十分温暖。

为了保护腿和腿上的裤子，劳动人民在他们的行头里加上了一副绑腿。精简版的绑腿就是一条长方形的粗麻布。他们通常是把麻布的一头系在膝盖下面，一头系在脚踝上。如果乡下人进了城，一定一眼就能被认出来。托马斯·哈代[①]（Thomas Hardy）曾在自己的作品中回顾19世纪早期的乡村服装式样，这些样式之后逐渐淡出历史，被城市服装的款式所替代。19世纪80年代，他在论文《多塞特郡的劳动者》(*The Dorsetshire Labourer*)中简洁有力地说道："二三十年前，有一群浅褐色和白色的人，现在，他们就像伦敦人一样乌黑一片。"确实，到了19世纪80年代，当哈代正在撰写论文时，大多数乡下人都换上了黑色的斜纹厚绒布夹克衫和长裤，还有二手的绒面外套和粗花呢。

到了这个时期，农业和工业劳动者从着装上看已经基本没有差别了，至少表面是这样。一些老式的乡村服装成了时代的印记，唤起人们对那个年代的回忆，但注意了：这些我们期待中的真实乡村生活快照基本都不是真的。大部分，甚至是那些看起来自然、随意的场景，事实上都是刻意摆拍而成。艺术家和摄影师们叫上模特，穿上指定的服装，表现出一副他们心中向往悠然的田园景象。罩衫上衣和遮阳帽都是指定服装清单上的常客。

不过，如果说19世纪三四十年代的乡下人更喜欢颜色平淡却耐穿的棉织物，那么城里人就更偏爱穿羊毛服装了——质量有好有坏，更特别的是，还有新旧之分。

---

①英国著名诗人、小说家。他的作品继承、发扬了维多利亚时代的文学传统，代表作为《德伯家的苔丝》(*Tess of the D'Urbervilles*)、《无名的裘德》(*Jude the Obscure*)等。——译者注

尽管纺纱、编织和漂染技术都有了巨大的突破，但19世纪30年代的缝纫工作还是全靠手工，这当然对羊毛服装的市场定价和质量都有影响。毕竟，如果所有产品都是由手工缝制，成本也一样，那么用质量差的面料才有利益可图。相比之下，对于穷困的城镇居民来说，购买二手的高质量服装更为划算。在19世纪下半叶到来之前，大部分人都这么做。因此，一套衣服从裁缝的手中做出来，即使款式已不再时兴，但仍可以穿很久。

我接触过很多维多利亚时代的男士服装，与我们现在穿着的衣服布料完全不同。当观那个时期的着装图画时，我们首先发现的一定是流行风向上的转变。至于制衣用的布料，多半无人问津。

如果你拿起一件1834年或1901年的男士大衣，你马上就能发现，撇开这两个时期的流行风尚不谈，两件大衣的布料和结构基本相同。羊毛被塞得满满当当（或者是羊毛毡），因而你完全看不见编织痕迹。与呢帽不同，这类服饰非常紧密而且至少有一毫米厚。由于编织得过于紧凑，因此哪怕只是放在一旁，不用任何支撑它就能立起来。这种布料很难折叠弯曲，与我们在21世纪常见的毛料完全不同，而且非常重。这样的布料做出来的服装结实又挺括，而且密不透风，除非是倾盆大雨才能把它沾湿。平常的水滴只会停留在衣料表面，在渗进衣料之前就已经被风吹干了。一直到20世纪，这种布料和大衣都还在继续使用。如果你接触过二战时期的军大衣，那你就能大致想象出维多利亚时代的大衣是什么样。直到20世纪60年代，警察和护士使用的斗篷和披肩还沿用着这种类似的面料。在戈尔特斯[①](Gore-tex)、摇粒绒（Polar Fleece）和其他高科技聚酯材料织物诞生前，羊毛织物就是人们在户外遮风挡雨的保护屏障。

维多利亚时代，室内温度和室外温度相差并不大。大部分人，包括家境殷实的富人们，住的房子都比我们现在住的要冷得多。20世纪的羊毛衣裤，相对之前的要轻一些，也没那么硬挺，而维多利亚人却因为重量和质感上的变化，认为它只适用于英国的殖民地，只能在热带穿。不过想想我

①一种防水、耐用、透气、防风的面料，户外运动常用。它是一种有很多孔的薄膜，将之压合在一层尼龙材料中后，才能作为衣服面料使用。——译者注

们现在每天待着的办公室基本都保持在 18 ~ 24 摄氏度，也就是这样我们才用到它们。因为我们现在就像是在热带中过日子一样。而冬天的维多利亚办公室，即使有炉火加热，室内也大概只有 10 摄氏度，墨水在墨水瓶里冻住在办公室和学校里都是常事。所以维多利亚时代的服装比起我们现在所穿的，对保暖性的要求要高得多。

时尚和技术

纺织技术上的变革影响着每一位维多利亚男性。从表面看来，他们的着装整体变化并没有女性那么显著，但尽管如此，1901 年最穷困潦倒的工厂工人和他 1837 年的爷爷所穿的衣服完全不同，其生产和售卖方式也截然不同。

在维多利亚早期，对于有钱人来说，一套时髦的外装包括一条长裤——刚刚取代了半长裤成为下身着装，一件马甲和一件夫拉克礼服（Frock Coat）。夫拉克礼服基本都是用上好的绒面呢制成。这种面料在英国有着

图 12　夫拉克礼服。

很长的历史，裁缝们都用得得心应手。博·布鲁梅尔[①]（Beau Brummell）以及其他18世纪和19世纪早期的时尚领导者都以简洁大方的裁剪和完美贴身的绒面呢外套作为自己高雅品味的体现。在开始政治生涯之前，年轻的本杰明·迪斯雷利[②]（Benjamin Disraeli）的装扮是出了名的得体，他的夫拉克礼服收腰处采用的是一种最新的打褶方式，能在纤细的腰身处打造出完美顺滑的曲线。那时，很多年轻男性为了拥有当时在男士中时兴的纤细腰身，甚至穿上了女式胸衣。也有人猜想迪斯雷利是不是也有穿——一张1826年的烟卡上，22岁的迪斯雷利似乎穿了胸衣。他显然选择了明艳的色彩，穿着一件亮橙色的马甲，红色的长裤，短款的夫拉克礼服，还有一根手杖。备受青睐的夫拉克礼服暖和、贴身，有收腰（虽然倒是不都收得那么紧），长度刚好在膝盖上。

早期流行的裤子在膝盖上方都是紧身的，前面一丝褶皱也没有。裤脚没有卷边，在脚踝处向外展开，盖住鞋子，只露出脚趾部位。事实上，维多利亚人甚至用一根系带将裤腿固定在鞋子底下。这样面料就被拉紧了，还能防止裤脚在脚踝处晃动或者骑马时破坏造型。到了19世纪30年代，裤子的布料和颜色有了多种多样的选择。奶白色和米色最适合朝气蓬勃的年轻人，条纹和格子也很常见，而深色面料尤其被那些需要经久耐穿的衣服的人群偏爱。与辛苦的乡下人不同，有钱人和城里人的裤子一般都是羊毛质地。法兰绒是非常受欢迎的选择，同样还有哔叽面料（Serge），它比绒面呢要轻薄许多，也更有弹性。但以现在的标准来看前者还是太僵硬厚重了一些。

维多利亚男性在穿马甲的时候最为放松。绣花马甲价格十分昂贵，但是印染和纺织技术革新让一些漂亮面料的价格降低了许多。做件马甲不需要太多面料，哪怕是最华丽的设计，背后用的也只是普通的棉布。所以，只要花一点儿钱，就能给马甲做出花样来。一件羊毛马甲可以让外衣更

①法语译为“漂亮的布鲁梅尔”，原名乔治·布莱恩·布鲁梅尔（George Bryan Brummell），著名的花花公子，开创了男装新理念，很多人将他尊为现代男装之父。——译者注

②犹太人，英国保守党领袖，两度出任英国首相。——译者注

保暖，丝绸马甲是奢华和高雅的象征，印花棉马甲是那些做了绣花工艺的奢侈马甲的替代品。维多利亚时代，运动风也很流行，尤其是在赛马场上，随处可见奔驰的骏马和着装精神、英姿飒爽的骑手。如今，在维多利亚和阿尔伯特博物馆（Victoria and Albert Museum，简称 V&A 博物馆）就收藏着一件由羊毛编织而成的马甲，上面绣着拿着长枪的骑士和独特的纹饰。同样被收藏的还有另一件方格图案的天鹅绒马甲，那鲜亮的色彩让人目眩神迷，实用且昂贵。花卉纹样同样受人追捧，花样大都是粉色。马甲上纷杂的色彩和繁复的纹饰似乎永无止境。总之，对于一件马甲来说，色彩再怎么明艳，装饰再怎么花哨都不为过，就算阴柔些也无所谓。

图 13 1850 年的时尚潮流，一个年轻人头戴一顶高大的帽子，身穿一件不适合腰身的夹克，还有一条盖过鞋子的长裤。

伴随着缝纫机的出现，男士服装的制作和销售发生了根本性改变，大部分维多利亚男性的穿着也受到巨大的影响。1845 年，美国人伊莱亚斯·豪（Elias Howe）首创了缝纫机。接着，艾萨克·梅里特·辛格（Isaac Merritt Singer）对此改进，使男士服装一跃成为可以大规模生产的市场化商品。辛格在 1856 年开创了连锁店，随即男装的价格开始急剧下滑。

不过，有钱人还是经常光顾裁缝店，他们更喜欢按照自己的尺寸定制衣服。对于裁缝来说，缝纫机的出现并没有造成太大影响，因为制作款式修身的服装所涉及的复杂精密工作，还是纯手工完成更为简单。但对于其他人而言，缝纫机可以说是打开了新世界的大门，不仅带来了全新的消费体验，还带来了不同以往的一系列服装产品。

小规模的成衣产业（Ready-to-wear Clothes Industry）已经存在了数百年，主要制作宽松、简单的服装。成衣店除制作了内衣，还有价格低廉的

图 14　1876 年，外套和长裤都变得直挺，几乎像管状物一样套在身上。

长裤和外套，旨在以经久耐磨的面料做出“3 个尺码万人穿”的大众服装。尽管这比传统裁缝量体制衣的方式要便宜很多，但其成品依然超出了很多工人阶级的经济承受能力。直到 19 世纪 60 年代，大部分维多利亚劳动人民还是会光顾二手市场，寻找合适的服装。

1850 年，利物浦的一位工厂工人走进了帕迪市场。这是一栋两层楼的建筑，保存着最好的二手服装。帕迪市场经常被挤得水泄不通，来往的顾客几乎迈不开脚。不论是单品，还是成套的服装，市场里都可以找到卖家。在这里，你的钱包里有多少钱决定了你能买到何种质量的货，从船运大亨只因臀部略有磨损就遗弃了的裤子，到兰开夏郡织布工人的破衣烂布，有的衣服看上去就像刚刚才从前主人的身上脱下来，但大部分还是经过了清洗、缝补和熨烫。交易进行得很迅速，而商品——即使是二手货，通常也都是高质量的衣服。其他城市也有类似的市场——曼彻斯特有诺特米尔市场（Knot Mill Fair）；贝尔法斯特有公开集市（Open Courts）；伯明翰有引以为傲的便宜货市场（Brummagem Market）；伦敦则有衬裙巷市集[①]（Petticoat Lane）。

然而到了 1870 年，利物浦工人就只会以不屑一顾的态度对待旧衣服了。因为旧的成衣店在此时已分崩离析，取而代之的是大街小巷新开的服装商场，在售的全是用最简单的板型和面料通过机器缝制而成的衣服。这一时期，即使是工厂工人也能买得起新衣服，只要他们还在岗位上拿工钱。伴随着这些崭新的廉价服装一同出现的，还有具有无限创造力和美好前景的崭新市场。“Ikey cords，cut up slap with the artful dodge and fakement down the sides，10 bob”这句话印在东伦敦一座建筑外墙上，大致意思为：

①现在依然存在，官方认为其名不雅，于 1846 年改称为中性街，但民间依然习惯称之为衬裙巷市集。每星期日上午 9 点到下午 3 点开放营业。——译者注

一条裁剪时髦，两边有条纹装饰的灯芯绒长裤，你只需要花裁缝店价位的40%就能买到。条纹是最新的时尚元素，但事实上，真正的绅士不会去裁缝那里做灯芯绒裤。

对于一位能在办公室谋到职位的男性来说，去新铺子意味着可以买到更多时髦的衣服。E. Moses & Son 和 H. J. & D. Nicholls 是业内两家最著名的连锁店，它们提供高标准服务，店内有大大的镜子、透亮的玻璃还有锃光瓦亮的实木柜台。这里卖的衣服价钱连裁缝收费的一半都不到，但可供选择的款式却很多，而且紧跟上层人士的时尚潮流。这样的消费体验为身份卑微的男性提供了上层人士才有的着装体验。

在缝纫机械技术让男性服装发生翻天覆地变化的同时，化学染色技术也在经历着一场革命。19 世纪 60 年代，新型化学染料的上色力度和耐光性都比以往的染料好。由此，女性的服装几乎可用梦幻来形容，至于男装，则迎来了纯黑的时代。黑色在此之前一直是种很难染成的颜色，而且非常容易掉色，但维多利亚的城镇男性居民又不得不穿。从家庭炉灶和工厂里打着旋纷纷扬扬飘出来的煤灰，弥漫在空气中，附着到一切事物表面。在这样的环境下，浅色服装很快就会变得污浊，有钱人都愿意选择更加“耐黑”的颜色。因此，这种不掉色的新型黑色染料一经出现，立刻就受到了追捧，城镇男性居民开始以黑色为日常着装的主要颜色。

维多利亚末期，从 19 世纪 60 年代沿袭而来的黑色经典款成衣发生了一些改变：强调显露腰身的服装风格已经彻底消失，此时的外套从肩部开始变成直筒型，腰线处理非常模糊，甚至没有腰身。很多时候，衣服在剪裁时压根就没有经过收腰处理，从肉眼看来，就像一块衣料直直垂到了大腿下面。在这种宽大的直筒型宽松外套变成大众新宠时，夫拉克礼服变成了只有在正式场合才会穿的服装。裤子也同样进入了宽松时代，绕过鞋子固定裤腿的系带已不复存在。相反，人们更愿意看到裤腿在脚跟边晃来晃去。对于成衣市场来说，这种设计显然比之前的贴身剪裁设计更容易模仿。不仅如此，这类服饰穿起来也舒服得多。当非正式的休闲服饰变成了潮流，时尚的花花公子们在这一时期的绘像中也摆着轻松随意的姿势。格子裤在接下来的几年里也似乎受到了前卫人士的喜爱。

到了1890年，如同哈代所追忆的那样，乡下人的着装也变成了黑色。一方面，这是因为耐光染料被发明了出来，但城市文化的带动作用是决定性的因素，尤其是伦敦。用棉和羊毛两种材质区分乡下人与城里人的方法现在已经不管用了，一件黑色斜纹棉布衣在城镇工人和乡下劳工身上的差别并不大。不过，他们之间还是有一些不易察觉的区别。比如整一个世纪，乡下人都穿着长筒橡胶靴，以避免裤子上沾上泥浆，而城里人就没有这种需求。相反，即使是在最寒冷的深冬，乡下人很少戴围巾，但城里人一年中的大部分时间都会在颈间围着围巾。所以，如果要追溯一个人的生活背景，我们是有迹可查的，但他若是混在人群中，那我们就很难察觉到了。

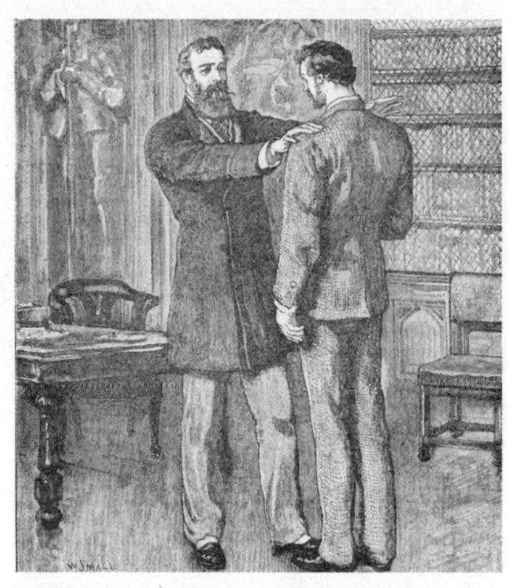

图15　1884年，阔腿裤和宽松大衣成为男性的普遍着装。与此同时，现代的普通西服刚刚作为年轻人的时装出现。

19世纪90年代，有钱人的穿着很容易被错认为是我们现在所说的正装。普通西服（Lounge Suit）占领了主流市场，而夫拉克礼服、燕尾服和晨礼服则成了特殊场合的专用着装。现在的晨礼服市场依然很火爆，婚礼上可少不了它。

这一时期，富裕阶层和工人阶级穿着同样的衣服，但被模糊的可不仅是城乡差别。晃眼一看，穿着自己最好的衣服的工人和身穿休闲衣的富裕绅士可能很难区分。但若是在现实中，二十步之内你就能看出不同。裁缝手工制作的套装贴身又舒适，还能掩盖穿衣者体型上的缺陷，使其曲线顺滑。而批量生产的成衣的合身程度就不能与之相比了，这样的套装只能大概贴合身体曲线，而且面料穿过几个星期后就会变皱，好像穿了很久一样。

如今，想在博物馆里找到维多利亚时代的流行服装倒很容易，但想找到社会底层民众们所穿的衣服就要难得多。这些无人问津的物品经不住岁月的消磨。但庆幸的是，还有存留下的照片可以让我们看清其模样，比如那些 1871 年之后为囚犯们拍的照片。与维多利亚时代的其他照片不同，被拍摄的对象和摄影师不会为了照相而特意打扮。照片大多是罪犯们落网时抓拍的，他们当时穿着什么样的服装，拍下来就是什么样——通常都是他们的日常穿着，不是他们穿着做礼拜的最好的服装，也不是精心挑选过的道具服。罪犯们基本上代表了工人阶级中最落魄的一群人。画面中，他们的衣服经常满是褶皱，不仅磨损严重，而且极不合身，看上去不是大了三个码就是小了三个码。衬衫、马甲还有夹克衫也经常出镜，马甲常被搭在脖子上。马甲和夹克经常是一件套一件地穿，有些前襟处扣得严严实实，有些则大敞着。那些既高档又保暖的好料子是指望不上了，这些人只能把他们能够找到的所有能穿的都裹在身上。他们的衣服上总是补丁叠着补丁，看着邋遢极了。

图 16　罪犯查尔斯·梅森的肖像，摄于落网后不久，1871 年。

以查尔斯·梅森（Charles Mason）为例。他是一名劳工，也是鞋匠，偷大衣被抓住时刚满 30 岁。照片中他穿着的这件羊毛质地的深色外套，已经变得破烂不堪——纽扣都已经掉完了，线头也脱了出来。外套里面是一件至少小了两个码的深色夹克衫，夹克衫下是件无领白衬衫，配着一条条纹大围巾，围巾的一端绕在他的脖子上，下端扎进了裤腰里。由于外套和夹克衫都没有被好好扣住，所以梅森只有靠这条大围巾来让胸腹稍稍温暖一点。其实这套衣服从形制上来说还是挺符合当时的穿着习惯。他的这身衣服堪称 19 世纪 70 年代男性的典型着装——虽然落魄了那么一点，但绝对与 30 年代甚至 50 年代的男士衣着不一样。这些衣服都来历不明，在梅森经济条件允许的情况下，被尽可能地修补好了。尽管这个可怜人为了驱除寒冷把找到的所有能穿的衣服都穿上了，但这并不意味着他不想看上去和周围的人一样好看又得体。

帽　子

就像夹克衫一样，帽子也很少在公共场合被摘下。英国是个帽子上的社会，对于男性来说，帽子只有在需要表示顺从和尊敬的时候才会被暂时摘下。很明显，帽子具有保持头部温暖的作用；同时，它还具有很强烈的文化意味，象征着自立和自爱。男人戴上他们的帽子，然后出门去面对整个世界，这是他们武装自己的一个必需品，就像化妆之于女人。

维多利亚人的帽子多样，不仅取决于时兴的款式和社会地位，还受到职业和穿戴场合的影响。常见的帽子有大礼帽（Top Hat）、草帽（Straw Hat）、圆顶礼帽（Bowler）、低顶圆帽（Flat Cap）、呢帽（Trilby）、猎鹿帽（Deerstalker）和运动帽（Sports Cap），还有贝雷帽（Beret）。

作为英国最负盛名的帽子，大礼帽最初的尺寸十分大，阔绰的年轻男人头上顶着的漂亮帽子约有 14 英寸[①]高。但在之后的 10 年里，这一高度降到了 10 英寸，以现代人的眼光看来，这高度顺眼多了。市面上有很多大礼帽，质量良莠不齐，只有行家才能辨别出哪些帽子是给商人戴的，哪些是为勋爵准备的。但大礼帽也不是谁都负担得起。工厂工人即使买一顶最平常的款式也得花掉大约 2 周的工资，而做工最精良的高档礼帽，配有便于储存和运送的专用小皮箱，这样一顶帽子要花掉工人 3

图 17　19 世纪 50 年代的大礼帽比 1839 年的大礼帽平均高度要低一些，但比现代的大礼帽还是要高上大约 2 英寸。

① 1 英寸约为 2.54 厘米。——译者注

个月的薪水。这种帽子是财富的象征，它在上流社会一直风靡，任潮流几经变幻，依然占据了极重的地位。1837 年的年轻人和花花公子经历了岁月的蹉跎后变成了一本正经的老古板。但夜礼帽（Opera Hat）仍保持着它最初的漫不经心。它是一种折叠式大礼帽（Collapsible Top Hat），基本由亮红色的丝绸缝制而成，诉说着那些风流，甚至是下流的阔绰生活方式。

乡村教士们还戴着老款的帽子，4 英寸高的帽顶加上宽宽的帽檐。这种过时的装扮给人一种严肃的感觉，随着时间的流逝，渐渐就成了一种虔诚保守的风格。

圆顶礼帽诞生于 1849 年。当时，威廉·鲍勒（William Bowler）和托马斯·鲍勒（Thomas Bowler）两兄弟正经营着一家零售店，他们的客户威廉·科克（William Coke）要求他们设计一款结实又好戴的帽子。科克（也可能是他的亲戚爱德华·科克，在这一点上争议颇多）想定制一顶特别的帽子给自己的猎场看守戴。由于看守们戴的大礼帽在猎场里总是会被低矮的树枝钩住，所以他想要一顶在户外活动中不会被弄坏的结实帽子。这样既显得时髦，又能给看守们提供保护。鲍勒兄弟做出了一个样品给他过目。据说科克立刻就拿着那顶帽子走出门，然后把它扔在地上踩了两脚，以此来测试它的耐用性。

图 18　助理牧师的帽子。

短短几年后，圆顶礼帽就成了热爱打猎的绅士，以及猎场看守的必备行头。由于比大礼帽便宜耐用，它逐渐成为银行家和文员们优先选择的顶戴。最后，连庄稼人头上有时也会戴着它。事实上，这一时期唯一真正没有戴过圆顶礼帽的人群是工厂工人。当圆顶礼帽被银行家、文员还有经理人广泛接受为日常佩戴的帽子时，它也就成为城镇里中产阶级的标志。如果工人阶级胆敢戴上他们中产阶级“长辈”的帽子，可能就会被其他人孤立，然后发现自己不知怎么就失业了。但如果在乡下戴圆顶礼帽，文化含义就完全不同了——它通常和乡村运动联系在一起，并且在上层阶级和工薪阶层间通用。

草帽是男人们的另一个备选行头，但显然不适合在城里佩戴。庄稼人在田里劳作时用它们来盖住头顶，顺便给脖子也遮遮阴；上层人则是戴着它们度假，在河边、海边游猎打闹或是去看板球赛。草帽很结实，拿它在街道上滚都没问题。草帽编织产业分布在贝德福德郡卢顿市周围，那里生产出了风格各异的男帽和女帽。我的几位女性祖先就做着被称为“草帽折叠工”（Straw Plaiters）的工作。硬草帽（Boater）是男性草帽的主流风格，用小麦秸秆缠成长长的草辫，然后以螺旋针法将顶部编织成螺旋形状。与许多其他草帽不同，硬草帽由多层螺形花纹构成，且一旦完成就固定成型了。一顶好的硬草帽可以用上大半辈子。在19世纪的大部分时间里，它都是作为奢侈品而存在的。不过，到了约1880年，自中国进口草帽出现后，国产草帽行业遭到了很大的冲击，也让我可怜的祖先穷得揭不开锅。忽然之间，便宜的草帽就出现了，身份卑微的文员们也可以和他们阔绰的同胞一样，在午后或休息日的公园戴上这独特的假日行头了。

图19　圆顶礼帽。

图20　硬草帽。

如果说划船和乡间休闲的专用行头是硬草帽，那么其他运动也应该有其专用帽子。小药盒帽（Small Pillbox Hat）在参与田径运动或体操运动时会用上，早期的自行车俱乐部也把它作为制服的一部分。这种帽子小巧轻便，就像个小小的放药片的圆盒子。即使男人们在做剧烈运动时，它也会乖巧服帖地戴在脑袋上。小药盒帽是用软布做成，要在上面缝上徽章或奖章也很合适。19 世纪末，商业公司为配送人员配置了这种帽子。时至今日，美国的侍者也还在佩戴这种帽子。

鸭舌帽（Peaked Cap）作为一种运动型帽子，有着悠久的历史。18 世纪的骑师就戴着亮色的鸭舌帽，同样，竞走运动员和 19 世纪前 20 年间全民运动热潮中的“行者”（Pedestrians）也戴着这种行头。1837 年，拉格比公学[①]（Rugby School）开始为其英式橄榄球运动员免费提供鸭舌帽。1850 年左右，板球玩家开始追捧鸭舌帽，足球运动员的帽子也成了类似的风格。鸭舌帽能在 19 世纪与 20 世纪之交被工薪阶层的男人们如此广泛地接受和喜爱，很可能也归功于人们长久以来在体育着装方面养成的习惯。到 19 世纪 80 年代时，无论是在城镇还是在乡村，工人们都对呢帽青睐有加。圆圆的帽顶配上圆弧形的帽檐，这种帽子在雨中很快就会软塌，但那松软

图 21 运动帽。

图 22 19 世纪 80 年代，工人们还戴着边缘不规则的呢帽，这时低顶圆帽已经开始流行起来。

①英国古老的公学之一，位于英国中部沃里克郡拉格比镇，是一所男女兼收的寄宿学校。1567 年成立，1828 年托马斯·阿诺德（Thomas Arnold）博士在此担任校长。——译者注

的形状倒不妨碍它为男人们的脑袋遮风挡雨。到了20世纪初，城里的工人们突然一致把注意力转向了低顶圆帽。而还没适应城市节奏的乡下人还有更多其他选择，所以低顶圆帽就成了城里人最具代表性的行头。

注重款式的女人

维多利亚时代的女性服装主要分内衣和外衣两种，其款式多样，依据时间的推移而不断变化。

内　衣

维多利亚时代关于内衣的描写异常丰富、色情：从具有挑逗意味、光裸着脚踝的纯洁少女，到那些穿着华丽的紧身胸衣和内裤的狐媚子，再到某些绘画艺术作品中那些几乎可以肯定没有穿底裤的模特。但事实上，女人们早上起床后穿上的第一件衣服通常都不会引起你的任何遐想。一件无袖女式衬衫通常都蕴藏着纯洁而不是有伤风化的文化色彩。在维多利亚末期，肥皂广告上可能会印着只穿有无袖衬衫的少女，头发撩人地搭在肩膀上，但给人的感觉依旧十分高雅、纯洁。

这种无袖衬衫几乎都是棉质的，经过多年的发展，衬衫的款式在细节上发生了一些变化，但基本形状仍是简单的筒状，袖口也仍是刚刚盖住肩头。这样的穿着使女性的手臂裸露在外，领口低开，甚至突显了她们光裸的小腿肚。时至今日，类似这种款式的长睡衣在英国商业街的各处门店依然有售（不过维多利亚时代的长睡衣是覆盖了整条手臂，并且长及脚踝）。

站在冰冷的闺房里，维多利亚女人该穿上她的内裤（Drawers）了。我们今天穿的内裤或者短裤（Knickers）基本上来自维多利亚时代的创新。在维多利亚时代之前，只有很少证据能证明内裤在这片土地上存在过，但到了维多利亚统治末期，内裤已经成为一种礼节上的需要。它最初由两条长及膝盖的裤腿和腰部束带组成。很明显，这样的结构会留出一条缝，让两腿之间的部位完全暴露。

这种服装最初广受非议。人们觉得，内裤不过是在模仿男人的内衣裤，是对女性贞洁和自尊的侮辱——《圣经》禁止女人穿男人的衣服（同样也禁止男人穿女人的衣服）。内裤曾作为妓女取悦恩客的道具被使用，她们会穿着这种短裤，然后再脱掉。就在同一时间，包括法国在内的一些欧洲国家内裤开始普及，但这个事实只是加剧了维多利亚民众的抵制情绪。关于这种敌意，也有其原因。

多穿一层本身就是个麻烦事儿。内裤外面还得穿一条长裙（Long Skirt）和好几条衬裙，每层都要从腰部一直裹到脚踝。多穿一层内裤同样会使脱衣服的过程变得更加艰难，尤其当一位女性得自己一个人换衣服时。我很不幸地遭遇了这个情况，那时我正一个人试穿着维多利亚衣裙。内急时想要脱掉底裤真不是件简单的事，可能会让你浑身不自在。

裙撑（Crinoline）或者说有箍衬裙（Hooped Skirts）的出现其实对内裤的发展起到了正面的刺激作用。它是一种由钢圈和棉织带做成的框架结构，可以让裙子远离女士们的身体。因为外面的裙子已经被撑起来了，所以上厕所也就不再那么艰难。但是，新的问题又出现了。每一次细小的动作或者只是一阵微风吹来，都能让裙撑倾斜，将女性的双腿暴露出来。这时候，穿双衬裤毫无疑问能让人感觉暖和些，而且也显得得体。

随着时间的流逝，内裤或者说短裤，渐渐被广泛接受。维多利亚女王本人就是个敏锐的使用者，今天，英国历史服装收藏品中就有着她的一条条棉质素色内裤。这种内裤做工精细，在不起眼的地方还用花体字绣着女王姓名的首字母。从这些存留至今的展品中可以看出，维多利亚女王对裆部部分缝合的款式偏爱有加，这是19世纪80年代才出现的内裤款式，也是那个时期的内裤的普遍特征。但是在此之后，她却不再追逐内裤的时兴款式，对19世纪末开始出现的全缝合型内裤表示拒绝。

在保存至今的所有内裤中，我见过的最有趣的一条可以追溯到19世纪60年代晚期。那是工人阶级女性普遍穿的内裤，由蓝色的棉布精心缝制而成，裆部有开口。它比后期的内裤要略长，膝盖以下用一颗小纽扣收紧固定，这样可保证其覆盖面积足够大，不会滑到膝盖上面去。它被洗得很干净，穿起来感觉柔软也舒适。它也被曾经的主人修补过，膝盖的补丁，证明这条内裤的主人可能曾花好几个小时来擦洗地板，打扫壁炉。

内裤的私密性意味着它可能是这个时代最常见的家庭自制服装。虽然它很容易实现批量生产，也能轻易地调整成不同的尺码，但成衣市场显然不适合对此大张旗鼓地做广告。为此，维多利亚时代的内裤制作通常表现为家庭化生产。人们只想把它做得尽可能简单。一位妇女如果想做条内裤，那她只需要一张简单的图纸就足够了；而其他服装则显得复杂得多，比如衬衫，可能需要量好全身的尺寸才能做成图样。在维多利亚后期的内裤制作中，不同档次的花边也被加入了进来，但总体还是以简洁实用为主。如今我们在古董店里看到的丝绸质的、造型可爱的内裤，通常是爱德华时代的产物，而非维多利亚时代。

女士无袖衬衫和内裤覆盖住了女人的大部分身体，但还要加上长袜（Stockings）才能算穿齐了底层内衣（Base Layer）。长袜由棉、羊毛或者丝绸制成，1837 年时就有机器编织的长袜了，还有多种颜色可供选择。19 世纪初期，白色长袜最为时髦，但到 19 世纪 50 年代之后，染成亮色和有图案装饰的长袜则成了年轻人胆的新潮人士最心仪的选择。青草绿、丁香紫、格子呢、涡纹呢、条纹、波点还有网格，都只是可供选择的一小部分；这些纹样偶尔出现在年轻的求婚者的脚踝上，为其形象加分不少。

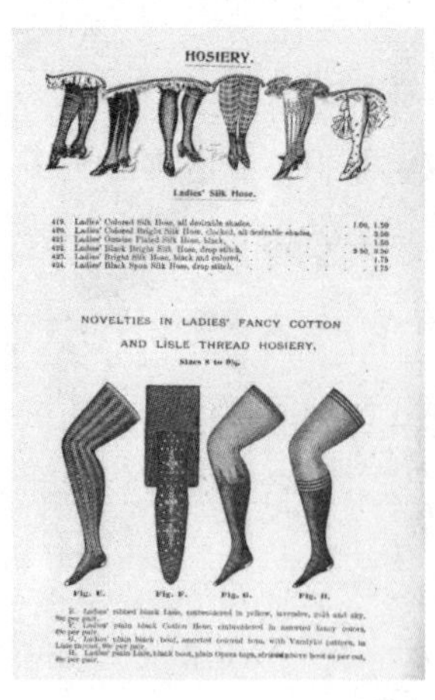

图 23　女士“梦幻”长袜。

偏于保守的黑色长袜在之后的几年被广泛接受，而且被认为尤其适合青春期的少女，她们穿的短裙总是将小腿部位裸露了太多。羊毛长袜最暖和，价位合适，隔热性也很好，一度被认为是最健康的选择。丝绸长袜是少数人才能负担得起的奢侈品，打理起来很麻烦，而且如果穿破了，补起来也很费事。

从 19 世纪 80 年代开始，妇女们开始使用吊带来牵引丝袜，以免滑落。

丝袜最初只是由独立的吊袜腰带（Suspender Belt）拉着，后来则是用吊带系在紧身胸衣底部。但在那之前，维多利亚长袜都是用吊袜带（Garters）固定在膝盖上方。如果吊袜带绑得太紧，就会阻碍血液流通，严重时，甚至会引发下肢静脉曲张（Varicose Veins）；但如果不把它绑紧，可能会出现非常尴尬的局面——吊袜带连着袜子一起脱落，缠在鞋子上被拖着走。这种情况可能会让你难堪到想找个地缝钻进去，因为不论是长袜还是吊袜带，都被看作是非常私密、带有一些性意味的内衣。当然，我相信很多男性倒很喜欢看到这一幕。

无袖衬衫、内裤还有长袜都是贴身衣物，直接接触皮肤，所以必须定期换洗。每天更换是最理想的情况。

维多利亚时代的女性们无论身处哪一阶层，都会穿紧身胸衣（Corset）。即使是监狱、收容所和救济院，都会为身在其中的女性犯人和被收留者配备紧身胸衣。这些机构所提供的紧身胸衣代表着女性的自尊自爱、性感、与其他公民同等的被认同感，以及一系列有助身体健康的好处。

长久以来，人们坚信女性的内部器官需要外部支撑；男性则被认为并不需要这种帮助。但随着时间的推移，维多利亚时代的男性也渐渐成为这一想法的焦点，有记录显示，法兰绒束身带（Flannel Body Belts）曾在维多利亚时代风靡一时。耶格博士对于男性需要“收紧腰部”的这个观点表示非常担忧。“收紧”的意思不是拉紧肌肉，而是覆盖住肌肉。对于女性——这种被《圣经》称为“虚弱容器”的人而言，紧身胸衣简直太有必要了。在维多利亚人的思想中，子宫和其他生殖器官让女性腹部格外脆弱，容易出现问题。但具有讽刺意味的是，穿着紧身胸衣的女性，尤其是从小穿这类内衣的女性，大都真的出了问题——肌肉失去张力。由于

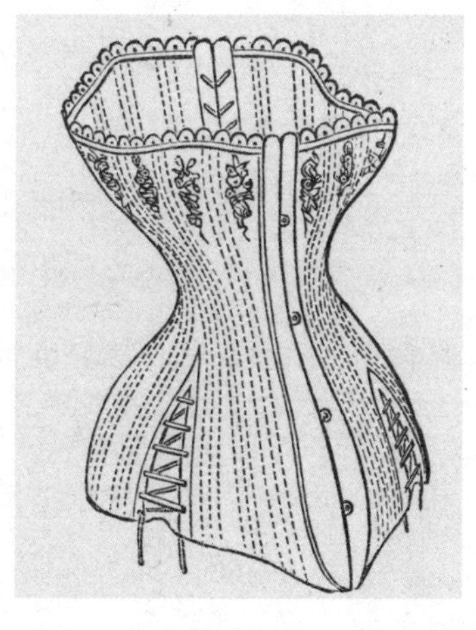

图24 典型的紧身胸衣，1869年。

紧身胸衣取代背部和腹部的肌肉，承担了大部分的支撑功能，这些部位的肌肉因长期不用而开始萎缩退化。假使这些女性取掉紧身胸衣一天，就会立刻陷入不安和疲劳，在身体中部的无力感中挣扎。只有穿上紧身胸衣才能减轻她的痛苦，然后她们会更加相信，紧身胸衣是一件不得不穿的服装。

《女性之美》（*Female Beauty*）等期刊指出："女士总是抱怨，如果没有紧身胸衣，根本不能好好坐着，这让她们晚上睡觉时也不得不穿着它。"那时的社会对男性和女性站姿的要求让这种感觉更加突出。对于维多利亚人来说，放松的姿势反映了一个人邋遢的生活习惯和散漫的礼教态度。那些好看、成功、时尚、强壮的人往往都站得笔挺。

在紧身胸衣的帮助下，站直和坐直都要简单得多。从我自己的经验来看，即使你像平时那样懒懒散散地走着，你的身子看起来也笔直得无可挑剔。但如果你坐在椅子上，建议尽可能地坐在椅子的前沿，这样你的紧身胸衣的边缘才会在正确的角度，而你则可以连续几个小时保持优雅漂亮的坐姿，毫不费力。

除了给身体提供支撑之外，有人认为紧身胸衣可以给女性脆弱的内脏器官提供必要的温暖，因为让肾脏和其他一些器官受凉可能会引起一系列的病痛。通过穿紧身胸衣，女性可以在变幻莫测的英国天气中保护自己。一般来说，医生都很支持女性穿着紧身胸衣，唯一让他们持保留意见的，不在紧身胸衣本身，而在它的"勒紧"（Tight Lacing）这一特点——用紧身胸衣来极大地改变女性身体的形状。主流医学观点认为，不穿紧身胸衣的女人和把紧身胸衣勒得紧紧的女人一样愚蠢。一件合身且穿着正确的紧身胸衣可以防止支撑子宫的韧带拉伤，同时也对膀胱有所裨益，避免背部受伤，还有助于产后恢复，促进消化，帮助女性过上积极阳光的生活……好吧，至少维多利亚人是这样认为的。

保持紧身胸衣的干净整洁基本上是维多利亚社会对所有女性的期望。每天穿上这样一件内衣，意味着一名女性能向邻居证明自己符合标准，更重要的是，证明自己是一个自尊、自爱的好女人。女性如果不穿紧身胸衣就会被认定为缺乏自我控制能力，这将使她被社会大众谴责，被认为粗鲁低贱。只有那些准备好被社会抛弃的女人才会不穿紧身胸衣就出门。

19世纪40年代和50年代早期的紧身胸衣通常都是自制的，比连衣裙紧贴身体的上半部分复杂不了多少。到19世纪60年代，我们仍可以在许多女性杂志上找到制作紧身胸衣的图样和指南。其中最好也是操作起来最简单的一种出现在1838年的《女工指南》(*Workwoman's Guide*)里。这种紧身胸衣有4块棉板（Cotton Panels），通过三角形布料缝合在一起，一般会在胸部使用2块布料，有时臀部也有2块。通过这种方式制作出来的紧身胸衣很少有支衬（Boning），只在系带孔的两边有几条，以防系带把衣料勒出褶皱。此外，还有一块硬硬的，像尺子似的胸托（Busk），插在内衣前部棉质的小袋里。这块至关重要的胸托由一些性质坚硬的材料——通常是木头、鲸鱼骨、动物角或者是金属等制成。内衣若要达到塑身的效果，则需用系带类的物品拉紧、固定，人们大多利用长长的系绳将衣服背后的开口处紧勒起来。就这样，紧身胸衣便被紧紧系牢了。

用轻便的内衬和系带做成的紧身胸衣穿起来很轻松，在我看来，这比21世纪的内衣还舒服。前者不仅能支撑住胸腔，还能抚平女性身上的赘肉。为此，女性穿着它，就像是套在模具中一样，渐渐塑造了优雅的体态。它穿在身上十分暖和，即使用出全身力气来拉紧系带，产生的压迫感也比不上今天我们在大街上看到的塑身内衣的强度。在盛夏时节，穿着紧身胸衣可能太热了一点。胸托的长度必须要刚刚好，不然就会硌在身上（与大家的预期相反，它似乎是越长才越好：长及耻骨处似乎是最舒服的），但它能让身躯保持紧致优美，塑造出了时尚的高耸上围。

专业制造的紧身胸衣和更时尚的紧身胸衣相比运用了更多的支撑板（Panels），最常见的有8个。中央的胸托和内衣前后部的支衬，则沿着这8块支撑板的缝合曲线，被紧密地缝在一起。这样的内衣能收得更紧一些。原本木制的胸托被换成了更有弹性的鲸骨或者钢圈，这意味着当系紧系带时，胸托能把胃都给压住。

进入19世纪60年代，女性向他人展示杨柳细腰的压力也在与日俱增。这一时期，老旧的自制紧身胸衣逐渐减少，人们转而投向能够塑造出更迷人体型的专业内衣。这是一个有着诸多关于紧身胸衣的恐怖故事的年代。下面是一则在女性杂志中被广泛引用的信件，讲述了维多利亚人此时对细腰的追求是多么病态，写信者不仅经历了这段历史，而且竟然非常乐意这样做：

> 我 15 岁时被送到了伦敦的一所上流社会学校，那里的习惯是让学生的腰围每个月减少一英寸，直到让女校长满意为止。到我 17 岁离开学校时，我的腰围已经只有 13 英寸，之前可有 23 英寸那么粗呢。

存留于世的“超细腰围”紧身胸衣证明了我丝毫没有夸大历史。为了让这些数字更直观一些，我可以毫不犹豫地告诉你，蹒跚学步的小孩的平均腰围大概是 20 英寸。这样急剧减小的腰围尺寸只有在女人从早自晚地穿着一件比一件小的紧身胸衣时，才有可能实现。不仅如此，她们还养成了少食多餐的饮食，其实每次也只能吃上一丁点儿。

关于学校的这类做法，还有很多其他报道也曾描述。据称，每周女孩们的紧身胸衣只能被脱下来一个小时，以便她们清洗身体。报道中有几处提到了穿紧身束带（Tight Lacing）所带来的“痛苦”，但接着又说，只要扛过痛苦时间就好了。女孩们相互攀比谁的腰围更纤细，虽然大家都承认有时会昏厥，而且经常头疼，却依旧热衷于此。她们仿佛可以从中找到“快感”。穿紧身胸衣就像某种痛苦的入会仪式，一种成长必经的礼节，这能让一部分女孩觉得兴奋和刺激，给她们带来荣耀和归

图 25　1863 年，紧身束带，注意被挤在一起的肩胛骨。

属感。但这只是穿戴紧身胸衣的人群中最极端的一小群女性。大部分留存于世的维多利亚时代的紧身胸衣和紧身束带都不至于那么小。女性时装的尺寸范围多为 19 ~ 24 英寸，老太太们穿的通常还要再大上几英寸。

以 21 世纪的标准来看，这样的腰围是很细的。我一般穿 10 码的裙子，腰围是 27 英寸左右，但按维多利亚人的眼光来看，我的腰简直可以用“肥胖”来形容了，只能按纸样店里最大尺寸的图样做衣服。维多利亚时代的广告说，只要照着图样做，即使是胸围 36 英寸，腰围 29 英寸的粗壮主妇，也能将它穿进去并收住肥肉。但根据现今的标准，我在英国女性中还算偏瘦了。所有的证据都表明，维多利亚女人无论是贫穷还是富有，都很瘦。

作为一个有着“大”尺寸腰围的“臃肿”女人，我试穿过好几种维多利亚时代的紧身胸衣，每种都持续穿了一段时间。很快，我的腰围就减少了 2 英寸，而且并没有感觉到什么问题。当然，我本身的体脂有些超标，如果是更瘦一些的女性，可能就会困难得多。不久后，当我的腰围减少了 4 英寸时，我的身体开始感到有些负担了。

穿紧身胸衣时，留点时间给身体适应很重要。大多数人，包括长期穿着紧身胸衣的人，都会觉得刚穿上时很紧，但是几个小时之后，她们就可以把束带收得更紧些。每做一次更大幅度的调整都需要更长的时间来适应，所以你必须保持耐心，不要沮丧或焦虑。如果你穿不习惯，很可能会感到压抑，好像自己快要不能呼吸了。这种恐慌会让你更加喘不过气，情况会更加糟糕。我凭借穿都铎式内衣的经验来试穿维多利亚式紧身胸衣，所以，尽管结果证明这两种体验所带来的感受不尽相同，但至少我意识到了需要给自己时间去适应，让身体学会自我调节。几天之后，我发现自己又能像以前一样活蹦乱跳了，而我的腰围也前所未有地减少了 4 英寸。不过在我放开肚子大吃，洗过澡后，腰围很快就反弹了回去了，跟之前没差别。

在穿紧身胸衣的过程中，实际遇到的问题与我之前设想的完全不一样。最直接的问题来自于我的皮肤。穿 21 世纪的内衣时，肩带之类的弹性材料可能会压得我有些疼。紧身胸衣也会造成相同的问题，但范围是我的整个上半身。更让人难熬的是，我起初被厚重的服装捂得发热，最后在身体冷下来时又感觉全身难受，因为汗水会在体表留下盐分，摩擦皮肤。在穿上紧身胸衣，努力工作了18个小时后，我的皮肤变成了红红的一片，随之而来的还有难忍的瘙痒。从我的体验来说，这种瘙痒感更胜过患水痘。

我遇到的另一个问题在一段时间之后才显露出来。有一天，我发现自己的声音有些不对劲，就去看了言语治疗师（Speech Therapist），后者发现我完全是在用上半部分胸腔呼吸，几乎没有用到横膈膜。看来我确实已经适应了紧身胸衣：在我的下半部分胸廓被压缩的情况下，我能够不调动横膈膜而获取到所需的氧气。显然，一些之前让我觉得匪夷所思的维多利亚式健康建议就说得通了。派伊·谢瓦斯（Pye Chevasse）博士在《给女士们的建议》(*Advice for Ladies*) 中颇费笔墨地宣扬了唱歌所能带来的好处。现在我知道为什么了：用力调动横膈膜去大声唱歌正是我所需要的。

当很多人想到紧身胸衣所带来的压迫感和腰围尺寸时，都觉得这东西的作用范围只是臀部以上胸部以下的那一块柔软区域。其实不完全正确。如维多利亚时代的医学典籍所述，胸廓的下部也被大幅度压迫。如果你去观察维多利亚时代画像中那些穿惯了紧身束带的女人，你会发现她们的身体曲线（从胸部一直过渡到纤细的腰部）非常顺滑，肋骨处并没有很明显的突兀。穿上紧身胸衣时，你就能很清晰地察觉到问题所在，因为呼吸困难正是胸廓被挤压造成，而那块区域也最让人难受。相比之下，腰部附近的软组织其实并没有给我带来太多不适。当束带拉紧时，肋骨会被推动，开始向下、向内翻转；同时，整个躯干都开始变形，由椭圆形变得接近圆形。正是这些形态变化，让最开始减少的2英寸腰围在视觉效果上明显得让人震惊。这是一种视觉误差，同样体积的事物在变成圆柱形时看起来会小很多。

一天的工作结束后，我会脱下紧身胸衣，这一刻总是让人感觉很奇怪——全身都在试图恢复成原来的形状。我感觉到肋骨在向外膨胀，这5～6秒让人惶恐不安。

此前，我从没穿过紧身胸衣，所以我的感受跟那些从小穿着它的人还是会有一定的区别。我真的不能指望自己对维多利亚女性们穿着紧身胸衣的经历感同身受。她们已经彻底习惯它了。她们的腹部和背部肌肉已经(也可能没有）顺着束带的力量在生长；而她们也是按照最舒服的方式，穿着束带活动、长大成人。

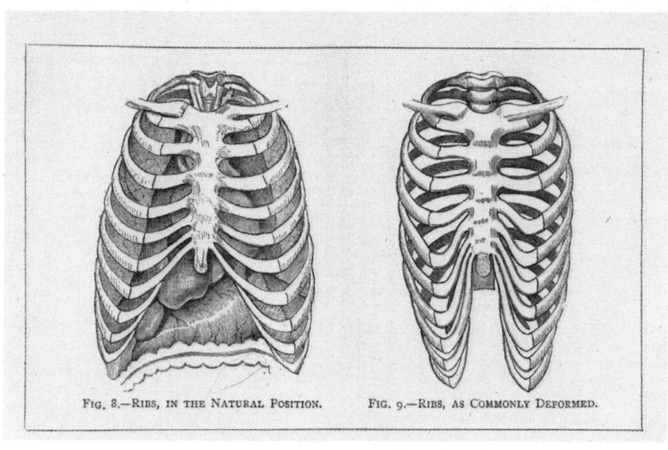

图 26　女性的胸廓在被束缚前后的对比图。

部分维多利亚人对过度使用紧身胸衣和追求细腰也有过担忧。很多作者都写过关于女人缠腰太紧的问题，担心会引发疾病：消化系统和生殖系统受到压迫会导致骨骼畸形（反对派经常将这一论点作为支撑依据，来劝阻穿紧身胸衣的女性）；血液不流通会引起皮肤发红。然而这个问题本身就非常具有争议性，当能给予身体支撑的紧身束带占据了道德高地，又怎么会因为有损健康而让步呢？在大多数人眼中，腰部的自然轮廓稍微改变那么一两英寸显然不会对身体构成多大威胁。人们已经习惯看见母亲被紧绷的束带包裹住的样子。

要弄清楚究竟什么对女性来说才是健康、自然的，并不容易。如果穿紧身胸衣已经成了一种普遍习惯，而它也确实在不断减小女性的腰围，那将很难找到一个标准的女性腰围尺寸值。大部分作家都只能用古希腊和罗马的雕像来作为一种社会可接受的女性身材标准。古典雕塑艺术以典雅大方的方式展现了女性的赤裸身体，这种令人肃然起敬的赤裸未经紧身胸衣加工。著名雕像《美第奇的维纳斯》（*Venus de Medici*）被很多人认为是标

图 27/28　天然腰围的轮廓和穿过紧身胸衣后的样子。

准的女性腰围，那与真人大小相同的 26 英寸是公认的漂亮腰围尺寸。

除了主流的紧身胸衣之外，还有一种“健康”紧身胸衣。在我们的想象中，这种因人们对紧身胸衣有所顾虑而诞生的内衣应该会松一些。但事实上，从广告和现存于世的少数样品中可以看出，它们和最初的紧身胸衣一样僵硬紧绷。这种新型胸衣之所以被冠上“健康”的名号，多是因为其具备让皮肤透气的特征。出于我穿紧身胸衣时所遭遇的皮肤困扰，新型胸衣还是很值得尝试。

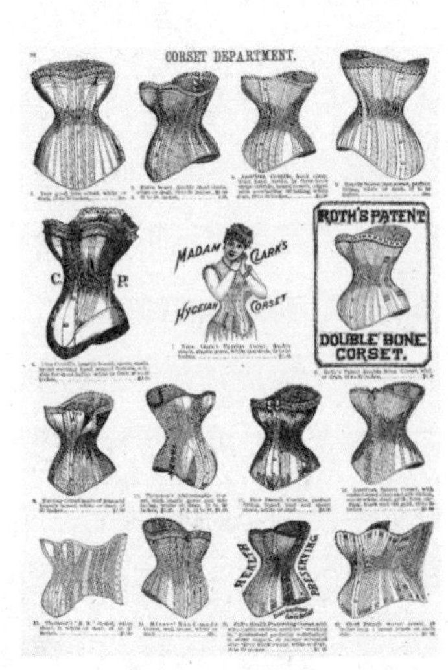

图 29　“健康”紧身胸衣的广告。

穿好了紧身胸衣，其他内衣就可以穿上了。下一个是衬裙。维多利亚衬裙有很多不同的款式和品种。最基本的衬裙套装由法兰绒衬裙和棉质衬裙组成，当然，也可以多加几层。女士们最先穿上的是白色棉质衬裙，因为洗起来比较方便。考虑到生理期可能会发生的意外情况，这个穿衣顺序可以说是非常人性化，而且因为这种服装的实用特性，它的形状一般都非常简单，没有什么多余的装饰。法兰绒的那一层主要是起保暖作用，造型同样比较简单，不过增加了一些小小的装饰。法兰绒衬裙并不长，刚刚到膝盖下方。就像所有其他的衬裙那样，我自己也拥有一条配套的棉质腰带，这样可以避免腰部累赘，破坏紧身胸衣的效果。总之，法兰绒衬裙和棉质衬裙是维多利亚时代各个阶层的女性都会用到、最基础也是最实用的衬裙。但对于那些追逐时尚风潮的人来说，需要再加几层装饰。

有绳衬裙（Corded Petticoat）是给裙子塑形最简单、最便宜的方法，它以一块白色的棉衬裙为基础，将一组组线绳缝在布料边缘，然后用细绳或者粗线穿过针脚之间的空隙。通过这种方式，织物整体变硬了，衬裙便能蓬起来，且仍可以清洗。流行于19世纪四五十年代的裙子下摆十分大，要靠层层叠叠的衬裙来支撑。这样的衬裙多由马鬃编织而成，被称为“马毛亚麻”（Crin Au Lin）。用马鬃织成的服装质地非常硬，弹性很好，轻便耐磨，打出的褶子也足够挺括，不会被盖在上面的裙子压散或者压平。但到了1856年，一种轻型的钢制裙撑（Crinoline）被发明了出来，这种马鬃织成的衬裙就被淘汰了。钢制裙撑是把由钢丝做成的钢圈缝进一种新型的单层环形衬裙内部。这种像笼子一样的结构使妇女们从以前层层叠叠的沉重衬裙中解放了出来。钢制裙撑有很多种形状和组合方式，紧跟着当时的时尚潮流——而且它基本都是工厂流水生产的，而不是家庭自制的，因为它并不是什么特别昂贵的服装，价钱也不过是一条相同质量的裙子的三分之一。

19世纪后期，穿着流行款式裙子的人无论是从前面看，还是从侧面看都十分苗条，但从后边看来则显得很臃肿。因为人们在臀部放置了后腰垫（Bustle Pads，像塞满羽毛的靠垫一般）和钢棉裙撑（Steel and Cotton Crinolettes，穿在裙子后面的框架）。垫子可以自制，曾有一位女主人发现，她的女仆绑在臀部用来撑裙子的东西居然是几块抹布。

这些支撑型服装如此受欢迎的原因之一是它们可以改变现有的服装风格。如果一位女性的整体轮廓不错，那么想要看起来时髦就是件简单又省钱的事情，因为外衣本身不需要修改，她自己就能把衣服穿得很漂亮。最关键的是，要知道自己应该穿什么尺寸的衣服，这样，才能准确地把握衣服的松紧和贴身程度。穿着这样的裙撑，坐就成了一门学问。由于衣服的背面高高地蓬起，所以人必须要斜坐在椅子上。

图 30　1856 年，杂志中关于裙撑的图画。

图 32 中这位时髦女士看起来坐得非常靠近椅子前部，上身微微前倾，与椅子边缘呈大约 45 度夹角。这形象看起来非常优雅，也是在穿裙撑或者后腰垫时最明智的坐姿。

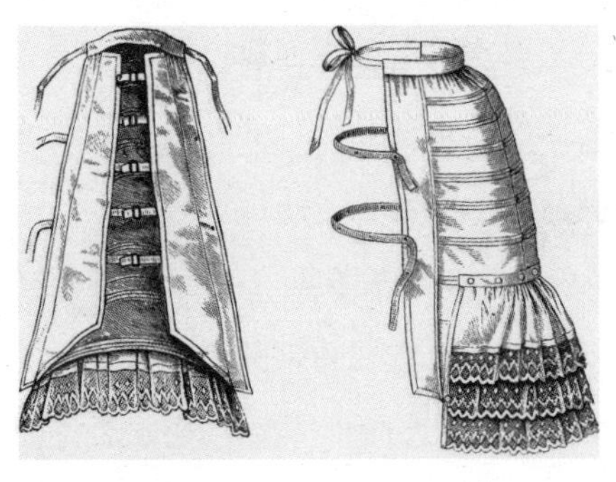

图 31　裙撑。

1885 年左右，因为裙撑和后腰垫变得越来越窄，维多利亚人不得不重新学习步态和坐姿。步行的艰难，使那些不得不工作的女性与这种新潮的款式失之交臂。不过，我倒发现了一个小窍门，那就是走小圆步。每走一步就稍微把脚向外摆，画一个半圆形而不是直直地伸向前方。这保证了面料不会起褶子阻碍行动，能够一直保持紧绷。除此之外，这样的步态会让臀部微微晃动，从而带动裙子潇洒地摇摆起来。女人穿着时髦的裙子，迈着性感的步子，看起来充满诱惑力，不过却没办法快步走去任何地方。

女士内衣的最后一层是穿在紧身胸衣外的各种女式背心、贴身背心（Camisole）、紧身胸衣外罩（Corset Cover）及护胸（Chest Preserver）。这些内衣有的是为了保暖，有的则是为了让紧身胸衣在胸前的线条看起来更柔和。维多利亚时代的很多贴身背心和紧身胸衣外罩都保存了下来，在古董店中与长睡衣和婴儿服装放在一起。那都是些漂亮的服装，上面通常都装饰着刺绣、蕾丝花边和丝带。还有些更素净的日常款式，主要功能是保暖，这些其实更为常见，但很少能保存到今天。比起功能型的服装，精致服饰的存留率要更高一些。

图 32　淑女们坐在椅子边上，1889 年。

1851 年的世界博览会上展出了十多件针织背心（Knitted Vests），它们比法兰绒质的同类产品要贵得多，而后者通常在家里就能轻易地做出来。对于那些在贫困线上挣扎的人，还有那些连买一件法兰绒背心都已经超出了预算的人来说，一件简单的护胸能够给予她们需要的帮助。那是一块平整的法兰绒、皮革或者野兔皮，可以固定住整个胸部，像婴儿的围嘴一样，用绳子吊在脖子上，另外，在腰上也有一根细绳，以免护胸向上滑动。一些富家女，以及一些时尚的女性，同样喜欢用护胸（野兔皮做的），因为它们既能保暖又不会显得太臃肿。对于穷苦不堪的女性，几张报纸同样能起到防风作用。在那些不太富裕的家庭，女性的外衣通常是某种类似披肩的服装，由于很多活计穿着披肩做起来都不方便，因此在身体和紧身胸衣之间垫几张报纸就显得尤为重要。

有那么一段时间，我不得不穿着维多利亚时代的衣服在隆冬时的户外工作，我敢保证报纸绝对是种非常管用的填充物。

外　衣

年轻的维多利亚女王在登上皇位后的第一天所穿的，并不是最新潮的装束，因为那件套装上的元素在前一年的时装图样中出现过。它原本是用纯黑色丝绸制作而成，现在已经褪成了深棕色，一对竖条纹沿着裙子的一侧延伸，袖子像一把裹在手臂上的六角风琴，被紧紧绑住，肩膀处打着细小的褶皱，由一串和手臂一样长的绳子来控制整体长度。要想照着图样再做一件这样的裙子一点儿也不困难，如果改用印花棉而不是丝绸，那么不仅大多数中产阶级的女孩，甚至连一些仆人也可以负担得起。这些时装图样让更多心灵手巧的缝纫工和裁缝们能够做出紧跟时尚潮流的服装，尤其当你远在外地，却依旧希望能跟上伦敦时尚走向时，它们可就帮上大忙了。大部分乡下人的服装都是由本地裁缝制作而成，每个客户可按照自己的尺寸特别定制。能够利用图样重现时髦的衣服是女裁缝们最大的优势。一些手巧的家庭妇女也能做出一整套服装，但大多数人都忙着缝制自家人的贴身服装，无暇顾及其他。更重要的是，在这些复杂外衣的制作过程中，要是稍有差池可就麻烦了，因此把这项工作交给专业人士会好得多。你也许得付点儿钱，但是至少你不会让这昂贵的面料有机会毁在自己手里。要知道，你这一年可能也就买得起这么一块布料。

图 33　1839 年，《淑女衣橱》（*The Ladies' Cabinet*）的时装图样。

另一个介于家庭手工和专业生产之间的选择就是旅行裁缝（Travelling Dressmaker）。她会来到你的家里，帮你把裁剪和修形的步骤都做好，而你和你的女儿只需要在她的指导下完成缝合工作。如果你需要做几套一样的服装，比如给家里的每一位女性都做一条裙子，那这种制作方式则实惠至极。你还可以将原有的旧衣服拆开，重新裁剪，制作成一件新衣服。经济拮据时，这是个很好的办法。不过，可以肯定的是，你的着装看起来会有些过时。

假若这些方式你都负担不起，那就去二手服装市场转转吧。除此之外，如果一位年轻女性做着侍者的工作，通常她的女主人会给她提供一套衣服，这也是服装在阶级间流通的主要渠道之一。有些家庭会给家里的仆人们发放制服，这给下层社会的人们提供了很大的帮助。女主人将丢弃不要的服装送给女仆也是种很普遍的做法。不过，由于很多家庭不愿意让女仆们看上去太时髦（怕抢了主人的风头），所以也会将衣服卖出去或转送给他人。这类服装流通现象非常常见，因此即使看到穷苦百姓穿着稍微有些破旧的过时服装，人们也不会觉得惊讶。这本身也是一种刺激人们追求时尚的因素：如果你追不上时代的脚步，就有可能会被认成仆人。

19 世纪三四十年代，工薪阶层的着装风格很有辨识度。在东北部的小渔村里，一些女性会穿着垫有棉花的棉衬裙（Quilted Petticoats），其他地区的妇女们早已抛弃了这种流行于 18 世纪 60 年代的款式。这种衣服大多由沿岸渔民家的主妇们缝制，当地人并不觉得它老土，而是把它当作了属于这片土地的风格服装。威尔士女性的穿着也非常具有地域色彩，那高高的黑色帽子和红色披肩远近闻名。她们偏爱本地出产的条纹羊毛织物，常用它来做裙子。赤裸的双足和长度刚到膝盖的短裙，是爱尔兰女性着装的显著特征。

与这些传统服饰相比，伦敦的时尚风向正在快速变化中，不过仍保留了一些地方风格特色。一位来自朗达谷的妇女可能会发现，在盛产粗条纹羊毛料的当地很难买到柴郡和赫特福德郡比比皆是的便宜印花棉，因为地区传统在其间发挥了不可忽视的作用。但值得一提的是，地方上的时尚领袖在这些弹丸之地也产生了不小的影响力。穿上某个地区的代表性服装能让人感觉家就在身边，相反，穿得像个外国人可能会让你丧失号召力。

随着地铁深入英国的每个角落，地方时尚领袖的影响力开始逐渐减小。这一时期，物资分配不再受地域约束，开始变得平均起来，人们也常居外地。1861 年，纸张税（Tax On Paper）被废除，同一时间，印刷业大幅发展，各种书籍、杂志、传单、手册和海报价格急剧下跌。时尚信息是印刷业聚焦的领域之一，他们想让全国的时尚标准一致。1839 年《淑女衣橱》（*The Ladies' Cabinet*）杂志上那些手工上色的漂亮时装图样迷住了成千上万名女性，而比顿夫人的《英格兰女性居家杂志》（*The Englishwoman's Domestic Magazine*）只被翻阅了寥寥 10 次。19 世纪 30 年代，第一套全号型纸样（Full-size Paper Patterns）开始在英国出售。到了 1858 年，伦敦至少有 10 家纸样店，支持店面选购和邮件订单两种交易方式。1860 年，比顿夫人在杂志上刊载的从法国顶尖时装商店引进的全号型纸样，就位于时装图样板块旁边。1876 年，美国巴特里克（Butterick）公司在摄政街[①]开了一家店，打进了英国时装图样市场。巴特里克公司的图样一开始只要 3 便士，之后一路涨到 2 先令(1 先令即 12 便士)，每月都有 40 ~ 60 张新设计图上架。事实证明，这一市场确实十分庞大，纸样变成了女性杂志不可或缺的部分。

图 34　1862 年，《英格兰女性居家杂志》中的时装图样。

1860 年，由紧身胸衣和裙撑支撑起来的时髦款式给女人们带来了盈

①英国伦敦西区的一条著名购物街，得名于摄政王乔治四世（George IV）。其以高质量的服装店而闻名，是英国城市文化的象征之一。——译者注

盈一握的细腰和大得夸张的裙摆。女人在裙撑外套上裙子时，得先把下面层层叠叠的面料收拾平整。很多穿着这款服装的女性都对它有很高的评价，包括一个当时只有十四五岁，刚刚开始社交的小女生："噢，真是太令人愉快了；自从有了那种款式的服装，我从未感到如此舒适过。它们能把你的裙子从腿上支开，连走路都变得简单轻巧了许多。"但也有些麻烦，要处理好巨大而有弹性的裙摆非常需要技巧。如果你不想过多地暴露自己的腿部，就必须重新学习如何端坐。轻轻抬起裙子的后摆是个管用的办法，也可以抖动一下臀部，让裙衬弹起来。如果这些做法的难度太高，你还可以隔着衬裙找到裙衬最上面的钢圈，轻轻把它提起几英寸。穿过狭窄的门廊时还要更麻烦一些，会有一个把裙子挤压变形的过程。突然出现的疾风也是一个潜在的问题，在这种情况下，你只能奋力压住裙子不让它飞起来。漫画家们都很喜欢以裙衬为题材作画，这一时期涌现了大量的讽刺作品。除开此时各色漫画所隐含的意味不谈，它们倒是给女士贴身服装戴上了一顶高尚的光环。有些绘画作品上画着坐在公共汽车上的女人，她们的裙摆把旁边的男人挤出了窗户；还有野餐派对上，坐在草地上的女人因为裙子被撑得往上拱起而春光外泄；甚至还有被卡在门廊的女人，和想拥抱却被裙子弹开的恋人。

图35 讽刺漫画，一对恋人因在槲寄生下被裙摆隔开而惶恐不安（传说恋人在槲寄生下亲吻就能永远相爱）。

说实话，我个人挺喜欢裙撑，因为穿着十分有趣。我很喜欢它们在周身摇摆弹动的那种感觉。不过，维多利亚人则认为这种形象很丢人，甚至抱怨晃动的衣服过于招摇，不够稳重。他们觉得，女人就应该在任何情况下都柔美乖顺，优雅端庄。穿着裙撑当然可以做到优雅端庄，但不是每个人都是天生的舞蹈家。我对裙撑有一点儿不满，那就是不透气，这也是大部分维多利亚女性的烦恼之所在。当你已经习惯了下半身被一层套着一层的面料包裹住后，突然只穿一条棉质长裤（Cotton Pantalettes）走在户外，你肯定也不会太舒服。

1862年，每周用于裙撑贸易的钢材总重量达到了130～150吨。这是一个蓬勃发展中的产业，占据了英国谢菲尔德全部钢材产量的七分之一。有很多活计女工们穿着裙撑没法做，比如推着煤车下地采矿，或者其他在工地上的工作。但针线女工和裁缝之类的工作，就没什么问题。于是，很多女性想出折中的办法，她们在礼拜日穿着裙撑，工作日则不穿。在很多19世纪60年代拍摄的照片里，穿着工作服在井下作业的女工，到了礼拜日时则穿着带裙撑的漂亮裙子。新闻记者亨利·梅休曾大胆设想，每个英国女人至少得有两套这样的行头，这才能解释钢材销售量为何如此庞大。

19世纪60年代，工地上的女性所穿的长裤引起了大众的关注。作为工作服，它们并不具备地域特征。但从很多照片上都能发现，这些女人穿着男人的裤子，却有着特别的女性韵味。工地上的女性负责把男人们挖出的煤运回地面，这意味着她们得在低矮的矿洞下，沿着隧道推拉矿车。对女人来说，最省力的姿势是往前探出身体，以大角度倾斜，用身体的重量带动矿车。采用这种姿势，日常所穿的裙子会很容易把她们绊倒，所以她们便被要求要么穿长及大腿中部的短裙，要么把裙子往上翻折到这个长度。后者似乎比较可行，因为在地面时还可以把裙摆放下来保暖，看着也体面些。但赤裸着双腿工作可能会磨伤她们的膝盖，而且还有损女性的尊严，毕竟她们就在男人们身边工作。小孩子们在短裙下会穿上长裤和长及脚踝的衬裤，据说这种穿法最初由女矿工们发明。在这样脏乱不堪的工作环境下，穿上男人们耐磨的长裤来取代衬裤几乎是必然的选择。很快，这种长裤便出名了，女性们把它穿在裙子下面，工作时就将裙子卷到大腿上。这种穿法看起来非常特别，又不会有过多的阳刚之气，于是，它逐渐成为一种女性专用的工作服，一种职业和地位的象征。

纵观整个维多利亚时代，人们都因各自的着装而被打上了标签，一眼就能看出其职业。苏格兰东部和英国东北部海岸线上的卖鱼妇经常穿着几条条纹羊毛裙，一条套着一条，向上高高挽起，将膝盖以下的腿和脚暴露出来。她们用一条大披巾紧紧缠过胸口，绑在背后。为了确保不同花样的条纹能组合成赏心悦目的图案，许多女人会花大量的功夫去卷裙摆。看到这样的装扮就知道，这些女人一定在礁石或海滩上工作，帮男人们发船、停船，清理出海的收获，做售卖前的准备。到了码头上，女人们则会把卷起的裙摆放下来，再穿上油布做的大围裙开始剖鱼、腌鱼。这是种实在的穿着方式，而且非常特别，成功地吸引到了摄影师、插画师，甚至是零售巨头德本汉姆与弗里博迪公司[①]（Debenham &Freebody）的注意，后者在1876年出售了一系列以这些女人的形象风格设计的童装外套。

服装的色彩在维多利亚中期也经历了革新，与裙撑发展的时期高度吻合。1856年，威廉·帕金斯（William Perkins）发现了一种用煤焦油制成的新型染料，而前者在当时被普遍认为是废料。这是种非常明亮的颜色，帕金斯将之命名为淡紫色（Mauve）。随后又有了翡翠绿（Emerald-green）、洋红（Magenta）、品红（Solferino）和苯胺蓝（Azuline）等颜色，每一种都明亮鲜艳，染到丝绸上时尤其漂亮。19世纪60年代，时尚业继续向前发展。这是一个以潇洒著称的时代，以往的精致和高雅被摒弃。裙撑的形状是人们偏爱的发散状，这一时期流传下来的裙子夸张得让最华丽的灯罩布都自愧不如。

图36　渔家女，1875年。

① 1905年更名为德本汉姆有限公司，是英国第二大零售巨头。其历史悠久，于18世纪开店于英国伦敦，如今旗下的经营店遍布全球。——译者注

缝纫机的引进让时尚的锥形裙摆顶部增添了额外的装饰和花边，因为在同样长的时间里，裁缝们可以出更多的活。鉴于此，缝纫行业的规模开始缩减，而人们拥有的服装数量悄然增加。外部工人、劳力车间以及工厂甚至可以压低价格，因为缝纫机让生产效率提高，从而也刺激了需求。从短期内来看，这给做缝纫工作的穷苦妇女带来了可怕的压力。那少得可怜的报酬根本不可能允许她们购买，甚至只是租一台缝纫机，所以她们不得不用自己的双手去跟富商的机器竞争。这段过渡时期相当艰难，而且持续了很长一段时间。很多年前，我买过一件维多利亚女士睡袍。不久之后，我却在 1889 年的邮购目录上看见了它。这意味着在缝纫机引进后，标准化的服装至少制作了 30 年，并且是以商业规模生产。但这类服装依然靠手工缝制，想必是以计件的方式给工人们结算吧。

19 世纪 60 年代末，时髦的裙子开始在前面和侧面做收缩处理。维多利亚人会将裙子的面料集中到背部，使其在臀部后方上下摆动。这种风格上的变换对那些追求时尚却又囊中羞涩的追随者来说很容易实现，她们只需要将现有的裙子折叠、缝制，打出新褶子，再购买一个新的裙撑（或裙衬）即可。渐渐地，这些新的裙撑也变得像衬垫一样，整体轮廓越来越窄，看起来也越来越修长。

图 37　女性时尚最繁荣的时刻：夸张的巨大裙摆和繁琐的装饰。

到了19世纪80年代末，女士成衣市场开始赶超了男士市场。虽然女士紧身胸衣很大程度上仍不适应批量生产，但工业化生产方式下，成衣产业覆盖的服装品类还是在逐渐增多。从前也是主要由主妇们在家制作的内衣和睡衣，在这10年内已大量转向了是商业化生产。至于花边无袖衬衫及睡衣等，则多由缝纫机和机器编织，通过这种方式，其生产效率提高，也更具吸引力。缝纫机器的出现分担了社会地位较低的妇女们的压力，她们感到非常高兴。裙撑和裙子就像斗篷和大衣这些外衣一样，也能买到成品了。

对于那些连成衣都觉得昂贵的人，以及与职业服装和地域服饰沾不上边的人，衣服仍承载着重要的文化信息。你是个“体面的穷人”吗？还是说你已经绝望了？如果你还能努力让自己看起来得体，那就还有希望；但如果你的衣着水准已经让人无法接受了，那么机会的大门会在你眼前砰的一声关上。穿着一套漂亮的衣服，你就值得被雇佣，因为很少有人会选择衣衫褴褛、不修边幅的人。毕竟打理得当的旧衣服比肮脏或蓬乱的衣服更易被人接受；但也需要配套完整，也就是说，一套服装的各个部分都必须完备无缺。即使是乞丐，也遵循着同样的事实。亨利·梅休在采访伦敦的贫苦居民时多次强调了这一点：打扮得稍微有些得体，看起来像个正经劳动者的乞丐比穿着破布、裹着布条的邋遢乞丐要挣得更多。人们理解并且同情那些时运不济、暂时落魄的人，但对于那些不愿把自己打扮得体面点儿的乞丐，也就谈不上尊重了。

通常来说，一套服装由一个人穿着是一种意思，而由另一个人穿着可能又是一种截然不同的含义。假如一个绝望的穷人收到了慈善机构赠予的精致而时髦的礼服，并且在没有鞋子和袜子搭配的情况下把它穿上了，那么一定不会有人觉得这样的装扮值得尊重。这种穿法在维多利亚时代会让人产生关于卖淫的联想，所以更明智的办法是把这件高级礼服卖掉，然后买上一套便宜却完整的行头。这样一来，想找工作或是租房都会容易很多。

在很多人眼中，更糟糕的是济贫院（Workhouse）发放的衣服。这些衣服虽然提供了一些温暖，却充满了耻辱的意味。每个济贫院工会都能自由选择自己的制服，不过其大多做工粗糙，有着浓厚的工人阶级风格，或者说，老气。1843 年，利物浦工会（Liverpool Union）建议给成年女性发放两件未经漂白的原色无袖衬衫、一条法兰绒的衬裙、一条灰色的亚麻裙子、两件结实的蓝底白点印花棉夹克[①]（Jacket）和一条印花棉布制成的白紫相间的披肩、两条围裙、两双黑色羊毛长袜，以及一双鞋。每个人领取的服装都一样，大多数人甚至能一眼认出这种制服——用的是当时最便宜的面料，上半身只有棉织物覆盖，肯定不会太暖和。因为有两件无袖衬衫、两件夹克和两双袜子，所以换洗比较方便。但是，这些服装没有季节区分，更不要说个性化。济贫院里的女士服装基本上都是这里的女人们自己做的，理论上应该能够保证衣服合身。但实际情况并非如此，管理层更希望把衣服都做成固定的尺寸，这样大家的衣服就能换着穿。因此，一位女士穿着的衣服往往是从每周洗好的服装中随机拿到的那一件，而并不属于她自己。有些济贫院的衣服从头到尾都没有更换过，所以它们变得越来越过时，也越来越有辨识度。一张 1900 年伦敦圣潘克拉斯济贫院（St Pancras Workhouse）的老照片上，数百名绝望的女人穿着松松垮垮的旧衣服，坐成一排吃着晚餐。

传统服饰，新式感觉

我做过也穿过很多维多利亚时代的女性服装；在无数的紧身胸衣里挣扎过，也曾在许多缝纫机上穿针引线。我还手工缝制过 19 世纪 50 年代的整套外衣，并坚持用由手转和踏板驱动（用脚推动）的机器来制作那段时期后的衣服。我学会了如何制作紧身胸衣，如何打理马鬃，甚至花了几个小时来给手帕的边缘画线。这让我感到身心愉悦，虽然耗费时间，却格外有趣。没有什么其他资料能让你更好地了解和欣赏当时留下的那些书面记载了，而制作服装的过程给了我很多帮助，穿着服装也同样如此。

如果我穿的是由现代材料和技术制作而成的道具或者戏服，感觉就没

①利物浦工会用的是 Bedgowns 一词，原意为“睡衣”，是一种旧时用的说法，甚至在当时那个年代都有些过时了。——译者注

那么真实了。道具店买来的服装——哪怕是世界上最好的，也不过是根据电影、戏剧或演员的需要制作而成。不可否认，有些戏服是根据时代特色精心打造的，耗时良久，制作精美；但大多数戏服都粗制滥造。有些戏服所用的材料与维多利亚时代的织物高度相似，但其他戏服无非就是用些便宜又常见的料子。由于戏剧表演需要频繁地更换服装，所以不论戏剧是设定在哪个年代，戏服大多都是用拉链和魔术贴加以固定。戏服下面穿的大多是现代内衣，当然，这也无可厚非。但这意味着大多数戏服穿着的感觉都跟这些服装本身想要传达的感觉相去甚远，所以把它们当作研究对象也就没有什么价值了。如果你真的想知道穿维多利亚时代的衣服是什么感受，那你在各方面都要提高要求了。你得采购正确的布料，按照当时的图样裁剪（与如今的差别挺大），用正确的缝纫线，再配上合适的工具，以及正确的技巧（现在的制作方式也发生了变化）。这也意味着你得按规矩穿上每一件衣服，而不是只穿那些看得见的外衣。这是一个复杂的过程，但整个经历非常独特，而且有启迪作用。

我穿过的每套历史服装（不仅是维多利亚时代的衣服），都对我行动的方式有所影响。不论是坐着、站着还是行走，这些外衣都会让你的整体姿势发生些许变化。它们也会改变你做事情的方法，不同时期的服装会让人的一部分动作变得轻松，另一部分动作变得笨拙。我发现我会在不同的时候用不同的方式来做同一件事或动作，这取决于我穿着什么衣服。比如我曾穿着一件17世纪20年代的裙子，拿着镰刀割了一整块地的玉米，还把边缘的地给犁了（新式的马拉收割机没法犁树篱边的那些地方）。就在前几年，我还穿着19世纪70年代的衣服，用镰刀锄了一块杂草丛生的配额地（Allotment）。

当穿上历史服装的时候，我发现要完成工作最好的姿势是一只脚在前，一只脚在后，前脚膝盖微微弯曲。接着，我把左边的手肘斜靠在膝盖上以支撑身体的重量，这样能让我的背好受些。我用右手拿着镰刀，首先把一束植物茎秆收在镰刀弯曲的刀片内侧，然后用支撑身体的左手抓住茎秆的上方，再快速地用镰刀切断这一把茎秆。当我换上19世纪70年代的服装，再做同样的动作时，那紧紧勒住身体的面料却仿佛要扎进身体里了。但我发现，如果把重心放在更中央的部位，比如放在紧身胸衣上，我就可以向前弯曲身体，用更端正的姿势干活了。通过这种方式，我还能放松背部肌肉，因为紧身胸衣里的弹性钢材会为我提供所需的支撑力。前几年穿着除杂草的那件衣服还需要做些改变，最终，我放弃利用双脚，转而用膝盖支撑身体前进。每个姿势和动作都会受到类似的影响，我们很少会留意于此，因为这些方式上的变化往往非常缓慢，慢到我们一边在经历，一边在习惯，几乎不会察觉到时尚给我们的行动方式带来的改变。

在维多利亚女王执政的六十多年里，随着服装流行风尚发生了改变，生活方式也发生了变化。这种变化随着穿着者社会阶层的不同而不同。济贫院里住着的人不会知道穿舞会礼服（Ballgown）是种什么样的体验；中产阶级的女性也不会知道穿裤子在井下作业的女工是种什么感受。

维多利亚女性服装最明显的特点就是分层。不论是富人还是穷人，无论是在 1839 年还是 1901 年，维多利亚的女人们都穿着无数层单衣。这些单衣大多以棉为主材料，裙子、无袖衬衫、紧身胸衣、紧身胸衣罩、长袜还有衬裙都可以是棉质的。虽然也有很多其他面料可以替代，但棉质单衣无疑在女人们的衣橱里占据了最主要的部分，也许还要再加上一两件法兰绒衬裙（这是羊毛织物侵入女士衣橱的主要途径）。当然，最重要的是这类棉制品一定得容易清洗。一层层的单衣在起到保暖作用的同时，又不会显得臃肿。不仅如此，在不能直接清洗的紧身胸衣和身体之间，人们也会隔上一层可以清洗的面料。

整个维多利亚时代，女性都保持了这种穿法。棉是种很廉价的面料，其成本大概是羊毛的三分之一，丝绸的十分之一。但不同面料之间的价格差异本身就是件不足为奇的事。亚麻可以用来代替棉，但同样，亚麻也贵得多。棉不仅便宜，还有很多不同的颜色、种类和图案。18 世纪晚期，一种雕刻了图案的金属滚筒出现，能给织物印上各种花纹，为此时的服装带来了明亮的色彩和多种多样的设计，包括各种以花为模板的纹饰，都在普通人可承受的范围内。虽然布料的花纹很容易褪色和过时，但哪怕是工人阶级也可以赶上这样的时髦。选择合适的棉料对于维多利亚时代的女人们来说是一件很重要的事。尽管预算非常有限，然而可选择的颜色和花纹依然多如牛毛，让人眼花缭乱。

另一个老生常谈的问题是紧身胸衣的尺寸。多年以来，维多利亚时代袖子和裙子的大小、形状发生了巨大的变化，但女性的上衣则一直是紧贴着身体，甚至在紧身胸衣覆盖之外的部分也是如此。这些服装都没有弹性，没有留下拉伸的空间。女性们做很多动作时，衣料都会前后拉扯，勒住腋下和颈部周围的皮肤。因此，从我自己的经验来看，你很快就能学会在做任何事情时都不扭动身体。维多利亚紧身胸衣的剪裁让你知道，想要拿架子顶层的东西，最好是先去拿把椅子，而且最好是站起来、转过身，而不是在椅子上扭动身体。

大裙子是维多利亚时代的特点之一。它们的尺寸和整体形状大小不一，当人们穿着它行走时，总会扫到四周的物件。维多利亚的房间，尤其是在晚期时，因杂乱无章而闻名。但如果你观察得仔细一些就会发现，在那些裙子触碰不到的地方（腰线以上），各种物件摆放得其实并不算乱；不过，位于腰线以下的物件，不管是什么，都会很快被碰倒。所以，维多利亚时代的英国没有矮咖啡桌。人们通常会使用较高的休闲小桌和货架，这样才能保证大多数家庭用品都在危险区域之外。

女士们穿着紧贴身体的紧身胸衣和宽大的裙子时，另一种常见的现象就是会感到腰部以下舒适暖和，而腰部以上则寒冷难耐，所以，她们总是紧紧抓住自己的披肩并不是偶然为之。19 世纪 90 年代末期量身定做的商务套装是唯一的例外，这是一种由粗花呢（Tweed）和其他羊毛面料按男性服装制作方式制成的夹克，套在紧身胸衣或女士衬衫上。我试穿过一些幸存的珍品，所以，我可以理解它们受欢迎的原因：暖和得让人简直无法抗拒。

在 21 世纪的大环境下来看，这种夹克可能显得庞大、碍事，但在维多利亚时代，它们已经非常实用。如果我现在仍坚持以维多利亚时代的方式干活，比如运一大桶煤或者在田里拔胡萝卜，那我可能会因为有紧身胸衣为自己提供背部支撑而感到庆幸。现在，当我再想起束着紧身胸衣，挂着吊带袜，系着大裙摆的维多利亚女人的形象时，我只会觉得，这个女人为她一整天的忙碌工作选择了最明智的着装。

How to Be a Victorian

第3章

如厕之路

当洗漱、穿衣这些步骤完满结束之后，晨间例行事项的下一个步骤通常就是解决生理问题。

“大恶臭”元凶

厕所一般建在花园或院子的尽头，由于远离房子，所以人们通常得把衣服先穿好，才能走出房门去解决生理问题。

传统的厕所包括一个粪坑；一个可以有效堆积废物的储存空间，上面用轻型材料搭建了遮蔽物；木头做的墙；斜坡屋顶以及一扇门。门的上下都留着几英寸的空隙，用来保证空气流通，也就是说大多数厕所的通风条件都不错。如果这种户外厕所（Outhouse）建得太过封闭，那么里面的气味很快就会让人难以忍受。

厕所里面放着一把木制的椅子，或者更像一个支在地面上的架子。即使是最寒冷的天气，坐在上面也还算舒服（现代的塑料坐垫可能还要冷得多）。维护得最好的户外厕所会定期把墙壁和天花板刷白，地板和座椅也每天都会清洗，还会备好足够的厕纸或报纸，以及一束鲜花。

只要有足够的时间和空间来让排泄物自然分解，同时远离人们的居住

区和水源地，大多数厕所就能保证良好的卫生和使用情况。如果能对排泄物做堆肥处理——将同等体积的纤维，如秸秆、落叶、木屑、废纸屑和干燥泥土等吸收性材料加入排泄废物中，就更好不过了。在英国一些地区，猪圈就建在厕所旁边，这样便可以将猪粪和脏污的秸秆加入化粪池，从而让废物以更快的速度分解。

户外厕所既干净又省钱，在21世纪的远郊和乡下，它依然发挥着良好的作用。对住在乡下的维多利亚人来说，也完全负担得起户外厕所。

然而，当人们使用厕所的频率太高，超过了废物分解的速度时，化粪池很快就会被填满。如果你还有更多的土地可以应对，那倒没什么问题。你只需要在不远处再挖一个新坑，把遮蔽物移过去，而挖新坑时产生的厚厚的泥土也刚好可以用来填埋旧坑，废物会在土壤的掩盖下继续安静地分解。真正的问题在于，人们开始向人口密集的区域移居，没有了花园的隔离，厕所很难再与住所和水源地保持距离。

在伦敦，政府想出来的解决方案是让人们坚持定期清洗厕所下面的坑（也就是粪坑）。当厕所满了之后，人们会把废物挖出来，从城市转移到乡下的大型堆肥场。只要能在废物漫出来之前将其转移走，那么就是安全的——至少理论上是这样。为了打扫公共设施，城市内的每个区域都配有清理粪池的厕所工和街头清道夫（Street Scavengers），他们在夜间出没，推着手推车走上街道，尽量避免影响到其他人。至于私人厕所，政府规定住户必须雇佣这些工人定期帮他们清理，转移废物。但不幸的是，并不是每个人都会严格按照规定来办事。这一时期，对邻居家粪池溢出的投诉接连不断。

随着城镇扩大，人口增长，这个问题变得越发棘手。在那些请不起人清理粪坑的区域，私人粪池里溢出的污水肆意流淌着，在地面上汇集成一个个随处可见的小水洼。同样，吝啬的房东们也不愿为这些处在贫民窟里的房产花费太多。共享的如厕设施使这一问题愈演愈烈。19世纪40年代，一项调查在桑德兰展开，其结果显示，一间厕所最多时有76人共用；而伍斯特的情况同样不容乐观，其调查结果显示有15户人家共用一个厕所。

记者亨利·梅休经常报道伦敦贫苦人家的生活情况。他的目光注视着英国的每一寸土地，不论是熙熙攘攘的城市，还是广袤的田野乡村。在报道中，他呼吁人们行动起来，维护卫生状况。有天晚上，梅休与清理粪池的工人一起出工，用与300年前相差无几的方式掏粪坑。他们的主要工具是一种特殊的长柄铁铲，用来把排泄物装进巨大的木桶中，完工以后，他们就将这种铁铲的杆子或者手柄挂起来，装小推车上带走。梅休用“简直令人作呕”来形容粪池里的气味。如果要清理的粪池在打理得当的街边庭院里，那打扫工作就不会给主人家带来太多干扰。若不幸是在更贫穷、更拥挤的地方，这项工作可能就得在人们的家里进行了，而且通常是在午夜时分。

维多利亚时代，厕所工每打扫一间厕所，大约收费1先令。对穷人来说，这些钱能要了他们的命，事实上，哪怕是工人阶级也将这笔费用看作不可忽视的极大开销。梅休在记录中指出：大多数的城市污水坑都是砖砌的，大约一米见方。然而，它们大多没有做过内衬，甚至砖块之间都没有抹灰泥。这样一来，污水就会渗进土壤里。最终，被厕所工清理出来的只是固态的废物，而污水则早已渗入土壤内部。曾经就有住在地下室的居民，发现污水从他们的墙壁里渗透出来。

图38 工作中的厕所工，1861年。

在大城市，尤其是伦敦，人们的排泄物已经渗满了土壤，甚至开始污染地下水源。就连那些相信瘴气理论的人，也对这一现象感到非常不满意。不过，值得一提的是，被污染的地下水和疾病之间的联系在19世纪三四十年代才被发现。毕竟，井里的水无论是从嗅觉还是味觉上体验起来都很干净。如果有人能从中看出危险信号，那他必将成为流行病学和微生物理论的先驱者。

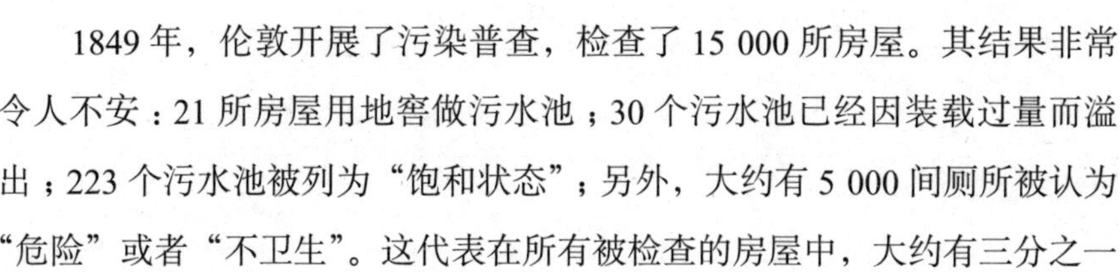

1849 年，伦敦开展了污染普查，检查了 15 000 所房屋。其结果非常令人不安：21 所房屋用地窖做污水池；30 个污水池已经因装载过量而溢出；223 个污水池被列为“饱和状态”；另外，大约有 5 000 间厕所被认为“危险”或者“不卫生”。这代表在所有被检查的房屋中，大约有三分之一都出现了重大问题。

管道供水是一个可靠的解决方案。人们相信，把家庭和工作场地的排泄物用水冲走可以打造出更卫生、宜人的环境。但当维多利亚早期的城镇私企从个体出发，迅速做出反应，想将自来水引进生活中时，又很少有人愿意为大规模的安装管道和公共污水渠系统（Public Sewerage System）买单。鉴于私营企业失败得彻底，1848 年，政府开始向民众施压，宣布房屋如果不与公共污水渠（Public Sewers）相连，则算违法行为。在那个时代，“公共污水渠”指的就是当地的河流。

伦敦卫生官员约翰·西蒙（John Simon）在一份报告中总结称，这项政策意义深远，相当于“在城市搭建了一座管理污水的地下城”。作为一个瘴气理论的信徒，西蒙关注废物与住宅的隔离，但对后续的事项并没有什么想法。他的排污系统在最初的时候颇有成效，但强迫性地将个体住户的废物排进了泰晤士河。过去 10 年间的土壤污染问题虽然得以解决，却是以水体污染为代价。1858 年，“大恶臭”事件（The Great Stink）爆发，河道散发的浓烈异味让国会的窗户上挂满了浸有氯石灰（具有杀菌作用）的麻袋——只有这样，才能挡住来自河里令人作呕的气味。政治家们这才意识到，必须得想个法子解决问题了。

图 39　1858 年，讽刺“大恶臭”事件的漫画《沉默的强盗》。

接下来的几十年间开展的大范围排污工程不仅颇有成效，还在很大程度上消除了伦敦及周边地区的霍乱和伤寒等疫症。随后，英国的其他城镇和城市也争相效仿。

这些排污工程至今仍是英国污水处理的支柱系统。数量庞大、用砖砌的沟渠和由下水管道组成的系统从城市各处收集污水，不再直接流进水渠和河道，而是被导入大型的净化处理厂，经净化处理之后，再让清水流回河道。

飘“香”的抽水马桶

在“大恶臭”事件发生的7年前（1851年），抽水马桶或者说坐便器，引起了大众的注意。那一年，第一个抽水马桶出现在佛里特街的公共厕所里。同年，它在水晶宫博览会（Great Exhibition at Crystal Palace）的盥洗室中也被展出，那是它第一次出现在大众的视野里。不过，抽水马桶可不是1851年的新发明。

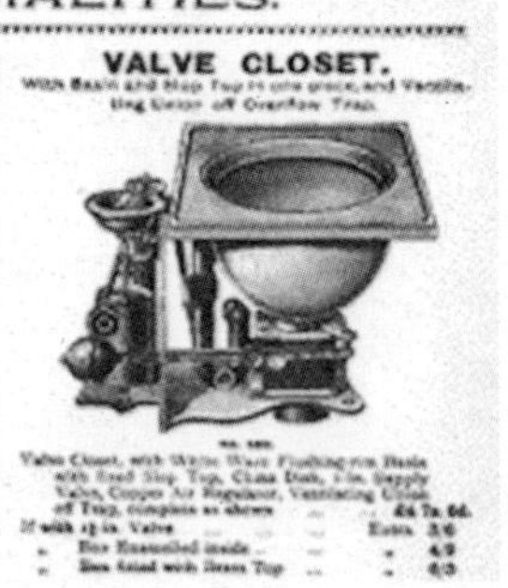

图40　抽水马桶的两种主要式样：“冲洗式”（Wash-down）和“阀门式”（Valve）。

第一张抽水马桶的设计图出现在伊丽莎白时代，由作家约翰·哈灵顿[1]（John Harrington）于16世纪90年代发明。他宣称，自己受到了旧时僧侣的启发而在脑中构建了现代卫生厕所的雏形，后者习惯把厕所修在流动的小溪或河水之上。

伦敦现存的几座16世纪和17世纪的房子，据说就可以通过收集雨水的方式，定期冲洗厕所。

①伊丽莎白女王的宠臣，著有《旧论新说：关于埃阿斯的蜕变》（*A New Discourse of a Stale Subject, called the Metamorphosis of Ajax*）。——译者注

18 世纪晚期，大量技术开始革新，几种不同的阀门和不同形状的马桶被用来引导水流。到了 19 世纪，随着技术不断发展，几种非常具有竞争力的设计同时出现在了市场上。不只是工程设计上有所不同，其针对的社会群体也不尽相同。比如一些用便宜材料制作的简易马桶，是为没有消费更高级机器阀门产品能力的仆人和被济贫院收留的人们准备。

虽然能快速清理废物，早期的抽水马桶仍有许多不足。许多抽水马桶只是简单地把排泄物导入以前的污水坑，有些甚至直接通向路边的水沟。另一个问题则是关于“S 形弯管”（S-bend Pipe）。最早的抽水马桶主要是利用一些不同规格的阀门和管道，将排泄物从便池中导出，然后再用清水冲洗。这意味着，水和排泄物是直接从马桶通入下水道。在这种情况下，如果没有单向的 S 形弯管，下水道里的气味和蒸汽便会飘进住户的家中。鉴于瘴气理论正大行其道，这显然会让人们惶恐不安，而且闻着也不太舒服。所以，很多人认为这种新型的抽水马桶还不如之前建在花园后边的私人厕所干净。

当我在德比郡的哈顿庄园工作时，经常会用到维多利亚时代的抽水马桶。即使后来有了 S 形弯管来隔绝下水道的气味，但仍有一股难闻的气味从下面飘来。

维多利亚时代的人们也遭遇了这种麻烦，就如史蒂芬·赫利尔（S. S. Hellyer）爵士在 1877 年的《水管工与公共厕所》（*The Plumber and Sanitary Houses*）一书中所说 :“便池的下边没办法清理。”冲厕所的水流根本碰不到那里，如果想要人工去打扫，就得把整个装置都拆下来。所以那时的抽水马桶比起我们现在用的，打扫起来更费精力。

随着冲洗系统逐渐改善，能快速冲散排泄物的强劲冲洗系统产生。铰链式马桶（Hinged Pans）被更完善的冲水系统所取代，并且沿用至今——水从边缘冲出，清理过便池的每一个角落，而水的力度会将排泄物直接冲入管道。

19 世纪 70 年代开始，抽水马桶被人们广泛接受。自从最初的气味问题得到解决，它们一下成为城镇生活中的必备品。在拓开了一部分市场后，新铁路公司甚至在火车站做起了广告。很多地区的火车站都是抽水马桶的首批采用者，这不仅给使用过的路人留下了深刻印象，也吸引了许多当地人来试用这种新型的卫生洁具。

土壤与煤渣之用

在主城镇外，这种最新潮的厕所寥寥可数。因为对大多数乡村居民来说，自来水此时还是一种奢侈品，他们直到 20 世纪才能用上。如果你能想办法把水箱装满，做个抽水马桶也不是不可能。但尽管有些大房子里费劲地装满了水箱，也只是罕见的例外。不过，这点困难并没有打倒乡村居民改进卫生条件的积极性，他们在其他方面取得了进展：土厕所（Earth Closet，意为“以干土防污的厕所”）。这是一种干燥堆肥方式，旨在减少难闻的气味，更安全地处理废物。它充分利用了富含微生物的表层土，能快速把人类粪便转化为肥料。如果将这两种物质充分混合，给予良好的通风条件并保持干燥，那么堆肥就会非常充分，即使重复使用土壤也不会有任何问题。

这项于 1860 年申请的专利在很大程度上来自于传统的户外厕所，专利权归亨利·莫尔（Henry Moule）所有。作为一种堆肥剂和除臭剂，土壤被不断添加到厕所里，但莫尔引入土壤的初衷是为了保持干燥，以便重复利用。于是，他和其他几家公司开始想办法改进土厕所，使之用起来更简单。一款独立便携式装置最受欢迎、使用时间最长，它的形状就像一个老式的便池，下面有个洞，连接着一只桶，桶背后有个槽。当你拉动手柄时，土壤就从槽内滑入桶中，盖住里面的排泄物。桶里的排泄物会被定期清理，倒进一个类似小木屋的地方，进行堆肥。对于乡村居民来说，这项改进对卫生条件大有裨益。

图 41　土厕所。

你若想在城镇或者大型机构中弄到足够的土壤，那可不是一件容易的事儿。因此，家庭煤灰就成了替代品。当时，几乎每家每户都会烧煤，这让大多数维多利亚人都能搞到足够的煤渣。曼彻斯特、罗奇代尔（Rochdale）、伯恩利（Burnley），以及一些中部城市都采用了这种“提桶厕所”（Pail Closet）。提桶会被收集起来，有些地区在重复使用之前还会先进行消毒，或覆盖一层干燥的吸收性材料来提高使用效率。据报道，在公共卫生措施监管有序的地区，使用这种厕所让健康状况方面的统计数据发生了很大的变化。仅在罗奇代尔，人口死亡率就从 1878 年的 27% 降低到了 1879 年的 21%。

擦屁股的纸

就像维多利亚时代的抽水马桶一样，卫生纸并不是一种全新的发明。17 世纪的廉价出版物被时人描述为“非常适合擦屁股（Bum Fodder）”，这意味着人们会将印刷品当作厕纸，使它们得以循环利用。在维多利亚的大部分时间里，许多人擦屁股用的都是报纸。广告、纸袋还有旧信封也是可选的工具。把这些纸制品切成方块，在角上穿个洞，然后穿上线，挂起来，这种被大多数维多利亚人使用的厕纸基本都是自家做。花大价钱买些会被丢进茅厕或者抽水马桶的东西，对大多数人来说简直是件荒谬可笑的事。然而，随着微生物理论被大众接受，用浸过杀菌剂的纸张，把能滋生致病细菌的排泄物从身上揩干净就成为一种必要。所以，最早的商业化厕纸是打着“医药制品”的旗号而生产出售的，这一产业也由此产生。

那时候，美国的公司于 1857 年推出了第一个品牌，是这个行业的佼佼者。1880 年，英国穿孔纸公司（British Perforated Paper Company）在英国投入生产，分 100 张一摞和 500 张一摞两种产品规格。产品的主要卖点为杀菌功能，而不是使用的舒适度，生产商们也在竭尽所能，将其打造为健康生活的必需品。

因为需要进行药物处理，所以纸张的触感又硬又滑，有点像绘图用的描图纸（Tracing Paper）。事实上，在20世纪70年代，甚至是80年代的时候，医药厕纸还曾作为学校指定的规范描图纸，经常在课堂上被拿出来使用——当然，得是没用过的干净厕纸。柔软、吸收性好的厕纸基本上到20世纪晚期才被人们频繁使用。

How to Be a Victorian

第4章

“维”式妆容

回到卧室，还不到吃早饭的时候，晨间的例行事项还得继续，男人女人们得为这漫长的一天打理好头发、胡须、面部还有双手。他们可能会拿起一把梳子，15 秒就搞定妆容；也有可能会进行一次精致而繁琐的梳妆。特别是对女性来说，这可能是一个漫长的过程，各种不同的工具、洗剂和药水在卧室闪亮登场。

美丽从手开始

手和指甲在女性的魅力辞典中有着特殊的地位。大多数在家里和其他场合从事繁重工作的女人，她们的掌心和手指上都留下了洗不掉的痕迹。给炉灶加煤、擦洗厕所、搓洗堆积如山的脏衣服让她们的手上留下了老茧，还使她们的指甲开裂，皮肤也深深地染上了污迹。长期使用冷水会让皮肤颜色发红，使人容易患上关节炎，导致关节处肿胀，手指变形。大多数人从指尖直到手肘都污迹斑斑，因为在一天的大多数时间里，她们的手都泡在污物和脏水中。一双温软白净的双手和完好无缺的指甲是闲逸者的标志。当然，也有意外：我有时也会被指责说工作不够努力，因为对于靠双手工作的人来说，我的指甲有些太长了。不好意思，各位，这只能说是遗传了良好的基因。我没别的特殊之处，但我的指甲却碰巧长得很好，强韧健康得让人难以置信。出于同样的原因，柔软、白皙，没有污迹和伤疤的双手也是淑女的标志。然而，为了让双手透露出健康的信号，你必须仔细地把它洗干净，不能太干燥也不能有湿疹，手指甲更不能有咬过的痕迹。

就像在其他任何方面一样，指甲护理当然也有流行的花样。女人们必须准确地知道自己的双手在护理后会是什么模样，指甲要磨成什么形状，要不要抛光等等。《淑女的日常读物》（*The Lady's Every-day Book*）很好地解答了这些疑惑："指尖应该呈椭圆形，透明，没有任何污迹和脊状物；指甲半月痕（Semi-lunar Fold）或者说白色半月弧应该充分发育；另外，指甲根部的角质层必须要薄，并且轮廓分明；护理完毕后，指甲的形状看上去应该像半个榛子，而且越像越好。"

图 42　擦洗地板不利于保持双手完美。

这一时期的淑女们被推荐坐在梳妆台上，准备一把指甲剪、一小碗温水、半个柠檬、一把指甲锉，还有一块牛皮制的抛光布。首先，把手指浸在温水里泡上几分钟，让指甲软化。然后，用柠檬清洁和漂白指甲。当用柠檬擦拭几分钟之后，再次浸泡指甲。接下来，把指甲修剪成完美的椭圆形，不能太长，因为太长了容易蓄积污垢。但也不能太短，否则会显得手指又粗又丑。接着就该用上指甲锉了，这不仅可以打磨修剪过后的指甲边缘，还可以磨平指甲面上的脊线。锉刀的尖端既能修理指甲底部的半月痕，又能除去皮肤上的不雅痕迹。再之后，就需要用皮革为指甲抛光——最理想的时间是每天用五分钟给每个指甲抛光，有些女性会在这时给指甲打上一点护手霜，但也有人觉得把指甲在自己的头皮上蹭几秒钟，用天然油脂护理效果更好。咬指甲的恶习会让指甲变得非常难看，而指甲上难看的白点则可以用酒精和樟脑按压擦拭的方式反复抛光和漂白，直至消除。

各种漂白剂和霜剂能改善手部皮肤。柠檬是女人们对抗雀斑、红点和痣的第一道防线。每天用一片柠檬擦洗面部、双手和指尖被认为是晨间美容的一个重要流程；接着就是用杏仁和玫瑰水洗双手，使它们更加柔软嫩滑。如果你不幸要先干点儿活，才能在下午享受片刻淑女时光，那么用玫瑰水、燕麦和猪油做成的膏剂则可以起到很大的帮助。这种膏剂能让被刺激性的肥皂和水蹂躏过的手部皮肤得到滋润。

当然，对于大多数女人来说，能用上这种膏剂简直是天方夜谭。毕竟她们穷到得用手挖马铃薯和胡萝卜、捡柴火、帮别人清理便池。因此，如果她们能弄到猪油倒还好，后者可以帮助治愈冻疮和冻裂的皮肤，但这只是所期待的最好情况。

头发的故事

1837年，当维多利亚女王刚刚登上王位时，时尚的年轻女性将头发分成前后两缕，清晰的发线从一边耳朵横贯发顶直到另一边耳朵，就像一张笑得咧开的嘴。背后的所有头发汇在一起，紧紧扎住，卷成高高的圆髻。前面的头发对半分成两撮，柔顺地落在脸侧，垂在耳朵前面，然后往回绾一下，把发尾收入背后的发髻内。有时，也可以戴上卷状假发（Ringlets），让它们简单地垂在脸颊旁。

图43　1839年的发型。头发被整齐顺滑地分成前后两个部分，脑后扎着卷状假发。整个发型在耳部周围也做了精巧的修饰。

软帽（Bonnet）对这种发型产生了很大的影响。由于无论何时，只要女性在户外行走，就会戴上软帽，考虑到复杂的发型在穿脱软帽时容易被挤压变形，所以女性脑后的发型通常都很简单，只是扎成发髻。而靠近脸部的头发在软帽之外，可以编成辫子，也可以自由地散开，还可以包裹在发网里，甚至可以套在假发圈里。辫子的厚度和数量往往有很多变化，有时盘在头上，有时则相互卷曲缠绕。

1839年出版的《淑女衣橱》杂志中，二十几张时尚样片中只有一幅图样里的模特没有戴软帽和头饰，这并不让人意外。这张孤独的样片意图打破人们一直以来严肃的发型风格（通常被软帽盖住了）。同时，这一年的图样还表现出了一些短暂变化，女性头顶的一整缕头发被两撮独立的头发所取代，前额中央的两撮头发呈V字形向后延伸开。

图44　1850年的软帽。

对于那些生活忙碌，没时间精心打理头发的人来说，简单的中分和藏在软帽下边的发髻就已足够时尚。她们大可以多花些精力来选顶好帽子，而不用再纠结发型。我试过把头发弄成维多利亚时代的各种造型（这分别代表了我所探究的不同的历史时期）。事实证明，这种发型最简便，也是最稳固，即使经过整个白天，也很少会掉下来或者需要调整。

在接下来的15年里，将头发绾在脸颊两侧的发型不再是女人们关注的焦点。到了1852年，发髻被移到了后脑勺的中心位置，头发也只在头顶平分成两股。所有头发都柔顺而松散地盖过耳朵，汇入了脑后的发髻。“柔顺”一词一时被人们竞相吹捧。自然卷的头发在那时就不太受待见了。只有在聚会上，偶尔还能看见一些女孩的耳朵边有小卷发（露耳朵的发型已不流行了，新的流行风尚要求把它们严严实实地遮住）。到了19世纪50年代早期，人们不再执着于戴软帽，出现在图画中的软帽也比之前小了很多，而且位置靠后。这是维多利亚女王一生挚爱的造型，即使周围的人不断变换着时髦的发型，她也不曾变过。

5年后，流行风向再次变化。圆髻的位置从后脑勺中央移到了靠近后颈的位置，而卷发也重获恩宠。浓密蓬松的卷发被拢在脑后形成松散柔软的形状。现在轮到直发女性们绝望了，软帽的位置变得更加靠后。她们只有用卷发钳和一堆产品折腾好几个小时，才能把发型弄好。这种发型在接下来的 12 年里都占据了绝对的主导地位。

1860 年前后，束发用的发网（Net）和束发带（Snood）出现了。发量大的女性可以更快速地完成发型，而家境贫苦的女性，也可以做出与富贵人家相差无几的时尚发型。我们之前谈家政服务时提到过的汉娜·卡尔威克，在 19 世纪 60 年代的照片中，她的发型就是用网状束发带完成。我也试过将头发盖过耳朵，束在颈后，并且顶着它干了很多家务。我是用小帽子而不是束发带兜住头发，亲身试验后，我发现这种造型的实用性极强。虽然头发确实有散掉落在脸颊两侧的趋势，使用"发胶"则可以在很大程度上阻止这种情况的发生。不过发胶要在晚些时候才能出现。

大概在 1870 年的时候，小圆髻的位置又被提高了，耳朵也从层层遮挡中露了出来。头发不再被分成几缕，而是被一同梳进发髻中，这让圆髻的体积变得前所未有的大。卷曲的长发一层一层松散地盘绕起来，再用装饰性的梳子固定住，最后插上一朵花。这种设计旨在把脖子干干净净地露出来，就像埃及王后奈费尔提蒂（Egyptian Queen Nefertiti）一样，修长而裸露的脖颈在茂密厚重的头发的衬托下显得更加夺目。不过，实际工作中，女性们很难保持这样的造型。如果她们转动身体的幅度太大，发型很可能会倒塌。所以，工人妇女们就被这种风格排除在外了，但这可能只是问题的一部分。因为要做出这种发型还得有一头秀发。因此，很多贵妇就只有借助假发套（Hairpiece）来完成了。有檐的帽子（Hat）取代了软帽，成为一种新时尚。它们被简单地放在头顶上，不会过多地弄乱发型。这是一种大众女性们都可以追赶的新潮流，而她们也正是这样做的。

图 45　1863 年，发髻的位置靠近后颈。

发髻位置还在向上攀升——到了 19 世纪 80 年代，很多女人都把发髻束在了脑袋顶上，取代了把所有头发、装饰品都挤在脑后的方式。一些女人开始剪起稍长的刘海，并仔细地烫卷，搭在额前做修饰，好让发量看上去更大，造型也更可爱。发髻束在头顶，让这种时尚发型的稳定性大大提高。女教师和女仆们可以重新加入时尚队伍了。

图 46　1875 年，对于这种向上梳的时尚发型，发量是关键。

我个人挺喜欢这种风格，因为可以很快地把头发打理好，而且比大发髻造型要稳得多。不过，想要经过漫长的一整天后头发还整齐妥帖，这实在是有点强人所难，尤其是在户外活动后。

假　发

维多利亚后期出现的巨大而精致的发型，让假发变得尤为重要。毕竟，很少有女性的发量天生就像广告和时装样片上展示的那样多。

那些发量稀薄，发丝柔软而细小，或者发量适中的女性可以自由地选择各种发色、尺寸和形状的假发。除了能购买根据最新款式制作的可夹式发髻外，她们也能用假发辫包裹住自己的头发，然后将头发分成小股，再小心地染上不同的颜色，假发就做成了。这时，如果再缝上预先准备好的小夹子，假发就能被固定在任何需要加厚的地方。通常情况下，市面上售卖的假发都是最新款式，制造商们总是死死盯着那些时尚弄潮儿，然后在短短几天之内做出具有全新风格的“仿制品”，并提供给大众。女演员是这种假发的忠实消费者，同时也是新风潮的主力煽动者。

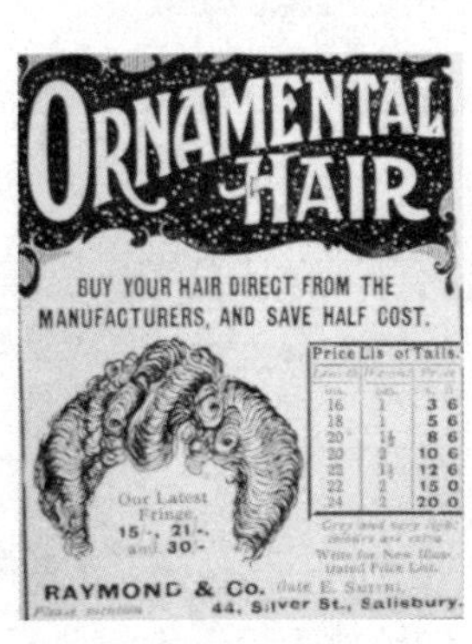

图 47　1902 年的假发广告，假发行业蓬勃发展。

对于那些穷困潦倒的人而言，卖头发也不失为一种选择。如果一个人的发色正好特别受欢迎，那她必然能卖个好价钱。假发制作者只对长发感兴趣，因为整理和定型工作总会使头发的长度减少。金发是最受欢迎的颜色，红色则没什么市场。据说，一些无良商人会从尸体上收集头发——这是许多工人阶级更喜欢开棺葬礼（Open-casket Funerals）的原因之一。

穷人们无论自愿与否，都成了一部分头发市场的供应者，但这远远没有满足需求。假发国际市场的贸易势头十分强劲。维多利亚人尤其喜爱从印度进口的头发，他们普遍认为与其他国家相比，印度人的发质更贴近欧洲人种。从印度收购头发听上去比从本土收购更符合伦理，虽然可能并非如此。一旦这些头发抵达英国，就会被漂白和分类，再被卖到小作坊（基本都在伦敦）里，由一大群工人加工。最终，它们会出现在上流社会的淑女头上。

洗　头

在 19 世纪伊始，洗头是一件颇需勇气且与传统健康建议背道而驰的事情。这一时期，人们普遍认为：你应该每天彻底地梳两次头发，以此来清除污垢。事实上，人们还指出，梳头能将头皮分泌的天然油脂均匀地抹在头发上，改善发质。

女性在梳头前，多会在肩膀上铺上一块布，然后把头发披散在上面。这样不仅能避免发梳和发刷钩住衣服上的纽扣或饰品，还能避免头发上的污垢弄脏外衣。此外，这种梳理方式还能让她们看清从头发上梳下来的脏东西究竟是什么样子（我强烈建议你们也试一试，在外奔波一天之后，即使你早上刚洗过头，也会对眼前的景象感到惊讶）。这样做有一个好处——如果你不幸染上了头虱，至少能马上发现它们，然后抓住这些小家伙，并采取相应的行动。

然而，随着新世纪关于皮肤本质和毛孔呼吸思想的革新，人们开始提倡用水清洗头发。1853 年 6 月的《英国女性的家佣杂志》提到："此前关于洗头会引起黏膜炎和头疼，伤害头发的猜测完全错误。用水来清洗是最自然也是最有效的清洁方式，可以保持皮肤毛孔张开，让汗水自然排出，使人保持健康的状态。”这可能是由于女性的头发要长一些，因此相比于男性，更愿意去除头发上的油脂；此外，鉴于头发与织物有一定的相似性，她们似乎想用洗衣服的方式来洗头发。

从19世纪40年代开始，梳头不再是人们公认的有效清洁方式，但它们觉得这种旧办法仍有些作用。事实上，人们赋予了它一项新的功能：据说在洗完头发后，梳头可以帮助脱离油脂的发丝重新湿润起来。为了刺激油脂自然分泌使它们沿着发丝流动，并为头发“提供活力和养分”，专家建议维多利亚人每天早晚各花5分钟来梳头。

许多品种的洗发水都受到了广泛推荐，它们的制作方式也相对简单。其中迷迭香花水（Rosemary Water）尤其受欢迎。它的制作办法很简单：收集一小捆迷迭香，将它们放进小碗里，再倒入烧得滚烫的热水；等水冷却下来后，过滤掉碗里的迷迭香叶片，剩下的水就是洗发水。这是一服民间偏方，最早出现在十六七世纪的书籍中，这说明在那个不洗澡的年代，一些女性至少已经懂得清洗自己的头发了。迷迭香花水比普通的清水更具优势，前者略带收敛性，可以去除更多的油脂。

洗头时，维多利亚女人会先打一盆温水放在盥洗台（如果没有单独的洗漱间，也可能会被放在厨房的桌子上），然后在脖子周围裹上一条毛巾，防止水顺着脖子流下来，弄湿衣服。接着，她会将身体向前倾斜，把头部浸在盆里，再从一个小水壶中倒出更多水，浇在脑后。

在头发上抹香皂是一种新创意，具体操作时还有许多需要留意的地方。维多利亚时代的香皂均具备强碱性，它不仅会让头发变得干枯、易折，还会引起头皮疼痛，甚至会漂白发色。这类香皂适用于油性发质的人，若干性发质的人使用了它，就可能会陷入麻烦。很多人发现，香皂的漂白作用在头发上并不明显，只是给头发添上了一点淡淡的绿色。人们觉得比起硬水[①]，使用雨水的效果更好，但关键是仍要小心挑选香皂，并且控制用量。

---

①即含有较多可溶性钙镁化合物的水。当和香皂、肥皂反应时，其会产生不溶性的沉淀，降低清洗效果。——译者注

清洗头发时，只需加入一点香皂就足够了。洗完头后，维多利亚人还会在头发上抹些润发油（Pomatum）或发油（Hair Oil），使头发顺滑而有光泽。最后，再用发刷彻底地梳理发丝，让抹在头部的油脂沿着发根，均匀地涂抹到发尾。“要避免过于频繁地洗头。每天洗头太过频繁了，这会使头发干枯、脆弱，大概一个星期洗一次就够了。”罗伯逊（Robertson）博士的这条建议直到20世纪仍被奉为标准。

给头发定型

给头发定型在维多利亚时代是一种私人行为。男人们可能会去理发店，将胡须和头发修理成型，但女人们只能在家自己梳理，或者让女仆帮忙打理。

要按自己选定的样式把发型做出来可不是件容易的事。如果不借助大量的混合物、药水和乳液，根本不可能实现当时流行的那种顺滑、有光泽，且一丝不乱的精致发型。即使是没有虚荣心，而且讨厌打扮得花枝招展的人，也会希望自己至少干净、整洁。

派伊·亨利·谢瓦斯博士在他的著作《给妻子们的建议》（*Advice to Wives*）中写道：“可以说，女士们如果不用一些特殊的办法，根本不可能让头发整洁到那种程度。在这种情况下，她们可以借助一支旧牙刷，在头发上涂抹带香味的蓖麻油（Castor Oil）或者可可果油（Cocoa Nut Oil），这样一来，她们的发丝将会变得顺滑无比。”在维多利亚时代的大多数时间里，女人们通常都会在家自制美发固定剂，为此，许多女性杂志都刊登了各种各样的配方。这类固定剂，比如润发浆（Bandoline），正是现代发胶的雏形。如果把那时的润发浆装进现代的发胶瓶里，你将很难将它们区分开。

发型固定剂的成分多样，有的以淀粉为原材料，有的则用树脂。人们通常还会加入香料、色素和防腐剂。配方里的每一种材料都出现在我们今天所使用的各种发胶里。举例来说，《少女杂志》（*The Young Ladies' Journal*）曾推荐了一个典型的配方，包含1.5德拉克马黄芪胶（用来制作糖霜蛋糕的树脂）、0.5 品脱[①]水、3 盎司标准酒精（用等量的蒸馏酒精和水混合而成，酒精含量为 50%）和 10 滴玫瑰油。如果这种配方不适用，杂志里还推荐了一种类似的配方：用阿拉伯树胶（一种树脂，常用于食品和发胶中）代替黄芪胶。我曾制作且使用过这两种发胶，不过，很难说哪种更好。它们的效果都很持久，就我的经验来说，均可以保持大半天，与那些号称“冻结发型”的现代发胶产品非常相似。

另一种润发浆以米糊为主要材料，在混入蒸馏酒精作为防腐剂后，人们会再往里面加入各种香水。我也试过这种配方，制作和涂抹都很方便。虽然这种润发浆的定型效果不如树脂产品，但很容易清理。当涂在头发上时，润发浆还是干干净净的，当把它梳下来的时候，我发现它变得如白色灰尘一般——头发上的脏东西竟然也被它一起带了下来。等润发浆被从头上彻底刷下来之后，头发会呈现出非常好的状态。

用树脂做成的润发浆虽然定型很快，但必须用热水冲洗很久才能彻底清洗干净；而用淀粉给头发定型，那你就很长时间都不需要洗头了。另一种不太常见的固定剂用的是从苔藓中提取的凝胶状物质——用来做绷带非常不错。具体制作方式是把泥炭藓放进沸水中熬煮一个小时左右，直到水变黏稠，然后混入少量酒精（作为防腐剂）。这种方法我并没尝试过，但我认为在水中熬出来的清透胶体没理由不好用。

发油是一种介于护发素和卷发剂之间的东西，制作起来十分简单。大部分发油以橄榄油为主材料，在里面加入香料，有时还会加上一点着色剂。发蜡则更接近现代的定型发蜡：它们会在手指的温度下融化，使用起来异常方便。维多利亚人会把发蜡抹在头发上，在固定卷发弧度的同时，把细小的碎发抚平。从本质上说，这种发蜡是将动物油脂和融化后的蜡混合在一起，再添加一些芳香剂制成。就像固定剂一样，发蜡也有很多主添加料，诸如薰衣草油、柠檬油、佛手柑油和玫瑰油；当然，还有些发蜡添加的是肉桂和肉豆蔻之类的香辛料；也有添加草本混合物的，比如迷迭香和百里香；甚至还有昂贵的没药香味混合物。事实上，任何油都可作为发蜡的原

①容量单位，主要用于英国、美国和爱尔兰。1 英制品脱为 568.26125 毫升。——译者注

材料，从猪油、牛油到羊油、鹿油。而蜡则通常被简单地描述为“白色”，可能是由蜂蜡、固体石蜡或是硬脂（来自鲸鱼）制成。每个人都有自己偏爱的配方，它们有的可能把头发弄得服帖，有的闻起来舒心，还有的性价比较高。从这些配方里可以看出，头发散发出的气味和发型同样重要。我最喜欢的是一种很简单的配方，里面有猪油和蜂蜡，再用百里香调香味。

染发和还原发色

染发具有极大的风险。任何想在这方面向女性杂志寻求帮助的人，都很有可能会遭遇一系列恐怖的脱发故事。即使是最狂热的支持者也不得不承认，染发真的有风险。事实上，你只能把头发染成一种固定的颜色——黑色，但你也可以试试漂白。如果你胆子够大，可以用氨和明矾。在整个 19 世纪，许多专业的理发师会为人们提供这项服务。和那些在家自己捣鼓的业余爱好者一样，他们的目的通常是为了遮盖白发而不是改变发色。但染发所使用的化学制品都具有腐蚀性，所以经常发生事故。

人们对染发的浓厚兴趣引起了一些商家的注意，后者开始生产用于家用染发的商业产品。在 19 世纪四五十年代，一种被称作“奇异粉末”（Unique Powder）的物质是这些商业染发产品的基本材料。事实上，它是由熟石灰和氧化铅（铅的天然矿物形态，在染发配方中已被禁止使用）混合而成，他们都可以在药店里以便宜的价格买到。

然而，“奇异粉末”却很昂贵。一旦你买到了这种材料，就需要把它与滚烫的沸水混合起来，使之形成像芥末一样的糊状物。之后，你就可以把它抹在头发上了，不过要注意不能接触皮肤。若自己动手染发，通常是在晚上进行，女性们临睡前会在头部裹上一条旧毛巾，把头发紧紧地包裹在里面。第二天早上，她会把头发上的粉末清洗干净。如果足够幸运，她就会发现自己的头发变得黑亮有光泽。

染发技术的再一次革新出现于 19 世纪 60 年代，整个染发过程由两瓶不同的液体共同完成。第一个瓶子里装有硫酸氢铵、碳酸钾和蒸馏水，可用牙刷蘸取，小心地涂抹在头发上，保持 15 ~ 20 分钟。第二个瓶子里装有硝酸银和更多的蒸馏水，它同样需被刷或梳在头发上。这两种染发液被认为是早期染发方式的极大改进，但它们染出来的发色并不算自然。此外，虽然它们比之前以铅为主的染发材料更安全，但仍有灼伤头皮的风险。

脱毛同样有风险。19 世纪初，很多脱毛产品面世，声称可以永久性地去除多余毛发，帮你省下拔毛的时间，并将你从拔毛的痛苦中解救出来。这些产品都是基于一系列腐蚀性物质制作而来，如氢氧化钠，能把你的毛发溶解。使用脱毛产品的危险性在于，一旦它们接触到人体皮肤，就会引起严重的烧伤。市面上还有一种用明矾做成的糊剂，虽能去毛，但也同样危险。如果你操作时足够仔细，就会发现一个意想不到的结果：你能得到使用现代脱毛膏和去死皮膏的双重效果——但一定得操作正确才行。哪怕多用了一丁点儿糊剂，都会导致令人痛苦的灼伤。不过，人们还是乐此不疲地将钱花在脱毛产品上，期待能看到成效。即使是拔毛也有缺点，它会造成毛孔粗大、发炎，甚至会导致感染。对于维多利亚女性来说，她们需要脱毛的部位主要集中在面部。当然，和今天一样，很多女性也为唇边的小胡子感到烦恼。软化和漂白是维多利亚时代广受欢迎的两种脱毛方式。在大多数情况下，人们会将柠檬汁、玫瑰水和杏仁制成糊状物，并涂抹在脸上，再盖上面膜和石膏，敷上整整一夜。

在维多利亚统治的最后 5 年里，富裕的女性有了一种新脱毛方法——电疗法。她们会在汗毛根部放上一根细小的针，插进毛囊里，然后给针通上微弱的电。时至今日，电疗法仍是一种祛除多余毛发的方式。不过，作为晨间仪式的一部分，这当然与维多利亚女性在家所做的方法有所不同。这种美容疗法需要专业人士操作，只有有钱人才负担得起。

放任自流 VS 美丽欺骗

在维多利亚女人进行晨间例行事项的下一步之前，首先得让她们决定是否化妆。维多利亚时代的化妆品承载着复杂的社会含义。“在女人们的化妆间里，没有任何话题比化妆品更具争议性。”《淑女的日常读物》如是说。女性必须竭尽全力让自己更有吸引力，这样才能被社会所接受。女性们总是被不断警告不能“放任自流”。如果一位女士要恪守上帝赋予她的家庭主妇的职责，就必须提升自己的外表魅力，以此来保证丈夫留在家人身边，忠贞不渝。其实，对于女性来说，重视自己的外貌不止能防止丈夫陷入道德危机，还能令所有与她有接触的男性赏心悦目。

那些宗教观念较强的人虽然总是打扮得整洁、朴素，但外貌压力也并没有减轻多少。像《战栗》（*The Quiver*）这种拥有虔诚而不墨守成规的读者的杂志，以及像《星期日在家》（*The Sunday at Home*）等面对英国国教成员的出版物，至今仍刊载着一些关于女性外表的文章，认为女性的阴柔之美是一种号召力，能让“虔诚”二字进入一度排斥信仰的男性心中。

对于一些维多利亚人来说，女性的美和纯洁可以从纯净水、健康生活和内心的满足感等处获得。

贾姆森（Jaimeson）夫人对此高度认同。在一篇发表于《女孩报》（*The Girls' Own Paper*）的文章上，她写道：“早上（她们必须）使用纯净水清理身体，在那之后，还必须摒弃所有的激动情绪，尤其是妒忌，因为这会让皮肤变得苍白而没有血色。”贾姆森夫人坚信饮食清淡可以预防青春痘，每天散步可以使双颊红润，在黎明时起床会让双唇水嫩、红润，而“对快乐的向往会让（女人的）眼睛里燃起火焰”。与此同时，她还列出了一系列能摧毁女性靓丽外貌的行为，比如熬夜、打牌、在烛火下看小说，以及粗鲁的行为。针对这个问题，虽然其他维多利亚人的反响并不激烈，但原则上都表示了认同。

另一个有关化妆品的热门话题是：它很可能对健康造成威胁。正如一位评论家所说：“所有化妆品都是抹在皮肤表面，所以它们显然都会对皮肤的排汗功能产生影响。”人们相信皮肤是一种呼吸和排毒器官，所以任何会堵塞毛孔的东西都将威胁健康。这一时期，水洗清洁方式正在被全面推崇，把脸上的毛孔堵起来似乎是件愚蠢的事情。弗罗伦斯·南丁格尔[①]

①英国护士和统计学家，世界上第一个真正的女护士。1854 年，南丁格尔到克里米亚野战医院工作，被称为提灯天使，她的生日是 5 月 12 日，这一天被定为国际护士日。——译者注

(Florence Nightingale）曾谈及毛孔堵塞，认为这可能导致皮肤慢性中毒。更甚者，人们还相信皮肤上附着的物质会通过毛孔被皮肤再吸收。这种说法让化妆品看起来更加危险了。

因此，使用化妆品可能会带来一些负面的反响。从某些层面来说，涂抹化妆品似乎意味着选择了不健康和过时的生活方式，常使用化妆品的人也被认为是抓着陈旧的行为习惯不肯放手。穷人家的女性买不起任何化妆品，以另一种角度来看，这让她们的社会地位获得了意想不到的提升。磨坊的女工虽然每天只能用冷水清洁面部和双手，但豪门大户的千金小姐也是如此，所以在容貌方面女工可以有同样的自信。乡下的工人阶级女孩十分特别，在各种流行的小说和故事中，她们通常都以清新纯洁的美丽形象出现。我们经常能在广受欢迎的出版物中找到乳牛场女工和牧羊女的版画。可以看出，大部分人还是更倾向于天然美。

有些女性对化妆所带来的视觉欺骗感到不安，也有女性觉得用非真实的面目示人是一种缺乏诚实的表现。这类印象似乎传递了这样一种讯息：化妆即品位低下。有一位女性曾说道：

> 当我们尝试用化妆品掩盖岁月在我们脸上留下的痕迹时；当我们用假发和染发替代或改变随着时间流逝逐渐变得灰白、稀疏的头发时；当我们在衣服下垫衬垫来掩盖一边肩膀比另一边高的缺陷时，我们就已经违背了自然的规则。其中的任何一样都不是低级趣味，但显然破坏了真实性。我们所依赖的这些方法都是对自然法则的违背，这是一种低下的品位。

关于化妆带来的道德问题让很多人恼怒不已。这种体貌上的欺骗会不会鼓励其他形式的不诚实行为呢？给自己涂上化妆品的女人是否值得相信呢？有很多人认定妓女使用了大量的化妆品，但从记者和其他评论员的描述上来看，他们似乎也对这种言论颇为惊讶。因为在这些风尘女子身上，他们并不能找出多少切实的证据。

虽然化妆品被人诟病，但在清晨时分，女人们仍可以使用一些药物性略强（在她们看来）的化妆洗剂。在很多人心目中，雀斑是种让人避之不及的皮肤污点：一位漂亮的女士应该拥有干净、白嫩的皮肤，而雀斑则被看作瑕疵，比斑点和粉刺好不了多少。19 世纪初，大部分药剂师会出售独家混合配方，但到了 19 世纪末，这些本地制造的产品几乎都被全国性大品牌收购。许多产品的定价并不高，专门针对经济不宽裕的年轻女孩。她们并非女仆，而是中产阶级下层女性，可能是普通职员家的女儿，能买得起一两瓶面霜。自制的产品同样好用，且十分受欢迎，所用的材料与药剂师卖的完全相同。1858 年，一款治疗斑点的产品里可能包括了玫瑰水和硫酸锌。在使用雪花膏（Cold Cream）前，维多利亚女性会先用自制的洗剂冲洗面部。我们现在使用的许多药妆产品，也含有完全相同的成分。

手霜和面霜也可以被视为药用产品，不仅能保护皮肤免受天气的摧残，还能修复由肥皂、热水带来的损伤。在维多利亚时代，这两样产品均可在商店中购买，当然，它们也可以在家里制作。人们对传统材料较为放心，此时的很多配方都有赖于古老的混合方法、记忆中长辈们使用的材料、制作工艺和使用方法。玫瑰水和杏仁是典型的原材料，此外，还有接骨木花水（Elderflower Water）和天然甘油（现在有很多润肤乳的基质还是它）。我衷心推荐接骨木花水，尤其是在自制产品时。采下一大捆新鲜的接骨木花，放在一个大碗里，再往花枝上倒一壶热水，片刻之后，便可在水里洗脸了。顺便一提，把接骨木花的花枝当毛巾擦洗面部，效果会更好。天然甘油会给皮肤一种嫩如丝绸的柔软触感。自制的玫瑰水和杏仁混合物也同样有效。糖也是一种制作面霜的传统材料，薰衣草、燕麦片和柠檬同样如此。然而，我不太喜欢加了糖的产品，它们会让我的皮肤有些紧绷。

散粉、雪花膏以及胭脂

许多维多利亚时代的广告写道："一位淑女的梳妆台上如果没有这样或那样的粉末，那显然不完整。它们不止有助于防止皮肤干燥，还能给肌肤带来光滑触感，同时也能掩盖青春痘。"

大多数散粉是由添加了香味的淀粉制成，偶尔也有染过色的——晚些时候，同类的产品还会用来洗衣服，类似于上等的爽身粉。鸢尾根是一种鸢尾属植物的块茎，常被用来调香。如果想给粉末上色，那么你可以用某些植物和甲虫作为原材料。自制粉末成本并不高，如果一位女性想调制无香味的混合物，那么她大可以从装淀粉（洗衣服用）的盒子里直接拿一些来使用。

通常情况下，那些被用作散粉的普通淀粉呈白色，有助于浅化肤色，帮助女孩实现她们梦寐以求的白嫩肤色。想要自制有色粉末则要困难得多，不过，所幸市场上出售的散粉有多种颜色。粉色最常见，因为可以当作腮红使用。虽然有人也把散粉视为化妆品，但是因为其制作简易、价格低廉，所以它更多地被视为“护肤品”。

Pompadour Cosmetics.
17 UPPER BAKER STREET, MARYLEBONE, N.W.
—:0:—
Pompadour Powder.
5/- and 2/6 per box.
Pink, White, and Cream.
The only powder which cannot be detected. Gives a lovely ivory polish to the skin, while all other powders produce a dull surface.
Sample, post free, 6d.
Pompadour Stain.
5/-, and 2/6 per bottle.
This Stain is a substitute for liquid or other rouges, and is infinitely superior to them in every respect. It gives the exact flush of perfect health, in any shade required, which no rouge quite succeeds in doing; and it defies detection—even in a side light. Further the face can be washed in the ordinary manner without removing it.
Sample, post free, 6d.

图 48　化妆品广告。维多利亚末期，品牌数量急剧增长。

维多利亚时代，人们对散粉的争议主要集中于它对毛孔的堵塞上，其他方面的问题却并不明显。为此，有色散粉是那些想让双颊如玫瑰般红润，却又不愿承认自己“化妆”的人的最佳选择。

在 21 世纪，“雪花膏”这种叫法已经不流行了，但仍有很多人在使用。妮维雅（Nivea）和旁氏（Ponds）是如今知名度相对较高的两个品牌。所有瓶装的润肤膏，只要不是液体状，都可以被称作雪花膏；而我们现在称之为粉底液的产品，实际上是由雪花膏和有色散粉混合制成。维多利亚女人在用过雪花膏后，会再扑上一层散粉，这让她们看起来与 21 世纪涂上了粉底液或遮瑕膏的女性非常相似，只是显得苍白了一点。

至于眼妆，虽然维多利亚人不用眼影（那要等到早期的无声电影出现时才有），但会用木炭、接骨木或是烧过的丁香枝画眉。绿矾溶液也很值得推荐，在用栎五倍子[①]（Oak Galls）煮出的汤水洗净眉毛后，便可用小刷子蘸取溶液刷在眉毛上了。通过这种方式，你可以把眉毛染出粗细有致的形状，且绝不会有任何人对你大叫："你化妆了！"有时，人们还会用小剪刀规律地修剪睫毛，他们相信，这样能让睫毛长得更长、更浓密。

如果你愿意冒险成为一个"化了妆"的人，那么还有一系列健康风险需要你了解清楚。

就像《淑女读物》（*Lady's Book*）中警告过的那样："最危险的化妆品中含有大量矿物和金属物质，所以当你准备购买化妆品的时候，应该特别关注它的特性。如果你不知道其成分，就不应该贸然使用。"市面上出售的胭脂大多以红铅粉和白铅粉作为原料，有的也会使用水银，就像伊丽莎白一世时人们普遍使用的那样。这些成分非常危险，会被皮肤吸收，更糟糕的是，如果用在唇上，还可能会被误食。没有确凿的证据能证明有人死于化妆品中毒——那个时期的诊断技术不能为我们提供太多信息。但可以肯定的是，这些化妆品对身体没有什么好处。事实上，维多利亚时代的人们其实大都知道这些材料的毒性。他们也都承认，家庭自制的胭脂是更为安全的选择，因为你能清楚地知道里面有些什么。从已知的草本植物中可提炼出更安全的材料之后，人们会将其制成商业产品并投入市场。以巴西木、紫草根（一种英国本地植物，很多人把它当成一般的杂草）和甜菜根为原材料的配方都很值得推荐，人们通常会采用沉淀法[②]将其制成粉末。用胭脂虫研磨成的粉末（至今还被用作食用色素）则是另一种天然的替代物。在制作出更符合需求也更安全的化妆品后，手工制作者们便可以根据自己的喜好来使用它们了。

要制作胭脂粉，首先要把滑石或云母磨成非常细的粉末。待胭脂虫或紫草根在少量的水里浸泡一夜后，再把泡好的汁水淋在滑石粉或云母粉上。等它们混合彻底后，人们会将成形的膏体弄得薄薄的，摊在一张纸上晾干。

①一种出现在栎树叶片上的小圆球，瘿蜂在里面喂养着它们的幼虫。——译者注

②通常指制造固体催化剂的方法之一，也指水彩画的技法和溶剂萃取的方法。——译者注

一旦膏状物完全晾干，染好色的滑石和云母就会被再次敲碎，研磨成粉末。使用这种胭脂粉时，需用小勺子将少量粉末舀入一个小巧细密的棉布袋里，然后扎紧开口，在脸上轻轻扑打。

如果你更喜欢胭脂膏——在质地上，类似于现代的口红——那你可以将土鳖虫粉末与动物油脂以及大量的白蜡混合在一起。若在材料中加点儿可可脂，则能提高吸收率。使用胭脂膏时，只需用指尖蘸取少许，涂抹在脸颊和嘴唇上。这无疑是最简单的家庭手工化妆品了。

胭脂纱被认为是极好用的胭脂之一，它的上色效果最为自然。在制作这种胭脂时，人们会先用甲虫或植物做出一种颜色艳丽的液体，并将其注入水中。之后，再把许多小块的纱布浸泡在水里，然后晾干。使用时，取一片胭脂纱贴在皮肤上轻轻摩擦，直到颜色从纱布表面转移到脸上。

我制作过一系列维多利亚时代的胭脂，它们的质地像润发油一样，有六种不同的款式，均是以紫草根、胭脂虫和巴西木为着色剂。我也试验过许多油脂和蜡的混合物。它们都能起到一定程度的作用：显色能力不错，可以精准地上色，持久性也能让人接受。

使用维多利亚时代的化妆品本身就是一门艺术。不过，人们在使用时，很容易误判胭脂的显色能力，让这些有毒或没毒的混合物弄得自己像个小丑似的。我们无从知晓到底有多少女性使用过这些“化妆品”。很少有人会承认自己化了妆，即使她们的亲人或朋友发现其脸上有着明显的化妆痕迹。维多利亚时代并没有销售数据，药店或邮购公司里留存的少量名牌邮件订单倒可供参考。19 世纪末，这些名牌的销售数量似乎在不断增长。即使杂志和咨询类书籍不主张化妆，也会提供与化妆品有关的信息。

香水成瘾

在维多利亚人的一天正式开始前，还有最后一个步骤——喷香水。

香水可是个相当时髦的玩意儿。就像今天一样，有关香味的风潮来得快，去得也快。当维多利亚女王接受加冕时，最流行的香味，或者说最受追捧的香味是古龙水（Eau De Cologne）。芮谜[①]（RIMMEL）先生的《香水之书》（*Book of Perfumes*）便记录了如何制作古龙水——将各种或甜或苦的橙花小心地融合在一起，再与用橙花树皮提炼的植物油相混合，最后蒸馏得出香水。这是一种历史悠久的香水，流行于 18 世纪。制作香水的植物油主要产自法国南部和意大利，但这一时期，混合油脂技术在德国科隆最为发达。作为一种香水，古龙水最初更受男性喜爱，据说两位引领男性时尚的名人——博·布鲁梅尔（Beau Brummel）和博·纳什（Beau Nash）都很喜欢用它。到了 19 世纪 30 年代，不论是男性还是女性都开始使用古龙水了。这种干净而清新的气味占据了人们的嗅觉，除了涂抹在身体上，人们甚至会将它喷洒在手帕和手套上。

古龙水比真正的香水要便宜得多。真正的香水只含有能产生独特香气的精油，而古龙水，从另一方面来说，则是用蒸馏水稀释而成。因为这个原因，古龙水也被称为花露水——一种在处理个人卫生时才会使用的芳香水。无论是被当作在耳后涂抹的香水，还是须后水，男人的盥洗室里总会有它的一席之地。古龙水清淡的香味和实惠价格意味着很多人都能使用，而有钱人则可以更随意地使用它。如有必要，绅士们的理发店和药店里都会有存货。鉴于古龙水直到今天仍在生产，想要感受一下 19 世纪 40 年代的香味，就变得异常简单了。

佛手柑油和柠檬油有时单独使用，但人们更常把它们混合起来。这种混合成的香味是 19 世纪中叶的标志性气味。从护手霜、润发油到枕头，几乎所有东西都散发着这种香味。它极受女性追捧，而男性很少使用——从 19 世纪 50 年代起，男性在香水上的消费额开始大幅下降。这种香味受到追捧的原因之一是它的可用性。作为天然植物提取的精油，两者价格都相对合理，若将两样混合，甚至还能更便宜。它们在药店以及化学家和药剂师的小铺子里都能买到。19 世纪中叶，这种时尚的混合制品比古龙水拥有更多的忠实粉丝。即使是工人阶级的家庭，只要男主人有份稳定的全职

①法国香水师，1834 年在英国创建芮谜小铺，如今，“芮谜”发展成了全球历史最悠久的化妆品牌之一。——译者注

工作，就能以某种形式拥有一大罐柠檬油和佛手柑油。它们的香味很容易与家庭手工化妆品融合，它本身也能很好地与女性膏状和糊状化妆品中的油脂融合。

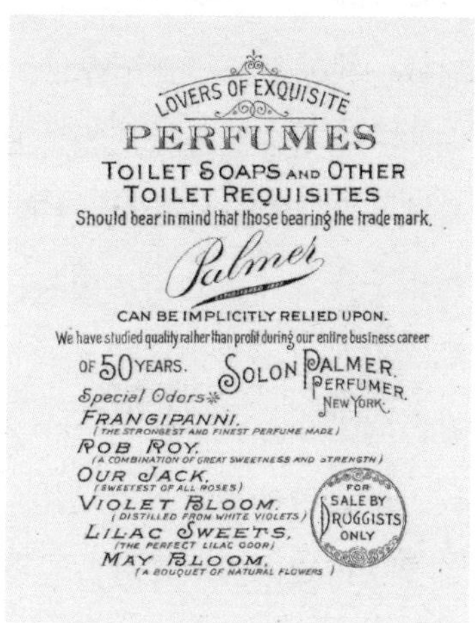

图 49　香水广告。很多香水品牌都在大西洋两岸大力进行市场推广。

今天，如果你想亲自了解这两种精油的香味，只需徒步前往保健食品店的芳香疗法区，就可以找到。不过你需注意，每次不可使用太多。维多利亚时代，人们的香水用量非常节省。

1880 年，佛手柑油和柠檬油开始失去吸引力。与上流社会流行的气味更浓郁、层次更丰富的香水相比，它们的香味显得过时而粗糙。此时，上流人士常用的香水使用了大量麝香、龙涎香、广藿香和各种香料、精油，价格不菲。到了 19 世纪 90 年代，高端时尚香水不再是单一香味，而是由 8 ～ 12 种不同的萃取物制成。这些高档的香水被装在漂亮、细长的玻璃瓶里，完全是财富的象征。香水再次变成了富人的专属品。

与此同时，在大众市场，薰衣草精油开始在廉价产品中占据主导地位。19 世纪末的香水市场有两种主要的香味，其一是异域香和麝香；而另一种则是薰衣草精油、薰衣草花水、薰衣草香皂、薰衣草混合香料以及薰衣草香包。为了满足市场需求，一个新的产业诞生了。英国和法国都出现了为商业生产者提供薰衣草的专业薰衣草种植户。许多维多利亚晚期的女孩们

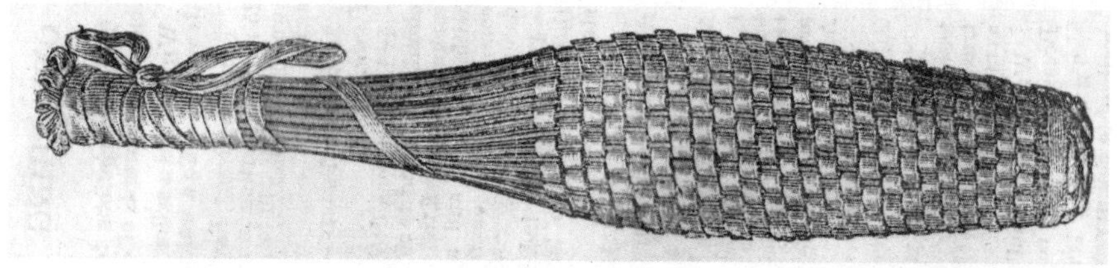

图 50 《少女杂志》中用丝带编织的薰衣草，1866 年。

都擅长在花园里收集薰衣草，再用它们制作薰衣草香包：收集一小束花，用缝纫线把花序下方绑紧，再将花茎反折在花序上，随后用一条长长的丝带穿过花茎，紧密地编织起来，最后再打上蝴蝶结。当我还是个小女孩的时候，我就学会了制作香包，后来，我又将方法教给了我的女儿。

一些维多利亚人认为，无论香水的味道如何，香水本身都不那么惹人喜欢："哪怕如今香水已经变得十分昂贵，但它最开始的时候，不过是一种用于掩盖体味的清洁用品。既然现在使用香皂已经成为一种文明习惯，那么香水就不再被需要了。"事实上，因为其广泛的可用性，香水的销量在急剧攀升。

化学改变了世界的气味。在维多利亚统治初期，绝大多数香水的成分都是从植物中提取经过蒸馏得来，只有很少一部分是从动物身上萃取。这些物质都非常昂贵，仅制造小剂量的浓缩精油就需要花费大量的材料。但随着时间的推进，化学家们从一些我们从未考虑过的材料中合成了越来越多的香味。煤焦油及其各种分形衍生物（Fractal Derivatives）催生了一系列令人惊讶的香味。梨、苹果、杏仁和菠萝的精油都可以从煤焦油中提炼出来，同样还有风靡一时的柠檬油。人工合成香料的成本比起之前的植物萃取物要便宜得多。这些新的化学产品让香水再次变得大众化，芳香的气味进入了社会下层民众的生活。19 世纪 70 年代，甚至连女仆都在买有香味的香皂了。就香水而言，正是它的这种全民性，使 19 世纪晚期的香水潮流走向了更为复杂、浓郁也更奢华的方向。最终，时尚人士们开始追求那些无法被人工合成的香味，以便再次划清自己和女仆之间的界限。

打造男人味

男人显然不需要在大清早考虑化妆这个麻烦事儿，但他们得在头发和胡须上下点功夫。对于维多利亚男人来说，长发从来都不时尚，至少披在脖子后的发型绝对不流行。纵观整个维多利亚时代，男士的头发长度从没超出过领子。不过，男士可选择的发型依然有很多，无论是光滑、油腻的，还是浓密、不受拘束的。男士的面部毛发也能打理成很多样式，既有剃得干净、清爽的款式，也有浓密的络腮胡。

1837年，时髦的年轻男士们保留了拿破仑时期的一些发型元素——浪漫诗人的发型：将头发汇成一股，从头顶整个向前梳。这样一来，发线就不会出现直边，而是温软的小卷发和单独的碎发，这得在发型产品的帮助下才能完成（我们在后面的章节中会具体讨论）。通过这种方式，头发将会被固定在一定的位置。

在这时，维多利亚男人的脸部一般都剃得很干净，只会在耳朵前面的鬓角处留下一小撮鬓发，向下延伸到下颌骨。这是一种很文雅的形象，既代表着社会文明，也保留了些许野性。

在接下来的几年里，男士的鬓角会越来越长，也越来越浓密。年轻的阿尔伯特（Albert）亲王[①]在与维多利亚大婚时，就留着这样夸张的鬓角。阿尔伯特亲王很幸运，他拥有自然的卷发，看起来又厚又浓密。至于更长的鬓角，则多被那些想让自己看起来更严肃的人采用。18世纪的花花公子们都喜欢把胡子剃光。面部毛发是维多利亚人摒弃轻浮形象的一个具体表现。同样，胡须消失了几十年后又开始在维多利亚时代出现了。

图51 鬓发，1850年。

再往后，边分发型就出现了。此时，好看的男士发型都是又黑又厚的波浪形头发。男士们会在头顶的一边分开发路，接着将头发往后梳倒，而不是往前扫。他们还会将脸部周围的头发弄卷，有些男性甚至会将刘海和头顶的头发稍稍留长，以便做出蓬松感。在皇室家族于19世纪50年代的合影上，阿尔伯特亲王的仪容修饰得堪称完美，成为一种流行多年的时尚。

①出生于德国巴伐利亚州，是维多利亚女王的表弟和丈夫。——译者注

当你进一步观察19世纪中叶的男性画像时，会发现这种鬓发发生了一些变化——鬓角延伸到了脸部以下，并在下巴下方汇合。但这还不是胡子的全部，下唇以下的区域被剃光了，只在下巴的最底端留了一撮细细的胡子。这是维多利亚中期的标志性风格，甚至具有国际吸引力，英国大西部铁路建设的总工程师伊桑巴德·金德姆·布鲁内尔（Isambard Kingdom Brunel）和美国第16任总统亚伯拉罕·林肯（Abraham Lincoln）都采用了这种造型。鬓发与络腮胡搭配起来效果更好，但胡须必须修剪得干净、整齐。这种造型彰显了男性的阳刚之气，因为人们通常认为，只有精力充沛、身体强壮的男性才能长出这样的大胡子；同时，拥有这种造型的男性也被认为是有修养的文明人，因为他必须时刻把胡子修剪得妥帖干净。就像很多真正深入人心的潮流一样，这波风潮也延续了很长时间。19世纪五六十年代，这种造型占据主流地位。哪怕后来有了新的潮流，有些男士还是继续保持着这样的风格，甚至到20世纪初，即60年后的爱德华时代，还有渔夫依然蓄着连鬓胡子。

图52 连鬓胡子，1850年。

图53 浓密的胡子，1870年。

19世纪60年代晚期，许多男士选择了干净、清爽的形象，通常只在面部留下一撇小胡子。采用这种造型的多是年轻男人，尤其是未婚男性，他们完全不关心自己是否看起来“能干”或者有地位。如果说连鬓胡子在当时代表当权者和稳重的绅士形象，那么光秃秃的下巴则象征着处在恋爱中的年轻人。

到了19世纪70年代，维多利亚男性开始崇尚更浓密、粗壮的毛发。

从1874年到1875年，这种野性风格达到了巅峰——男人们有着蓬松的络腮胡子，不经修剪的唇上胡须，浓密、卷曲、蓬乱的头发。不过，并不是所有人都会选择这种特别的造型。这是造型最多样化的时代，络腮胡、连鬓胡子、鬓发，还有不留胡子的风格此时都出现了。但在这10年里，蓬松而浓密的风格还是占主导地位，这是一种新兴趋势。连鬓胡子证明主人严格执行着剃须的规范，而更浓密的胡须则是为了充分展现男性气质。这种造型在知识分子和体力劳动者中同样受欢迎，然而，这两类人虽然都想表现出男子气概，却又有着不同的理由。查尔斯·达尔文（Charles Darwin）就蓄着体积庞大的浓密胡子，这也许是为了突出他的探险家身份。

到了19世纪末，很多和达尔文一样留着狂野胡子的人开始含蓄起来。很多人依然留着大胡子，但此时像爱德华王子（后来的爱德华七世）那样将胡子剪得短而优雅才是主流。的确，在这一时期，剃光脸上的胡须，只在唇上留下两撇精心修剪过的小胡子是最受欢迎的造型。此时的发型，同样比之前更短、更直一些。华丽的卷发和大波浪都已经褪去光环。

脱 发

就像现代一样，脱发这个问题让很多男士的晚年生活备受煎熬。它的成因和治疗方法是一个非常热门的课题。为什么有些男性会脱发而其他人却不会呢？为什么大多数男性都是晚年才开始脱发，但一些人甚至从十几岁起就开始了呢？

很少有科学家将他们的精力集中在研究秃顶的问题上，这就意味着那些想要寻找答案的人不得不从陈旧的研究成果上着手。其中，最有影响力也受到广泛引用的研究成果就是亚历山大·罗林森（Alexander Rawlinson）发表于1816年的《对头发的实践性与理论性论述》（*Practical and Philosophical Treatise upon the Hair*）和更早前发表的《关于头发的论文》（*Essay upon the Hair*）。罗林森认为，脱发是由汗液引起，而这正解释了为何男性发生秃顶的概率要比对女性大。他指出："汗液基本上在剧烈活动中产生。它会让发根松弛，而酸性的汗液会让头发干燥，流通阻塞，进而脱落。”他的补救措施是定期在头发上使用马卡沙油（Macassar Oil），以使头发变得润滑、柔顺；此外，还要制订计划，定期修剪头发。罗林森相信，每两周修剪一次，能让头发变得健康而浓密。不过，他指出，剃须只会让头发变得更加粗糙，所以头发不能剃。从另一面来说，定期修剪头发，能在不影响发质的情况下，加快其生长速度。到19世纪中叶，关于皮肤和头发毛囊的深入研究证明罗林森的说法绝无可能。但他的错误理论非常深入人心。直到20世纪，当我还是个孩子时，我的母亲就曾向我推荐罗林森的方法。

在整个维多利亚时代，几乎所有头发问题都能用抹油来解决，包括脱发。抹油此时是一个标准建议。当时，罗林森提倡使用轻油质的发油——一种他自制并出售的发油产品，不过，市面上的其他产品大多以猪油和牛油为基础，比较油腻，并加入了些许着色剂和香味。我按当时的简易发油配方制作过发油：首先，我在橄榄油中加入一些切成薄片的紫草根，再把它们煮沸，让颜色变得鲜红；然后，我过滤掉混合物中的紫草根，又加入了一点佛手柑油以调香。制作完成后，我在手指上蘸取了一点发油，用手按摩头部，使头发充分吸收。通过这种方式，头发会变得有光泽，也更容易定型。不过，如果使用得过多，头发很快就会变油腻。刷头发和梳头发都是在抹发油而不是在洗发时进行。但如果一位男士担心自己会秃顶，那他就得涂一层薄薄的油覆盖住头发，尤其是发根部位。

准备工作做得越充分，发油就越容易被头发吸收。有一个发油配方非常典型，包含一种被称作“魔法材料”的斑蝥酊[①]（Tincture of Cantharide）：“把牛骨髓放入少量水中，待融化后过滤，0.5磅；斑蝥酊（将1德拉克马的斑蝥粉末在1盎司标准酒精中浸泡一个星期后可得），1盎司；佛手柑精油，20滴。”

让这种有魔力的配方流行起来的人是外科医生艾拉斯姆斯·威尔逊（Erasmus Wilson）。用于制作斑蝥酊的昆虫被称为“西班牙苍蝇”，是一种鲜绿色的甲虫，医学界经常用它来去除肉疣，制作壮阳药。威尔逊是防

①由斑蝥制成，据说曾被黑魔法师使用。——译者注

脱发产品的供应商，他发表的各种家庭制作配方以及他的供应商身份确保了他的观念能受到广泛传播。他建议那些防脱发产品“每天应使用 1 ～ 2 次，且每次使用的时间要长一些”，如果头皮出现疼痛，则“中止使用一段时间或降低使用频率”。其他品牌如迪皮特朗（Dupuytren）和卡泽纳夫（Cazenaze）也紧随其后，在润发油产品中加入了斑蝥。作为一种广为人知的医药材料，斑蝥常被用于各种安抚类药膏中。因此，在很多男性看来，用它制作防脱发产品似乎值得信赖。这种产品确实流行起来了，而且在一系列利润丰厚的产品中占据绝对优势。

1850 年前后，一种关于秃头的新解释出现了：头皮毛囊供血不足而造成了脱发。这个新解释很快引起了人们的注意，到 1901 年时，已经成为被引用得最广泛的理论，并且获得了医学认可。在此基础上，人们提出了新的治疗方式：通过刺激头皮血液流通来加快头发生长，比如有规律地摩擦头皮，穿戴宽松的帽子，洗冷水澡，吃肉类食物以及做一些剧烈运动。在油腻头发上摩擦让相信这个理论的人感到非常不快，公众们对于其他商业性的脱发治疗方法也颇为不满。然而，这种新理论并没有完全推翻汗液导致脱发的旧观点。此时，仍有许多人在游说防汗观点，这个观点同样建议人们佩戴稍大一些的帽子和使用冷水，但提倡清淡的饮食、适度的运动和更少的精神消耗；此外，还提倡使用质量好的发油或润发油。

19 世纪末，另一种理论应运而生——脱发是由头皮上寄生的微生物引起。医学界对这一理论嗤之以鼻，但很多民众却很快就接受了。如果生活中几乎所有的疾病都被证明是由“微生物”引起的，那为什么秃顶不能呢？相信这个观点的人们开始推崇使用自制的各种消毒剂，佩戴紧贴头皮的帽子，以及使用全新的发刷和洗发水。

头发护理

1816 年的男性不用水来清洗头发。“与身体的其他任何部位一样，头发的清洁也十分必要。”罗林森如是说。但是，就像在 19 世纪初水洗并不是身体清洁机制的一部分一样，头发清洁也不包含水洗这一步骤。罗林森建议男性用梳子和刷子清理头发。他指出，如果头发上使用了任何粉末，就更需要对其进行彻底梳理。直到19世纪的第一个10年，还有很多老绅士是这样做。马卡沙油仍是他们清洁流程的一部分，而据他们说，这种油可以抚平打结的发丝，让头发更易梳理，同时还能滋养发根。

我和我的几个朋友都尝试过在不使用水和洗发水的情况下打理头发。不过，针对这一清洗方式，大家的看法颇有些不同：有的人觉得这完全没有问题，而有的人很快就放弃，迅速用回了21世纪的产品。似乎反复剥离头发上的油脂会刺激头皮更快地分泌油脂，而你使用洗发水和香皂的频率越高，头发便会油腻得越快。只要你停止使用洗发水和香皂，头发的状态就会逐渐恢复。可如果你什么也不做，它就会逐渐散发出一种刺鼻的气味，十分可怕。经常彻底刷头和梳头可以改善头发的情况。如果刷子由天然鬃毛制成，那就更有帮助了。不过，你得把梳理头发作为日常清洁的一个步骤，每天都要执行。

在梳理和刷洗的过程中，灰尘、污垢和油脂都会被去除，而每天在头发上涂抹新鲜的油脂确实有用——能让所有东西都易于移动，头皮屑、污垢还有人体分泌的油脂都会顺着头发滑落下来。经过精心梳理却未经水洗的头发并不会滋生让人不适的气味，显然也不会使头发变得干枯、脆弱、卷曲、脱落或分叉。头发到底会有多油腻，似乎也是因人而异。最终，我找到了一个适合自己的梳洗方式：每隔几个星期用一次洗发水，每一个星期用水简单冲洗一次。其他时候，我都会用梳头和刷头来解决问题。不得不说，对于轻微油性发质来说，维多利亚时代的方式十分有效。所以，当我以维多利亚人的办法处理头发一段时间后，就把现代洗发水给抛弃了。

到了19世纪40年代，一些男性开始偶尔用水来清洗头发。他们多是由最先采用这种方法的女性引导。当然，对大多数人来说，这意味着得在冷水中洗涮；有些人甚至愿意冒险使用香皂，尽管有些时候会引起头皮疼痛。

当洗完头发后，大多数男性都喜欢用新鲜的发油使头发变得油亮、有光泽，防止头发变得干枯、脆弱。轻油质的发油被抹在头发的根部，直到被头皮吸收。这是为了调理头发的状态，而不是让它变得更油腻。所以，每次的用量都不应过多。而油性更重的发油则主要用于固定造型，这种发型设计产品的配方存在于更具异域风格的市场上。

混合2盎司熊脂、0.5盎司蜂蜜、1德拉克马鸦片酊、3德拉克马青蒿粉末、3德拉克马秘鲁香胶、1.5德拉克马芦苇根的灰烬和少量的甜杏仁油。

按这个配方制作的产品，从外观到使用体验都和现代的发型产品非常相似。我没有实践过这个配方——如今很难找到熊脂了，而且也没人会卖给我鸦片酊（鸦片与酒的混合物）。不过我用猪油和伏特加制作了另一个版本——成品看起来是一种白色凝胶状的膏状物，带有一丝温和的花香味。

这种发油的使用方法是用指尖蘸取一点，像打蜡一样给每个发卷定型，防止发尾翘起。胡子也经常用同样的方式定型。在这些制剂中，有一些是经过染色的。“将黑色的发油涂抹在小棍上，就能用来涂睫毛、胡子等。”哈利·比斯利（Harry Beasley）在《药剂师的通用收据簿》（*Druggist's General Receipt Book*）中如此描述这种能涂抹在胡子和睫毛上，同时还能隐藏灰白头发的产品。它还有另外一个名称：睫毛膏。如今，睫毛膏仍随处可见，不过，它多是女性们用来美化睫毛的产品而不再是为男人而存在。

19世纪70年代时，大多数药剂师都备有各种包装精美的男士护发产品，与女士产品区分开来。此外，产品的品质和价格也有所不同。高兰乳液（Gowland's Lotion）是历史最悠久的一种护肤品。1816年，当简·奥斯汀（Jane Austen）在写《劝导》（*Persuasion*）一书时，就曾在文中借女主人公虚荣的父亲沃尔特·埃利奥特（Walter Elliot）爵士大力推荐它。在那时，高兰乳液就已经是一种大众化产品了。1850年的《伦敦新闻画报》（*London Illustrated News*）也用大幅广告宣传过它。当护发产品开始商业化生产时，男士是商人最初的目标消费者，因此早期的产品多是基于男士需求开发。

对于生活更富裕的城镇居民来说，定期去理发店就可以解决他们所有的发型和剃须需求。一位阔绰又爱赶时髦的男人为了实现他的完美造型，可能一天会跑两次理发店。早晨通常被视为最适合剃须的时候，因为维多利亚人认为胡子在那时最为柔软。然而，晚上剃须则能让男士在晚宴上看起来完美无瑕。理发师们非常了解自己的客户，因此会准备各种最新款的男士护理产品，比如能使头发变得顺滑、易于打理的发油，用等量杏仁油和橄榄油调制，以佛手柑油和柑橘油调香；再如“月桂油”，以乙醇为基底，加以月桂叶、青柠油和丁香油调香，用作须后水（这一款如今仍在出售，美国最为常见）。

去理发店打理仪容可能是一次颇具仪式感的经历。顾客舒服地坐在椅子上，理发师则在旁边把发油、肥皂、剃刀和磨刀皮带一字排开。首先，理发师会取来一块毛巾，娴熟地将其抖开搭在顾客身上，以保护衣服不被弄脏。然后，他会端出一壶冒着热气的开水。有人声称剃须需使用冷水，但大多数理发师都会用热水，客人们也基本上都喜欢热水。那些收费更高的理发师会先把绅士们的脸用软肥皂彻底清洗一遍，再擦干；然后接一碗干净的热水，用特制的剃须皂打出肥皂泡——通常需要用一支獾毛刷子在起泡盒里搅拌。紧跟着，理发师会用轻油质的精油在顾客脸上按摩，这不仅能保护顾客的皮肤不被肥皂伤害，同时，也能让泡沫更加丰富。之后，理发师会用刷子将泡沫从起泡盒里转移到顾客的脸上，并涂抹在整个需要剃须的区域。现在，理发师开始准备他的剃刀了。

图 54　理发店，1900 年。

理发师再把磨刀皮带从护套中取出，并将一端挂在墙上后。他会先确认磨刀皮带是否有任何缺口或裂纹，确认无误后，便会把磨刀浆（Strop Paste）均匀地涂抹在上面。接着，他开始小心翼翼地磨刀了，以便把刀片的刃口磨得锋利无比。这是展现职业荣耀的时刻，理发师的动作通常会流畅而夸张。对很多理发师而言，磨刀的最后一步并不是将刀放在磨刀皮带上，而是放入掌中，他们中的大多数人都将这视为刀已无比锋利的信号。剃须刀与“割喉刀”相似，由钢制成（不是不锈钢）。最好的剃须刀往往配有象牙制的手柄，有的是自然的浅色，有的则被染成了黑色。便宜的剃须刀通常配有骨头制的手柄，偶然也会有龟甲制的手柄。

大多数理发师会从顾客的鼻子下方，上唇周围那块最尴尬的地方开始刮胡子——当然，除非这位绅士想要的是八字胡。理发师把剃刀夹在拇指和食指之间，横卧在掌中，与拇指平行；另一只手将要剃须的部位拉紧，使它在接触刀片时始终保持平整。技术好的理发师大约在30秒钟内就能结束剃须工作，之后，就可以清洁和擦干顾客的面部了。这时，一系列用以收缩面部毛孔，缓解刺激，增添芳香气味的产品会被送到顾客面前，比如古龙水或者月桂油等。在高档理发店，包括所有产品和特殊治疗在内的一整套剃须服务至少要花费6便士。因此，每天去一趟理发店，即使对于中产阶级的顾客，也略显奢侈。而在一家普通的理发店里，除了剃须皂外，理发师不会向顾客提供任何其他的东西，因此，大约只需花费要1便士。但即便是这个价格，去趟理发店对大多数工人阶级的男性来说也是一件奢侈的事情。

图55 专为工人阶级男性提供的经济型产品。

在那些需要精打细算的家庭里，男人们站在卧室洗脸架旁或厨房里剃须是很常见的景象。他们通常会拿着一把锋利的剃须刀，面前摆着一把刮须刷、一小块特制的剃须皂、一碗冷水和一面镜子。用热水能让修容仪式变得更简单，更令人愉悦——它能帮助剃须皂轻易地打出泡沫，使胡子软化，就像从药店买来的须后水能为买得起它的人带去时尚一样。修剪胡子可能比剃须更简单，但纵观整个维多利亚时代，有很多工人阶级的男性都勇敢地选择了用冷水和锋利得可以割喉的剃须刀，以便将自己打理成他们想要的形象。

How to Be a Victorian

第5章

晨练双标

现代化健身房

19 世纪中叶，体操变成了男士们晨间例行事项的一部分。每天早晨进行屈膝、拉伸、摆臂、空拳练习和 10 ~ 20 分钟的原地跑，使血液在身体和人脑里更好地流通和循环，能让一天有一个良好的开端。在一些大城市里，如果想要加强运动量，你甚至可以找到配有全套设备的健身房。这种健身房的顾客大多是富裕的年轻人，不过，随着时代的发展，兜里没多少钱的人也能使用。

早在 1868 年，伦敦的兰贝斯公共浴室（Lambeth Public Bath）就会在冬天抽干主浴池的水，将之改造成健身房。公众可以来此消费，费用与之前的洗浴价格大致相同。1881 年，兰贝斯公共浴室为了做宣传，甚至贴起了海报："本店配备各种强身健体的运动器材，还有适合跑步与步行的跑道等。"

一般而言，健身房里配有双杠、拳击场地、单杠、吊环、哑铃、击剑设备和一条跑道，门票为 3 便士。这算得上便宜，因为工人阶级中较富裕的那部分成员负担得起；但又是昂贵的，贵到足以防止中产阶级被下层阶级喧闹无理的行为给吓跑。

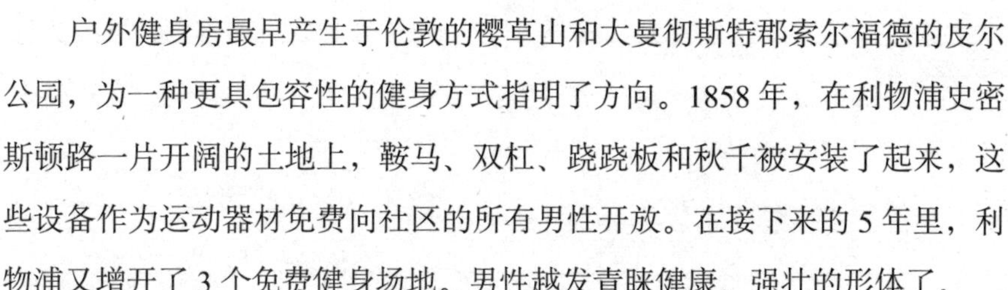

户外健身房最早产生于伦敦的樱草山和大曼彻斯特郡索尔福德的皮尔公园，为一种更具包容性的健身方式指明了方向。1858年，在利物浦史密斯顿路一片开阔的土地上，鞍马、双杠、跷跷板和秋千被安装了起来，这些设备作为运动器材免费向社区的所有男性开放。在接下来的5年里，利物浦又增开了3个免费健身场地。男性越发青睐健康、强壮的形体了。

被保护的子宫

女性的晨练则是个令人忧心的话题。维多利亚人认为正在发育的女孩身体既脆弱又不稳定，哪怕是最轻微的追逐打闹，都可能对她们造成永久性伤害。人们担心她们会无法完成生命中最重要的一项使命：孕育新生命。因为，人们坚信一个源于古希腊的传统理念——子宫会在躯干内移动。尽管19世纪的解剖学研究已明确告知早期的维多利亚医生，子宫事实上是被一系列韧带牢牢固定住，但医学界还是对过度运动充满忧虑。流产被普遍认为是因摔倒和颠簸所致，人们甚至相信，如果一个女孩“上蹿下跳”，则很有可能会威胁到子宫及其他相关器官的稳定构造和生长发育。

大多数父母都坚信，让女儿从树上跳下来或在大街上翻跟斗都是不可原谅、不负责任的养育方式，他们将无法确保女儿的长久健康。当一个女孩接近青春期时，这就更为重要了，因为此时女孩生殖器官的外形和结构都在逐渐成熟。

女孩们一旦学会了走路，就会被要求安静地坐着。她们得举止端庄，可以偶尔做做女工，看看书，及其他不需要剧烈运动的事。她们的兄长在大人的鼓励下要么玩棍棒，要么爬树，要么跳进池塘。但当女孩们玩闹起来时，却总会被叫回屋里。

父母通常会花费一番心思来给女儿找些游戏和消遣，与他们提供给男孩的方式完全不同。男孩若想长大后变得强壮而有男子气概，就必须做些剧烈运动。但如果女孩也这样，或许就会面临无法生育的遭遇。显然，比起工人阶级，这种独特和苛刻的处理方式对中产阶级要容易得多。毕竟，无论是在自己家里还是在别人家里，工人阶级的女孩们都有一大堆家务活要做，很难将她们与男孩们区别对待。但撇开这些不谈，大多数家庭还是会早作打算，密切注意女儿的行为。

然而，在传统观念影响着女性生活的同时，也出现了另一种声音：建议女性多走动。这种新观念认为，女性需要更多地运动。很多观察者发现，在女性变得虚弱无力的同时，人口数量也岌岌可危。但其他人关心的则是大量已婚没有生出一儿半女的女性——她们无法完成自己的全部使命了。有人认为，许多年轻女性的胸腔被束缚得太紧，这导致她们过于瘦弱、面色苍白又缺乏活力。正如通过体育锻炼来塑造强健体魄的男性一样，女性很快也被鼓励着去锻炼身体。但她们可不能像男性那样，进行激烈的体育锻炼，那太危险了。她们需要的是更正确的运动：能最大限度地改善健康状况、促进肌肉发育、养足精神，而不会危害到生殖系统，或者影响女性的体型。

19 世纪 60 年代，派伊·谢瓦斯博士与大多数医疗从业人员都推荐女性散步。散步并不耗费体力，每天只需花一个小时，而且在早上进行还能让人变得神清气爽。散步要在平缓的节奏中开始，但也得足够有力，以使身体暖和起来，又不能过于用力，以免大汗淋漓。谢瓦斯博士认为，经常在户外的新鲜空气中走动，能起到调理身体的作用，也不会给生殖器官造成任何压力。他建议用散步和坐浴（坐在高度为几英寸的冷水中）来治疗不孕不育。谢瓦斯博士十分关注一项调查中的数据：八分之一的已婚妇女没有生育子女。对他而言，这是女性，尤其是未婚女性不健康的生活方式造成的。他认为，女性除非身体强健，且已经做好了生育子女和成为母亲的准备，否则就不应该结婚。在谢瓦斯博士和许多其他的内科医生眼中，经常进行温和的运动是确保身体健康的不二之选。

散步的价值在于它不会过多摇晃躯干。通过散步，女性的胸腔充满新鲜空气，四肢得到充分锻炼的同时，整个腹部仍能保持平稳。这项运动也不需要特殊的服装、设备和场地。每个人都能在户外散步，即使是最穷困的人也可以。散步也不会有损体面——事实上，如果你拎着一个小篮子或包裹，没人知道你是在做运动。人们只会认为你正在做事。

富裕的中产阶级女孩每天都可以在家庭女教师的陪同下外出散步，为中产阶级建立的几所女子学校也常在入学简介中向家长宣传午后散步活动。主日学校的老师、开明的雇主和许多支持着贫苦女孩的人都同样呼吁女孩们去散步。哪怕是工厂和监狱，也提倡让女孩或妇女多去户外散步，尽管只是在狭小的院子里一圈一圈地走。

健美操等同于女子体操。瑞典式、系统而科学的男性锻炼方式，如荡单杠、跳鞍马，都被认为不适合女性。那些运动含有太多威胁女性健康的动作，而且与女孩端庄的衣裙也十分不搭。然而，到了 19 世纪 80 年代，那些运动动作出现了改良版，而且很快在女性群体中推广起来。事实上，男性也可以做这类动作。对男性来说，这只是众多选择中的一种，但对女性来说，这是为数不多的选择之一。这种改良运动即健美操，锻炼的主要是人们的手臂和肩膀，躯干则保持不动。《卡塞尔的家庭指南》（*Cassell' s Household Guide*）为我们提供了一系列图文并茂的内容，详细介绍了这种在自己家就能进行的体育运动的整个过程及发展情况。这本指南和其他类似的出版物都向中产阶级女性提供了确保身体健康的第一手信息，给予了她们第一次参与其中的机会。

尽管这些文章的语气十分严肃，但它们却无一例外地将健美操描述为“穿着内衣蹦跶”的运动。跳健美操需要搭配一套特殊的运动服：一条长及脚踝的灯笼裤、一件宽松的衬衣（不穿紧身胸衣）和一条齐膝的短裙。这些衣服都是由白色棉布制成，穿戴完毕后，女性还会在腰间系上一条漂亮的彩色腰带。这套独具女性魅力的服装极大地帮助了健美操的推广，一些不愿意做奇怪动作的女孩最终因美丽的运动服而接受了健美操。把这套运动服称作专用体操装备，或许也有助于健美操的推广。而从成本的角度来考虑，你在自己的卧室里，脱掉外衣和紧身胸衣，再绑上腰带或许也是一种非常实惠的选择。

女孩是这种运动的主要实践者，因为她们需要“扩张胸部”——主要是肺部。营养不良、空气污染和长时间埋头于针线活逐渐破坏了女孩的呼吸系统。为此，利用锻炼扩张肺部、加强胸部肌肉就成了当务之急。人们希望健美操不仅能纠正女孩的仪态，改变她们久坐不动的习惯；还能强化她们肺部，在面对肺结核等传染性肺部疾病时，更具免疫力。

我和我的女儿都试过做健美操，但结果大不一样。就我个人而言，这项运动简单得有点荒谬。我笔直地站在屋子里挥舞手臂，根本感觉不到任何负担，也不觉得这是一种锻炼。我甚至都没怎么流汗。但我的女儿的感受完全不同：没过几分钟，她就开始抱怨手臂和肩膀酸疼。第二天，她明显感到身体变得僵硬，且疼痛难忍。我猜想，我们俩之所以有不同的反应是因为我经常做家务和锄地。在我的生活中，尤其是在我体验维多利亚生活的那段时间里，我经常做这两样活儿。我并不认为自己很健康，我也知道自己的身体状态并没有很好。事实上，我不过是做了大量的清洗工作，这些活儿充分地锻炼了我的肩膀和手臂的肌肉。但我的女儿没有：她的生活方式在很多方面更接近于维多利亚时代的中产阶级女孩。虽然没有时刻拿着针线做女工，不过我可以很自豪地说，她确实会做女工。当然，她也会长时间坐在电脑前敲着键盘，握着笔。对很多年轻人来说，现代生活使他们不得不长时间地坐在椅子上。所以，也许我不该嘲讽这项鼓励你站在卧室中挥舞手臂的运动。健美操能缓解肩膀和脖颈处的紧张感，还能使人保持良好而健康的姿势，减少患重复性劳损的概率。如果你做得足够多，它会是一种非常不错的有氧运动，可以刺激血液循环，让呼吸更顺畅。

能在私密环境下做健美操对维多利亚女性来说是一大福音。鉴于人们很重视在公共场合维系端庄形象，能在私底下进行的运动就使那些拥有私人房产的人能够恣意展开双臂了。至于中产阶级女孩，她们大多不敢冒险参加任何可能暴露身体的活动，为此健美操肯定是个不错的选择。这种以插画描述运动步骤的方式便是现代健身视频的前身。

与此同时，无论是否出于自愿，很多工人阶级的女孩也做了大量健美操。许多健康改革推行者都大力推荐这种稳重而普适的运动，他们的建议在 19 世纪最后 20 年里被大多数机构的管理层和受托人严格执行。为穷人提供教育的学校在这件事上最为热情。女孩们可以在院子里一字排开，一

起做健美操，不需要支付任何其他费用。这种体育教育是为女孩创造更健康的生活方式，确保她们的身体发育完全，尤其是肺部。人们希望工人阶级的女孩能通过做健美操变得强壮、健康，并能熟练而麻利地多干几年活。但更重要的是，她们将成为健康的母亲，抚育出健康的工人阶级后代。一些雇主察觉到了健美操的利益所在。伯明翰郊区的伯恩威尔工厂就制定了一项强制性规定，要求 18 岁以下的女性雇员参加健美操锻炼——事实上，这家工厂的劳动力大多由 11 ～ 18 岁的女孩组成。工厂为她们预留了一块特殊的户外运动场地，每个女孩每周都要在工作时间完成 2.5 小时的运动量。虽然这可能是一项枯燥的任务，但它确实对健康有所裨益，尽管它并不像最热情的推崇者们所期待的那样对结核病预防有帮助。

How to Be a Victorian

第6章

早炊进食

就像今天一样，维多利亚时代的早餐时间会根据一家人不同的工作模式而有所变化。大部分工厂工人在七八点钟开始一天的工作，他们会在离家前匆忙地吃早餐。如果一名工人家离工厂只有几步之遥，那他就能和家人围坐在桌边，享用热腾腾的早餐了。另一方面，农民和农业劳动者通常会在黎明时分外出劳作，很多人要在干了几个小时的体力活后，才能回到厨房。家佣也常会推迟早餐时间，只有在做完家务、服侍主人吃过早餐后，他们才有时间吃饭。

在维多利亚末期，对来自南德文郡西顿镇的工人家庭维吉尔（Widger）一家来说，早餐总是在匆忙中度过。不过，维吉尔夫人仍会精心安排一家人的餐点。

维吉尔夫人家包括 5 个孩子、她的丈夫（一名渔夫）和家里的房客。正是这位房客记载了他们一天的生活。房客将厨房描述为一家人活动的主要空间，那里有一张桌子、几把木头椅子（几乎每一把都坏了）和一把扶手椅。墙边放着一个大的木制梳妆台，上面杂乱地堆着各种物件：装着鱼钩的罐子、缺口的瓷器、明信片、线球、缝了一个蕾丝蝴蝶结的小卡片（维吉尔夫人是一名蕾丝制造商），架子的顶端放着一盒曲奇饼干，那是孩子们够不着的地方。此外，那里还放着一小罐茶叶和几瓶果酱。天花板下挂着一串绳子，可以用来悬挂晾干后的衣物，比如渔夫的连裤衫、一家人的内衣和小渔网。

但维吉尔夫人的厨房设备和烹饪技术在维多利亚时代可谓首屈一指，代表了此时工人阶级所能追求的最高水平。除了平底锅和烤盘，她还有一只大的棕色搪瓷桶和两口中等尺寸的炖锅。厨房里的各类陶器都很特别，花费了多年才收集到。不过，大部分陶器都有缺口，有的甚至裂成了两半，却仍在使用。在这之中，有个盘子几乎完美地碎成了两半，但由于特别适合盛马铃薯泥，所以非常受主人的喜爱。壁炉边放置着一个小炉灶，顶部与烟囱相连；小炉灶的一边是烤箱，但另一边并没有像那些更昂贵的厨房模型那样放着热水锅炉。烟囱的旁边有一个内凹的壁龛，摆放着内嵌的橱柜，维吉尔夫人的煤就储存在里面。为了节省空间，她还会把平底锅也堆在橱柜顶部。

一大块面包或是一碗燕麦粥，再添上一壶茶，就是工人家庭中最常见的维多利亚式早餐了。燕麦粥在英国北部地区更常见，因为燕麦是北部最主要的农作物，南部则更常吃面包。对很多人来说，吃燕麦粥和面包的时候还得配上一杯啤酒。啤酒是英国的传统饮料，对于那些挣扎在温饱线的人来说，啤酒不仅能提供珍贵的热量，还能提供大多数人膳食中所缺乏的一系列矿物质和维生素。不过，当戒酒运动展开后，越来越多的人开始将茶作为早餐时的饮品。出于同样的原因，咖啡和可可也开始逐渐流行起来。

将面包和啤酒当作早餐有一个好处，那就是不用做太多准备工作。由于不需要生火，所以人们不需要早起。对于那些很早就开始工作，又没法在晚些时候回家吃早饭的人来说，面包和啤酒是最明智的选择。但如果你需要烧热水或烹煮食物，那就得早做准备了。

有两种比较流行的烹饪方式都需要用到煤炭。由于运河和铁路比较发达，大大减少了物料的运输成本，因此煤炭已经在城市和乡镇中被广泛使用。蒸汽机让煤炭的开采变得更容易：它为采矿人员提供了泵系统(Pumping System)，不仅能让矿井免受透水事故的危害，还能在必要时用铰链将煤和矿工拉回地面。

直到19世纪60年代，在人口较多的家庭中，老式的开放式炉灶在烹饪用具中仍占据着主导地位。这是一种开放式的炉灶，嵌在一个铁制的壁炉中，它的一侧有一个或几个铁盒子。烹饪时产生的烟会直接从烟囱扩散到屋外。

然而，在世界博览会期间开始流行的新型封闭式炉灶，则是将烟引入炉灶内部，以避免热量扩散。由于使用了重型铸铁，厨房里最终形成了一个坚固的黑色物体。它的中心部位是一个烧煤的火箱，深约一英尺。维多利亚人用排列稀疏的铁条隔出了箱体，这样一来，煤渣和烟灰便会落入下方可以倾倒的托盘中。铁条中的空隙足以让空气充分流通，而前方的格栅则可以控制空气流向炉灶内部。大多数灶台的一边是烤箱，另一边是水箱。所有物品的上方都放置着铁制的炊具。热量会直接由铸铁的火箱传入烤箱内。此外，厨房周围也会散发热量，产生烟雾和废气。这些气体都有一个最终目的地——内置的狭小烟囱，气体就是从那里排出房间。一间好的厨房可以彻底排出房间里的烟雾。

到了19世纪末，封闭式炉灶成了厨房的主流用具。维吉尔夫人家使用的便是这一款。这两种维多利亚炉灶我都使用过。它们使用起来都颇费时间，而且需要花心思打理，如果想让它们很好地发挥作用，则更需小心留意。

从某些方面来说，老式的开放式炉灶更具优势。它用起来更简单，也不容易出错。通常情况下，开放式炉灶都是在火焰上烹饪，这就意味着食物会熟得更快。若你想烧一壶水，只需花几分钟来点火，再烧上5分钟，水就煮沸了。如果你想做早餐，那最好选择可以直接加热的食材，这样就不用等整个炉灶的温度都升起来了。这或许就是油炸早餐兴起的原因之一。若你想早起，用低温方式烹饪一份分量略少的菜肴也行，就像烤面包一样。不过，如果你想做大量需要熬煮或烘焙的菜肴，等食物做好，你早已饥肠辘辘了。所以，在早上烘烤食物不可取。维多利亚人通常在下午烘焙——现在很多家庭还保留着这种传统——因为到了下午，烤箱的温度才足够热。

当仆人为自己的主人烹煮早餐时，她的第一步很可能是把前一天的灰烬清除干净。她会用硬毛刷子用力地刷掉炉灶表面烧焦的食物和灰尘，然后给整个炉灶涂上一层石墨（用一种油腻的石墨混合物来回摩擦炉灶表面）。这个活儿很脏，但如果不这么做，污渍就会在第二天扩散到所有的锅碗瓢盆、抹布和围裙上。接下来就该生火了，在封闭的厨房里生火基本上也要先做清理工作，而且需要清理的地方会更多，包括所有的烟管——如果不定期清理煤灰，那里很快就会堆积起来。仅一层薄薄的煤灰就会阻碍热量传导，那脏兮兮的炉灶就更难用了。等这些工作都完成后，仆人就可以把壶里灌满水了。只有在烧了45分钟以后，水才会沸腾；而想要让整个炉灶热起来则还需要等一个小时。

维吉尔一家有一个颇为奢侈的习惯——喝早茶。每天醒来后，维吉尔夫人会往前一天还暖着的煤灰里加几张纸、一小撮树枝和两三块煤。用这种方式，火很快会被重新引燃。这时炉灶里通常都还处在阴燃状态，因此，只需要往炉灶里吹一两分钟，就能引燃火。即使火完全熄灭了也没有关系，毕竟，在暖和的炉灶里生火较为简单。当水烧开后，家中的成年人会端上一杯茶，取几块小饼干，再到床上待几分钟。晚些时候，等男人上班，孩子上学后，维吉尔夫人便会清理格栅和烟管。厨房里一整天都会点着火，用火煮好的热水和食物，则给一家人提供了温暖。

虽然在城市中有很多维多利亚人烹饪美食时都使用了这两种铁炉，但仍有许多人使用其他方式。在遥远的乡村地区，煤炭并不便宜。在德文郡和康沃尔郡的一些地区，木材仍是一种被广泛使用的燃料。而在威尔士，虽然南部的煤炭很便宜，但北部斯诺登尼亚山丘陵地带的人们仍在用木头和金雀花。与此同时，爱尔兰地区和苏格兰高地的人们依然使用泥煤作为家用燃料。每种燃料都需要配合独特的设备，当然也会影响人们所烹煮的食物。很多独具地域风味的食物（在我们看来）都是在燃料和技术的影响下产生。比如燕麦粥和燕麦饼就是由泥煤燃烧时所产生的低温火烹制而成，因它们有一种烟熏味；而使用黑褐煤时产生的高温火则会直接把燕麦粥烧焦，并把燕麦片烧得只剩一堆黑色渣滓。英国的土壤和气候很适合燕麦的生长，但对于其他作物来说则显得贫瘠。这也许是个幸运的巧合，因为这里正好也是盛产泥煤的地方。

维多利亚时代的厨师必须根据自己所能使用的燃料和工具进行协调。这些大厨通常都是“厨娘”，即使是在一些大型机构里，男性厨师的数量也很少。随着时代的发展和人们生活水平的提高，工人阶级的早餐变得丰富、健康了。据社会改革家西伯姆·郎特里[①]（Seebohm Rowntree）描述，1900 年时，有 5 个孩子的约克郡劳工家庭一个星期的食物包括面包、培根（刚好够家里的男人每天吃一片）和咖啡；黄油也是他们的日常食物，不过由于价格昂贵，只有在犒劳辛苦工作的男人时，才会放纵地享用。他们偶尔也能吃上可可，后者被广泛认为是一种能提供能量的健康食物。如果在食物中混入牛奶，则能极大增加每日的营养摄入量。所以，对于那些稍微有点闲钱的人，比如铁路工人——他们的薪水是普通劳工的两倍多，可选择的早餐范围则更广。他们一整周都可以吃上鸡蛋、香肠和蛋糕，甚至能享用更多黄油，不过家里的女人和小孩则吃得比男人要简单得多。

汉娜·卡尔威克在日记中描述了她的早餐，其包括面包、可可和茶。不过，只有在帮主人做好早餐，并做完清洁工作后，她才能吃。主人的早

图 56　可可是一种颇受欢迎的早餐饮品。

①全名本杰明·西伯姆·朗特里，英国企业家和管理学家，行为科学的先驱者之一，关心工人生存状况，致力于公益。——译者注

餐和她自己吃的可大不一样。除了培根、鸡蛋这些常见的食物外，主人的早餐还包括烟熏黑线鳕鱼、吐司面包、橘子果酱以及她在前一天晚上烘焙好的面包卷。

如果有幸参观一所富丽堂皇的乡村别墅，你会发现那里的早餐菜单更加丰富。1865 年，牛排、腌制的牡蛎、虾、萝卜、鹬科鸟类、法式小盅蛋、一块金蓝色的鲑鱼肉[①]、一根巴约纳火腿[②]、俄罗斯鱼子酱、炸鱼丸、烤羊肾、鸡肉馅饼、搭配蛋黄酱的多宝鱼、鸽子派、羊羔肉和烤马鲛鱼片都是可供 10 ～ 12 人享用的宴会上的推荐菜色。若想享用这样的美食，就得接受较晚的用餐时间。即使仆人们从凌晨 5 点就开始清理、点燃炉灶，厨房的厨娘们也得拼了命地做，才能赶在 10 点前完成这一桌佳肴。

然而，尽管一些人拥有富足的生活，但在与食物有关的经历中，维多利亚人最常面对的还是忍饥挨饿。饥饿，对维多利亚时代的人来说似乎是件寻常的事。不过，很少有人真的会被饿死，长期的营养不良倒是个普遍现象。很多人常被饿醒，而且他们在一天的工作时间里，甚至大部分的工作生涯里，总是渴望着食物。在小说中、报纸上、人们自家的账本里、社会改革者们的调查报告中、法庭笔录里和救济院的接收记录上，相关记载比比皆是。毫无疑问，这给人们的身体造成了不可挽回的伤害。

让我们暂时停止体验维多利亚生活，花些时间思考这种饥饿的规模和形成原因。毕竟，没有什么能像它一样，决定着一个人一天的生活。

饿汉手中的面包

在维多利亚初期，整个欧洲的食物都供不应求。当马铃薯枯萎病[③]席卷整个欧洲大陆后，这种情况进一步恶化。据估计，大约有三分之一的马铃薯田地受到波及，而截至 1846 年，这一数据甚至上升到了四分之三。

①把带鳞的鳟等鱼类去除内脏后，放入酸性水中煮至鱼皮呈蓝色。——译者注

②将靠近法国和西班牙边境的阿杜尔河盆地（属于法国）饲养的猪制成的火腿。——译者注

③产生于 1845—1851 年的土传性真菌病害，最终成为欧洲历史上的“黑暗篇章”。——译者注

马铃薯里含有丰富的维生素 C，每英亩[①]马铃薯为人们提供的热量比其他任何粮食作物都要多，最初这在很大程度上帮助人们摆脱了饥饿——但也可能成为陷阱。尤其是爱尔兰，已经变成了单一种植区。在马铃薯枯萎病发生前，三分之一的爱尔兰人都以马铃薯为生：马铃薯是主食，在其他食物中，也约有 80% 是由马铃薯做成。爱尔兰地区的开发模式让可租用的农业用地越来越少，大量家庭仅靠一英亩或半英亩的土地和劳力合同生活。欧洲其他地区并没有依赖于这种单一的作物，据估计，当其他地区因饥荒致死的人数上升到 10 万时，爱尔兰的死亡人数已经远超 100 万。

此前，如 18 世纪 80 年代，当爱尔兰食物供给不足时，英国政府通过禁止出口食品来确保粮食供应，从而降低物价。但到了 19 世纪 40 年代，当成千上万人都因饥饿而濒死，或因身体虚弱而被疾病缠身时，爱尔兰地区的产品依然漂洋过海，送往其他地区。有关饥饿的报告被上报给了伦敦，但很少有当权者愿意相信——他们多认为这些报告是在夸大其词、装腔作势，甚至是过于悲观。越来越多的人想要寻求帮助，但官方的态度变得越来越强硬。统治阶层对自由市场在经济波动下的自我调节能力过于信任，他们认为干预市场只会使情况恶化。此外，他们认为免费的食物“援助”不仅会使人产生依赖，还会破坏企业根基。事实上，在这个绝望的时刻，

图 57　爱尔兰马铃薯大饥荒，1847 年。

①英美制面积单位，1 英亩约为 0.4047 公顷。——译者注

国家的救济款项甚至减少了。W. E. 福斯特（W. E. Forster）曾描述："整个社区的人都像是行走的骷髅，男人的脸被饿成了铅灰色，孩子在痛苦中号啕大哭，待在房子里的女人甚至虚弱到无法站立。"空无一物的房间里，一家人的尸体静静地躺在地板上。无数男人、女人和小孩就这样死在路边。救济院和医院里，绝望的被收留者和病患们一个接一个地被高烧夺去生命。

苏格兰高地也以种植马铃薯为主，但幸运的是，这里的死亡人数要少得多。然而，苦难和饥饿仍让170万苏格兰居民背井离乡。这两处远离政治中心的地区发生的大规模移民事件，给英国脸上留下了永久性的疮疤。而英国其他地区也确切地感受到了这两个地区的人对饥饿的极大恐惧。

食物的稀缺与富余取决于你住在英国的哪个地方。1844年，在马铃薯枯萎病爆发之前，马克思主义实业家弗里德里希·恩格斯（Friedrich Engels）描述了一些劳工的饮食习惯，这些劳工居住在英国北部以制造业为主的城镇。"我们发现他们能吃到的肉类只是一丁点儿咸肉，多是和马铃薯搭配在一起；有的人甚至压根没有肉吃，只能吃面包、奶酪、燕麦粥和马铃薯。"另一位作家A. 库姆（A. Combe）在关于消化吸收的论文中称，北方城镇的穷人完全靠着燕麦粥和马铃薯度日。虽然这算不上丰富的食物，但当马铃薯短缺后，谁拥有更多的燕麦，谁就能在大饥荒时期撑得更久。与此同时，在苏格兰低地和英国最北部，人们会把牛奶混入燕麦中作为主食，这里的块根类蔬菜[①]也很充足；而在其他地区，蔬菜对工人阶级来说则非常罕见，他们根本负担不起。也就是说，尽管很难吃到肉或鱼，北方工人阶级的饮食仍能实现营养均衡。

然而，英国南部农民的饮食状况可能比其他任何地区的居民都要糟糕。这些人吃的不是马铃薯和燕麦，而是一些毫无营养的面包。同样艰难的时刻，北方工人的饮食让其身体比南方农民更健康、更强壮。如果农民无法在吃面包时配上啤酒，那他们的健康状况或许会更糟糕。而此时，贫穷和兴起的饮茶已经让啤酒变成农业劳动者无力承担的消耗品。在维多利亚初期，南方的农村家庭每天仅靠一磅重的面包生活。1.5品脱稀粥、19盎司

①块根类蔬菜是维生素A和其他维生素及铁的重要来源，包括胡萝卜、甜菜根等。——译者注

面包和3.5盎司奶酪是《济贫法》[①]（*Poor Law*）为健康成年人制定的标准饮食（一个星期中的4天）。这听起来似乎还不错，然而长期饥饿在农民中是一种普遍现象。

1865年，约瑟夫·特里[②]（Joseph Terry）写下一篇回忆录，回顾了自己的童年："我曾很想描述我在童年时期因为物资匮乏而经历了什么，但我做不到……一整天下来，我有时几乎什么也吃不到，有时则全靠田里挖的萝卜和各种野果子、树根活命。"这样的记忆让人不愿回想却又挥之不去。

19世纪60年代，物价开始下降，人们的工资略有上涨。爱德华·史密斯[③]（Edward Smith）在1864年的记录中指出大多数农场工人每天除了单纯的面包外，还能享用一些其他的食物，而且每周都能吃上一次热腾腾的餐食。更妙的是，那些在兰开夏郡的工厂工人，还能享用更好的食物，包括燕麦片、培根、黄油（分量不多）、糖浆、茶和咖啡，当然还有面包。因此，这一时期有许多农村家庭迁入工业化城市也就不足为奇了。无论生活条件多么糟糕，填饱肚子总是最重要的事。随着英国工业化进程持续展开，人们几乎可以忍受包括疾病和早亡在内的任何磨难，只要能吃饱就行。

虽然大多数英国人的饮食状况已经有所改善，但仍有一群人被该时期的经济转型所困扰。爱丽丝·弗利（Alice Foley）的母亲还记得她童年时几近饿死的经历。当时，因为美国内战，棉花供应被中断，导致兰开夏郡的织布工人大面积失业。胃部的翻腾感和施粥场中的羞辱场景还历历在目。和其他人一样，尽管她渴望食物，但还是厌恶免费的汤水。只需看一眼中产阶级慈善家们准备好的食谱，就很容易理解她的感受了——真正的食物很少，基本上都是水。比顿夫人为彰显其仁慈，准备了一种"实在的"汤品：用了4磅牛肉、4磅薏米、大约8磅的洋葱和少量药草来烹制出10加仑[④]的汤。

①一种对贫困者进行救济的法律。1601年，伊丽莎白女王颁布了《济贫法》。1834年，英国议会通过了《新济贫法》。——译者注

②糖果商人、实业家以及保守派政治家，曾三次担任约克郡最高长官。——译者注

③英国海军官员和船长，被称为"平安船长"。他也是泰坦尼克号的船长。——译者注

④一种容（体）积单位，1加仑（英制）约为4.5461升。——译者注

图 58 施粥场，1862 年。

到了 19 世纪 90 年代，有男性劳动力的家庭基本可以规律地吃上饭。但如果主要劳动力遭遇了健康、失业或死亡问题，那么这个家庭就会变得举步维艰。当杰克·兰尼根（Jack Lannigan）的父亲去世时，他正住在索尔福德。他的母亲想靠洗衣服来养活他和他的兄弟，但这根本不够。只有两个男孩都外出乞食，一家人才能共同生存下去。杰克回忆道："当工人们走向街头，手里提着装有冷餐的编织篮，这时我们就会上前问，'先生，有剩下的面包吗？'这时，那些工人就会把剩下的食物递给我们。"油炸店则是另一个食物来源：男孩们会一家一家地询问店主，是否能把从桶里刮下来的多余面糊带走。

同一时间，住在博尔顿的爱丽丝·弗利记下了工人阶级十分常见的饮食："主要是牛奶、燕麦粥、马铃薯和用面包和蜜糖做成的三明治，若是在周末，还能吃上一点儿肉。"与 19 世纪 40 年代，甚至是 60 年代的工人阶级饮食条件相比，这有了很大的进步。此前，像这样的食物只有富裕的技工才吃得起。然而，在爱丽丝·弗利的记忆中，牛奶远未到普及的地步。为了确保她身体健康，她的父母下定决心才买了它。在那时，人们就普遍相信牛奶对孩子的身体有好处，尽管还未得到科学层面的解释。

杰克·弗兰尼根的经历提醒我们，即使到了维多利亚后期，饥饿也仍存在于部分人民的生活中。1892 年，通过调查英国最贫穷的教区贝斯纳尔格林，人们发现虽然居住在这里的孩子每周仍可吃 21 顿饭，但约有 80% 的孩子有 17 顿都是吃的面包。

饥饿之病

饥饿、营养不良和缺乏维生素给人们带来的影响难以量化。饥饿痛（Hunger Pains）是一种非常痛苦的感受，胃部胀气的同时往往会伴随着恶心感。在现代英国社会中，很少有人会经历这样的一天。对于饿到昏厥这种事，我们大多数人也都只是听说过，并未亲身经历。节食也许能让我们稍微体验一下那种感受，但主动选择不进食和想吃却无食物可吃有着巨大的差异。当我们为降低体脂等原因节食时，偶尔会对食物有生理性渴望。我们在思考和谈话时，脑海中可能会一遍遍地回想食物，这一刻任何其他的想法和欲望都不在考虑范围之内了。但对于维多利亚人来说，食物一直是萦绕在他们脑海中的话题，他们只能眼睁睁地看着饥饿破坏家人的健康，却无力阻止。胃里的每一次绞痛似乎都永远不会停止，久而久之，连睡觉都变得异常困难，更不用说要集中注意力了。那些关于维多利亚人已经习惯了饥饿或没有饱饿之分的言论，都是无稽之谈。

每当想起自己体验维多利亚时代时的经历，我都会试着将“饥饿”二字留在脑海中，因为它是此时最常见的现象。英国人在维多利亚时代的体格向我们展示了饥饿的痕迹。1869—1872 年，伦敦监狱的男犯人平均身高为 5 英尺 5.5 英寸，比 21 世纪伦敦男性的平均身高要矮 3.5 英寸。同一时期的女犯人的身高为 5 英尺 1.25 英寸，比 21 世纪伦敦女性的平均身高要矮 2.5 英寸。另外，考古发现，中世纪的伦敦居民比维多利亚人要高 2 英寸。不过，由于维多利亚时代的犯人几乎都是处在社会底层的穷人，所以数据可能会有偏颇。但这确实告诉我们，许多人都面临营养缺乏的境况。

维多利亚时代的一些评论家也观察到了同时期人们的身高差异。有很多人发现，无论处于哪一年龄层，工人阶级的身高都比上层人士矮小得多。一些报纸和杂志指出，一名在伊顿公学（Eton College）读书的12岁男孩比一名居住于伦敦最东部的12岁男孩要高出4英寸。对穷困的人而言，这是长期饥饿才能造成的伤害。

即使有足够的食物来摆脱饥饿，缺乏营养也会造成疾病和畸形。坏血病（缺乏维生素C导致）和佝偻病（缺乏维生素D导致骨骼软化变形）在全国比比皆是。19世纪40年代的大饥荒让前者在穷人中的发病率大幅上升——爱尔兰的情况最为严重，英国北部的情况也很糟糕。只有偶尔食用绿色蔬菜才能减少患坏血病的概率，但城乡居民无法获取这些食物。他们家里没有可以种蔬菜的院子，而蔬菜的市价也比淀粉类食物要贵得多，即使淀粉类食物更能让人有饱腹感。

威尔士、苏格兰低地和英国西部及北部的一些地区采用混合农业生产模式，因此人们仍能在住房周围种植蔬菜为人体提供必要的维生素。但在英国东南部和中部的玉米种植区，工人们则很少有自己的田地。每一块地，不论面积多么小，都已经被视为主要作物的生产用地而被占用。

1871年，《医学公报》（*Medical Gazette*）对佝偻病进行了报道。报道称，在大型制造业城镇里，约有三分之一的人口都有类似症状。阳光和动物脂肪是维生素D的主要来源，如果没有它们，人体骨骼就会软化、畸形。维多利亚穷人的饮食里很少含有动物脂肪；此外，由于雾霾严重，这些生活在工业城市中的人吸收的阳光也不够多。相比之下，农民虽然吃不到多少动物脂肪，但至少还能享受充足的自然光。

1889年，布兰德·萨顿（Bland Sutton）发表了他在伦敦动物园进行的一项实验的研究结果。动物学会（Zoological Society）在抚养幼狮的过程中遇到了困难，那些幼崽因患上佝偻病而逐渐死亡。在此前的半个世纪里，研究人员开展了多项开创性调查，发现佝偻病更像是一种饮食问题，而不是传染性疾病。人们将肥肉和钙纳入了调查范围。在萨顿的建议下，动物园将肉类饲料从单纯的瘦肉扩大到碎骨头、牛奶和鱼肝油。在短短三个月内，所有的佝偻病征都消失了，小狮子们长得强壮又健康。这个结果引起了轰动，并被媒体广泛传播。很快，鱼肝油成了包治百病的灵药，被分发到学校、医院、救济院和各个家庭，以求改善孩子们的健康状况。最终，它成了第一种食品增补剂[①]（Food Supplements）。

图 59　伦敦动物园里健康的小狮子，1887 年。

虽然饥饿情况在贫苦人家中最为严峻，但也有富裕人家受到它的影响。加斯克尔夫人[②]（Gaskell）在她为夏洛蒂·勃朗特（Charlotte Brontë）写的传记中谈到从孩童时起勃朗特三姐妹就长期处于饥饿状态下。对食物的渴望被那些关于肉欲和贪婪的虔诚讲座给压制了起来。让孩子们，尤其是女孩们处于饥饿状态，是贯穿整个维多利亚时代的育儿方式。人们认为由饥饿引发的自控力和自我牺牲的精神能帮助孩子养成舍己为人的习惯，使他们成为道德高尚的人，而女孩尤其应该学会用意志力来抑制食欲。

无论是针对男孩还是女孩，许多有关寄宿学校的生活记录都提到了食物匮乏的情况。A. A. 米尔恩（A. A. Milne）是 19 世纪 90 年代在威斯敏斯特学院就读的一位学生，他在回忆中称："每个人的心里都在发疯般地渴望食物。我每晚都躺在床上睡不着，满脑子都是食物，即使睡着了，梦里也都是食物。在威斯敏斯特的那几年里，我的肚子从来都没有填饱过。因为害怕孩子们产生'兽性'，中产阶级和更上层的父母们常常限制孩子们的饮食。"

①也叫食品补充剂。作为对膳食的营养补充，它在今天是一种被普遍食用的产品。——译者注

② 19 世纪英国女性的代言人之一，是此时有名的女作家。——译者注

让孩子在未吃晚餐的情况下上床睡觉，并不只是一种做错事时会有的惩罚。事实上，一些父母将之视作预防措施，认为它能够有效改善孩子喜欢恶作剧的天性。在《雾都孤儿》（*Oliver Twist*）中，作家查尔斯·狄更斯（Charles Dickens）笔下的班布尔（Bumble）先生是救济院的食堂负责人，他就被为救济院里的孩子提供肉的想法给吓坏了，他相信肉会让孩子变得暴力、不顺服。整个维多利亚时代的监狱长都对自己管束的犯人有着同样的担忧。

人们强烈建议那些富裕的家长在给孩子准备餐食时，以简单的食物为主。在维多利亚时代，这种简单的食物通常指的是碳水化合物。中产阶级或上流社会的孩子的饮食其实与贫困家庭的孩子相差无几，有钱与否就孩子而言似乎没有多少区别。孩子的食物往往是单独准备的，在种类和分量上都有所控制。适合孩子食用的食物包括大量面包和果酱、糕点（比如葡萄干布丁或果酱卷）、牛奶和牛奶布丁（常见的品种包括大米布丁、通心粉布丁、木薯淀粉布丁和西米布丁），偶尔会有些煮熟的肉和鱼。他们的食物中极少有水果，而脂肪和蔬菜也是大多数孩子难以享用的。

《雾都孤儿》的主人公奥利弗·崔斯特（Oliver Twist）在向命运要求更多之前，也曾与其他男孩一起在救济院里遭受过3个月的饥饿。救济院是公共机构，主要为孤儿们提供食宿。然而，那个时期（《雾都孤儿》出版于1838年）的救济院饮食极为糟糕，从这一点来说，狄更斯并没有夸大其词。由于对身体所需营养的无知，加上渴望节约资金，以及人“在救济院里享受福利的人比独立的穷人更可耻”的观念，孤儿的饮食水平几乎无法支撑他们生存下去。据21世纪的专家对当时救济院的饮食情况的评估，孤儿一天获取的热量比今天我们所需的最低热量还要低20%。此外，他们还严重缺乏矿物质和维生素。

慢性饥饿同样影响了很多人。在维多利亚时代，许多囚犯虽然在被抓进监狱时就已经营养不良了，但入狱后一段时间体重下降仍然非常显著。在监狱里，囚犯只会日渐消瘦。有人试图为饮食问题发声，呼吁为囚犯提供更好、更丰富的食物。然而，19世纪40年代的当局似乎相信，囚犯之所以变得越来越虚弱，都是关押而造成的，与饮食没有关系。此外，当局还指出，如果监狱能为囚犯提供良好的食物，那人们肯定会为了进入监狱而犯下更多罪行。最终，救济院和监狱制定的饥饿饮食菜谱与穷人每天吃的食物一样糟糕。

How to Be a Victorian

第7章

一生之计

上班族的通勤时代

维多利亚时代的工作日，无论是漫长还是短暂，越来越多的人开始奔波在通勤的路上。家佣是唯一不需要在通勤上花时间的职业。19 世纪 30 年代，仍有相当数量的人在家工作，不过人数和之前相比已经急剧减少。小规模的家庭作坊被工业化工厂所取代，小型农场的利润也越来越少。无论是在乡下还是在城里，走路上班都成了一种惯例。漫长的工作时间迫使大多数家庭尽可能住在靠近工作场所的地方，即便住得拥挤又邋遢，也比轮班 16 个小时后再步行 1 个小时回家要好。然而，有些人每天仍需走很远的路，因为他们的工作时间短，为此，搬家或租房，都极不划算。这类似于一出关于金钱、时间、便利、工作机会和家庭压力的博弈游戏，和 21 世纪的上班族们面对的情况是一样的。

而对那些富裕的人来说，只要他们愿意，即使住得离工作场所远一点儿也没关系。他们可以用马和马车代步，不过，这对他们来说也多少有点不方便。我们可以从 18 世纪末至 19 世纪初一些作家，如简·奥斯汀、查尔斯·狄更斯、安东尼·特罗洛普（Anthony Trollope）的作品中看出，上层阶级绅士的工作时间是上午 10 点到下午 4 点。但是，这并不代表相关的文员、律师和代理人也只工作这么几个小时，事实上，这些中下层阶级职员的工作时间一般是早上 8 点到晚上 7 点。由于上层阶级绅士需从较远的地方赶到工作场所，因此宽松的上班时间最为合适。这个普遍的模式甚至决定了银行的营业时间。

当维多利亚女王登上王位后，工人们的上班情况发生了变化。第一条铁路线和公共马车（Horse-drawn Omnibuses）开始为那些负担得起交通费的人提供服务。然而在那时，无论是火车还是马车，都不愿意搭载工人阶级的乘客。这些公共交通工具是为中产阶级和富人服务，时刻表和线路也都是按照这群人的特定需求制定而成。每天上午 10 点，火车和马车就会搭载绅士们，驶向伦敦和各主要城镇的商业中心。

图 60　公共马车，1866 年。

中产阶级的交通方式或许最为舒适，但事实上他们并不觉得舒服。当公共交通工具开始投入使用时，无论是火车还是马车都没有取暖和照明设施。即便如此，火车和马车仍比公共马车更具优势性：公共马车的座位很小，而且整个旅程也没有中途休息时间，这让乘客备受煎熬。

一辆公共马车，从本质上来说就是一辆装饰华丽的二轮运货马车，或移动缓慢的驿车。公共马车大多 12 英尺长，不到 6 英尺宽，各个边均设有一排长椅；上方是敞开的车顶，两排座椅背靠背地摆放在车顶中间；周围安装着低矮的护栏，以防止乘客跌落。若想通往车顶，乘客需利用公共马车后方的梯子。大多数公司在设计公共马车时都会将车厢的载客量设定为 20 人，而车顶为 16 人。19 世纪 50 年代早期的一位作者给了那些想成为乘客的绅士们一些忠告。他指出：

> 当您上下车时，请务必保持冷静从容，先迈左脚，后迈右脚，再迈左脚，接着迈右脚；请在一只脚站稳后再移动另外一只。当您成功登上车顶或车厢时，请抓紧就近的扶手。如果您不这样做，马儿突然跑动或处在发情期，都可能会将您摔回地面。

这些忠告很有必要，因为早期的公共马车确实很危险。

如果你只想坐坐车，寻求一种刺激，那公共马车非常适合你。坐在公共马车的车顶上，遇上塞车也算得上是一件刺激的事情了。拉着车厢的马很可能会脱缰或做出难以预测的行为，因此你最明智的办法就是牢牢抓紧扶手。但如果在梯子上爬上爬下（对于穿长裙或没穿衬裤的女士而言尤其困难）或紧抓扶手并不是你的风格，那你可以挤在车厢里。不过，你同样需要留心，因为公共马车的空间很小，每位乘客的座椅大约只有现在市郊往返列车（Commuter Train）的一半：

> 先上车的乘客要坐在最后方，是一种约定俗成的习惯。如果你抢着坐在车厢中间，会被视为做出了侵占性的举动。如果你有机会选座位，那千万不要选在司机旁边，也不要选择最里面。因为在前一种情况下，你的脚会被进进出出的乘客踩来踩去；而在后一种情况下，你将很难让司机明白，你要在哪里下车。

就像如今高峰期的伦敦地铁一样，不遵守公交礼仪将会受到激烈而尖锐的批评。售票员站在公共马车后方的一块小踏脚板上（在公共马车的外面，里面没地方站），负责帮乘客上下车、收检车票和报站台名。

火车也经历了重重考验和磨难，并最终走向规范化。我们中的大多数人可能曾有幸坐过被保存下来的蒸汽火车。由于英国的铁路直到20世纪五六十年代仍在运行蒸汽火车，所以现存的经过修复的引擎和车厢基本都是蒸汽时代后期的产物，而非来自于初期。

一般来说，我们所乘坐的蒸汽火车都是20世纪30年代的产物，由火车头提供动力引擎。今天，这些保存完好的铁路线使我们得以体验蒸汽之旅。从另一个角度来说，维多利亚早期的旅行者们拥有完全不同的体验。他们乘坐的火车车厢是短轴距的（Short-wheel），连接部位也没有任何缓冲物，这意味着车厢经常会猛烈地弹动或摇晃。车厢内没有能让人奔走的长廊，所以，无论你登上了哪扇门，进了哪节车厢，都会被困在里面，直到旅程结束。如果你想找点食物、饮品或是上个厕所，就必须顺着杂乱的人群在下一站下车。

图61 19世纪50年代的火车并不舒适，设备非常简陋。

站台的长度与现在的标准相似，而且即便火车已经开动，未能上车的人也完全有可能助跑后跳上火车。在火车站，人们必须保持头脑清醒，时刻注意火车动向——站台上经常会有小茶铺，许多乘客常因等待热饮而错过了火车。火车开得很慢，100英里①/小时的速度在很多年以后才实现。19世纪的大部分时间里，火车的平均时速不过30英里。

当时，火车车厢以脏乱出名，因为烟尘和煤灰会透过契合度较差的车窗飘进车厢。二等座的乘客有时会被建议带一种自备的气垫上车，以方便长途旅行；只有一等座车厢才有衬垫之类的装饰物。当本杰明·古德温

①英制的长度单位，1英里约为1.61千米。——译者注

(Benjamin Goodwin)和他的爱子阿尔伯特(Albert)回忆起他们在19世纪90年代乘坐二等座上班的情景时，他们还清晰地记得最后步行的那2英里。可以说，那真是一种解脱。

列车时刻表的发明更让乘客们一头雾水。在21世纪，人们普遍接受这样一种概念：服务有特定的时间。因此，在正确的时间出现在正确的地方，是乘客应该遵守的规则。但在19世纪30年代，乃至四五十年代，这对大多数人来说还是个未被认知的规则。

许多指导和建议通常都提醒乘客围绕着这一基本规则行事。1854年的一条建议写道："想乘坐火车的乘客们需要做的第一件事就是去查时刻表，弄清楚你要坐的火车是几点钟发车。"第一份全国列车时刻表于1839年印刷出来，由于独立铁路公司自主运营的线路过多，而运营者又不愿意把客户分散到竞争对手的手中，所以列车时刻表比较混乱。到了1900年，独立运营的铁路公司共有160家，而记载了所有火车发车时间的时刻表,共有1 000页左右。每个公司的票价都不一样，即使是同一条线路，价格也有差异。1884年，一位居住在伦敦伏尾区的乘客写信给当地的报纸（他的署名是"曾坐过火车的人"），指出乘坐北伦敦铁路公司的火车到伦敦迈德美公园只有6分钟的路程，需要支付10便士；而坐到牛津中心区的宽街也只需支付同样的价钱，但距离可长了两倍呢。此外，如果他乘坐大北方铁路公司的火车从伏尾区去往伦敦

图62/63　一等车厢和二等车厢，1884年。车厢变得讨喜了许多。

芬斯伯里公园（这段路程与去迈德美公园差不多），则只需花 4 便士。

尽管存在许多问题，但坐火车比以往任何时候的交通工具都要便宜、快捷、舒适。有了火车，中产阶级职员和办公室文员得到了解放，现在，他们也可以像富有的同事那样，住在离办公地点稍远一些的地方了。

1868 年，利物浦首先在街道上搭建了马车轨道。这让有轨马车比公共马车更安全，而前者的速度和载客数量是后者的两倍。在利物浦的带动下，其他城镇也陆续建立了这种轨道。有轨马车比公共马车稳定，本质上也更加机械化，登上车顶用的是一条狭窄的楼梯而不再是老式的梯子。19 世纪 90 年代，马被电力所取代，自此有轨电车成了工人阶级也负担得起的交通方式。有轨电车也开始驶向城镇的贫穷地域，这类新型公共交通工具甚至引入了特殊的工人税率。

与此同时，伦敦于 1863 年建成了世界上第一条地铁。不过，并不是所有人都对此持积极态度。《泰晤士报》（*The Times*）就对此表示怀疑，其预测地铁首先会出现技术故障，接着是商业失利，因为很明显，没人愿意在一个“被老鼠占领，泡着阴沟水，还充斥着有毒气体（从煤气管道外溢的）的隧道”里穿行。但《泰晤士报》错了：大都会地铁[①]（Metropolitan Underground Railway）在投入运营的第一个星期就迎来了 4 万名乘客，此后人数还在持续攀升。只需 15 分钟，地铁便能从帕丁顿站通往法林顿站，再经尤斯顿站和国王十字站回到起点。

地铁最初被构思为以压缩空气为动力的大气铁路（Atmospheric Railway），但由于无法密封所有漏洞，技术人员在做第一次实验时只好改用蒸汽技术。为此，在地铁运行的前 25 年里，整个地铁线路都笼罩着烟雾和蒸汽，只有通过遍布城市的通风井，这些气体才得以排出。在有轨马车电气化几年后，地铁也实现了电气化。1890 年，人们又采用了一系列全新的、更便宜的方式来打造地铁，同样变划算的还有票价。1900 年，建有圆形隧道的中央线（Central Line）在万众瞩目下开放了，并因票价仅为 2 便士被称为“2 便士地铁”。伦敦地铁系统每天都会搭载大量中产阶级和工

①大都会地铁由大都会铁路公司建造，是伦敦地铁最初的一部分。——译者注

人阶级乘客进出于伦敦中心区。到了 1882 年，伦敦地面交通服务系统每天都要售卖出近 25 700 张票。19 世纪末，那些富裕的工人和中产阶级绅士都已经习惯了既辛酸又有点愉悦的上班旅程。便利的交通让人们扩大了找工作的范围，此外他们也可以较自由地选择住宅区。尽管并不是所有人都能找到更舒适、健康的住所，但至少一部分人的确过得更好了。而此时，缩短了的工作时间也让人们能将更多的时间和精力放在通勤路上。不过，让人遗憾的是，上班时间缩短了，但回家的路程变长了。交通系统发展后，维多利亚人离家的时间与之前几乎一样。

仍有一大批工人因薪资太低或工作不稳定而无法使用新交通工具。对那些有能力乘坐公共交通工具的人来说，那不过是一种又冷又挤的经历。人们经常会抱怨车厢和站台太拥挤、售票窗口排的队太长、票价涨得太快、取消和延误的车次太多……

当天的车次仅限当天买票，而且只能用于特定铁路公司的火车。如果中途需要换乘，则需在行程中途单独购票。人们普遍认为，最舒服的座位是背靠引擎的那个角落。那里的灰尘和烟雾很少，能很好地保护面部，还能免受颠簸、晃动之苦。很多乘客发现，他们的上班旅程几乎从起点开始就是站着度过。超载的火车给铁路公司带来了超高的利润率，但这丰厚的利润并没有用于增加车厢的节数。

为了符合这种简朴的设定，站台甚至没有配备基本设施，如遮雨棚、照明灯和指示牌。每当火车到站，列车上的搬运工们只能扯着嗓子喊出这趟车的方向和目的地。他们还得喊出列车当前停靠站点的名字，经过了那么多年，人们从来没有想过要把车站的名字标在站台上。在发动机的嗡嗡声和车门的撞击声中，叫喊声很可能会被掩盖。

随着时间的推移，交通网络得到了极大的改进。更多线路被开发出来，更多列车也投入运行，到了 1880 年，英国火车站的数量已是现在的四倍。无数小城市和城郊列车将工人们送往就业聚集地，服务了大量新住宅区。最初，较富裕的工人负担得起交通费，主要住在新城区；到了 19 世纪末，随着票价下降，住在城郊的工人也逐渐变多。票价是至关重要的因素。对于很多工人来说，即使是最小幅度的涨价，都可能让他们放弃乘坐地铁。在城区，人们发现如果将票价增加0.5便士，那么有轨电车的乘客数量会大幅提升。

19世纪七八十年代，鱼尾形煤气灯（Fish-tailed Gas Burners）是车站的主要照明设施，其因产生的火焰形状酷似鱼尾而得名。尽管最初的照明设施光线都很暗，但也比漆黑一片要好。到了19世纪90年代，它们逐渐被电力照明所取代。很多人都是在火车站里初次体验电灯和抽水马桶，这比他们在自家享受到的时间要早很多。《英国画报杂志》（*The English Illustrated Magazine*）形象地描述了19世纪90年代的车站场景："夜里，顺着主教大街站前的楼梯走到桥下，向外看去，你会为眼前的奇异场景而震撼——空中高悬着幽灵般的金色光芒，顶上是两盏巨大的电灯，周围环绕着发动机转动时留下的蒸汽旋涡，下方是急促的嗖嗖声和无尽的黑暗，还有数不清的彩灯隐隐闪烁。"

雾霾：工业化后遗症

当工人走上街头准备乘火车或坐有轨电车去上班时，会发现自己正处在雾霾之中。我们现在呼吸的空气基本上都很新鲜，但维多利亚时代的英国人民则备受空气污染折磨。数以百万计的家庭会将煤烟排进大气中，工厂的烟囱和蒸汽火车也是重要的污染源。大量工厂还将一系列化学废物排入了大气，而在这之中，大多都含有强烈的毒性。在英国西部斯塔福德郡，人们仅凭肉眼就能看见从陶厂的窑炉里排出的烟雾呈棕色或黄色。这种烟雾具有强酸性，据报道，在潮湿的雾天被污染的空气会渗入人体内部，灼伤人们的鼻腔和口腔。这些受污染地区的居民的平均寿命明显低于其他地区。

伦敦的"豌豆汤"[①]烟雾问题更大。随着煤炭的普及，这一现象变得越发严重。从某种程度而言，人们已经习惯了——伦敦就是这样，没有必要

①一种黄色烟雾，因浓厚得像豌豆汤一样而得名。——译者注

为此大惊小怪。然而，它造成的结果却攸关性命。伦敦地处天然盆地，这种地形使得城市的浊气和烟尘都封锁了起来，难以散发出去。因此，废气便越积越厚，浓度也越来越高。天气不好的时候，伸出手在眼前挥动，也难以清晰地看见其影子。你也无法看见是否有人正在靠近你，你只能听见他们不时发出的咳嗽声。送货员不得不再雇一个男孩在浓雾中一只手牵着马，一只脚踢开街边的石头。每走一步，男孩就得踢一下。当走到岔路口的时候，两个人都会降低速度，慢慢地挪步。当男孩感觉到自己将穿过路口时，就会想办法找到路那边的石子。无独有偶，海上航行也是靠数交叉点和灯柱来确认位置。大多数人外出时都会在口鼻处围上一条围巾，这算得上一种粗糙的过滤装置，除此以外人们什么也做不了。医学专家建议肺功能不好的人尽量待在室内，但大多数人不得不外出讨生活。街头的小偷和强盗几乎可以肆意妄行了，因为只要远离现场 1 英尺就能完美地隐匿行迹。不得不说，这让浓雾又增添了几分凶险。

尽管雾霾问题很严峻，但它的解决方案并未在公共场合被广泛讨论。包括医学界专家在内的人群似乎把空气污染视为生活中所无法避免的一部分。除了离开城镇，他们再没有别的办法——这连许多富人都难以做到。关于雾霾对城市生活的影响，很多园艺书籍都记录了更多信息。这是因为伦敦的空气污染太过严重，很多物种根本无法在这里生长。每当空气潮湿或是下雨的时候，空气中的水就会与污染物结合，产生一系列有毒化合物，比如硫酸。其他污染物则会混合在雨水中，落在植物、土壤和人的身上。只有少数顽强的物种才能生存下来。伦敦园艺师的任务就是找出这些能存活下来的物种。悬铃木和杜鹃花在伦敦的植被中占据主导地位——它们是半不育现象[①]（Semi-sterility）的产物。郊外的情况会好一点儿，可以看见盛放的玫瑰。在那里，酸雨能帮助消灭真菌性病害，后者无论在何处，都将影响植被生长。

有些人不得不在空气被污染的土地过上一辈子。呼吸道疾病成了困扰

①植物中相互易位的杂合体，在减数分裂过程中的行为异常，即生殖细胞有 50% 的概率为无效细胞，因而结实率只有 50%。可以利用这种现象来延长杜鹃花的花期。——译者注

维多利亚人的大麻烦，抗生素发明以前，肺结核夺去了成千上万人的生命。同样极具威胁性的疾病还有肺炎、支气管炎和哮喘，这类疾病在恶劣的空气下会愈发恶化。即便是在没有雾霾的日子里，黑色的烟尘也会像黑色雪花一样在空中纷扬，接着覆盖在所有事物的表面。它们会在头发、衣服、建筑物和植物的表面结成黏糊糊的一层，如果窗户是开着的，那房间也会变成这样。室内也会产生烟尘，厨房的炉灶和屋子里任何可以生火的地方均是污染源。但在城市和城镇里，户外的空气污染比室内还要严重。

职业杀手

到达工作场地后，维多利亚人则需要应对新的危险。维多利亚时代的工作场地既不以其健康的工作环境而出彩，也不以其安全记录而闻名。无论你是在田里劳作，还是在兰开夏郡某间工厂里的纺织机前弯腰干活，或是在古堡里擦洗地板，都是如此。这一时期，明火和毫无防护措施的机械十分常见；空气中弥漫着浓烟、雾气和粉尘，其危害程度各不相同。马匹脱缰、手推车迎面撞来、货车拖着机械高速奔驰、有毒制剂随处放置、超重的货物都已是司空见惯的现象，而在这时能为人们提供保护作用的坚硬安全帽还未被广泛使用。詹姆斯·布雷迪（James Brady）在追忆他早逝的父亲时表示，似乎“那个年代根本没人在意这些事”。

显然，如果工作中发生了死伤，人们就会将之称为宿命。对于事故受害者而言，这也许是一场惨剧，但大部分人只是默默接受了这个结果。那些公认的危险工作或许会让你多挣一小笔钱，但一旦你接受了这类工作，将不得不接受更高的风险。采矿是典型的高危职业，从平均薪资水平上也能看得出来。在南威尔士山谷、诺丁汉郡煤田和达勒姆郡的山村里，只要有活儿可以做，采矿社区的生活水平就明显高于其他农业或工业化社区。对于男人、女人和孩子来说，如何在更安全或更有风险的工作之间抉择，通常取决于家庭情况。哪怕家里只是多了一张嘴、一张看病的账单或是一个找不到工作的亲戚，都极可能逼得某人走投无路。即使是在对医学的了解十分有限的情况下，人们仍普遍明白一些职业要比其他职业更危险。铁路扳道员从事的就是一种高危职位，他们负责来回扳动车轨的道岔，经常有人死在工作岗位上。为了实现快速扳道，扳道员必须“飞速分流”。男人们站在高速行驶的货运列车之间，上下抬动沉重的扳道机。这份工作的报酬虽算不上高，但很稳定，不像其他临时性和季节性的体力活。

粉尘是另一位杀手。棉纺厂的各种机械会将细小的粉尘排入大气，让人患上呼吸道疾病。粉尘与工人的健康状况之间有着难以脱离的关系，那些更具同情心和道德感的工厂主会试着改进通风条件来改善工作环境。不幸的是，棉花的抽丝和纺织物只有在温暖潮湿的环境下进行，才能有更好的成效，这意味着大多数工厂主都会把窗户关上。此外，由于安装风扇和通风井的费用昂贵，很多工厂主即使有改善环境的意愿，也无法支付那么高昂的费用。1855 年，伊丽莎白·盖斯凯尔（Elizabeth Gaskell）在自己的小说《南方与北方》（*North and South*）中，描绘了一位年轻的女士为了维持呼吸做最后的挣扎，因为她的肺部被棉尘堵塞了。当症状刚出现的时候，她的家人就想带她去通风条件稍好的工厂。但为时已晚，因为棉尘已经对她的肺部造成了伤害。这种危害在维多利亚时代众所周知，并被广泛讨论。

这些工作，尤其是穷人们所做的工作，基本上都会对身体造成损伤。几乎所有记录下自己生活的人都在不经意间提到过这种伤害。也许会有人因此而哀伤，但人们更明白，这不可避免。

詹姆斯·布雷迪的父亲年轻时曾在一家铸造厂里工作，负责生产附着在工人鞋底的铁圈。他的儿子记录了父亲高超的技艺，以及结束工作时的仪式：“他会在起了水泡的胳膊和手上涂上有利于愈合的药膏，再一点点地放下卷起的衬衫袖子，接着准备出门。”对凯特·泰勒（Kate Taylor）而言，当女主人想让她更努力工作时，烫伤和烧伤就有了不同的缘由。当时她 30 岁，在一家农舍的奶牛场里当女仆：“如果女主人看见我在给乳制品餐具消毒时将手缩了回去，就会把我的整只手都按在煮沸的消毒水中，她说这是唯一能让我耐受高温的办法。”长时间在昏暗的灯光下做针线活和其他精密的工作让很多女工的视力都受到了损害，给针丝制作针孔会让视力紧张，每条准备好的针丝都得用手精准排列，而制作完成的针孔必须位于每根针丝的正中间。一般来说，维多利亚时代缝纫针的厚度大约是现代缝纫针的一半——0.25 毫米都不算是最细的型号。我的双眼视力是 2.0（即标准视力），但几乎看不清那种缝纫针的针孔，更别提将针孔完美地打在针丝的正中间了。

在诺丁汉郡，年轻女孩的视力更容易因为蕾丝贸易的需求而受伤。虽然蕾丝是由机器编织而成，但仍需要手工加工：从修补机器编织过程中出现的细小裂缝、破洞和漏针，到添加机器无法完成的花样。这项工作需要在光线昏暗的环境下每天工作 12 ~ 14 个小时，女孩们的视力由此受到了永久性伤害。管理机器的工人甚至可能出现耳聋的症状。长期在工厂里操作织布机的工人几乎无一例外地在 35 岁左右出现听力急剧下降的情况。在城镇中，这一现象也早已司空见惯。因此城镇中还产生了一种不需要发出声音的说话方式：靠夸张的口型、易读的唇语交流。铸造厂、锻造厂、炼铁厂和炼钢厂也都是容易使工人听力受损的高危工作场所。从某种程度上讲，扯着大嗓门交谈也是听力受损的一种表现。

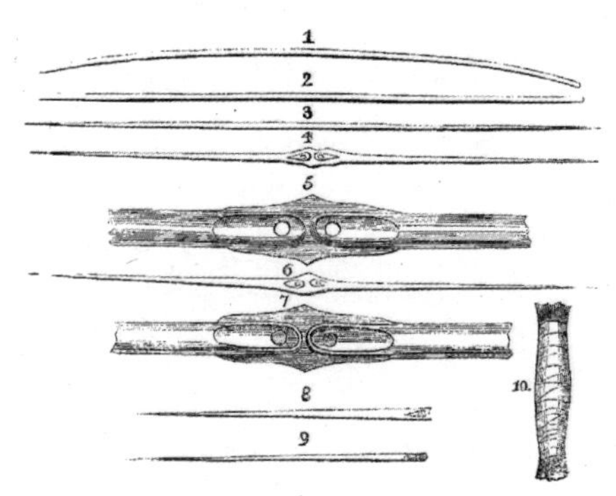

图 64 制作缝纫针，1853 年。

农村的工作环境也并没有好多少。对于一些人，尤其是对年轻人来说，不分晴雨地在户外工作与在工厂里工作一样，都会让人感到疲惫、虚弱。乔治·莫克福德（George Mockford）曾在回忆时表示，他的“手脚上被冻得满是冻疮，很快就裂开”，但还得继续工作。乔治需要把冬季贮藏的萝卜从小山包一样的泥土和稻草里挖出来。肺炎、支气管炎和关节炎都是长期困扰农民的病症。

有人被困在翻倒的粪车下；有人因脱粒机轴打滑而受伤甚至死亡；有人被工业中心的机动锤碾碎，被窑炉憋死或者烧死；当渔船沉没时，坠入水中的渔民被水里的渔网缠住，最终溺亡；有人丧生于塌方的矿洞中……每天，这样的事情都在发生。维多利亚时代的机械既庞大又沉重，所有的刀片、通风口和进料口都没有防护装置。它们很容易堵塞，操作时需要人密切关注。工人们游走在运转的机械旁，给这里抹点油，给那里清理灰尘，或者拧紧螺丝和撬杠。用水力和蒸汽为动力的机器很难迅速关闭，而靠马力拉动的机器则会因动物受到惊吓或突然移动而失控。当然，很多伤亡现象都只是源于意外，但如果员工伤亡率过高，使用这些机械就变得不合算。至于怎样才算“过高”，那就取决于经济需求和工厂主的贪婪程度了。

一般来说，一个有常识的健康成年人完全可以安全地操作维多利亚时代的机械。我有幸接触过一些维多利亚时代的机器、设备，也按照当时的

图 65　农业机械：早期的收割机，1857 年。

操作方法使用过它们。当时的操作方法很有效，但我确实遇到了一些惊心动魄的情况。我曾经驾着一辆马力拉动的小货车出门，车里运着一吨煤。当我转进车道时，一只野兔从银行里冲了出来，马则向右躲闪了几英尺，导致车轮掉进了一个大坑里，而我则被甩出了货车，落在车轮底下。我只能设法在车和那吨煤压在我身上之前，迅速向旁边滚去。大概一年后，我又亲眼看见一匹正在牧场里犁地的马突然脱缰。犁从我同事的手里脱开，

马拖着犁疯狂地奔跑，犁从地上飞了起来，犁刀就在与人同高的地方破空挥舞着。万幸的是，没有人受伤，我的同事也赶紧跑开，马也很快就冷静了下来。我在多年前看到的失控的压路机也同样令人震惊，它撞坏了一连串路障，还将几张野餐桌碾得粉碎，在它停下之前，人们已经四下散开了。当我们认识到现代交通工具的危险时，很容易忘记维多利亚时代的车辆和动力来源其实比现代具有可控性的设备更危险。

让我想起维多利亚时代变化无常的健康与安全问题的，不止是马和蒸汽机。我的一位在熔炉边工作的同事曾两次在眼球里发现金属碎片。此外，抓羊和搬运器材也会弄伤手指。对于很多家庭主妇来说，接触腐蚀性物质和有毒物质是日常生活的一部分。曾经有好几次，我都十分庆幸有充足的水来冲洗溅出或溢出的化学试剂。一次，当我在厨房炉灶前干活时，竟无意中把自己的衣裙给点燃了。层层叠叠的裙子和衬裙遮蔽了我的视线，直到有人指着火焰告诉我，我才意识到自己竟然着火了。我迅速用裙摆压灭了火焰，才避免了更严重的伤害。当然，衣服需要打些补丁。从验尸官的记录来看，正是这类衣物着火事件导致了很多维多利亚妇女的死亡。

然而，当事故发生时，一个人当前的状况，决定着他是侥幸逃脱还是不幸遇难。大多数维多利亚人都有丰富的实践经验，但就19世纪而言，健全、健康和成年并不是通用的招工标准。

长时间的工作加上饥饿会降低工人的警觉性，工人在操作机械时睡着的报道此时十分常见。即使是在今天，工作时间快结束时仍是事故发生率最高的时段。维多利亚时代工人的工作时间确实很长。1895年，一位洗衣工在接受一位女性工厂检查员的询问时，承认自己这周已经连续工作了42个小时。法定的工作时间最初只适用于一些雇佣儿童的特定行业，随着社会的进步，新一批工人也被纳入这一范围内。到了1850年，法定每周平均工作时长是60～65个小时。19世纪70年代，许多工厂主开始同意削减工作时长。工会和其他劳工组织长期以来一直主张日工作时长应为10个小时，而直至19世纪70年代早期，就业饱和终于让他们在谈判过程中掌握了主动权，随后，54～56个小时成为很多行业的周工时标准。面对被缩减的工作时间，大多数雇主转而向员工施加压力，来使后者更高效地工作——工人的就餐时间被缩短了，机器的运转速度加快，工作流程也逐渐被简化了。

对于大多数男性而言，晚上和星期六下午的空闲时间是最大的福利。艾伯特·古德温（Albert Goodwin）的父亲显然也这样认为，因为他曾这样告诉儿子：“当然，人在业余时间总得给自己找点消遣，因为工厂的工作时间是早上 7 点到下午 6 点。其间只有半小时的早餐时间和 1 个小时的午餐时间能休息，而星期六的工作时间是早上 7 点到下午 1 点。”然而，只有男性劳动力才有这些闲暇时光，法律和强大的工会通常只能约束那些以男性劳动力为主的行业或者工作场所。很多人——主要是女性（但不全是），由于所在的行业并未受到监管，因此其工作时间可能会随着贸易量或季节的变化而产生显著的波动。

每到了社交季节[①]（Social Season）时，伦敦的制衣行业便会要求员工每天工作 20 个小时。有时，时髦的富家女会要求赶制最新款的衣裙，以穿梭于一年一度的舞会和社交场合中。那些雇佣大量在职女性的家政服务行业完全处于监管范围之外，而对外包工来说，按件计费的方式也同样会使他们受到超长工时的伤害。这不仅加重了人们遭受事故的可能性，也增加了他们暴露在不健康的工作环境中的风险。火柴制造厂的工人每天要暴露在含磷的环境下 8 个小时，但其处境依然比在同样环境下工作 18 个小时的人要好得多。过度工作也会带来健康风险。凯特·泰勒十分确定，她 13 岁的姐姐“如果没有为那个傲慢的女商人卖力工作”，不会就这样死去。她将那些被剥削的痛苦经历记录了下来，过度劳累削弱了人们的免疫力，让他们面对疾病时毫无抵抗之力。维多利亚人通常都坚信“拼命工作丢不了命”，但另一群维多利亚人都知道，它绝对丢得了。

曾有人试图改善工人的身体状况，而不仅仅是缩短其工作时间。一些雇主确实在努力改善工作条件——确保照明和通风良好、配备抽水马桶、

①每年复活节一直到 8 月，伦敦人就会开始享受各种社交生活。伦敦会组织盛会，而参加社交季节的人通常不是上班族。——译者注

提供洗浴设施，有的甚至还配备了基本的食堂。偶尔也有雇主会为工人的孩子设立托儿所，比如位于伦敦北肯辛顿区的布莱钦登街的托儿所，每天早上 8 点到晚上 10 点都会有专人照看 25 个婴孩。威勒尔的阳光港和伯明翰郊区的布尔纳维尔都是工厂主们根据当时最先进的卫生标准，为工人们建造的。这些工作场所的规章制度和建筑设计不仅是为了确保工作效率和利益最大化，而且还考虑到了劳工的健康需求。在布尔纳维尔，18 岁以下的工人除了需在工作日进行锻炼，还需遵守清理卫生间、禁酒、保持窗户和通风口清洁等一系列规定。工厂甚至还限制他们搬运货物的最大重量。

令人遗憾的是，善良的雇主只是少数。然而，在维多利亚时代，很多没有建立工厂的富人也与这些少数工厂主有着同样的意愿、热情和担忧，他们积极促进立法，迫使更多的雇主至少采取一些最基础的卫生安全措施。在维多利亚女王执政前，英国已经出台了相关法律来控制纺织厂过度使用童工的情况。

图 66 被送下矿井的孩子，1842 年。

1838 年，靠近巴恩斯利的哈斯卡煤矿发生了异常渗漏，造成 26 名被困在矿井的儿童死亡。维多利亚女王登基后的第一项命令就是彻查此事。根据调查报告和配套的绘制图可以看出，年幼的孩子操控活板门，稍大一些的孩子负责运煤。这件事故不仅引发了人们的强烈抗议，让法律限制了女人和小孩从事地下劳作；还使那些依然在地下劳作的人们也在法律强制下，开始采取更多的安全措施。矿井和纺织厂的安全守则逐渐被更多的工作场所接纳，法律条文也逐渐覆盖了更多的危险区域。

1844 年，相关法律首次要求特定器械必须配备栅栏隔挡（这类法律在 1891 年得到了进一步完善）。

1862 年，法律要求雇主必须保证工作场所的通风条件良好，以清除生产过程中产生的“有害气体、粉尘及其他杂质”。同时，煤矿的安全情况也逐步得到改善。

图 67　煤矿事故后的葬礼，1862 年。

1855 年的法律要求所有废弃的竖井都须安装防护设施，所有蒸汽机必须配有计量表和安全阀，所有起重装置都必须配有制动装置和指示灯。1872 年，安全灯也成为强制配备的设备，从而减少了地下火灾。维多利亚时代危险的工作环境最终促使一种更卫生、更安全的文化诞生了。

童工：解救骆驼的最后一根稻草

到了 19 世纪末，教育已经具备了强制性和免费性。但大多数维多利亚时代的孩子在工作上所花费的时间远比受教育的时间要多。他们涉足农业、矿业、制造业和家政服务行业等各个领域，很少有行业会让他们吃闭门羹。他们中的很多人都在一种被称为“童工”的岗位上劳作，但也有一部分人会做成年人的活。如果没有全职工作，他们就可以一边工作，一边读书——有些人会按学校的时间安排自己的夜班和早班。不过，也有很多人会在家里做家务活或照顾弟弟妹妹。

有些孩子在 5 岁时就已成为记录在册的全职劳动者，维多利亚时代，很少有孩子到了 12 岁还没有开始挣钱。很多中产阶级家庭的孩子在过完

12 岁生日后不久，就会开始做全职工作，即使他们的工作通常是在办公室里而不是户外。维多利亚时代的办公室男孩就真的只是个男孩了，他的工作是给墨水瓶装满墨水、给炉子加炭、递送文件和备忘录、清理地板和寄送信件。

维多利亚女王执政之初，无论是法律还是社会环境几乎都不会限制孩子赚取其收入。1833 年的《工厂法》禁止工厂雇佣任何小于 9 岁的孩子，而且规定 9 ～ 13 岁的孩子每日工作时间不得超过 8 个小时，14 ～ 18 岁的孩子则不得超过 12 个小时。然而，这项法案只适用于纺织厂的员工，而且缺乏监管。违反规定的雇主也只需交付少量罚款。这一时期，公众们已经习惯了使用童工，因此无论是雇佣孩子，还是把自家的孩子送去工作，人们都不会感到不安。更重要的是，工业革命的爆发也催生了市场对童工的新需求。在那个时期，经济压力使得家庭预算中多出的几便士成了能决定这家人生计的关键。

取代了手摇纺纱机和编织工的早期机器此时还非常粗糙，需要大量孩子协助才能正常运转。孩子们的工作很简单，但如果不来回跑动，把断了的线头捆好或把卡片塞进正确的位置，抑或扫除绒毛、重新填装线圈，那么整台巨大的机器就会被堵塞并停止运转。成年劳动力要价昂贵且供不应求；相比之下，孩子不仅要价便宜，还算得上一种取之不尽的资源。随着北方的工厂开始发展，工厂主们发现可以花钱雇佣来自南方的孩子来操纵机械，后者几乎都是孤儿或是被救济院收留的孩子。工作虽然很简单，但工作时间非常长，这对孩子的身体造成了极大的危害。纺织厂里本就布满灰尘，而机器附近的空气则更是浑浊，孩子就缩在那个地方，等着扯线头和清理堆积的废料。这些童工有着小巧的双手和瘦小的身体，这让工厂主们能够引进更多织布机和其他机械，因为他们只需留出细小的空间来让小雇员们穿行即可。机器不间断地运转着，方便了那些错误地安排了工作时间的小青年，让他们有机会找到活儿干。

纺织厂似乎贪得无厌，其对童工的需求永不满足。在那里，人们即便是不经意地望一眼，也能看见数量不菲的童工。1835—1850 年，英国纺织厂里的半数劳动力几乎都在18岁以下。这一现象引起了公众的注意。由于其他行业的雇主从不会这样做，因此与雇佣童工有关的法律首先针对纺织厂也就不足为奇了。

今天，如果你想感受19世纪初纺织厂童工的生活，可以去柴郡斯泰尔村的纺纱厂看看。如今这家纺纱厂由英国国民信托组织（The National Trust）管理，且得到了良好的复原。当然，你看到的复原建筑会比19世纪的真实纺纱厂要更干净、更安静，也更安全——毕竟英国国民信托组织有责任保证你的健康和安全。尽管如此，这栋复原建筑依然能够给你最好的工作体验，让你知道维多利亚时代工厂的实际环境。斯泰尔村的纺纱厂在那时是最开明、仁慈的工厂：无论是工作条件、工作时长，还是它所提供的教育服务和生活条件，都比当时法律要求的高得多。尽管有许多改进，但不分昼夜地在嘈杂的机器声里工作和生活，这对维多利亚时代的工人而言依然是一件非常痛苦的事情。

不仅如此，随着工业的发展，更多适合童工操作的工作应运而生，当然，家庭开销增加也是原因之一。新机器的出现让成年劳动力的工资水准普遍降低，毕竟小型手摇纺纱机的生产效率比不上以水力和蒸汽为动力的纺纱机。由于薪资下跌，工人阶级不得不想办法填补赤字，于是开始让孩子们来帮忙，因此童工的年纪变得越来越小。在饥饿与唾手可得的工作机会的推动下，童工市场就这样蓬勃发展起来。

纺纱厂很可能是低龄童工的聚集地，但在维多利亚早期，大多数孩子都从事着农业工作。1801年，66%的英国人都集中在农村。到了1851年，当全国总人口翻了近一倍时，仍然有46%的人居住在农村。即使到了1911年，全国总人口几乎再次翻番，依然有21%的人在城市和城镇外居住。这些家庭通常以务农为生，而且几乎家里的每一个孩子，无论处于什么年纪，都会做大量工作。不管是作为正式的雇农，还是父母的帮手，他们都能帮助父母获得更多的报酬。收获季对童工的需求量最大，从传统英国学校的假期时间安排就能看出来。女人和孩子的工作通常较为机械，比如收集被砍下的麦秆，把它们捆成一束，堆在一起，或是在麦田里捡拾被遗落的麦穗以及搬运粮食。另外，采摘豌豆、挖马铃薯、择啤酒花和剥亚麻等也需要这样的劳动力。给农田除草基本上也需要靠人力来完成，雇佣孩子是个经济的选择。驱赶乌鸦和啄木鸟基本上是男孩的工作，此外他们还可以清理马厩、花园和堆粪。女孩一般负责收集并捆扎割下来的茎秆、挤牛奶和收集田野里散落的谷粒。在不同的地区，孩子负责的农活也有所不同，有的人会打理羊毛，有的人则会折编篮子用的柳条（柳树的细枝）。在帮助父母做义务劳动，以帮助家里实现“收支平衡”时，孩子还被打发去捡柴火、劈柴、打水、从灌木篱笆里采摘食物、打理花园或苗圃。在维多利亚时代，不论是男孩还是女孩，都得帮家里做家务或带孩子。

乡下男孩的第一份工作通常是驱赶乌鸦。威廉·阿诺德（William Arnold）第一次被送到田里时只有6岁零2个月，那时是2月末3月初。“我觉得我永远也不会忘记那段漫长而饥饿的时光。”他在日记里如此写道。这份工作很孤单，他整天都得拿着一堆小石子站在犁好了的田边，一旦发现有乌鸦试图吃埋在田里的种子，就用小石子驱赶它们。天还没放亮时，他就得开始这项工作，而直到太阳下山才能回家。阿诺德既不能去室内休息，也没有人陪伴，只能孤零零地待在寒冷的田野里。随着季节的变换，种子从土壤里冒出头来，他的工作就从驱赶乌鸦变成了放羊。等到了收获季节，阿诺德就成了父母的小帮手：收割大麦，然后驾着马车往返于耕地和谷仓间，直到把所有谷物都运进了谷仓。当季节再次变换时，他就成了40头猪的看管者，而到了深冬时节，他又加入了犁地的队伍。

驱赶乌鸦也是1859年出生的约瑟夫·阿什比（Joseph Ashby）的第一份工作，但那时他已经9岁了，而且只是兼职。他直到11岁才开始做全职工作。

乔治·马拉德（George Mallard）出生于1835年，他9岁时开始做全职工作：驱赶乌鸦、劈柴火、挖马铃薯。这些工作伴随了他的整个童年。

这些孩子都是在几年后才将当时的生活记录了下来，但即便到了那时，他们的工作也没有什么不同。对很多农村的小伙子来说，年幼时所做的兼职和零碎工作在他们12岁左右就会被更正式的工作所取代，到那时，他们会离开父母去往雇主家的农场，开始为期一年的农业生涯。这样的农业服务、寄居方式以及为期一年的合同约定在英国南部已逐渐消失，但在北部和苏格兰低地却是最常规的农村童工模式。对一些孩子来说，这是一段令人绝望的孤独时光，因为他们经常会受到欺凌和辱骂。

出生于1840年的杰西·谢文顿（Jesse Shervington）说出了他在工作岗位上所遭受的殴打："我觉得自己身处不幸之中，却不能无所顾忌地向人倾诉，因为这样做会受到更残酷的对待。这是农村孩子应该遵守的最基本生存规则。"罗杰·兰登（Roger Langdon）所受的殴打来自一名庄稼汉，由于合同约定，他不得不与其共度5年。他明白，向农民和父母求助只能换来庄稼汉的报复。相比之下，也有一些人得到了工友和雇主的关怀与照顾。乔治·比克斯（George Bickers），年龄不详，是一个贫穷的农场学徒和孤儿。当地教区监察员向一位农民支付了一小笔钱，让对方教比克斯一门手艺。这样一个无依无靠的可怜孩子，本该比那些没有家人撑腰的孩子受到更残酷的欺凌，但比克斯很幸运，不仅学到了一技之长，还得到了农民的关怀。

随着农业服务工作成了过去式，很多在英国中部和南部的大部分地区的孩子开始为工头干活。工头是负责找活和监督劳工的中间人，他们带着手下的工人从一个农场转战到另一个农场。工头为农民提供的大多是非熟练工，只负责生产和收割田间的农作物。孩子们协同合作以获得津贴，如果离家不远，晚上也会成群结队地步行回家。但做帮工并不是件轻松活儿，工头时刻掌握着工作的节奏。在约瑟夫·贝尔（Joseph Bell）的回忆中，工头通常会走在男孩的身后，手里"拿着一根打了蜡的双股绳，如果哪个男孩被发现'直起了背'，那么厄运和痛苦就会被加诸他身上，直到队伍走到田野的那一头"。不分寒暑的在户外干活对任何一个孩子来说，都是件很艰难的事。不仅如此，孩子们还经常吃不饱、穿不暖，相比在工厂里干活，一些孩子觉得在田间劳作更为艰难。

尽管农村的童工仍做着农活，却没有受到太多关注，而纺织厂里的孩子倒迎来了第一部保护性法律。这项法律因民愤产生。1841年，负责调查矿业和制造业童工现状的皇家专门调查委员会（The Royal Commission）进入公众视野，开始研究近年来工人面临的越发恶劣的工作环境。矿工们的薪水按他们带回地面的煤块量来计算。所以，对成年人来说，无论是挖煤、移除多余的石头，还是搬运支撑周围岩石的木桩都没有意义。为了让收入最大化，男人会让自己的妻子和孩子帮忙搬运物资，自己则专心把煤从岩石里挖出来。矿井内的温度很高，通常也很潮湿，为了避免弄坏那为数不多的几件好衣服，大多数在黑暗矿井里工作的男人、妇女和小孩都穿得很少。矿工们对此没有什么顾虑，但公众被这一景象震惊了："女人和小女孩肯定会被性骚扰！"除了人们对女性那种精致、美好的幻想被打破外，一件令人心碎的故事也被传开——据说，为了打开或关闭一扇用来通风和通行的活板门，矿井里每次都会单独留下一个 5 岁大的孩子，让他在伸手不见五指的地方待上 12 个小时。维多利亚人对矿场和矿场主愤怒不已，并最终引起了政府的重视，就在那一年，国家通过《矿业法案》（*Mines Act*），禁止所有女性从事井下作业，还要求 9 岁以下的男孩不得下井。

当然，法案并没有立即起到作用。一来，有组织的矿场监察直到 1850 年才展开；二来，这项法案仅适用于煤矿，而其他类型的矿场直到 1860 年才被纳入监管范围。但总体说来，自 1842 年开始，矿场里的童工就几乎只有男孩了。一个在 1849 年进入矿井工作的 9 岁男孩留下了他早年的工作经历记录。我们不知道他的姓名，他自称"工会独行者"（A Trade Union Solitary）。他的第一份工作是给一位年长矿工做助理，或者说是"催促工"（Hurrier），因为那位老矿工的工作速度比其他人都要慢。在工作时，催促工必须保持与矿工相同的速度，还得在工人劈砍（或挖掘）时保持干净的采煤工作面和工作环境。为动作较慢的矿工做助理或许会好受一些。第二年，他转而为一个强壮、干活迅速的工人工作，为此他每天得在约 500 码长的通道里来回运货达 22 次。"我当时的经历对 10 岁男孩来说，大概是无尽的苦难吧。"他自嘲地写道。

爱德华·赖默（Edward Rymer）10 岁时开始在矿井里工作。他回忆说，第一次坐在活板门旁边的时候，他被周围漆黑而封闭的环境给吓哭了。弗雷德·鲍顿（Fred Boughton）在描述工作生涯时说："他们在我身上绑了一根六英寸宽的皮带，接着将皮带的一边围成圈，让我的头钻进去，再把皮带另一端挂在一斗或一箱煤上。我要做的就是手脚并用地把它们拖走。然而，我站不起来，因为洞里有些地方只有3英尺6英寸高，而且只有卡在墙边的蜡烛能给我照明。"沙夫茨伯里勋爵（Lord Shaftesbury）在国会上引用了年轻的罗伯特·诺思（Robert North）的话，生动地描述了这种工作给孩子身体所造成的伤害："我7岁时下井，身上绑着皮带和铁链，被打得皮开肉绽，鲜血淋漓……只要我一开口，他们就会打我。有几次，我在干活时拉伤了臀部，都不知该怎么办才好。"

随着时间的推移，最低从业年龄开始上升。到了1872年，从事井下作业的男童最低年龄是10岁，且在12岁之前他们都只能兼职，而其他时间则要接受义务教育。1878年，类似的限制也开始在各类工厂里实施：童工最低年龄为10岁，而且10～14岁童工的工作时间必须减半。1891年，最低工作年龄上升到了11岁。到了19世纪末，儿童在12岁之前不能从事全职工作。然而，这也只限于受到监管的行业，在未经法律管辖的地方，很多孩子仍在辛苦工作。如果一位雇主因为孩子太小而拒之门外，还会有一大批人等着雇佣这个孩子。同样，不论年龄和生活条件如何，很多孩子和家长都希望能找到工作。

一个男孩能赚到的钱通常十分可观。大概从11岁开始，男孩的收入就会超过母亲；而到了十六七岁，很多男孩甚至能比父亲赚得更多。在整个维多利亚时代，女性的薪水一直都很低。即使干着与男人同样的活儿，女性的薪水也只有她们的父亲、丈夫和兄弟的一半或者三分之二。有的工作分工明确，男人和女人干的活稍有不同，这在一定程度上掩盖了这种收入落差。但即使是最熟练、最勤奋的女性工人，也很难得到较好的收入。已婚妇女既要工作，又要承担家务活，做了母亲的女性还得兼顾养育孩子。当一位女性有了孩子后，她就不能再把时间都花在工作上，即使她的薪水只有丈夫的三分之二。零散的工作模式让她只能干点儿薪水低下的活，这样一来，她的收入水平就连自己的女儿都不如了。

这种经济现状影响了孩子们的生活。在11岁之前，孩子们的薪水通常都很低（大多是一个星期2先令），所以对男孩来说在家照顾孩子或者做家务比外出兼职或做临时性的工作更有意义。男孩在家帮忙，就能让自己的母亲外出工作，母亲虽然赚得不算多，但至少比得过七八岁的孩子。一旦孩子们长到十一二岁，全职工作就成了他们的最佳选择。那时，一位成年男性平均每周能拿到14 ~ 16先令，而他11岁的儿子可以挣6先令。若运气够好，15岁的男孩每周甚至能赚10 ~ 12先令。此时，母亲就会放弃原来的工作，从孩子手中接管所有的家务活。这一策略能让家庭收入最大化。很多工人家庭对孩子收入的依赖与对成年人的不相上下，男孩（比同龄的女孩收入高得多）是家里的二线工人，如果一个家庭有很多能挣钱的男孩，成年男人甚至都不必负责养家糊口了。

男孩挣的钱几乎无一例外地交给了他们的母亲，母亲把零碎的小钱给他们作为零花钱，剩下的钱都用在必要的家庭开支上。家里有个赚钱的男孩总能改善其他孩子的伙食，每个孩子都知道这一点。几乎所有男人在回忆童年时，都会提到把一份像样的薪水交给母亲后的那种自豪感和满足感。通过这种方式，男孩常常会觉得自己是个真正的男人了。在给母亲和兄弟姐妹挣取食物、减轻生活压力的过程中，男孩成了家中值得尊敬的人，他们的伙食也得到了改善，甚至可以像父亲一样享受用餐时的优先待遇。在工人家庭中，谁能挣回来面包，谁就能最先吃饭，也能吃得最饱。如果餐食中有一块鱼或者肉，那他就最有机会享用。养家的人有权分到最丰盛的食物，因为一家人都需要靠他的工资生活，他的健康最重要。

因此，工作使男孩们获得了地位、更多的食物和一点儿零花钱。但工作也会使他们疲惫，增加他们遭受永久性损伤的风险。在过度劳累和贫穷的恶性循环中，男孩20岁时的薪水很可能会超过他的父亲，一个主要的原因是：接近40岁的男人的身体通常不能再像年轻时那样拼了。和他的孩子一样，中年男人也是从小就开始工作，因此他的身体早已极度透支。人们都清楚地知道，让孩子的身体超负荷运转是极危险的事，因此无论是立法者还是个人都在努力保护孩子不因过度劳累而受到伤害。威尔·索恩

（Will Thorne）的母亲明白孩子在砖厂的工作十分辛苦，索恩正在被“这样的工作慢慢折磨着”，而且“他还因此驼背了”。这份工作的报酬确实不错，而且他们家也很需要这笔钱，但这份工作又是如此繁重而残酷。砖厂的年轻工人负责把黏土运到制砖工人那里，然后将砖块送进窑内，再搬出来。他们靠篮子和麻袋运送所有物资，在不平整的地面，以及窑炉的气浪与高温下铤而走险。每一次，黏土里的水都会在途中渗出麻袋，打湿他们的脊背。最终，索恩一家决定再忍受几年的饥饿，而年轻的索恩也重新找了一份不那么繁重的工作，尽管薪水也较低。

How to Be a Victorian

第8章

绝望主妇

清不空的夜壶

在维多利亚时代，大多数女性一天的工作都是从倾倒和清洗前一天晚上的夜壶或粪桶开始的，而大多数男人则可以幸运地从这些脏活里脱身。

直到21世纪，夜壶仍是英国人日常生活的一部分。

今天我们可能会反感这种东西，但在室内抽水马桶和电灯发明前，它是一种必需品。夜壶大多由陶制成，内外侧都上过釉，它们的外表既可以是朴素实用的，也可以是画上了漂亮花纹的。一些夜壶内侧还具有喜剧效果——正对着排泄物的地方，甚至还画有动物或者人。最原始的夜壶有各种式样和尺寸，且因使用者的性别而各不相同，维多利亚时代的夜壶则有着统一标准。那是一种蹲式夜壶，看起来像个圆形的大碗，边缘很宽，其中一边还有一个把手。至于病人，则可以使用一种瓶型的便盆，如果病人卧床不起，便可以使用一种外观似拖鞋的大壶。根据使用者性别，这些夜壶也有区分。

夜壶是最基本的家用器皿之一，即使是最贫穷的人也会想办法获得它。也许某个人没有床，不得不睡在破布上，但他的身边也会放上某种样式的夜壶。在有电灯之前，想摸黑走出房间，靠着星光穿过庭院或花园，再走

进厕所，可不是件简单的事情。事实上，这简直可以算得上探险了。对于老人、小孩和身体欠佳的人来说，这就更危险了。即使19世纪末，城里人已经用上了室内抽水马桶，夜壶仍可能有用。每个维多利亚人都是用着夜壶长大的，也都知道怎么用最好使。

以下是关于使用夜壶的一些建议：

1. 始终把夜壶放在同一个位置，比如放在一件家具的下方或是在卧室的墙角处。你必须确保自己能在黑暗中找到它，即使你因睡了一觉而迷失方向或者昏昏沉沉。但比起能找到它，更重要的是你要避免一脚踩进夜壶里或是踢翻它——尤其是在其他人已经把它填满的情况下。

2. 有一个自己专属的夜壶很有必要，而公用夜壶则需要看运气了。你怎么能知道公用的那个夜壶何时是空的呢？它很有可能已经满了，当在黑暗中急于自我解放的时候，你一定不想看到这样的情况。

3. 给你的夜壶配个盖儿，盖好它。

当然，总得有人在早晨负责清空夜壶。这个人需要将夜壶里的排泄物倒进厕所，接着把它清洗干净，放回指定位置。

弗洛伦斯·南丁格尔热衷于将夜壶挨个儿地拎去厕所，然后在户外洗干净；但大多数家庭会选择将夜壶里的排泄物统一倒进一个大污水桶，这样便可以免去一番折腾。污水桶一般就是简单的水桶，较好的污水桶还会配有盖子，盖子是凸起的，向着盖子中心有一个直径约3英寸的倾斜孔。这种设计不仅能起到防溅板的作用，还能使污水桶在被人从一个房间提到另一个房间，从一张床移向另一张床（收集排泄物）时，不会溢出。南丁格尔小姐反对这种方式，因为把一位病人的排泄物提到另一位病人的床边，与她的卫生保健理念完全相悖。

比顿夫人在她的著作中提到，女仆的工作包括每天清理各个卧室中的夜壶。这一例行事项需在服侍主人吃完早餐，并打开卧室的窗户之后完成。不过，清洗夜壶只是日常清理的一部分，女仆们还得清洗其他晨间清洁时用过的壶和盆。

对于身体健康的人来说，夜壶里装着的除了尿液再不会有其他杂质。为了避免提到“夜壶”这个不雅的名称，比顿夫人用委婉的言辞向女仆们提出了“倒污水”建议：“在做这件事的时候，应该先把所有东西都倒进污水桶里。接着，你要在容器中倒一点滚烫的热水。如果用热水洗不干净，你也可以在水里滴一滴松节油。”然后，勤劳的女仆就该倒出里面的洗液，再将晨间洗浴时用过的碗和盆冲洗干净并擦干，最后再把污水桶倒空，清洗干净。

我很擅长做这项工作。在把夜壶里的污水倒进污水桶之前，最好确认桶里有一点儿清水，这能防止脏东西黏在桶壁上。等你把污水倒进厕所后，就能轻松地清洗污水桶了。

在 19 世纪末的大户人家或者现代化机构中，污水通常不会被倒进厕所，而是被送入“水闸室”。水闸室里配备着良好的排水系统和大量清水，能轻易地冲洗污水。康沃尔郡的拉利德罗克庄园就有一间极其精巧的水闸室。拉利德罗克庄园修建于 19 世纪 80 年代，是依据维多利亚时代最具代表性的元素而设计的。这栋庄园内设有几间室内抽水马桶，但并不适合夜间使用，因为它们都位于走廊的尽头。所以，无论是出于对隐私还是便利的考虑，家人或客人还是会继续在卧室里使用夜壶。

水闸室是一个惊人的发明，里面有很多特别设计的水槽、水龙头和一个冲水箱。有了水闸室，人们可以毫无顾忌地将污水桶带进房间。只需升起水闸上的格栅，就能将桶里的排泄物倒入水槽，接着连着水箱的链条会被拉动，大量清水就会流出，将排泄物冲走。如果将格栅扳回水闸上，就可以把桶直接放在水龙头下清洗了。

养家糊口的男人们出门工作了，夜壶也已经清空了，现在，女主人和她仆人们该倾心照料家中年幼的孩子了。

照料婴儿，还是给他灌下鸦片？

在成年人开始用水清洁全身之前，婴儿已经被建议每天都要洗澡。威廉·科贝特[①]（William Cobbett）在《给年轻人的忠告》（*Advice to Young Men*）和《给年轻女士的忠告》（*Advice to Young Women*）中坚持认为这是父母责任的一部分。据之后的一位作家记载，“洗澡水约有90华氏度[②]。但因为没有沐浴温度计，保姆可能会用自己赤裸的肘部来测试温度。洗澡的水温通常以不感到热得难受为准……而婴儿每天至少要洗一次澡。”

随着婴儿慢慢长大，洗澡水的温度也在逐日降低。科贝特认为这有利于孩子成长，能使其变得健康强壮。此外，他也承认孩子们并不喜欢洗澡，因此建议父母在给孩子们洗澡的时候放声唱歌，以淹没孩子们哭泣的声音，并教会孩子们逐渐适应。

图68　给孩子洗澡，1859年。

不论是对穷人还是对富人而言，给婴儿洗澡都是件十分明智的事。任何盆子都可以当澡盆用，也不需要费太多水，更重要的是，那些每天都洗澡的孩子会逐渐习惯，不再大哭大闹。若想把孩子洗得干干净净，并不需要将他们的全身都浸在水里，事实上，只需让他们在一英尺深的水中泡上一两分钟就足够了。

洗澡对婴儿还有一个好处——可以预防尿布疹[③]（Nappyrash）。尿布疹的发病率很高，容易使婴儿皮肤疼痛，情绪变得焦躁易怒。若不加以重视，

①英国散文作家、记者、政治活动家和评论家。——译者注

②温度的一种度量单位，90华氏度约为32.22摄氏度。——译者注

③又称尿布皮炎或新生儿红臀，指新生儿的肛门、臀部等部位发红，起疱疹。——译者注

婴儿的皮肤就会破损，随后暴露在粪便和病菌之中，这将演化成更严重的健康问题。想要防患于未然，仔细为婴儿清洁便是最好的办法。这意味着父母需要频繁地更换尿布，仔细擦拭婴儿的皮肤，每天清洗他并为他涂抹隔离霜（或者尿布霜）——当然，我们今天也是用同样的方法来清洁婴儿的。不过，维多利亚婴儿所使用的尿布每一条都必须清洗。

1837年，人们通用的是织棉尿布（Diaper Woven Cotton）或亚麻尿片（Linen Napkins），即美国尿布和英国尿片。制作尿布的面料具备很强的吸水性，表面有方形的细小纹理，可以用来擦拭溢出物或各种液体，所有需用到耐洗材料的地方都可使用它。直到20世纪初，毛圈毛巾布（Looped Towelling）才成为常见的毛巾和尿布款式。尿布通常很大，有3英尺见方，维多利亚时代的母亲们会折出各类式样的尿布，以供不同年龄段的婴儿使用。新生儿的尿布只需简单地折一下，等婴儿3个月大时，尿布就得在原来的基础上再折一下，而当婴儿9个月后，尿布的尺寸就要折成最初的三分之一。男婴和女婴的尿布也有着不同的折叠方法，折得最厚也最具吸收性的地方要放在婴儿最容易尿湿的部位。尿布需用普通别针小心固定住，而针尖则应尽可能地远离婴儿的皮肤，从这方面来考虑，1849年发明的安全别针可以算是婴儿们的一种福利了。明智的父母一般会多准备几张尿布以防渗漏，哪怕不能防水，也至少有一些抗水性。一种编织紧密且质地柔软的光滑棉布就起到了这个作用。另一些父母则用的是油布，这种面料虽然很防水，但会让婴儿产生不适感。

用过的尿布必须清洗，尿布桶就成了大多数家庭（无论处于何种阶级）的必需品。先把尿布在夜壶上抖一抖，以便将附着在里面的脏东西直接倒入厕所；接着，把尿布放进一桶冷水里浸泡；然后，把一小撮盐或者一点儿消毒剂倒入水里，能使尿布泡得更干净。需要注意的是，在整个浸泡过程中，你需要把尿布桶的盖子盖上，以免异味飘出来。清洗尿布前，你还得把脏水倒掉，再把尿布冲洗一遍。这种浸泡和洗涤方式可以祛除95%的污渍，如此一来，你就可以按照正常的方式清洗尿布了。

尿布是很早被要求煮洗的衣物之一，早在微生物理论产生之前，人们

就已经很清楚粪便和疾病之间的关系了。比顿夫人和很多其他的权威人士都建议人们将尿布在沸水中煮上半个小时。

然而，对那些很穷的家庭而言，这种步骤太过复杂。他们既没有太多时间（所有10岁以上的人都在没日没夜地工作），也没有多少资源，只能把油布铺在垫着稻草的婴儿床上，再把光屁股的婴儿直接放在里面。这大大减少对亚麻织物的需求，也减轻了洗衣服的负担。如果稻草的数量铺得刚好合适，婴儿躺在这乱糟糟的床上，也能保持干净且不太可能患上尿布疹。这种做法常常会使中产阶级人士感到震惊，但贫穷而绝望的母亲并没有太多选择。当食不果腹的时候，谁又有钱去买尿布呢？

19世纪的大多数时间里，无论是对穷人还是对富人来说，所谓的婴儿隔离霜其实就是猪油。在干净又干燥的小屁股上抹上一层猪油能有效地将婴儿的尿液与皮肤隔离，防止皮肤溃烂或刺痛。贵妇可以自己制作或直接买一些带有香味的婴儿隔离霜，就像她们自己用的手霜一样。但从本质上来说，它们仍只是猪油。药霜一般是在猪油的基础上添加了氧化锌，但它的使用并不广泛，只适用于治疗尿布疹。爽身粉有时也是富人更精致的选择，就像女性使用的卫生用品那样，它以滑石粉或淀粉为原料。不过，给孩子用的爽身粉一般会更简单一些，不会添加香料。

婴儿服

给婴儿洗完澡后，母亲们就要给他们穿上衣服了。这是一个较为复杂的过程。尽管19世纪初时，用襁褓包裹新生儿的做法已逐渐消失，但以今天的标准来看，维多利亚时代的婴儿服仍然花哨又繁琐。

维多利亚时代，几乎每个社会阶层都会使用一种襁褓：绑带（Binder）。它有很多名字，比如肚带（Bellyband）、筒衣（Roller）、带子（Swathe）和毛衣（Sweather）。但事实上，它不过是一块裹在婴儿胸部和腹部的布条，一般长3英尺，宽4英寸。

许多维多利亚人都主张用羊毛法兰绒制作这种衣物，我们如今也能在博物馆中看到一些用棉或麻做成的婴儿服，这证明也有便宜的款式。这是孩子们穿的第一件衣服，而且在之后的几个月里，它都将作为内衣，紧贴婴儿的皮肤。当成人将初生儿洗干净，并打上脐带结后，会将一小片棉花（有时是硬币）压在婴儿的脐带节上，再裹上绑带。绑带的外端可以用普通的别针或平头针和线来固定。有些母亲会直接把系带缝在绑带上，而不是用针固定——她们担心针头会扎到婴儿。一般而言，母亲们会将绑带牢牢地系在婴儿身上，因为她们觉得这样不仅可以给新生儿带来温暖，还能为他们提供支撑。在那时，人们普遍认为婴儿天生就是软骨头。人们还试图通过紧紧地绑住婴儿，以使脐带快速、干净地痊愈，长出内缩的肚脐——维多利亚人认为这样的肚脐更健康，也更好看。

婴儿的衣服既无阶级之别，也无性别之分。矿工和贵族在生命最初的阶段几乎都穿着一样的衣服。不可否认的是，虽然衣服的款式和风格都差不多，但其面料在质量和价格上均有不同。

穿好绑带后，尿布便能稳稳地塞在婴儿的屁股周围。此外，还得给婴儿套上一层单独的防水层或者“尿布垫”。接下来就该穿衬衫了，婴儿的衬衫基本上是用母亲能买得起的最柔软的棉或麻做成，它们的款式简单，除了最基础的盖袖之外，再没有其他装饰了。这样缝制是为了减少接缝，因为缝合线很可能会让婴儿感到不适。理想情况下，稍大一点的婴儿就能穿上法兰绒衬衫，尽管人们认为法兰绒对新生儿来说过于粗糙。到了19世纪80年代，大多数母亲都选择给自己的孩子做亚麻衬衫，市场上也出现了可以直接购买的成衣。然而，与儿童内衣的广告和营销情况相比，婴儿内衣的市场规模则小很多。为婴儿缝衣服是维多利亚女人孕期经验的一部分。幸运的是，婴儿服大都很耐穿，可以为一个又一个婴儿提供服务。当一个女人不再准备孕育新生儿时，她就会私下把孩子的旧衣物

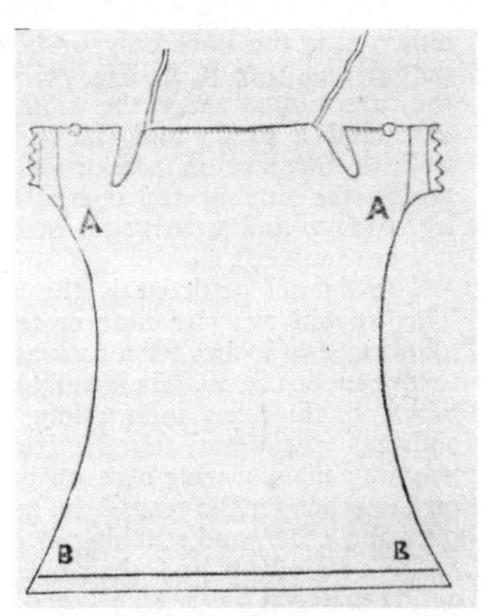

图69　第一层：新生儿的衬衫。

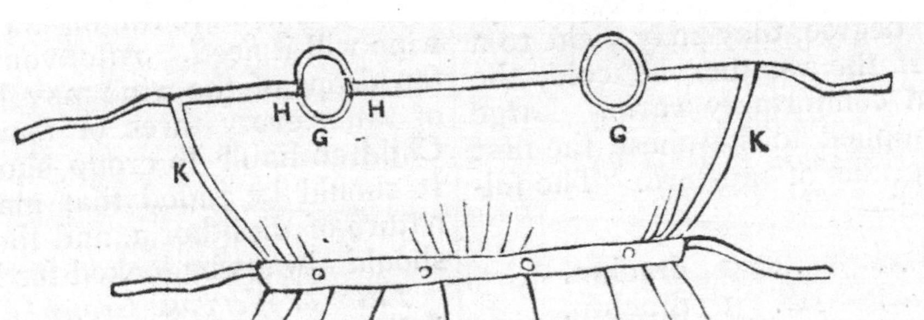

图 70　第二层：穿在衬衫外面的巴拉外套（Barracoat）。

送给别人。这无疑减轻了许多人的缝纫负担。

婴儿的衣服需要频繁清洗，这也意味着母亲们必须准备足够多的换洗衣物。《卡塞尔的家庭指南》认为每个新生儿都需备有 12 件衬衫（6 件白天穿，6 件夜里穿）才行，此外还得给他们备好 24 条尿布和 4 条尿布垫。婴儿服经常在家里缝制的原因之一是，家人都希望孩子穿手工而不是机器缝制的衣服。很多人都认为机器缝出的缝合线对婴儿来说太过粗糙和坚硬了，相比维多利亚时代母亲们的手艺来说，这确实如此：她手缝的缝合线比机器缝的要更小、更平滑也更整齐。

穿在衬衫外面的是巴拉外套[①]。正如名字所示，这种衣服是由法兰绒制成的，可用于保暖。其上端的紧身衣长约 5 英寸，下端缝着长裙，腰身处打着褶，以增加蓬松感。这种衣服通常比婴儿还要长 6 英寸左右。紧身衣最上方缝着棉布条，以作为肩带，而其他布条则用来将法兰绒绑在婴儿的周围。这种衣服没有袖子，在维多利亚时代婴儿的手臂完全裸露着。没过身体的那部分裙子能使婴儿的腿和脚足够温暖，就像衬衫一样，巴拉外套也分白天穿的和晚上穿的。这样一来，婴儿就不会在同一件衣服里裹太久。这两种巴拉外套唯一不同的地方在于：白天穿的偶尔会有一些装饰。简单而朴素的衬衫可以沿着紧身上衣的领口往下翻折，如此一来，婴儿脖颈处的皮肤便不会碰到粗糙僵硬的法兰绒领边，而只会被衬衫上光滑柔软的棉布包围。

①也称法兰绒衣、巴罗衣、惠特尔，不同的地区有不同的叫法。——译者注

为了驱逐寒冷，婴儿的头上通常还会戴一顶帽子。在长出头发之前的几个星期里，这尤其重要。无论是白天还是晚上，婴儿都会佩戴室内帽(Under-cap)。在室内，无论白天还是晚上都经常佩戴；但若要出门，只戴这一顶帽子则远远不够。因头部着凉而感冒的现象十分常见，尤其是在既不保暖又不挡风的维多利亚式房间里。母亲们会用法兰绒做室内帽，这种面料十分管用，人们甚至建议使用它来预防乳痂[①](Cradle Cap)。

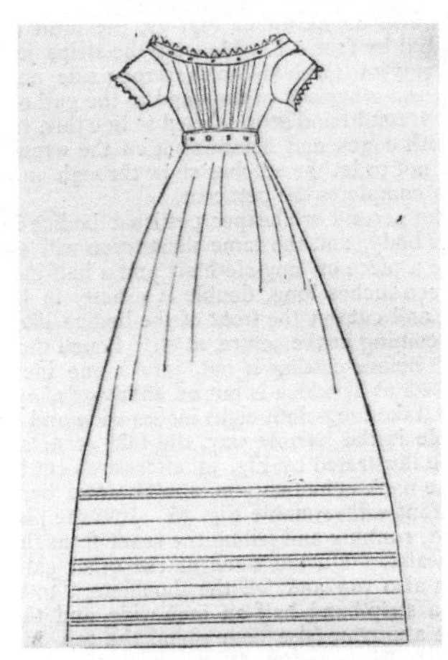

图 71　第三层：衬裙。

当这些衣服穿好后，婴儿们就该穿上衬裙了。衬裙一般由棉制成，尽管未经漂白的棉布价格更低，但白色的棉布尤其受人偏爱。就像巴拉外套一样，衬裙也没有袖子，只在腰部以下缝制了长长的裙子。衬裙比巴拉外套更具装饰性，当婴儿穿戴整齐后，美丽的裙摆就显现了出来。虽然上衣通常都没什么装饰，但裙子上通常都有呈扇形分布的蕾丝花边和自上往下缝的小褶等装饰。穿着衬裙，婴儿通常能稳稳当当地坐在衣服最里层柔软的料子上。

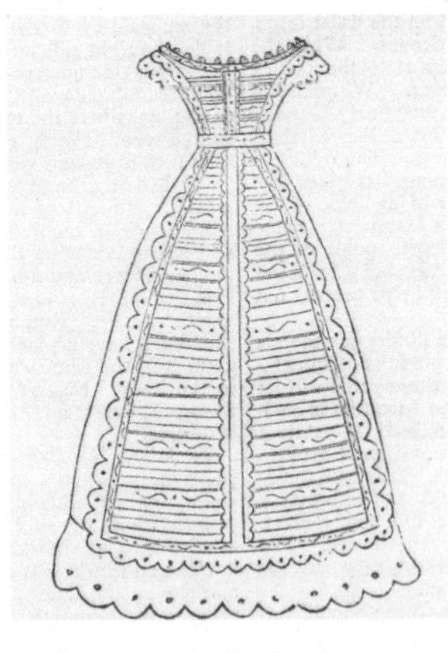

图 72　第四层：夫拉克礼服。

最后，在衬衫、法兰绒衣、衬裙的外面，还要再穿上夫拉克礼服。如果负担得起，婴儿的夫拉克礼服也会用白色棉布制作，款式通常又细又薄。夫拉克礼服的样式与衬裙几乎没有任何区别，只是装饰品和花纹更多一些。婴儿穿的夫拉克礼服上缝制了许多由褶皱、刺绣和蕾丝花边等元素组成的繁复的装饰。夫拉克礼服同样也没有袖子，而且领口很浅。尽管穿着一层又一层衣服，但婴儿们在面对这个世界时还是赤裸着手

①在刚出生的几个月里，婴儿头皮分泌出的油腻的蜡状分泌物。——译者注

臂和脖子，而且穿的衣服也比他们的父母要少得多：只有一层衣服是用羊毛法兰绒制成——巴拉外套；其他的衣服都是用细软的棉织物做成。

人们对婴儿过度穿衣和过度受约束的担忧，最终取代了他们的襁褓有益论。当一个根深蒂固的观点或行为模式被颠覆的时候，人们就会转向其他问题以寻求逃避。就在人们热情地劝说父母们摒弃用襁褓时，18世纪的先驱开始推广一种能够帮助婴儿强身健体、抵御疾病的理论：就像运动有助于健康肌肉的发育一样，让婴儿暴露在恶劣天气中也能让他们更耐寒且不容易着凉。这种理论认为寒冷能刺激并且增强婴儿的体格。

到了1850年，父母们对这种理论的痴迷在医学界引起了一阵惶恐。布尔（Bull）博士认为："我感到很不幸，社会上流传着脆弱的婴儿有产生热量，抵御寒冷的强大本能。这种广为流传的谬论已经引起了最严重的结果。"他将婴儿们赤裸双臂、肩膀和脖颈的穿衣风格称为"致命的做法"，指出这可能会引起喉头炎和肺炎。但布尔博士很快也将自己从老旧的"襁褓派"做法中撇清了，并号召大家抵制溺爱婴孩。除了担忧婴儿穿得太少之外，他也提出过这样一种警告：穿得太暖和会让孩子的体格衰弱。这些言论让人很迷惑，但尽管有很多类似的观点正在被大肆宣传，婴儿们仍在寒风里瑟瑟发抖。

幸运的是，去户外时父母们通常会给婴儿披上披风，戴上软帽以便抵御恶劣天气。披肩是羊毛材质的，一层长及脚底，一层只没过膝盖。这样的披风为手臂和身体的其他部分提供了双层保暖。一些母亲在和孩子回到家里后，会立刻脱下孩子的披风，但在一月的寒风已经穿过门窗侵入室内之时，大多数母亲更愿意让披风留在孩子身上。婴儿们的衣柜也慢慢变得五彩斑斓起来，大多数披风是奶油色或灰色，偶尔也有红色。维多利亚时代的婴儿大多穿着白色的衣服。白色跟婴儿很搭，不只是因为白色象征着纯洁和天真，还因为白色可以让污渍无处藏匿。

在21世纪的人看来，维多利亚人的这种想法似乎是错误的。但是，我们无法否认，他们的这种做法有助于保持婴儿服的清洁，而这对婴儿的健康非常重要。

实际上，白色的衣服还能经受住肥皂、热水和剧烈揉搓。维多利亚时代的染料无法承受多次洗涤，否则就会变色或褪色。那些穿在婴儿身上的彩色服装通常很快就会被糟蹋，哪怕父母们不愿毁掉衣服的色彩，也必须得经常清洗。

几个世纪以来，红色一直是包裹婴儿的毛毯（或洗礼布）的颜色。所以在人们心里，红色是最适合孩子穿的外衣颜色，不同于粉色和蓝色，后两者此时在婴儿服市场上尚未取得文化地位。在白色衣服的衬托下，红色披风往往显得鲜艳耀眼，这可能是它流行起来的另一个现实因素。但红色并不是最常见的披风颜色，获得这一殊荣的是奶油色。很多奶油色的披风都留存至今，它们的边缘经常会用白色棉布或丝绸包边。

9 个月之后

大概 9 个月大的时候，婴儿的着装就开始变化，主要是它的长度。新生儿穿的“长”衣服在拉直后会长出孩子身高一截，比如 1840 年时，衣裙可能比孩子的身体要长一码（3 英尺）。到了 19 世纪 80 年代，很少有比孩子身体长出一英尺的衣服了，但即使到那时，婴儿的腿和脚仍被埋在巴拉外套、衬裙和夫拉克礼服的裙摆里。长长的裙摆会阻碍行动，所以，改穿“短衣服”大致是为了方便孩子坐立和爬行。因此，这个年龄段的婴儿需要的是长及脚踝的衣服。维多利亚人通常不建议母亲为了图方便，直接把现有的衣物剪短，因为有一种很现实的情况：在一年内，她很可能会诞下另一个新生命，而且需要准备能穿的衣服。从长远的角度来看，留下长衣服，重新做套短的更划算。此外，从这个年龄段开始，男婴和女婴的衣服开始出现明显的区别。

在 9 个月之前，男婴和女婴衣服的唯一区别在于尿布的折叠方式，但从现在开始，两者在衣服的缝纫方式上也出现了区别。这是一个漫长的过程，其间有着很多细小、渐进的变化，但最终将形成两种几乎完全不同的服装。在现代人眼中，这些区别很难被留意到。9 个月大的男婴服和女婴服只在裙摆、饰物风格上有些许不同，男婴的衣服比女婴的要宽松一些，

往往会缝上穗带；而女婴的连衣裙上则多用蕾丝花边装饰。男婴和女婴的夫拉克礼服上经常能看到死褶[①]（Tucks）和活褶[②]（Pleats）。除此之外，他们的衣服就没有太明显的区别了。

由于婴儿服只长及脚踝，婴儿的腿和脚更容易暴露在外面，所以从这个年龄段开始，婴儿就得穿上短袜和长袜了。同样，男婴和女婴都会穿这两种袜子。9 个月大的孩子也可以开始穿鞋了，但大多数家长担心鞋子会让婴儿的脚变畸形（现今一些地方仍有这样的担心），因此不愿给孩子穿。

在孩子们脱掉绑带的时候，他们的服装又有了新的变化——绑带被支撑带（Stay Band）所取代。支撑带主要依靠自制，很容易让人联想到男女通用的迷你版束身胸衣。

支撑带由两层结实的织物制成——帆布或牛仔布，它们往往会被裁成宽 5 英寸，长 22 英寸的布条。在布条的最上端，人们剪出了两个浅浅的月牙形作为袖口；之后，把两层布料缝在一起，纵向地缝出一系列长长的通道，再用结实的绳索或细线串联起来。这些牢固的竖直绳索让布带硬挺起来，类似于束身胸衣里的鲸鱼骨，当然它们更加柔软。依靠缝在上面的

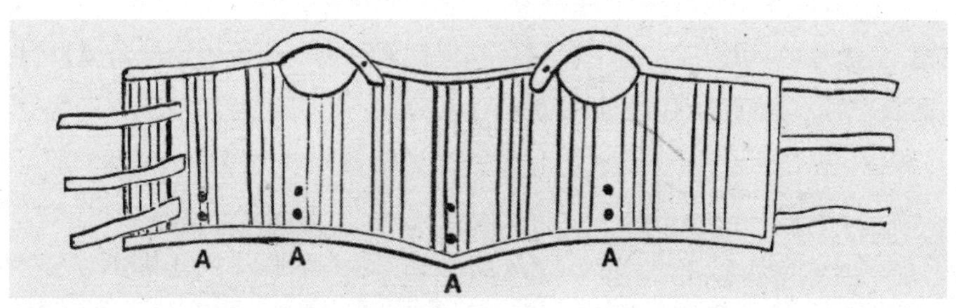

图 73　大一些的孩子们所穿的支撑带。

肩带和其他形式的系带，这种服装可以固定婴儿的身体。最终成型的服装不会太过僵硬，也不会比在周身裹上一片硬纸板要紧。事实上，没有什么实用的方法能收紧这种衣服，此外也不能收婴儿的腰围，但它比 21 世纪

①指衣服死角的褶皱，如衣服的袖口、纽扣、裤缝等处的褶皱，较难处理。——译者注
②指衣服经过外力作用而被压皱，较易处理。——译者注

的婴儿常穿的衣服要笨重得多。在维多利亚人眼中，这能为成长中的孩子提供必要的支撑。

我那有主见的女儿在 2 岁时就曾向我提出请求，表示想要一件属于自己的束身胸衣。那时的她已经能熟练地穿上我的束身胸衣，而且希望自己像个成年人一样。我当然不可能把一个 2 岁的孩子绑在真正的束身胸衣里。因此，我给她做了一件支撑带。她很喜欢那件支撑带，穿着它，她的行动没有受到一丝妨碍——她是个伶牙俐齿的小机灵鬼，如果感觉到不舒服，一定会表达出来。尽管她对很多其他款式的衣服都大发牢骚，比如所有腰上有松紧带的衣服，但她很愿意穿着这件支撑带，甚至还穿去了托儿所。总之，她对支撑带一句抱怨也没有。

图 74　一件穿在支撑带上的衬裙。

等孩子们可以站起来时，就要尽快把他们长及脚踝的裙摆做一系列调整了——把裙摆边缘上提，可以防止他们被绊倒。当孩子们变得更自信、更独立时，他们的裙摆的长度也会逐渐缩短，最终缩至膝盖下方不远处。

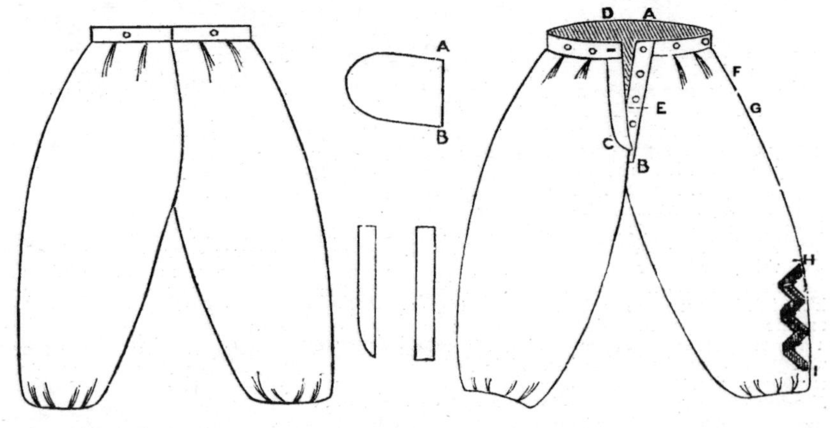

图 75　盖住腿部的长裤。

蹒跚学步的孩子总会满世界横冲直撞，此时父母们不再担心孩子的小腿会被多余的衣服给绊倒。然而，这种款式的衣服会让孩子的腿部裸露，所以随着裙子被缩短，一件新衣服被添置进来——长裤。这是一条简单的薄款棉裤，也称长衬裤，长及脚踝，类似于现代人穿的睡裤。

图 76　裙子。

长裤定义了 19 世纪早期和中期学步期孩子的穿着：一件没过膝盖的短袖裙子和下方的棉质长裤。这个年龄段的男孩和女孩都顶着一头卷发，在学走路的同时帽子便被抛弃了。大家都乐意给孩子留卷发，因为它能抵御寒风，但最重要的原因可能是：看着很讨喜。称孩子“漂亮”是一种夸赞，即使对方是男孩。在维多利亚人看来，婴儿和学步期的孩子都应该是美丽的，应该让父母看着欢喜。

与中产阶级父母为新生儿准备的行头非常相似，那些为少数在监狱中出生的婴儿提供的婴儿服，主要包括一件法兰绒绑带、衬帽、衬衫和尿布，外面套着法兰绒衬裙、绒布连衣裙、用棉织法兰绒制成的夫拉克礼服，甚至还有绒布和印花棉布制成的披风。棉织法兰绒不是羊毛面料，而是一种厚实、柔软的拉绒棉织物。它比中产阶级用普通棉布制成的夫拉克礼服更具保暖性，但比不上真正的法兰绒。尽管如此，在监狱中出生的婴儿所穿的衣服可能是所有婴儿服中最暖和的（尽管没有荷叶边、花褶、刺绣和蕾丝花边）。

工人阶级的孩子（不受公共机构管理）非常依赖用棉织法兰绒制作的衣服，这种布料的价格不及法兰绒的一半，而且更容易清洗。天鹅绒是工人阶级家庭的另一种选择，它同样也是一种拉绒棉织物，虽然质量没有那么好。对那些工人阶级的母亲和孩子来说，此时真正的问题是供应不足。不只是衣服，其他任何方面都是如此。除了保暖的问题外，孩子们可换洗的衣服越少，他们就会越脏，也越不讲卫生，这将不可避免地影响他们的身体健康。在最坏的情况下，婴儿在被抱离摇篮时，身上只简单地裹着一条围巾，但这并不是长久之计，等到他们可以独立行走时，父母们就必须给他们找些衣服穿。一些富人和慈善机构试图通过捐赠婴儿服来填补这种短缺，但很多襁褓中的婴儿和学步期儿童要么未获得足够的衣服，要么所穿衣服不合身或磨损太过严重。衣料缺乏弹性让这个问题更加严重。这些衣服既不是按照某个孩子的身形裁剪，也没有大到可以把他们的身体完全遮住，所以不便于裁改。这很麻烦，尤其是当母亲都是靠着捡别人家孩子的旧衣服或买便宜货、二手货的时候。

大多数父母都倾向于谨慎些，他们会选择大号的衣服，给孩子留下足够的成长空间，并尽可能把孩子裹在层层叠叠的衣服中以抵御寒冷。在维多利亚时代，人们经常可以看到婴儿的小脑袋从一个大大的布球上冒出来，身子被衣服包得动弹不得。

给大孩子穿衣

给婴儿洗澡穿衣以后，母亲接下来就该关心大孩子的衣着问题了：帮他们穿衣服，并给他们缝制新衣。

在维多利亚末期，应社会改革者的要求，一些工人阶级的母亲记录下她们每日的工作安排。X 夫人（出于对个人隐私的保护，并没有给出姓名）有两个孩子。她给她年幼的女儿穿衣服的时间是早上 7 点半。早上 8 点半，当她的丈夫出门工作、婴儿洗澡穿衣时，她和她的小女儿已经吃完了早餐。中午 11 点，一些基本的家务活已经干完了，她坐下来，开始给女儿缝制夫拉克礼服。在开始准备一天的饭菜之前，她还可以缝制一个小时。

让整个家庭的孩子起床、洗漱、穿衣可能是一天中最重要的琐事了。由于没有拉链和魔术贴（1948 年才发明），此时的穿衣过程一点也不简单、迅速。纽扣得挨个儿扣好，系带得一一绑好，这些工作对于孩子们细小的手指来说太过精细。如果让一个 2 岁的小男孩面对 21 世纪的松紧带衣服，他或许能在不依靠太多帮助的情况下套好衣服，并在 5 分钟内穿规整。但

若让现代的2岁小男孩看到维多利亚时代的行头，那他可能就会犯难了。即使有父母的帮助，这个穿衣过程也要花掉至少15分钟。缺乏弹性的布料使这个过程变得更加困难，比如把手伸进袖口里时就异常难办。此外，除了要艰难地系上扣子和系带，还得穿上很多层衣服才行，因为只有这样才能抗寒。支撑带外穿着马甲、衬衫和衬裤，再往外，还有长裤、衬裙和皮制外衣（连衣裙或束腰外衣），还得加上袜子、鞋子、外套和帽子。

图77　男孩的服饰，1850年。

维多利亚时代，2岁小男孩穿的衣服和2岁小女孩所穿的没有太多区别，但随着孩子们长大，衣服逐渐变得易于区分了。女孩的裙子逐渐变长，而且板型和装饰物都开始接近母亲的风格。等女孩长到七八岁的时候，束身胸衣就取代了支撑带。而到了青春期，女孩就成了小女人。只有从她们的发型、稍短一些的裙摆和对浅色衣服的偏爱上才能看出她们和母亲所穿服装的区别。

另一方面，男孩的衣服也经历了几个独特的阶段。他们穿的长裤开始采用更厚的布料，荷叶边和蕾丝花边也被活褶和编织物所取代，直到它们看起来不那么像睡裤，而更像四分之三身长的长裤（Three-quarter-length Trouser）。男孩的裙撑和皮制外衣的腰身比女孩的要宽松，裙长也在膝盖以上。纵观19世纪四五十年代，一个孩子直到六七岁都会穿着皮制外衣和长裤。1840年，弗雷德里克·霍布利（Frederick Hobley）才不过6岁，几年之后，他为自己的家族写了一部传记，回忆起了他在学校每年一度的餐会上所穿的新外衣。“我有一件墨绿色的新皮衣，很合身；还

图78　穿灯笼裤的男孩，1875年。

有一条百褶裙，那还是我开始穿长裤之前的事了。”之后的一年多时间里，弗雷德里克改穿长裤了。“我很清楚地记得自己第一次穿上裤子的感觉，虽然裤子长及脚踝，但看着还是有些短。”那时，他还没有过 8 岁生日。

从 19 世纪 60 年代开始，一种新的过渡服装出现了：灯笼裤。当男孩长到三四岁的时候，就不会再穿学步期的裙子，而会穿上他的第一条短裤。裙子穿脱方便，利于换尿布和孩子们学习上厕；它对于刚学会走路的孩子来说也很实用，因为维多利亚时代制作长裤的布料僵硬又笨重，不但不舒服还很碍事。一旦完全学会了这两项技能，男孩们就该换上灯笼裤了。这种衣服很容易在家缝制，只需要合身就行，而且它宽松的款式给了孩子们很大的成长空间。灯笼裤通常用束带系在腰上，膝盖下方也会绑上宽松的带子。穿上灯笼裤，孩子们的腰部和膝部之间的区域十分宽松，看起来就像里面还穿着一条衬裤一样。

灯笼裤只是灯笼裤装的一半，它们绝对不是婴儿、学步期孩子和女孩们所穿的裙子，也不是成年人的套装。与之搭配的短外套看起来更像是宽松的罩衫：没有固定的形状，没有领子，长及大腿。大多数灯笼裤装都用结实的羊毛或棉麻粗布制成，粗花呢也尤其受欢迎，对那些买得起的人来说既保暖又耐穿。穿着灯笼裤装，男孩们可以无拘无束地行动，更重要的是，这个年龄段的男孩已不用穿支撑带了，取而代之的是穿在衬衫下的法兰绒背心。这些都是男孩的衣服，像弗雷德里克·霍布利这样的男孩可以爬树、在泥沟里打滚、打板球和做恶作剧。4 ~ 10 岁男孩的着装基本上都比较积极活泼，不像成年后所穿的衣服：正式且束缚较多。

男孩们是第一批穿上市场化成衣的人。这可能是因为中产阶级的母亲们对裁缝的报价感到厌恶，当然制造商也是一个很重要的影响因素。19 世纪中叶开始流行的灯笼裤装非常适合批量生产：款型简单宽松且不需要制作太多尺码；而流行款式的变化可以依靠装饰来实现。为此，制造商可以年复一年地按照同样的款型裁剪各种布料，通过简单地改变装饰和颜色来刺激销量。母亲们意识到她们应该给正在长身体的孩子留点“成长空间”，因此对成衣合身的特性感到十分满意。成衣的价格还非常低廉，很多母亲

都感到如释重负，她们不用待在家里给儿子做衣服了。

受地区风俗、军服和历史服饰的影响，成衣也有各种“装饰”元素。19世纪八九十年代，母亲可以走进儿童成衣店，或浏览商品目录来给儿子挑选衣服：水手装、苏格兰高地裙装（Highland Kilt Suit）、方特勒罗伊小爵爷装[①]（Little Lord Fauntleroy Suit）、提洛尔套装[②]（Tyrolean Suit）、诺福克猎装[③]（Norfolk Suit）、骑士装[④]（Hussar Suit）、美洲套装（一种牛仔服）和在这些主题的基础上衍生的种种款式。苏格兰高地裙装基本上给最年幼的男孩穿。水手服最早出现于1856年后，是为当时的爱德华王子制作的缩小版海军军官套装，将中年人的服饰改成了10岁左右的男孩所穿的衣服。诺福克猎装在十几岁的男孩中尤其受欢迎。

成衣在男童服装领域的普及让这一部分市场得到了繁荣发展，更多复杂的制造技术也在此时得以应用。男童服装市场成了服装产业的先行者，随着时代的推移与不断的创新，男童服装又进一步降低了价格。我们从一组维多利亚时代的服装店商品目录就可以看出：19世纪70年代的广告上，最便宜的男童套装价格是8先令6便士，但到了19世纪90年代，大多数存留的商品目录上的套装价格都只有原来的一半了。此时，家庭缝制的男童服装对那些热衷于自制衣服或手头拮据的母亲们而言都不再有吸引力，因此家庭自制模式逐渐走向没落。在成年非熟练男工的周薪徘徊在20先令的19世纪后期，男童服装的价格让工薪家庭能真正负担得起。仅根据巴纳多[⑤]（Barnardo）博士拍摄的小男孩形象，我们就可以精准地看到19世纪八九十年代最贫穷的男童的着装：他们中的三

图79　男孩穿着水手服，1850年。

①灵感来自于童话故事中的角色，这是一个天鹅绒灯笼裤装，配有大蕾丝衣领。——译者注

②模仿阿尔卑斯山民所穿的皮短裤，并配有一顶小帽子，上面装饰着一根羽毛。——译者注

③花呢夹克衫配上灯笼裤，就像乡绅打猎时穿的那样。——译者注

④胸前挂着一条穗带，象征着普鲁士的军服。——译者注

⑤摄影家巴纳多博士，曾因拍摄流浪儿童的悲惨遭遇震惊时人。——译者注

分之一穿着水手服，另外三分之一穿着普通套装；大概有十分之一的男孩穿着诺福克猎装，而穿“格林尼治”套装的则约有五分之一。很显然，即使是那些需要救济的家庭，也会持续地付出实质性的努力，以确保男孩们至少有些适合他们年龄的时髦衣服穿，尽管他们经常穿的仍是破旧且不合身的衣服。

婴儿饮食

喂养婴儿是母亲们的下一个任务。1830年，威廉·科贝特向年轻女性提出了一个恳切的请求：用母乳喂养自己的孩子。他认为，只有孩子的亲生母亲才能为新生儿提供所需要的爱和关怀。与如今我们围绕着应该用母乳还是用罐装奶粉喂养婴儿的争论不同，在维多利亚统治初期，到底由哪个女人来哺乳孩子成了争论的焦点。如果一位母亲的奶量无法满足孩子的需求，就会雇一个奶妈——一个被称为“乳母”（Wet Nursing）的职业——这是让孩子活下去的最佳办法。

图80　母亲和婴儿，1875年。

对于那些花得起钱的人来说，即便母亲有充足的乳汁，有时也会花钱雇佣一位乳母。有乳母帮忙哺乳，贵妇们便能在每次生育后，迅速回到其当家主母的位置上。每位母亲在履行其对丈夫和家庭的责任时，也渴望着能给新生儿以最好的关爱，这两种社会压力引发的紧张关系已经在富裕家庭中上演了数百年。

对于穷人来说，母乳喂养一直都是默认的现实。但是，营养不良让很多母亲无法为孩子提供足够的乳汁，而“必须工作”也导致了更多问题。当一个女人身旁有了四五个嗷嗷待哺的婴儿时，这家人的经济压力就会变得异常大。这时，她不得不做出妥协。如果有可能，她会请愿意并且有能力给孩子哺乳的街坊、朋友帮忙，而其他母亲则只能在有时间的情况下给

孩子哺乳，或让帮忙照看孩子的人以手工喂养（Hand-feeding）：用勺子舀装在瓶中的母乳来喂养孩子。

很多母亲不得不完全依赖手工喂养。随着时间的推移及乳母行业的没落，这种方式越来越受欢迎。如果没有乳汁，婴儿的食物有时甚至是用水泡软了的面包屑。无可非议，很少有婴儿能完全依靠这些没有营养的面包和水生存下来。但对于那些无法摄取足够母乳的婴儿来说，这尚且是个可行的选择。如果在婴儿出生 6 周后，才将他的口粮换成面包和水，那婴儿活下来的概率就很大。

如果家里有更多物资，那就可以用牛奶泡面包，这也是大多数医生的建议。理想状况下，驴的乳汁是最佳选择，但很少有人能买得起。绵羊和山羊的乳汁次之，但仍不容易获得。此时，最常见的是牛奶。

19 世纪三四十年代，狄更斯在其小说《远大前程》（*Great Expectations*）中提到了手工喂养或“手养”（Bringing up by Hand）这种喂养方法：父母或监护人仔细地用茶匙舀一小勺奶，举至婴儿的唇上，在婴儿试图吮吸的时候滴入他的口中。那些会喂孩子的人经常会用手指将勺里的牛奶引入婴儿嘴里看，对婴儿来说，吮吸圆圆的手指要比勺子容易得多。

婴儿在出生最初的几个星期，其食用的牛奶一般都会用等量的水稀释，再辅以少量糖。农村里很可能会有高质量的奶源，不过，即使是在精心饲养的奶牛群中，结核病也很普遍。在城里，要从健康的奶牛身上获取纯牛奶就更难了。城里卖的牛奶大部分都已经掺过水或染过色——为了让自己微薄的收益有所增加，商贩们可谓操碎了心。城镇牛奶的掺水量可能远不止 50%，而且由于生活条件艰苦和饲料不足，牛奶的脂肪含量也往往极低。这种二流牛奶和水的混合物通常会呈现出淡蓝色，商贩们为了让它看上去更像正常的健康牛奶，会往里添加白垩和明矾等调色剂。

医生建议在给婴儿喂牛奶前，应先将其煮沸。时人也相信这样做更有助于婴儿消化。很多婴儿都不能很好地消化牛奶（尤其是那时的牛奶还掺杂了混合物）。今天，专家建议我们应避免给年幼的孩子喂牛奶，相比之下，羊奶更符合幼儿的消化功能。其实，煮沸牛奶的做法是错误的，尽管煮沸能有效杀灭细菌。不幸的是，在这么做的同时，大量营养物质也会被破坏。比起面包和水，牛奶能让婴儿有更大的存活概率，但这远远不够。

婴儿食品作为商品化产品开始出现在货架上，它们通常会摆在玻璃奶瓶旁边，富人们是主要消费群体。这类食物大多以小麦粉、水和糖为原料，待制成脆而硬的饼干后，人们再将其磨成粉末。母亲要把这种粉末倒入水中烹煮约 10 分钟，待冷却之后将之与牛奶混合，再撒些糖调味。实际上，这种粉末与穷人使用面包和水可得的营养成分十分类似。那些想在家制作婴儿食品的母亲们常被建议用西米或葛粉。将西米煮至糊状，等过滤后，再将其与牛奶和糖混合。用西米和葛粉制作的婴儿食品都需调入牛奶和糖，这能提供少量淀粉。

到了 19 世纪末，科学分析已经发现了婴儿食品与母乳之间的成分差异。主要的生产厂家也在 19 世纪五六十年代简单的烘焙面粉和无辅料饼干的基础上做出了改进，但这些婴儿食品仍远未达到标准。以现代标准来看，维多利亚时代的科学分析并不严谨，在那时，科学界普遍认为母乳的含氮物质与不含氮物质的比例是 1∶3，或者说每个氮元素对应的是 13 个碳元素。在现代科学的解释中，母乳中含氮物质指的是脂肪和蛋白质。类似的数据仅用于 19 世纪 90 年代对名牌婴儿食品的分析中，而其检测结果显示：没有一个品牌的产品达到了预期值，所有产品的淀粉含量都大大超标，而脂肪含量却远远不够。维多利亚时代的人们还不清楚维生素是什么，更不知道它们在健康和营养上起到的作用，但这些早期的分析已经表明人造的婴儿食品远不能代替母乳。

食用婴儿食品的孩子确实可以活下来，而且如果吃得够多，他们还会长胖，给人造成一种他们很健康的错觉。以淀粉为主食会让婴儿增重，但主食仍然缺乏母乳中存在的脂肪酸、蛋白质、维生素和矿物质。与现代最好的婴儿配方奶粉不同，这种食品会让婴儿的骨骼无法正常生长，大脑也无法正常发育。佝偻病是这些婴儿食品食用者经常会出现的问题，就像坏血症一样。人们可以从苍白的面孔和乏力的身躯分辨出这些吃人造食物长大的孩子。尽管他们长得胖嘟嘟的，但学会走路的时间比其他孩子要晚，

而且也比吃母乳长大的孩子更容易生病。

从1870年开始，炼乳成了婴儿食品的另一种选择。一开始，人们将它誉为一项巨大的进步。这是一种干净可靠的奶源，解决了一直以来困扰着鲜奶市场的掺水和造假问题。炼乳的价格也十分合理，很多穷人都将它选入婴儿的食物清单中。但不幸的是，较便宜的炼乳都是由蒸发的脱脂奶加大量的糖制成，因此基本的脂肪和至关重要的维生素A、维生素D从婴儿的饮食中消失了。再一次，婴儿食品引发了佝偻病等老问题。

婴儿的饮食问题不仅牵扯到食物本身，还关系到进食方式。用勺子喂食不仅缓慢，而且很容易浪费，漏出来的食物往往比婴儿吃下去的还多。因进食方法不当，很多婴儿都严重营养不良。带橡皮奶头的瓶子看起来是更好的选择。维多利亚时代刚出现的玻璃瓶被认为是一种重要的发明，因为透过它人们能够分辨瓶内是否干净。直到1856年，装在瓶子上给婴儿吮吸的奶嘴都是由各种各样的材料制成的，但大多数人都认为用小牛的乳头制成的奶嘴最为安全。人们会将它放在水里煮沸，让质地变得柔软，然后用一条细绳绑在瓶口。也有人用柔软的麂皮或几片折起来的亚麻布裹住一小块海绵当作奶嘴。这些材料的表面都有可以让牛奶流出的小孔。19世纪50年代，橡胶奶嘴的出现逐渐取代了这些材料，但直到60年代，人们仍推荐使用小牛乳头来做奶嘴。

缺少消毒意识是使用这些产品最大的弊端。尽管人们明白需时刻保持瓶子和奶嘴干净，但很多年来他们也只是认为酸奶残留的痕迹会影响婴儿的消化功能，造成腹泻。这当然是真的，腹泻依然是害死很多婴儿的罪魁祸首。可维多利亚人显然还没有意识到，瓶子和奶嘴仅看起来干净还远远不够。从这个意义上来说，用瓶子喂奶比用勺子更危险。比起用勺子喂养，用奶瓶喂养，小孩子吃下去的食物更多。但奶瓶更容易为细菌提供庇护。当微生物理论在19世纪60年代逐渐被接受时，一系列消毒水出现。此时，人们意识到清洗婴儿奶瓶需要的不只是温热的肥皂水，而是沸水。可能正是这种知识拯救了许多孩子的性命。

在维多利亚时代，吃母乳的婴儿遭遇食品风险的时间将晚上几个月。

尽管每个婴儿的哺乳时长各不相同，但基本上都是以长牙为转折点。在婴儿还没有长牙的时候，人们普遍认为牛奶和牛奶佐餐是最能维持婴儿生命的食物。很多母亲如果觉得自家婴儿吃得不够多，也会等到 4 个月后再往牛奶里加入面包糊、西米、葛粉以及以淀粉为基础制作的商业产品。婴儿长牙之后，用米饭增稠的牛肉汁和鸡肉汤便出现在了中产阶级婴儿的食谱里；一两个月后，那些婴儿的食谱里还会加上水煮溏心蛋和更柔软、清淡的布丁。各种牛奶布丁，从大米布丁到意式奶油布丁，都是 9 ~ 12 个月婴儿的首选食物。

然而无论是水果还是蔬菜，都不建议给婴儿食用。传统观念认为水果会引起腹泻，这种认知造成的恐惧至今依然存在。这是基于观察得出的结论：突然食用大量水果会使内脏松散无力。人们很难将这种情况和细菌引起的腹泻区分开来，但他们必须承认，腹泻已经夺去了成千上万个婴儿的生命。所以，这一结论并不难理解。几乎没有父母会冒险去做任何可能引起这种恶疾的事情，至少在孩子们最脆弱的时期是这样。因此，托儿所里通常都没有水果。至于蔬菜，除了马铃薯，其余的都被认为是营养贫乏的食物，所以也不会被放进婴儿的食谱里。即使是像专栏作家及素食主义者阿林森（Allinson）博士这样的狂热支持者也称："孩子只有在长到 2 岁，并且身体健康时才可能被允许在餐桌上吃些蔬菜和清淡的布丁。"

相反，只要有可能，父母们就会想办法给孩子提供他们认为最顶饿也最有营养的食物。人们总是建议婴儿多吃"清淡"的食物，这也意味着，除了水果和蔬菜，婴儿们还得少吃肉、鱼和脂肪。这样一来，婴儿的饮食就只剩淀粉了，再加上一勺给食物添加滋味的糖。

大部分婴儿在 9 ~ 12 个月时就完全断奶了，开始和他那不幸的兄弟们一起食用淀粉食物。传统、客观经济条件和医学界的建议导致所有社会阶层的婴儿几乎完全以碳水化合物为主食。那些以母乳喂养的孩子在蹒跚学步前已摄入了各种维生素和矿物质，所以在开始不易消化的饮食生活时，他已有了几个月的健康发育。而那些较早食用淀粉的孩子则要为自己的健康做更艰难的斗争。

药品与婴儿

维多利亚时代，对婴儿滥用药物的现象非常普遍。通常情况下，婴儿每天的饮食都会添入一帖药，而对于那些生活在农村的孩子来说，药店遥不可及，所以不太会成为“使用者”。在乡镇和城市中，很多新生儿和学步期儿童都被父母喂食了大量药物。驱风剂（Gripe Waters）是一种针对儿童疝气和腹部疾病的药水；还有一种舒缓糖浆，是最受欢迎的药物，适用于所有婴儿，且能帮助长牙。很多维多利亚时代的孩子都对药物上了瘾，整日昏昏欲睡。

这不是一个新问题。1834年，贝克（Baker）博士在向工厂委员会报告时就提到了这种广泛存在于纺织厂中的情况。他将很多母亲也囊括在内，而后者因为工作需要，常给自己的婴儿服用麻醉药，比如戈弗雷氏香酒①（Godfrey’s Cordial）和鸦片酊剂②。通过这种方式，当白天她们工作时，婴儿们就会陷入沉睡。薪水太少导致全家人都得找活儿干，如果一位妇女抽出时间来照顾孩子，就得冒着其他家人无法生存的风险；当已有4个饥肠辘辘孩子的家庭迎来第5个婴儿的时候，他们就更得饿肚子了。因此，为了保全整个家庭，就必须牺牲个体的利益。

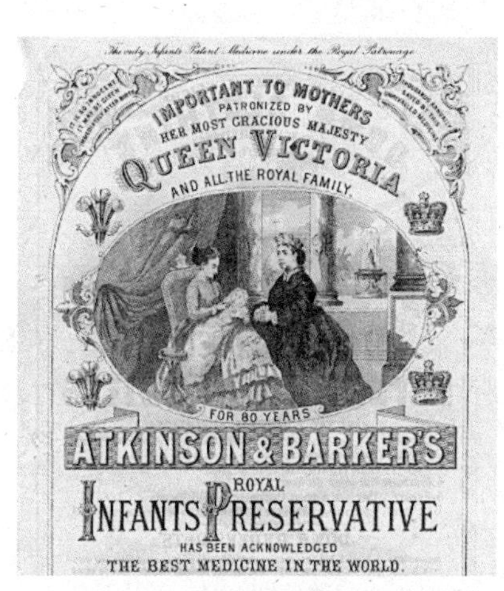

图81 婴儿健体剂（Infants Preservative），一种以鸦片为原料的补药，1872年。

这种药物使用习惯已经存在了很长一段时间，而且在整个19世纪都没有停止。服过药物的婴儿会更加嗜睡，而且很少哭闹；麻醉剂同样会抑制他们的食欲，为此婴儿们吃得更少，这往往导致他们夭折。如今的瘾君

①一种长期以来备受推崇的药物，以纯鸦片为原料。——译者注

②一种以酒精和吗啡混合制成的强效制剂。——译者注

子很容易因其营养不良的模样被认出，但对孩子来说，这种营养不良却是致命的。那些被喂过药物的孩子哪怕被抱到了母亲的胸前，也不会吮吸乳汁，他们日渐消瘦，终将静静地死去。在那时，一位评论员相信在曼彻斯特夭折的婴儿中，有三分之一都是因药物服用过量而死。婴儿中营养不良的情况非常普遍，吃不饱的虚弱婴儿瞳孔放大，看起来就像老人一样。但可悲的是，人们已经对此习以为常。人们已见过太多这副模样的穷人孩子了。营养不良和饥肠辘辘可能是由单纯的食物缺乏引起的，也有可能是因为服用药物引发的食欲减退造成，又或者两者兼有之。

服药过量是给婴儿喂药物时的另一大风险。父母从药剂师那里买来的药，其剂量通常有很大的差异。在曼彻斯特的采样测试中，戈弗雷氏香酒里被检测出了半粒鸦片，而装在相同瓶子里的另一种样品却被查出了 4 粒。母亲们给孩子喂的药量也会有变化；同样，鸦片还有沉降的属性，因此最后几剂药的效力往往会非常强劲，甚至会致命。

戈弗雷氏香酒绝不是唯一以鸦片为原料的婴儿产品。阿特金森（Atkinson）的婴儿健体剂也是一种非常有名的产品，此外还有多尔比氏镇静剂（Dalby's Calmative）、温氏舒缓糖浆（Mrs Winslow's Soothing Syrup）和斯特里特婴儿安定剂（Street's Infant Quietness）。透过产品名字，我们就能明显看出它的功能和卖点：能让婴儿安静下来的毒品。像其他药物一样，阿特金森婴儿健体剂也是以鸦片为原料，但它并没有强调自己的镇静功能，只是包装成一般的补药和药物。服用这种药物的婴儿必然会长得“又大又壮”。从广告中所表达的想法来看，如果你不给孩子服用阿特金森婴儿健体剂，就是将他们置于危险之中。这种方式显然生效了。很多年轻的贫穷母亲向研究人员报告说，当孩子看上去疲惫或病弱的时候，她们就会用这种产品来让孩子“振作”起来。

鸦片被广泛地用于成人“保健品”中，主治各种疑难杂症，包括抑郁症、嗜睡，居然还包括食欲不振。在很多忧心忡忡的家长看来，给生病的孩子服用滋补药物十分有益。阿特金森婴儿健体剂的包装上画着一个个像小天使一样的胖婴儿，看起来非常完美。然而，这种健体剂的药瓶上并没

有写明成分。19 世纪后期，当鸦片的负面影响被广泛知晓后，阿特金森婴儿健体剂更换了广告，宣称它是由纯草本和天然原料制成，与那些用鸦片制作药物的竞争对手们有着天壤之别。事实上，阿特金森婴儿健体剂依旧是以白垩和鸦片酊为原料。

有很多慈爱而绝望的父母在陷入经济危机的时候会在无奈之下安抚婴儿，让他们安静下来。但更多的给孩子服用药物的父母并不是为了安抚他们，而是为了使他们更健康、强壮，这些父母有时甚至会有意识地避免使用添加了鸦片制剂的药物。然而，几乎所有人都被广告误导了。

富裕家庭的婴儿也免不了受药物滥用和药物上瘾的危害。上层阶级的家庭经常会雇佣保姆照料孩子的日常起居，而这些来自社会底层的穷苦女孩往往都对舒缓糖浆的功效无比信任。中产阶级及上层阶级的妇女对制药公司的广告宣传几乎毫无招架之力，她们所受的诱惑并不比贫穷妇女少，而且还极有可能将这些药物介绍给托儿所。尽管她们也有更多的机会接触那些记载着药物滥用危害的文献资料。然而，令我惊讶的是，这些产品始终受到人们的广泛支持。

比顿夫人在《家政管理》中就曾推荐多尔比氏镇静剂，称其为治疗婴儿腹泻的良药。而就在几年之前，布尔博士发表了一篇对母亲们颇具影响力的文章，他用一整个章节讲解了服用鸦片药物的危害，并讲述了一起又一起因服用各类药物导致婴儿早夭的惨剧。布尔博士指出多尔比氏镇静剂是仅次于戈弗雷氏香酒的第二受欢迎的药物，同时也是“极具毁灭性的致命药物之一”。在这一章的末尾，布尔博士非常谨慎，并没有谴责这类药物中的任何一个。他表示，真正的问题在于这些药物由妇女在家中管理，而不是由权威医生来管理。他坚称这些药物都是十分有用的好药，只是妇女们没有注意使用剂量。但他驳斥和谴责的对象并不是人们所希望的那批人——广告商。

除了鸦片，大部分婴儿还会受到各种通便药物的困扰。育儿书籍永远会用大段篇幅来细说清理肠胃的问题。医生也担心母亲会为了孩子的健康，频繁且过量地使用泻药。然而，当我们今天审视当时的医生所推荐的药方及使用时间时，不禁会想知道，孩子们是怎样在医生的监管下存活下来的，更不要说母亲们准备的那些药性更烈的泻药了。任何小病的第一步治疗方案都是服用某种泻药——即使是拉肚子。如果婴儿粪便的气味和形状有任何异常，那就再加一帖药。婴儿若是胃疼或疑似胃疼，则又是一帖药。长牙期需要定期通便，孩子焦躁易怒也被认为是需要排便的信号。那时的医学理论非常重视规律排便，成年人也是如此。排便似乎在人们心中有着无与伦比的分量。

在维多利亚时代，人们普遍认为身体可以自我修复，但它只有在及时排出毒素、废物和因疾病而产生的有害物质后才能实现。弗洛伦斯·南丁格尔也提倡一种治疗办法：以水洗和穿浅色、透气的衣服的方式，来去除皮肤排出的毒素（她认为这是可行的）。新鲜空气同样被认为是一种有效的治疗工具，它能够冲走所有徘徊在身体周围的浊气。曾经为你所用的空气如今已经变成了危害自己和他人的污染气体。就好像皮肤和呼吸能够排出废物和有毒气体，泻药和通便药物也能快速排出固体的废物和毒素。它们构成了健康、无毒的生活方式的基础。

忧心忡忡的父母在为孩子尽最大努力的时候，市面上有很多种泻药和通便药物可供选择。一种最简单、最传统的药物由大黄、西梅和番泻叶茶做成，可作为日常饮食的一部分。每天摄入一勺橄榄油或亚麻籽油也是一种传统的选择。尽管到了19世纪中叶，这些食用物已在很大程度上被一种更便宜也更有效的蓖麻油所取代，当然用墨西哥牵牛花的球根制成的泻药粉更是如此。这些产品都可以在药店自由购买，你既可以买原料，也可以买已经制好的成品混合药剂；既可以按药店配方来制作，也可以按照自己的配方来制作。专利泻药可能是以氯化亚汞为原材料而制成的一种汞制剂，药性比上面提及的任何一种药物都要猛烈。从某些层面来说，正是其超强功效让它深受大众喜爱。因为人们知道，只要吃了它，就一定会有效果！“良药苦口利于病”是公认的道理。但是，当氯化亚汞遇见21世纪的科学真知，就立刻变成了令人惊恐的毒物。它会对胃和肠道造成不可逆的损伤，而维多利亚时代的医生却把它作为常用药物给婴儿服用。此外，托

儿所使用的大部分通便产品也都含有氯化亚汞。

如果各种粉剂、药丸和药水都不起作用，还可以考虑灌肠。温水是最简单的泻药，医生也会推荐人们使用大麦水、牛奶甚至是稀粥，因为这对婴儿来说足够温和。大型的注射器会被灌满液体，并与一根管子相连接，为了使管子润滑，管道还会被抹上猪油。人们用注射器将几英寸的液体推入肛门，待注射器被拔出后，孩子需要安静地躺一会儿，直到所有秽物都被排出。考虑到婴儿娇弱的体质，他们通常使用橡胶管子而不是成年人惯用的象牙管子。这样的家用仪器在大多数药店都能买到，市场上也有很多知名品牌。很多中产阶级的家庭都购置了这样的设备，但对工人们来说，这过于昂贵。

滥用婴儿药物的陋习，以我们现在的认知来看非常具有破坏性。但我们不能忘记维多利亚时代的父母们有多么害怕孩子面对的健康威胁。大多数人都经历过孩子在婴儿时期就夭折的痛苦，而在日常生活中，新生儿也的确容易染上各种传染病和致命疾病。家长们过度焦虑并不奇怪，也难怪他们一发现婴儿有任何不适就会立刻拿出药箱。一旦孩子生病了，各种可能对孩子的病情有帮助的东西对他们来说都有着极大的诱惑力。

最终，很多孩子都死于药物的副作用，而其他孩子即使有幸活了下来，身体也会受到药物的长期影响。富裕家庭的孩子服用的药物（医生提供）和穷人家的孩子服用的廉价药物（父母购于药店）有一些微小的差异：医生们称自己配制的药量更安全。这是真的，即使到19世纪末，药物剂量方面的知识依然存有诸多疑问。若说富裕家庭的孩子能够在剂量上稍微占些便宜，那他们经济实力较强的父母让其更频繁地使用药物并尝试更多药物的做法，也同样给他们带去了危险。穷人们依赖的也许是危险的专利药物，可真正致命的混合药剂他们可负担不起。

在工人阶级上层家庭，家里的男人是有固定工作的技术工人，即使孩子们都出去工作了，他的妻子仍能待在家里。同样，在中产阶级底层家庭，女人也待在家里；这两种家庭只有少量的钱能购置药物，因此或许是最适合婴儿生活的家庭了。在这样的家庭里，鸦片酊等安抚性产品不可能成为常用品，其他药物的存储量也很少，只能省着用。母亲在家带孩子，就不需要用药物来让孩子陷入昏睡。照看孩子的不是雇来的十几岁的保姆，也不是因年幼而不能外出工作的哥哥、姐姐，而是婴儿的母亲。无论未来这些孩子会面临什么，至少这都不是一个糟糕的开始。

How to Be a Victorian

第9章

午餐便食

正午时分，午餐时间到来。维多利亚人通常将这顿饭称为“便餐”或“正餐”。采用哪种叫法很大程度上取决于社会背景，但也与这顿饭被赋予的不同功能有关。

一只搪瓷桶

在工人阶级家庭里，这顿饭往往被称为“正餐”，因为在外工作的男人会在此时回到家中。这是一家人一天中最主要的一顿饭，牛油布丁、马铃薯、肉汤和一小块肉（至少赚钱养家的那个人会有一块）是常见食物。然而，随着时间的推移，能有这种饮食条件的家庭越来越少。

大部分男性发现，他们工作的地方离家太远，根本不可能赶在午餐时回到家中。这就意味着，他们的午餐只能是那些便于携带的简单食物。对许多人而言，通常是一块面包，但也不限于此。繁荣时期，人们也会带一些传统而具地方特色的餐食。在贝德福德郡，农民们可以在田埂上吃孩子们送来的丰盛正餐。“狼吞虎咽馅饼”[①]（Clanger）是用面粉、板油和水混

①英国传统食物，起源于贝德福德郡，以其独特的一半甜，一半咸的口味闻名。源于俚语 Clang，意为狼吞虎咽、过失等，由于抓取时不注意，馅料会掉出来，因此衍生为粗心大意。——译者注

合后揉成卷状做成的，它的一头塞着熏咸猪肉片，另一头抹着甜果酱。在家族传说中，我的曾祖父小时候每天都要穿过赫特福德郡的广袤田野，揣着装了午餐的搪瓷桶，去往新开发的田园城市莱奇沃思。搪瓷桶里内衬着隔热的稻秆，装着一个深盆，里面盛满了牛排和腰子布丁[①]（Steak and Kidney Pudding）或炖菜和水果布丁。上面用一层牢固的布盖紧紧盖住，这样一来，曾祖父就能在中午吃上一顿热腾腾的午餐了。康沃尔地区的锡矿工人只要负担得起，就会带上他们那赫赫有名的菜肉馅饼[②]（Pasties）作为午餐。简单地用手帕裹着的菜肉馅饼和狼吞虎咽馅饼一样易于携带，而且吃的时候不需要任何容器或餐具。这样的食物既能填饱肚子，又有丰富的营养，十分实用。

由于男人们都在外工作，不能回家吃饭，渐渐地，坐在餐桌边就餐的就只剩下妇女和儿童了。在这张餐桌上，肉已基本成为传说，只摆放着水煮马铃薯或没有馅料的酥油面团，再配上一份可以蘸着食用的酱汁或肉汤。19世纪中叶，酱汁出现在商店里，李派林喼汁[③]、HP酱[④]以及各种蘑菇酱给平凡而寡淡的餐点增添了些许风味。

当然，星期日是个例外。这一天，一家人终于可以在传统的正餐时间一起享受美食了。餐桌上摆放着美妙的食材，它们有的是直接买来的，有的是自家做的，餐桌的最中心，通常会摆上一大块肉。维吉尔夫人的招牌菜是“烤菜”。她把面包屑、香菜和切好的洋葱混在一起，再倒入一些从平底锅里刮下的油渣。接着，将它们盛进小茶碟，再将小碟子放在大号的烘焙托盘中央。紧跟着，她在小碟子周围铺上一层去了皮的块状马铃薯，再在上面放一小块肉（一般是牛肉）。之后，将烘焙托盘放在烤炉的顶部，即温度最高的地方。接下来，将壶中的温水小心地倒入烘焙托盘中，直到热水溢过茶碟的边缘，进入面包屑的混合物中。当热水烧开以后，再将烘焙托盘放入烤炉中烘烤数小时。

①一种传统的英国食物，金黄的外皮加上稠浓的肉汁，以炖牛排及牛腰子作馅。——译者注

②通常呈半圆形，内容丰富，馅料有肉丁、马铃薯块和洋葱等。——译者注

③辣酱油，原产自印度，后引入欧洲，19世纪进入中国，并被命名为“李派林喼汁”。——译者注

④英国一家杂货店主研制而成，以英国国会大厦（Houses of Parliament）命名。——译者注

当正餐准备好后，主菜会被切成小份，移到盘子里。其余的菜，包括马铃薯、馅料和肉汤（由面包碎屑、水和肉汁做成）则被简单地摆在桌上，供一家人分食。餐桌上唯一精致的地方是垫在盘底的报纸，那是为了防止弄脏桌面。由于家里没有桌布、餐巾纸或桌面装饰，这已经是最好的选择了。

葡萄美酒隔夜菜

在中产阶级家庭里，正午的这顿饭一般被称为“午餐”或“午宴(Luncheon)”，但男人和女人通常不能一起用餐。在办公室工作的男人无法回家，他们没有午休时间，因此，在与家人痛痛快快地吃过一顿早餐之后，他们直到晚上回家之前都只能依靠茶水和小面包果腹。弗朗西斯·基洛特（Francis Kilvert）既不是办公室职员也不是工人，但他也遵循着这种中产阶级男士的午餐模式。作为一名在威尔士克莱罗工作的助理牧师，每次外出拜访教区居民时，他都会带上自己的午餐，其中包括少量的小面包、一个苹果和一小瓶葡萄酒。

而在家里，女人和孩子们则会坐在桌前吃着前夜剩下的残羹冷炙，有时也会配上一两道易烹煮的小菜。根据安妮·鲍曼（Anne Bowman）写于1867年的烹饪书籍，午餐可能包括“各类冷肉、野味、火腿、腌肉、肉饼、烤肉和火锅肉、肉汤、排骨、马铃薯泥，甚至还有布丁，再配上桌上的麦芽酒、波特啤酒或葡萄酒”。即使很少有中产阶级的家庭能经常吃到这样一整套大餐，至少他们也有丰富的菜单。蔬菜炖肉和肉丁马铃薯泥是中产阶级最典型的午餐，主要由剩菜配上某种酱汁制成。伊莱扎·阿克顿（Eliza Acton）的肉丁马铃薯泥十分美味。她那写于1845年的食谱就记录了这一做法：首先，在菜中加入几瓣剥了皮的小葱，并用黄油煎至浅棕色；然后加入一大勺面粉，搅拌均匀后先煮几分钟，接着倒入一杯红酒和一杯牛肉汤，做成丰盛浓稠的肉汁；接下来，还需加入酱料、盐和胡椒粉，再滴几滴柠檬汁（用清爽的口感把食物的风味带出来）；等洋葱完全煮烂时，将

已经煮熟了的冷牛肉切成薄片，码在炖锅里；一切准备就绪后，将酱汁淋在肉的表面，再等上半个小时，使肉充分入味。这时，只需稍微加热（但不要煮开，因为肉质会变老），就可以开始享用了。

女仆的特权

汉娜·卡尔威克跨越了便餐和正餐间的界限。作为最受信赖的家仆，她比其他已婚配的工人阶级妇女吃得都要好。肉类在她的午餐里是常见的菜品，根据她写于1863年3月3日的日记，那天她的午餐就吃了“羊排和啤酒”。汉娜和其他仆人一样有着繁重的工作，也常会感到精疲力竭，这样的伙食让她比其他人更有优势。她在日记里夸耀自己的体重超过了11英石[①]，这并不奇怪——这种健康的体重只有那些在午餐时分经常吃肉的人才能拥有。

汉娜另一个进餐特色就是她对相同一顿饭有着不同的叫法。她总会把自己的午餐称为“正餐”，而把她的雇主和客人们的午餐称为“午餐”。这是有原因的，她不仅得为自己和其他仆人做饭，还得给雇主做饭——两拨人吃的菜品（及菜名）也完全不同。她在日记里的说明非常典型：“午餐有两位女士用餐。我把菜品准备好了，也把我们的正餐准备好了。”

上层社会的盛宴

那时，上层阶级的“午餐”无论是对男人还是对女人来说都是件更为优雅的事，因为午餐时间变得越来越晚。不过，午餐期间的气氛总是自然又随意，即使是豪门大户也是如此。比如，狩猎聚会上的午餐通常是自助式的，菜品可能是热菜，品种多样、制作精美——野味馅饼与酱料、浓汤和罐装的肉搭配在一起，摆在野味旁边的冷烤肉混合着奶油和红酒酱料，

①英制质量单位。1986年，不列颠群岛废除了英石作为质量单位的法定地位，但在称量体重时，英石仍被广泛使用。1英石等于14磅，或6.35千克。——译者注

洋蓟、芦笋或豌豆与溶化了的牛油混制成各类菜品，还有腌菜和奶酪搭配着种子饼、香槟、红葡萄酒和百利酒。与晚餐的隆重和讲究不同，午餐则更简单一些，而且女士在餐后也不需要退场，每个人的座位也不需一一固定。人们不需为了午餐盛装打扮，而邀请他人吃午餐也没有那么浓厚的社交意味，因此有助于各个社会群体相融。比如，爱德华王子在诺福克郡桑德林汉姆府举办的晚宴共有 12 道菜肴，且持续了好几个小时；但狩猎聚会的午间正餐只有 6 道从厨房带出来的菜，它们被装在小编织篮里，摆在一根支架上，如果户外天气较好，人们就将菜放在户外。如果外面下雨了，就将菜品放在众多狩猎小木屋中的其中一间。19 世纪末的一份 12 月午餐菜单（用法语写的，因为客人是法国人）就包括野味汤羹、苏格兰风味的煮羊肉、烤鹧鸪、荷兰酱花椰菜、巧克力酥饼和一盘烩水果。

第10章

家中琐事

洗衣的艺术

维多利亚女人最讨厌的活儿可能就是洗衣服了。若能雇得起人洗衣服，那她们一定不会自己做。洗衣服不但累，而且会给其他日常工作带来巨大的干扰。

1837 年，用内置铜炉烧水仍是一种奢侈。大多数人会在炉灶上用水壶或锅加热洗衣水。毫无疑问，这打乱了她们烹饪佳肴的计划，但从某种层面也促进了资源的合理利用。洗衣服是一项工作量极大的活，需消耗大量热能，也需要更大的工作空间和更长的时间。因此，做好规划至关重要，只有这样才能确保每个人有食物可吃，有干净的空间和餐具可用。除此以外，所有其他工作都可以先搁置下来。

一位妇女会从检查衣服上的破洞和织物裂口开始，任何细小的裂口很快就会变成一个大洞。所以，洗衣之前必须迅速将需要缝合的地方缝好。接着，将织物按脏污程度和布料类型分类。羊毛衣服护理起来要比棉花和亚麻布更细致，某些种类的棉织物比其他棉布更耐搓洗和拧绞。若在分类阶段出现错误，则可能需要付出高昂的代价。

一旦修补、分类完毕，大多数织物便会被浸泡起来。待衣服泡好了，那清洗的时候就花不了多大力气和精力。泥土之类的污垢会在水中溶解，而其他污渍则需要长时间浸泡才能软化——织物的纤维能吸收水分并膨胀，从而进一步分解大部分污垢。对于许多人来说，浸泡衣服是星期六的工作。把洗衣盆拿出来擦干净，搁在厨房的角落或洗碗槽里（如果你有），以免挡道。之后，再将洗衣盆灌满水，水是从泵里、井里或当地的溪流里提回来的。在浸泡衣服之前，可以在水里加一点洗涤用的苏打。

星期一早上，所有衣服都已经浸泡了很久，可以正式洗衣服了。星期日吃剩的冷饭将会是一家人一整天的餐食，因为炉灶需用来烧洗衣水。这一天开始得很早，妇女们有很多工作要做，为此大多数妇女会比平常早起几个小时。她们会点燃炉火，把所有可用的锅和水壶都灌满水，再费力地搬到厨房里。之后，再把所有泡过的衣服从水中拎出来，拧干水分。浸泡衣服用的水得处理掉。对于大多数家庭而言，这意味着得把水再次倒进水桶，搬往渗水坑[①]或者沟渠，毕竟能用上室内排水设施的人只是凤毛麟角。做完这些工作后，最小的水壶里的水温即使没有达到沸点也很温暖了。因此，这壶水便可以用来起泡肥皂（肥皂在冷水中是无效的）。用少量的肥皂和温水擦洗衣领、袖口和其他容易产生油脂或汗水的重点区域。如果有够大的盆子，就把这些搓洗过的衣服放在沸水里煮上约半个小时。然而，这对床单之类的大件织物而言不合实际，它们会被塞入洗衣盆，用热水浸泡。

图 82　在商业洗涤服务模式下缝补和标记亚麻织物，1884 年。

①某块土壤，表面通常覆盖着松散的瓦砾或格栅，水在这块区域会迅速渗入地下而不会使地面变成泥泞的洼地。——译者注

接下来便可以用洗衣棒搅动衣服或捣衣了。像现代洗衣机一样，衣服因在水中被强力搅拌而被清洗干净。现代洗衣机通过让衣服翻滚来实现清洁，衣服不断地相互碰撞，同时又不断地撞击滚筒两侧，迫使水穿过衣料的纤维。这样一来，污垢就会从衣服上剥离出来，且不会再次附着在衣服上。中世纪的英国，人们通过用大棒击打湿衣服来实现同样的效果，这种洗衣棒看上去就像板球棒似的。维多利亚时代的英国，衣服被放在桶里，由一根洗衣搅棒或短棍来回搅动着，前者看上去就像个有着长手柄的三脚凳，而后者则像个大型的铜制活塞。无论是洗衣搅棒还是短棍，都能让妇女站着大力捶打和旋转衣服，而不必弯腰。就我的经验而言，这确实是项艰苦的工作，但比起跪在溅满了水的地板上用双手搓洗衣服，站着洗衣服还是容易得多了。

正常情况下，只需半小时的剧烈“洗涤”，人们就能将衣服上的污垢清洗干净。接着，每件衣服都将被拧干。平凡家庭的主妇会用双手来完成整个过程，然后费力地清空洗衣桶，换掉脏水再来漂洗衣物。接下来是第二次“拧干”，这时另外一桶水会被取用。主妇们会将少量的蓝色染料作为增色剂加入水中（21 世纪的洗衣粉中也能找到类似的染料）。维多利亚时代的衣服尤其需要蓝色染料来消除肥皂留下的淡黄色污渍。然而如果染料没有和水充分融合，就会在衣服上留下蓝色印记。

如果家里买得起一台绞干机，那么拧衣服的过程就会简单很多。这种机器可以将湿衣服中的水分挤出来，从浸泡到洗涤、漂洗、染色，再到晾晒，每个过程都会用到它。这种机器由两个木制滚筒组成，中间隔着一根弹簧，当衣服在滚筒内碰撞时，弹簧会迅速弹开它们。弹簧让这些滚筒可以容纳不同厚度的衣物。在整个洗衣过程中，绞干机必然能帮上大忙，因为用机器拧衣服比用手拧的效果要好得多，而且当把衣服从一个桶移到另一个桶时，也减少了溢水量，避免了浪费。另者，机器的力道比起人的力道也要温和许多，而且也不需要重复漂洗太多次，因为大部分肥皂水都已被拧掉了。

19 世纪初，衣服绞干机只是轧布机（Mangle）上的一个单独设备且作用也不同：挤压干燥或微潮的衣服，使它们变得锃亮。轧布机最初是一个巨大的木制机器，大小相当于一张双人床。有了它，熨烫衣服就不那么必要了。在乡间别墅的洗衣间里，女佣会给轧布机装上曲柄，接着用石头增重的巨大木箱会落下来，压在仔细叠过的床单和桌布上，抚平其折痕，使亚麻布表面更加光亮。至19世纪末，轧布机不再是巨大的木制按压机，而是一个带有两个滚筒的铁框架，但与衣服绞干机不同的是，它是用橡胶滚筒制成，弹簧调节量也比衣服绞干机小。事实上，许多轧布机甚至没有安装弹簧，滚轴之间的间隙只是用螺丝来进行调节。一般来说，轧布机设置的压力比衣服绞干机高很多，两个滚筒间哪怕只是卡进了一根手指也会非常危险。

正如1839年，很少有家庭能装内置铜炉一样，在维多利亚统治初期，能用上衣服绞干机和轧布机的家庭也很少。19世纪六七十年代，绞干机在外形上变得与轧布机非常相似，19世纪末时甚至还出现了可组合使用的型号。随着这些设备的普及，它们渐渐成了可自助使用的工具。如果一位工薪阶层的女士购置了一台绞干机或轧布机——尤其是轧布机——她就能再将其低价租给左邻右舍，或在提高自己的洗衣效率后为别人洗衣服。在艰难时期，当缺少操作轧布机的帮手时，无数名妇女便被要求去做替补。英国讽刺漫画杂志《笨拙报》（*Punch*）曾刊登了一幅漫画，描绘了两名男子在货物分流车上工作，讨论着他们的前同事最近因公而殉职的事情。具有讽刺意味的是，在他们的谈话中，公司给予员工遗孀的补偿不是保险金，而是让她也成为轧布机操作员。

图83　轧布机。

根据慈善机构和私人观察员对穷苦人民的记录，这样的补偿措施很常见。一位来自诺福克郡的女士凯特·玛丽·爱德华兹（Kate Mary Edwards）

回忆，为了帮助母亲，她在童年时就做过轧布机操作员：“我们想帮助努力让我们活下去的母亲。这是份苦差事。一开始，我们碰不到机器顶部的手柄，就借助一条围巾来拉动手柄。但是当我们长高之后，就不用再借助围巾来推动它了。”19 世纪 90 年代，她和她的妹妹每天晚上放学回家后，就会用轧布机忙碌起来，然后在第二天上课前把洗干净的衣服送回去。《蓓尔美街报》(*Pall Mall Gazette*) 在 1894 年指出：“寡妇和洗衣，苦难和轧布机，不知为何，似乎总是联系在一起。”

现在，让我们回到洗衣服的过程中。当你把衣服放入绞干机和轧布机，其实就意味着手工清洗的部分已几乎完成，你只需要等待片刻，再将衣服挂出去晾干即可。不幸的是，很少有家庭只有一批衣服要洗，每个家庭基本上都有四五批。从最精细、最干净的衣物开始洗，最后再洗最脏、最粗糙的。这可以重复利用水，而不必每次都重新打一桶。女士的帽子、脚垫和其他奇特或精妙的物品（如果你有幸拥有它们）是第一批需清洗的物件，而衬衫、衬裤和睡衣则是第二批。随后是桌布、床单以及枕套（通常是成套的），最后是围裙、厨房布、尿布和卫生巾。

图 84　工人阶级的妇女在洗衣服，1887 年。

如果你有羊绒质的衣服，如大多数人都有的法兰绒背心、衬裙等，那就得使用一种特殊的洗涤方式，因为热水和摩擦力很可能会损坏布料，并使其严重缩水。维多利亚时代的法兰绒布料若没有以正确的方式清洗，尺寸很可能会缩小一半。我深知这一点，因为我已经交过“学费”了。羊绒通常不应预先浸泡，而应放在干净的冷水中，并置于火上加热。当肥皂在水中磨碎时，锅里的水温就与人体温度相当了。一旦停止加热，水就会慢慢凉下来。这时，就能轻轻搅动置于肥皂水中的毛料了，切忌不能用搅衣棒或短棍，这两者的清洗力道过大。当水温冷至微温时，就可以压出毛料里的水分，把它放进另一盆清水里重复清洗，再轻轻地搅动并挤出其水分(绞干机和轧布机都太粗糙，力量也太大，不能使用)。

我在职业生涯中都有过很多次维多利亚式的洗衣经历，因此我可以证明这是项辛苦的工作。这样的一天让人疲惫不堪，所以也难怪维多利亚时代的女人们总会在日记中抱怨洗衣服的日子了。很难说是洗衣服更累，还是提着水桶往返更累，但当这些活儿都加在一起时，妇女们就累得几乎要倒下了。从我的经验来看，我并不介意厨房里的水蒸气像雾一样朦胧，但从室内的火炉边到走到户外提水、倒水，巨大温差让我难以忍受（即使是在维多利亚时代，人们也认为这是不利于健康的)。沉重的木桶与厚重的湿衣服意味着你必须得身强体壮，用凯特·玛丽·爱德华兹的话来说：“你必须像男人一样强壮，才能抬得起那巨大的木制洗衣盆……即使里面没有湿衣服。”

很难想象在宽敞的现代化厨房中出现这样混乱的画面，更不用说在一间维多利亚时代的家庭住宅里了——蒸锅和水壶全天都在沸腾；每个台面上都有水桶和碗；滴着水的衣服被人移来移去；你提着装有净水或脏水的水桶，以及生火的煤块不断进出厨房……在这种情况下，想让地板保持干净通常不可能。

当一位妇女在霍乱爆发时将她用于洗衣服的铜炉借给了利物浦街的其他妇女，公共洗浴运动（Public-baths Movement）便开始了。那名妇女是街上唯一拥有铜炉的人，她的左邻右舍都靠着这唯一的设备来保持清洁，预防疾病。用内置的铜炉烧水具有一定优势。首先，这样的铜炉一般都安装在屋外或地窖里，远离厨房。这样一来，不仅让火和炉灶不再只是扮演热水器的角色，还让这些潮湿而混乱的工作远离了一家人生活的主要区域。铜炉使用起来也比较省钱，它的火箱较小，可以让大部分废物和便宜燃料充分燃烧，而不需要烧优质的“家用煤”。铜炉的尺寸也比任何锅和水壶都要大，可以一次性烧更多的水。最重要的是，内置的铜炉非常适合用来煮衣服。

1836年霍乱爆发期间，人们还不知道，也不能理解为什么煮沸的衣服更安全且不再是传染源，但他们至少意识到这是有效果的。之后，微生物理论解释了消毒的重要性：能为所有（可能）接触过感染源的事物杀菌。在战争年代，除了霍乱，还有伤寒、斑疹伤寒等许多具有极强传染性的疾病，煮沸被单、茶壶和内衣将能保护自身的健康。到了1900年，即使是在穷人的屋子里，铜炉也已成了一种标配。19世纪五六十年代，公共浴室为没有消毒设备的人提供了类似的洗衣设施，但到了世纪末，这样的公共设施急剧减少，因为大多数人的家里都购置了铜炉。

在较富裕的家庭中，洗衣服的活儿是由洗衣女工来完成。而那些处于低收入阶层的妇女要么专门受雇为他人洗衣服，要么至少在日常工作中需要洗衣服。洗衣女工的工作通常包括清洗、熨烫和上浆。社会阶层越高，人们的衣服就越昂贵、精致和复杂：内衣和床单装饰着荷叶边和蕾丝；简单的棉织物和羊毛织物被丝绸、天鹅绒和皮草所取代；各色衣物上的刺绣和装饰品比比皆是。不仅如此，那些社会地位较高的人对服装的清洗也有着高标准：衣服需要上浆、加筋、打褶（熨烫成荷叶边和活褶）。

上流社会的人以拥有整套洗衣店为荣，且店内的每个洗衣工都遵循着森严的阶级制度。在这些高档洗衣店中，保存最完好的一家位于北威尔士的爱地格，现由英国国民信托组织管理。除了铜炉、水槽和洗衣桶，洗衣店里还配有一个大型的木制轧布机、一间熨烫室和一个干燥壁橱（大型货架可依靠脚轮在加热的干燥壁橱中进出）。在这类洗衣店中工作的洗衣女工都具备熟练的技巧和专业的洗衣知识，一眼就能说出一位女士的衬裙是缎面还是织棉的；能辨识某种特殊的染料是否会因为用铁熨烫而变色，而且其中几种染料无法弥补；更能决定是否需要用氨水或醋冲洗衣服，以防止其因潮湿的天气而褪色。必须记住的是，维多利亚时代的织物和染料与现代同类产品有着天壤之别，且价格也昂贵得多。如果你同时使用苏打水和肥皂洗衣服，那么一些紫罗兰色和淡紫色的染料就会褪色，而另外一些紫色染料则会因苏打水的冲洗而变得更鲜亮。如果你使用的是肥皂，那么黑色和深蓝色的亚麻布就会变成难看的灰色，但用磨碎的马铃薯和氨的混合物则能有效地清洁它们，且不会有任何变色的情况。经过一系列特殊处理的面料很容易被破坏，或者至少会被洗褪色。因此，许多衣服必须在清洗时受到一定的保护和处理。

绉纱（Crape）是制作丧服最典型的面料，如果你把它放在水中洗涤，就会变成真丝绡（Silk Gauze）。相反，它需要蒸汽来修复其凸起的纹理，如果不小心弄脏了，你可以轻轻地刷洗它，再给它洒上酒精，并在酒精蒸发后小心地用报纸将它卷起来。天鹅绒也是如此，只能借助蒸汽和娴熟的刷洗技巧来清理，在清洗者手腕灵巧抖动的同时，污垢就从织物里掉落出来了。蕾丝必须仔细地放在白色的洗涤布上，之后你需将这两种面料折成一团，然后用白色棉布带束紧，再轻轻洗涤。这样一来，在整个清洗过程中，你既可以保护蕾丝不被拉扯至变形，也可以防止其被撕裂。

至于那些经验更丰富的洗衣店，其使用的洗涤剂具有高毒性和高危险性：氯仿被用来使衣服颜色更加鲜亮，铅被用作易褪色染料的固定剂（硫酸也可获得类似的效果）。一系列溶剂被用作家用干洗剂，其中最安全的是酒精；而杜松子酒则被广泛推荐，因为它洗得干净，价格也不贵。干洗也可以用刷子来完成。

时至今日，已经很少有人知道如何正确地用刷子清洗衣服，但对任何一种纤维织物或羊毛织物而言，它都是极有效和极彻底的方法之一。首先，你必须选择合适的刷子，刷子的刷毛需与面料的强度和弹性相匹配。一件高档的呢绒大衣最好用短而硬的猪鬃毛刷子。天鹅绒则需要使用非常柔软且有弹性的刷毛，这样才能在穿透织物、拨下污垢的同时，不会将天鹅绒刮下来。根据衣服的面料、类型和整体形状的不同，刷洗的技术也会有所不同。许多在大宅子里进行的干洗工作都不是由洗衣工，而是由女主人的女仆或者男仆来完成。而在寻常家庭，这些活儿则通常都是由衣服的主人负责的。刷洗自己的外套和裤子，是大多数中产阶级男人会承担的极少数家务之一。

男士的外套无论是由自己还是贴身男仆打理，首先都会被挂在一匹木马上，用细鞭子或藤条轻轻地拍打。女士的鞭子被认为是最好的“除尘”工具。不过，你最好不要太用力，以免纽扣被打坏。要想把外套刷干净，通常还需要用两把刷子：一把是硬毛，一把是软毛。前者仅用于去除干燥的泥巴，而后者则用于去除头发、棉绒和灰尘，用同样的力气来操作这两把刷子时，它们刷下的绒毛数量不同。在“除尘”或拍打之后，外套将被铺在桌子上。这时，你只需将衣领向左翻折（如果你惯用右手），就能顺着外套的领口一直刷到下摆了。不过，刷外套还有一个既定的步骤：先刷衣领的内侧，然后刷后背和袖子。你需要顺着绒毛的方向刷，通常是从肩部到下摆；接下来是两个翻领，紧跟着是衣领的外侧，之后再以相同的方式刷衣领的内侧。经过这些步骤，你就可以彻底改变一件脏乱不堪的衣服，使它变得干净整洁起来了。

我的一位同事也尝试了类似的打理方式，但他首先要把泥土抹在外套上。他试图按照维多利亚时代衣服的脏污情况来做试验，因此把外套弄得脏极了，就像穿着它在田里辛勤耕作了 9 个月似的。我知道他在试验之前颇有怀疑，但后来的效果使他彻底震惊了。这几年来，我已经使用这种方法清理过许多衣服，一把适用的刷子和户外晾晒（把衣服的内侧挂在外面）能让大衣和羊毛外套既干净又好闻。不得不说，这比如今的干洗店处理得更好。

中产阶级和工人阶级洗衣服基本是一星期一次的工作，尽管真正的洗衣日通常会持续好几天，因为还包括给洗干净的衣服上浆和熨烫。而对大户人家来说，这个例行程序可能就不那么常见了。在 17 ~ 18 世纪，少洗衣服已然成为富裕的象征，这导致人们每次都得清洗成批的衣服，而不是少量衣服。当然，这不仅是因为洗衣服的次数变少了，也因为人们可换洗的衣服足够多。很显然，如果一个人只有3套内衣，而又想保持清洁，那他就必须经常清洗衣物。但如果你有足够多的衣服，洗衣服的时间就可以向后推延。若你吹嘘自己一年来只洗了4次衣服，就等于告诉别人你的整个家庭在3个月内都有足够的换洗衣物。有一些衣物，如尿布和卫生巾，当然不得不在使用后立即清洗，但床单、毛巾和衬衫则可以堆积起来。按照这一原则，一些贵族家庭在自己的某一处住宅中安装了洗衣设施。无论他们当时住在哪里，都会把需清洗的衣服送回这栋住宅，直到那些衣服被送回来之前，他们都有足够的换洗衣物。而那些生存资源极度匮乏的人则不可能有一套以上的衣服，对他们而言，换洗衣服是件不现实的事。除非他们一家人连夜洗完衣服，赤身裸体地在床上躺一夜，才能在第二天一早换上湿衣服。

根据1861年的人口普查，当时有167 607人从事洗衣工作，而在这之中，有99%为女性。到了1901年，这一数字已上升至205 015。与任何其他工作不同，从事这项工作的已婚妇女比单身女性要多。大多数人都在小型洗衣店内工作，其他人则在自己的家中工作。伦敦的洗衣工数量最多（接近5万人），港口城市、牛津、剑桥及较大的海滨度假胜地也有大量需求。那些拥有大型机构或人口流动性较高的地区会为商业洗衣店增加额外的业务。例如，格拉斯哥有3 500多家洗衣店，而在牛津郊区的海丁顿村，几乎每位成年女性都是洗衣工。

尽管工作时间长，工资也很低，但这项工作易于上手，且在资金投入和培训方面几乎没什么要求。这也是一种可以将工作与家庭结合起来的职业。那些在自己家里工作的妇女能一边做家务，一边照顾孩子，偶尔还能请孩子帮她们干活。上文提到的凯特·玛丽·爱德华兹和她的姐姐既不是唯一帮母亲操作过轧布机的孩子，也不是唯一送洗过衣服的孩子。彼得·阿诺德（Peter Arnold）在他的自传中回忆说，他和姐妹们曾一起收集需要清洗的衣服，之后又将洗干净的衣服送回去。装满衣服的包裹体积过大，孩子们无法用双手抬起来，必须用绳子绑在身上。年纪较大的孩子经常帮母亲取水和煤，而女孩则会被迫长时间地熨衣服。

大型洗衣店里工作的妇女在某种程度上仍享有灵活的时间，让她们能够兼顾家庭生活。尽管如此，人们将星期一视为洗衣日的做法将意味着大多数洗衣店会在星期一早晨接到这一个星期绝大部分的工作，而客户也希望能在星期六收回自己的衣服。这导致了一种极端化的工作模式：洗衣工会在一个星期的前几天长时间地工作，然后在接下来的几天很少或甚至没有工作。确切地说，一位洗衣女工一个星期是否忙碌主要取决于她是负责清洗工作还是“后续”工作——刮浆、熨烫和打包。对于大多数负责清洗的洗衣工来说，她们一个星期的工作时长通常为 4 天或者 4 天半，这使她们有时间清洗自己的衣服、购物和做家务。

图 85　商业洗衣店正在熨衣服，1884 年。

熨烫衣服在洗衣工作中的报酬最高，尤其是处理那些有着精致装饰品和褶边的服装时。洗衣工首先必须仔细地给衣服上浆，之后再用各种形状的熨斗交替地熨烫，使之成形。做这项工作，洗衣工要时刻待在炎热的环境下，因为所有熨斗都必须架在炉子上以维持温度。尽管如此，这一工作仍然比清洗衣服更耗费体力。熨斗本身就是一种块状金属。在使用时，整个工具包括手柄在内都会变得异常热，因此使用熨斗的人需要用一块折叠着的干抹布把熨斗从炉子上拿下来。使用熨斗前，还需测量铁的温度，这要求洗衣工具备丰富的经验。用干燥的手轻轻拍打熨斗表面便可察觉某些迹象，随着手掠过熨斗表面，泡沫会伴随着嗞嗞声出现。烫热的铁熨斗对棉和亚麻制品非常管用，若温度过高，这些面料就会被烧焦。

到了 1901 年，先进的洗衣设备开始进入更大型的商业洗衣店。蒸汽洗衣机是最节省劳动力的设备。手动洗衣机在维多利亚统治初期就已经出现了，但它们几乎没有减少任何工作量，甚至比不上洗衣搅棒，只是简单地用摇动手柄代替用手拧衣服。很多雇主都曾向女仆推荐这种机器，但后者均拒绝使用。然而，出现于19世纪80年代的蒸汽洗衣机是一个全新的发明。现代家用洗衣机与早期的蒸汽洗衣机有很多相似之处：当衣服被放进旋转滚筒，并加入水和肥皂后，旋转滚筒就会被密封起来。蒸汽为旋转滚筒提供了动力。然而，与现代家用洗衣机不同，蒸汽洗衣机无法给衣服脱水。但这些机器依然将大量劳动力从洗衣工作中解放了出来。但不幸的是，只有大型洗衣店才负担得起它。

我的维多利亚式洗衣经历让我将洗衣机视为解放女性的伟大发明之一，它甚至可以与避孕方法相媲美，直接改善了女性的生活。

无知者“行医”无罪

与21世纪的人不同，维多利亚人无法根据经验识别疾病。麻疹、白喉、百日咳、结核病、霍乱和伤寒对19世纪的每个家庭而言都是巨大的威胁。维多利亚时代没有抗生素，也没有多少能缓解疼痛的方式；医院的规模很小，数量也很少，且主要面向在总人口中仅占有极小比例的穷人。即使是给较富裕的家庭看病，收费也不会过高。此外，大部分生病的人都会选择待在家里，由自己的女性亲属照料。由于死亡率和感染率极高，基本上每个家庭都有家人身患恶疾的经历，为此，可能很少有女性（如家中的母亲、妻子、姐妹和女儿）从未照料过患病的家人。基本的家庭医疗服务包括管理一系列令人担忧的药物和执行无数次护理任务。尽管药物是由专业医生（几乎完全是男性）在专业药剂师（大多为男性）的帮助下配制而成，但需由那些未受过医学教育的妇女来管理、使用。妇女们必须按照使用说明来用药，且得控制好使用剂量。

霍乱是一种在南亚次大陆[①]十分流行的疾病， 正是它导致了殖民者

①喜马拉雅山脉以南的一块半岛形陆地，其大部分位于印度洋板块，少部分位于欧亚板块。——译者注

的大量死亡。它于1831年传入英国，最初出现于桑德兰港口。之后，它沿着海岸线向北延伸，首先到达苏格兰低地，然后逐步扩散至伦敦，最后又从这两个地区蔓延至英国各地。它具有极强的传染性，且能通过粪便渗入供水系统，但维多利亚时代的人尚不能弄清其原理。感染霍乱的人在首次出现症状的2天内就可能会死亡，而在这2天内，他们本身将具有非常强的传染性。

1832年，霍乱爆发于伍尔弗汉普顿（英国中部城市）附近的比尔斯顿社区。当时，26岁的威廉·米尔沃德（William Millward）居住于杜克巷。作为一名工程师，他是极有前途的中产阶级专业人士，不仅能请专业医疗人员前来服务，还在家中配备了舒适而齐全的设备。8月20日前后，他开始呕吐，而且在一小时内出现了严重的腹泻。最终，他无法控制自己的身体，且弄脏了穿在身上的所有衣服，接着是床单——他已经没有力气使用夜壶了。如果在当天晚上打电话给医生，他或许能拿到一些以鸦片为原料的药物以减轻痛苦，但若想恢复健康，他只能寄希望于自己的力量和亲人的悉心护理。感染霍乱的人会严重脱水，但即便补充了液体（如水），后者也会在未起任何作用的情况下，流经消化系统而被排出。到了第二天晚上，大多数患者（如米尔沃德）的嘴唇会呈蓝色，脸部明显凹陷，皮肤也会变黄。最终，米尔沃德于8月24日离世了。

1832年，尽管霍乱传播的原因尚不明晰，但大多数人认为它与气味有关。一家人若想获得更大的生存机会，最重要的就是彻底地清理呕吐和腹泻的秽物。人们用热水煮洗了所有的物品，而那些有更多时间和设施的人还会燃烧硫黄，以熏蒸整个房间。然而，尽管米尔沃德一家付出了努力，但2岁的凯瑟琳（Catherine）还是在3天后跟随米尔沃德的脚步，进入了坟墓。

此外，在霍乱爆发期间，洗衣女工通常最容易受感染。一旦染上这种疾病，她们便会被立即送往医院，因为人们担心她们会将疾病传染给其他家庭成员。然而，这类医院多为慈善机构，且治愈率极低，患病的洗衣女工在这里几乎看不到痊愈的希望。

如果霍乱对于那些经济条件较好的中产阶级家庭而言，已是种令人绝望的经历，那么，对于那些经济条件较差的人来说，将无疑是雪上加霜。事实上，从死亡率上来说，是否请得起医生并没有造成太大的差别，但狭窄而肮脏的住所则意味着病人无法与健康的人隔开。没有足够的换洗衣服和床上用品，病人就不能保持清洁，更甚者，家里的其他人将会暴露在危险之中。

米尔沃德一家所在的社区有三个姓贝利斯（Baileys）的家庭。他们都是煤矿家庭，可能有着亲戚关系。约翰（John）和伊丽莎白（Elizabeth）居住在埃廷夏巷，两人都已40岁。染上霍乱后，伊丽莎白于8月15日去世，而约翰也在一天后死亡。他们7岁的女儿多活了2周，而他们4个月大的婴儿安妮（Anne）因受到悉心照顾而活到了9月中旬。威廉（William）和伊丽莎白（Elizabeth）是住在埃廷夏巷的另一个姓贝利斯的家庭，正是他们俩照顾了安妮。威廉30岁，他的妻子伊丽莎白28岁，他们的女儿已有5个月大了。8月底，这一家人都相继离世。第三个家庭住在莱斯特街的拐角处。托马斯（Thomas）和伊丽莎白（Elizabeth）以及他们的三个孩子约翰（John）、亨利（Henry）和安（Ann）都在8天内相继死亡。

但确实有人幸存了下来。强壮的体格拯救了那群幸运的病人，而亲人的爱及其耐心的照料也起了作用。此外，经常饮用两种饮品——含有天然盐的淡牛肉汤和含有少量糖的大麦水也能起到一定的效果。维多利亚时期的人并不知道这一点，但在水中添加糖和盐的确能为严重腹泻的人提供必要的补液。不幸的是，很多人因缺乏这种知识而死亡。有时，病人可能会在无意中食用其他含有这类补液的食物。此外，强迫霍乱患者摄入足够的液体也能起到至关重要的作用，但这需要奉献精神和勇气。毕竟，在这种可怕的环境下，坚持护理病人是一种勇敢的行为。

大多数女性都没有正式学过护理知识，相反，后者基本是前者从其他家庭成员或儿时的生病经历（被家人照料）中习得的。为此，家庭护理的方式有很多。不过，这类传统技术大多忽视了医学界提出的更为先进的理念。医生们经常会在交谈时，或在书籍中对病房的标准大发议论。通过实践观察，他们强烈谴责了许多女性的做法：为了使患者的房间保持温暖，她们将整个房间封闭起来，点燃炉火，并给患者盖上好几层被褥。医学界认为患者身边充满了被感染的空气，如果给患者盖上厚重的被褥，会导致毒素停留在其皮肤表层，并被重新吸收。这些专业人员对女性私自给患者喂食泻药的做法也表示了强烈反对，尽管他们自己也经常为患者开具类似的处方。女性为患者准备的食物也经常遭受医学界的批评，而后者认为这些食物太过丰盛，无益于患者消化。

对于那些无法获得专业医疗建议的穷人或工人阶级的女性来说，这种护理方法在整个统治时期基本没有发生变化。19 世纪末，这一现实给试图援助穷人的慈善卫生工作者带来了极大的恐慌。人们对安全实践的无知使这些工作者感到震惊，但更令他们震撼的是人们所处的恶劣的生活环境。尤其是通风问题，长久以来备受人们关注。穷人拼命地想把冷空气从家里驱逐出去，又苦于没有足够的燃料给房间升温，为此，只有尽可能地把病人的衣服裹紧。利用体温加热是工人阶级的另一种解决方案，这需要一名家庭成员以自己的身体作为活的热水瓶。湿护理也是一种解决方案。有时，女性会直接用她的乳房喂养虚弱而患病的成年人。这是一种古老且被广泛承认的护理技术，《旧约全书》（*Old Testament*）曾将之称为“伟大的慈善行为”。然而，维多利亚晚期的慈善家和医生发现，这种做法很难为人们所接受，事实上，许多人甚至对此感到厌恶。

当不用母乳喂养病人时，穷人们无论是住在城里某间潮湿而破旧的小屋里，还是住在贫民窟肮脏的 8 人间里，都会为病人寻找“最好”的食物，以增强他们的体质。不同于日常的饮食，如面包和果酱等，人们会准备一些富含营养的食物，如煮鸡蛋。小牛腿肉做成的肉冻是另一种传统的健康食品，因为人们相信小牛腿肉是肉类食物的精华。早在 18 世纪，善良的女性常会给自己的邻居和教区的病人提供这道菜肴。由于能给人提供治疗和帮助，19 世纪的穷人也将这种传统坚持了下来。

与此同时，医学界还提倡一种护理方式。由于高度关注护理问题，弗洛伦斯·南丁格尔在她最有影响力的医疗笔记中概括了这种护理方式。这本医疗笔记出版于1859年，在19世纪后半期主宰着专业护理领域和中产阶级的家庭护理领域。她的医疗笔记以“卫生”运动为原则，该概念首次出现于19世纪30～40年代。“个人清洁”和“环境卫生”的概念涵盖了整个卫生保健领域，它们有助于改善环境和空气。病房的窗户要保持开放，病人之间也要保持一定的距离，这样才能使洁净的空气在病人之间循环。此外，为了消除有毒空气，用过的夜壶必须立即移走；而为了使身体排出的有毒气体有效地分散，病人的床单必须轻便多孔。病人的饮食必须简单、清淡，以便减轻其消化负担。而安静的环境则有助于病人放松精神。每一个细节都是为了消除有毒的排泄物和空气而设计的，通过这种方式，病人的身心将得到放松，身体也将实现自我疗愈。当然，病人还得遵守这样一条指令：不可过度兴奋或受到过度刺激。

图86 病房。

然而，尽管医生很乐意为医疗笔记开具证明（它在要求人们严格遵照医生嘱托的同时，巩固了医生的权威地位），但在这本书出版时，其内容已经过时了。最值得注意的是，它并没有提到任何与微生物理论相关的有争议的新实践，而后者推进了消毒剂的使用。作为一本由女性编写的书，它也使传统的性别角色更具说服力：护理是一种女性职业，根本不需要任何治疗手段或医学知识，而后者是男性的领域。不过，由于得到了主流医学界的认可，几乎整个维多利亚后半期都将这本书奉为经典。无论是比顿夫人出版于1861年的《家政管理》，还是麦格雷戈－罗伯森（McGregor-Robertson）发表于1890年的《家庭医师》（*Household Physician*），每当出现与护理相关的话题时，读者都会被引导回弗洛伦斯·南丁格尔。

比顿夫人在书中建议每位家庭主妇购置一批药物，以备不时之需。她列出了一份清单，里面含有26种不同的药物，其中一些是品牌产品，一些只是原料。在这些清单中，没有一种是昂贵的，且都十分常见，不需要处方就能在药店的柜台买到。这份清单包括“蓝色药片（Blue Pills）”，可谓维多利亚时代的灵丹妙药。这是个利润丰厚的品牌产品，由秘密配方制作而成，据说能治疗各种疑难杂症和恶性疾病，如霍乱、肝脏疾病、流感、风湿病和梅毒等。经过分析，人们后来发现这些蓝色药片中含有大量强性泻药成分和一定量的汞。这会对身体产生明显的影响，而显然不会有助于人体健康。除了品牌产品，比顿夫人的清单还包括鸦片和鸦片酊。这两者均被推荐用于退烧、缓解各种形式的疼痛以及减缓紧张情绪。清单中的其他药物，例如番泻叶（另一种泻药）和泻盐（专治胃部不适）等，其危害则相对较小。

除了药物，比顿夫人还列出一份清单，向人们推荐了一些可放入家用医药箱的工具，包括刺血针（用于切割肛门、除痣、除碎片和其他小手术）、探针（如镊子，用于除异物）、医用镊子（可为难产的产妇提供帮助）和弯针（用于缝合伤口）。在这份清单中，她详细解释了这个时期的女性能在家做哪些医疗服务。卫生专业人员将它称为最后的手段，但普通女性通常会在没有接受任何医疗培训的情况下实施麻醉手段，并为生病的亲人做些小型的外科手术。当然，如果有足够资金和教育资本，她会买些参考书来寻求帮助。但事实上，大部分女性都只能依靠自己从身边的女性那里听来的知识，广告上耸人听闻的承诺以及她从药剂师那里买到的药物。

广告具有很强的影响力，并且决定了维多利亚时代大多数人的医学经验。早期的制药公司能够毫不费力地操纵人们的采购行为，且经常会根据最新的突破来修改自身的观点，无论真实与否。

广告业在19世纪早期和中期完全不受政府管制，这使制造商和零售商可以随意吹捧自己的产品，而无论是多么牵强或大胆。1908年，即维多利亚时代后不久，英国医学会（British Medical Association）因对广告的误导性和不真实性产生了担忧，故而做了一系列测试以分析最受欢迎的品牌产品。他们在一本名为《秘密药石》（*Secret Remedies*）的书中公布了测试结果。举例来说，19世纪50年代，托马斯·比彻姆（Thomas Beecham）

开始在圣海伦斯售卖比彻姆药厂（Beecham）的药丸，并宣称自己的产品完全由草本制成。在药丸的标签上，他还列出了29种适应证，包括“断腿”“肝脏不适”和“头痛”等。但化学分析显示，这种药丸仅是由芦荟、姜和肥皂制成的。直到那时，医学界才知道这种混合药剂是根本不可能治愈任何疾病的，更不用说广告上所承诺的各种疗效了。它们充其量就只是安慰剂。然而，托马斯·比彻姆非常擅长做广告，并且持续投入了大量资金来推销产品。仅在1891年，他的公司就在广告费上支出了12万英镑，足够购置一处小型房产了。

另一种被疯抢的药物是双瓶药水（Tuberculozyne），这是一种美国产品，声称能治疗结核病。它由两瓶独立的液体组成，服用时，这两瓶液体必须搭配着使用。经过分析，第一瓶液体最后被证明是由溴化钾、着色剂、芳香剂、苛性钠和水组成；而第二瓶液体则是由甘油、杏仁香精、水和焦糖色素构成。这两种液体都不具有单一的治疗效果，从本质上讲，它们只是一种调入了色素和香味的水，之后又被当作药物出售给了大众。但不幸的是，由于没有法律规定必须将药物成分注明在包装上，因此，大多数人了解的唯一与产品相关的信息就是广告上的虚假宣传。

从比彻姆药丸和双瓶药水的案例可以看出，这些治疗方法至少都不会对人造成任何真正的伤害，这也多少给了我们一些安慰。然而，1837年，一些在市场上备受欢迎的药物含有甘汞——一种含汞和鸦片酊的制剂。这些高危险药物剂型多样，且具有许多不同的品牌名称。维多利亚时代的药物销售额巨大，无疑意味着药物给制造商带来了丰厚的利润。然而，在维多利亚统治初期，由于没有任何法律条例限制买卖者，女性可以自由购买和使用专业医生所能接触到的任何东西。这种自由受到许多请不起医生的穷人的欢迎。只要你诊断出自己或家人的病症，就能从药剂师那里买到合适的药物，这比看医生要便宜得多。既然可以在家备好所需的药物，那又为什么要花钱去请医生呢？

几百年前，女性通常负责生产家庭药物。富有的女性会在家中配备专门的“蒸馏室”（这是以其蒸馏过程命名的），而大多数穷苦女性至少也掌握着足够的制药知识，能配制 24 种基本药物。女性通常专注于配制简单的草本药物，而更复杂的化学制剂则是由拥有资金和设备的男性专业人士负责，但不可否认，配制药物仍是普通女性日常生活的一部分，就像制作面包一样。到了 1837 年，这种传统技术已经被医生嘲笑了近一个世纪，后者热衷于科学研究，摆脱了迷信残余思想。然而，待女性从农村搬往城镇，并开始工作后，变化发生了：许多可以用来配制药物的草本植物变得难以寻求，制药也变得异常困难。从维多利亚时代开始，作为传统的家庭医师，女性的角色已从医药制造商转变为购买者。不过，药品的购置权、管理权和使用权仍掌握在女性手里。

1868 年，《药房法》（*Pharmacy Act*）的出台首次对买卖药物做出了限制性规定。当一系列中毒丑闻（包括意外中毒或预谋犯罪导致的中毒）出现后，政府终于通过法案，明确规定了哪些人可以销售哪些特定的药物。从那时起，任何人若想购买少量的有毒物质（主要是砷和氰化物），都必须签上自己的姓名。顾客仍然可以购买药物，但药剂师（必须是合格的药剂师）会在顾客签名并付款之前，向其询问一些问题，弄清顾客的购买意图。

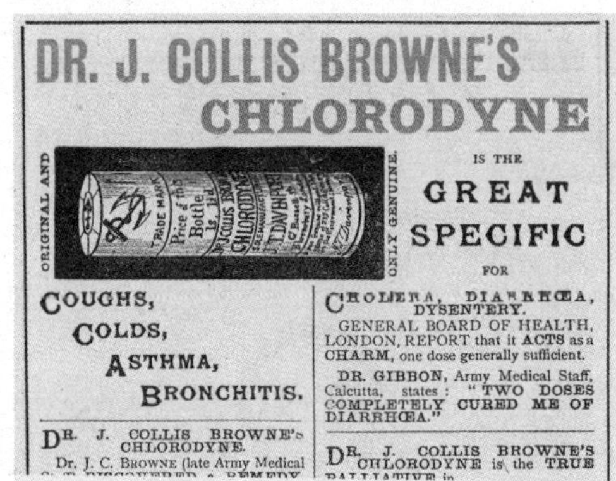

图 87　利眠宁（Chlorodyne），1848 年的标签。

由于大多数非处方药都是由家中的女性购置，因此，许多制药公司的产品包装总会直击传统女性的责任感及其恐惧心理。情感绑架是商人的惯用伎俩。伊诺果子盐①（Eno's Fruit Salts）的广告上配有一幅独具特色的插画，画着天真的婴儿和天使般的翅膀，旁边还写着充满愧疚感的标语，例如“如果没有像伊诺果子盐那样简单的预防措施，生活将危机四伏”。

①一种轻泻剂，可刺激肠道蠕动，帮助通便。——译者注

定期清理肠道和“血液净化剂”填补了旧草药疗法遗留的空白，成为家庭常规的预防性药物，就像许多21世纪的人服用维生素补充剂一样。

纵观整个历史时期，传统的家庭预防性药物从未间断过，从16～17世纪的艾菊煎蛋卷（将艾菊揉出汁液，挤入春季的煎蛋卷中，能“清洁血液”），到维多利亚时代的无花果浆和蓖麻油，再到今天的维生素片和“温和”的酸奶，都是基于特定年代的人对健康的担忧而来。正源于此，比顿夫人在药物清单中所写的泻盐和番泻叶也被视为传统药物。她的读者，即维多利亚时代的大部分女性，无论来自哪个阶层，都十分重视自己的责任，并希望家人能有规律地排便，定期“排毒”。因此，能起到这种功效的药物和制剂在那时非常受欢迎。

1837年，疼痛的缓解在很大程度上依赖于鸦片酊，但随着时间的推移，新的药物治疗方法开始广泛应用，医学界开发出了更好的止痛药。利眠宁是一种混合制剂，1848年，在印度担任军医的克里斯·布朗（Collis Browne）医生研制了此种药物。1854年，当他在家休假时，被要求赶往附近的村庄协助控制霍乱疫情。2年后，他开始经商，制造并销售这种混合制剂，为英国和殖民地的患者带来了福音。与许多其他的药物不同，利眠宁并不依靠大量广告来做宣传，而是依靠口碑。

图88 加入了可卡因的古柯酒。

与19世纪四五十年代的许多混合制剂相比，利眠宁确实给顾客带来了更好的体验。然而，当你知道它是由吗啡（一种麻醉剂）和氯仿混合制成的以后，就不会觉得有什么神奇之处了。这种混合制剂非常有效：1盎司的瓶子中含有36次剂量的氯仿和12次剂量的吗啡。这本身已很容易令人上瘾，而后来的利眠宁混合制剂中甚至又添加了微量的大麻提取物。此外，利眠宁也不是氯仿可制成的唯一的药剂。除了用于缓解分娩痛苦，氯仿也是止咳药和霍乱药的重要成分之一。

另一种广受欢迎的药物是可卡因，其于1860年首次从古柯叶中分离出来。然而，直到19世纪80年代，可卡因才作为补品和葡萄酒的添加剂，被“推荐”给了那些疲倦、嗜睡、紧张或沮丧的人。

19世纪90年代中期，阿司匹林首次出现。大约在同一时间，海洛因问世。19世纪末，吗啡、鸦片、可卡因、鸦片酊、海洛因、氯仿、乙醚、阿司匹林和大麻不再受到任何形式的医疗监督，人们可以随意购买。你只需花上几便士，就能在任何药剂师的店里买到它们。事实上，许多维多利亚人甚至不知道自己购买了这类药物，因为它们也可能被添入各种专利药物和“补品”中，成为不必公开的某种成分。

因此，药物上瘾成了维多利亚时代屡见不鲜的事实。据猜测，弗洛伦斯·南丁格尔对鸦片酊上瘾，而诗人伊丽莎白·巴雷特·布朗宁（Elizabeth Barrett Browning）以及画家、诗人罗塞蒂（Rossetti）的妻子兼模特伊丽莎白·西德尔（Elizabeth Siddall）也是如此。即使是阿瑟·柯南·道尔（Arthur Conan Doyle）爵士笔下的大侦探夏洛克·福尔摩斯（Sherlock Holmes），也十分迷恋鸦片和海洛因。由于医生和家中的女性毫无顾忌地使用鸦片制剂，任何一场严重的疾病都可能让患者对药物上瘾，即使后者已经康复。但“上瘾”的危险性并没有被完全忽视。

派伊·谢瓦斯博士《给妻子的建议》（*Advice to a Wife*）中就大篇幅地讲述了对药物依赖的恐惧。他建议人们泡冷水浴、花时间散步，并激愤地请求年轻女性不要使用药用鸦片制剂。19世纪水疗法的流行在很大程度上是因为它提供了一种替代方法，让人能够免于上瘾。但不幸的是，水疗法十分昂贵，而鸦片酊要便宜得多，每盎司只需花1便士，就像买一块面包一样。

我们很难确认维多利亚时代有多少人对药物上瘾，因为此时既没有记录“瘾君子”的登记簿，也没有药物的销售记录。上瘾和用药过量等词语很少会出现在死亡证明上，但透过“消瘦”“肺炎”和“在睡眠中死亡”等短语，我们仍可窥知一二。此外，上瘾症状可能很难与穷人和伤残人士表现出的症状分开。那些在救济院里长大的人往往有着凹陷的脸颊和深陷的眼眶，但这不一定是吗啡上瘾造成的，而更有可能是饥饿和过度劳累的结果。我们也很难弄清某些富裕的上层人士是否对药物上瘾，因为有很多慢性疾病都没有得到有效的治疗，而在这些富有的人中，也不乏终身缠绵病榻者。

维多利亚时代的人普遍认为女性比男性更容易依赖药物。这或许是源于对女性的歧视，但考虑到家中的药物主要是由女性管理，因此，与男性相比，她们给自己使用鸦片制剂的概率更高。想要获取这类药物非常容易，而且广告商会把他们那容易令人上瘾的“补品”宣传为给过度劳累、精疲力竭或歇斯底里的女人的提神饮料。

歇斯底里症（Hysteria，也称癔症）是对一系列症状的常见诊断。20世纪初，这些症状被称为“神经质的抱怨”；到了20世纪30～40年代，它们被统一称为“精神崩溃”；而到了21世纪，它们则多被称为“抑郁”。19世纪的观念认为，只有女性才会患有歇斯底里症。

无论是“歇斯底里症”这个术语，还是人们对这种疾病的理解，都是从古希腊医学思想中衍生而来。根据这种传统观念，女性的子宫是能在体内移动的，而且它的上升和下降会妨碍身体其他部位的正常运作，特别是“精神”。尽管有了解剖学的研究，维多利亚时代的医学界依然认为女性的生殖功能与她的精神平衡之间存在着某种联系（这种观念至今仍残存于流行观念中，并对女性“荷尔蒙”带有偏见）。

19世纪八九十年代，治疗女性歇斯底里症的方法非常多样，比如服用含鸦片的营养剂、洗冷水澡和电击治疗。在维多利亚时代，人们广泛建议在家中使用小型手动静电治疗仪，许多药剂师甚至会在店铺里放一台这样的机器，以收取少量费用，为患者提供治疗服务。医生和医疗机构则会购置更大、更强力的机器。一旦被充满电，机器的两根接触器就会被应用于身体的各个部位（治疗偏头痛患者时，会将之放在太阳穴上；而治疗哮喘时，则会将之放在胸部），形成闭合电路，从而使电流穿过患者身体。这种机器基本上都带有应用于阴道的“附件”[①]，由此可看出，它在维多利亚时代被广泛用于治疗女性歇斯底里症；同时，它也反映了维多利亚时代的人对“疾病”的普遍（错误的）理解。

①治疗女性歇斯底里症时，需对阴道部位进行电击。而这种附件即用于阴道部位的接触器。——译者注

How to Be a Victorian

第11章

孩童教育

在维多利亚时代，人们对教育的兴趣及其功用性的信任在逐年增长。很快，人们对教育寄予厚望，希望它不仅能推动个体在生活中取得成功，还能推动国家的经济发展。此外，许多涉及工人阶级普选权的政治斗争，如宪章运动（The Chartist Movement）也把教育视为一种必不可少的工具，因为它可以确保人们明智地行使自己的投票权。一些人常将受过教育的劳动力视为提高生产力和创造力的必要因素；而另一些人则更是将受教育称作道德改革，认为它可以让与健康、卫生和宗教有关的建议得到广泛传播。

扩大教育的最大障碍是资金。那么谁能为教师、书籍和校舍买单呢?在维多利亚时代，私人慈善事业的力量还很有限，家长们也拿不出多少钱。19 世纪初，约瑟夫·兰卡斯特（Joseph Lancaster）和安德鲁·贝尔（Andrew Bell）向英国提出一项计划，声称能大幅度削减开支，并为更多儿童提供阅读和写作等训练。这项计划被称为“班长系统”（Monitor System）：在一天的教学中，一位老师可以指导一批年长的学生，而这些学生反过来又可以指导一群年幼的孩子。约瑟夫·兰卡斯特表示，通过这种方式，无论学校有多大，只需要一位老师就可以进行管理；同样，只需要一本书就可以让整个学校的学生学会写字，而用另外两本书就可以教会学生阅读和算数。在他看来，只需一名受过教育的男性就可以教授 500 个男孩或女孩，而且每个孩子每年的学费仅需要 4 ~ 7 先令。

这样的学校通常被修建成一个独立的大礼堂，中央设有一排书桌，男孩就坐在那里读书、写字（19 世纪初仅有少数女子学校和混合学校，而后者大多只为男孩服务）。大礼堂的墙壁上有许多张黑板，被划分为一个个“演示”区。在这些“演示”区中，男孩们按小组站在一起，练习阅读并接受指导。

学校的一天开始得很早（一些学校是早上 6 点），此时，那些被评为班长的 12 ~ 15 岁的孩子会聚集在老师身边，跟随老师学习当天的课程。一小时后，当其他学生也到校了，这些班长们就会监督自己负责的小组，保证组里的每名学生安静而专注地听课。老师会在拥挤的教室内将主要课程传授给所有学生。班长则会监督学生的行为举止。每隔一段时间，班长就会把自己组里的学生领到其中一个“演示”区。他会将阅读文本写在黑板上，然后让每名学生大声地朗读——有时是请一名学生单独朗读，有时让所有人一起朗读。班长不必提前学习很多课程，他们所起的作用更多的是纪律管教而不是个别辅导，而且通常会拿一根棍子来管教学生。作为童工，班长是一种廉价劳动力，也是新教育制度削减成本的主要来源。

在 19 世纪 40 年代，弗雷德里克·霍布利就是一名班长。“做这项工作，学校每天会付给我们半便士，而每周，我们就能拿到两个半的便士，这样一来，我们就有了零花钱。”他回忆起自己在实际工作或教学过程中需要执行的一些细节，几年后，16 岁的他去牛津参加了教师培训学院的入学考试。对弗雷德里克来说，班长系统至少为他提供了一条接受高等教育的路。

詹姆斯·邦维克（James Bonwick）6 岁时在伦敦南华克区伯勒路的学校接受教育。起初，他坐在教室最前排的“沙桌”区。这里的每个学生面前都有一个沙盘、一根用来写字的棍子和一个用来擦去痕迹的“更光滑”的木头或者坚硬的皮革。一张大字母表被挂在教室的最前方，以便所有的学生都能看到。“我的小老师指着一个字母，大声地念出来，然后我们会跟着重复一遍。接着，他会让我们在平滑的沙子上试着写出这个字母。完成之后，我们会再次大声地念那个字母。”詹姆斯的老师只有 10 ~ 12 岁。

当掌握整个字母表后，詹姆斯和他的同学就会搬到桌子旁，开始在石板上写字，而不再是沙盘。他们每隔一段时间就会被带到第一个“演示”区，围在一张印刷卡片（通常被贴在木板上）旁学习识别单音节，如“ab”和“ad”，并将它们念出来。当看到学生理解了所有课程后，班长就会高兴地教授下一堂课。此时，他们会挪到教室的后面，并进入下一个“演示”区。这些学校招收的学生通常从 5 岁至 11 岁不等。

1803 年，约瑟夫·兰卡斯特出版了一本概述班长系统原理的书。5 年后，他同一群极具影响力的朋友组建了皇家兰卡斯特学会，鼓励进一步建设和发展这种班长制学校。这个想法很受欢迎，但兰卡斯特本人却有着不同的境遇：他很快就被学会的大多数成员孤立了。然而，不久后，两个相互竞争的学校网络建立起来，且都使用了兰卡斯特的模式。这两所学校分别是英国学校（British Schools，由非国教徒支持）和国立学校（National Schools，由英国教会支持）。每一所学校都力求为工人阶级提供可负担的教育，尽管希望富裕的赞助者能提供资金来建造校舍，但有人认为，仅靠学生的学费就足以支付基本的运营费用了。

该模式最重要的进展是为班长们提供了更好的教育。如果学校聘用的合格教师给班长做了额外的课后辅导，那么就能获得一笔新增报酬。这些年轻人常被鼓励利用闲余时间学习正规的课程，并努力通过国家教师资格考试。人们希望这种教学方式能帮助这些年轻人凭借自己的实力成为合格教师。

对聪明的工人阶级学生而言，成为一名小老师是改变社会地位的重要途径。不仅不用支付学费，他在学习的过程中还能赚到少量工资。这笔钱是至关重要的，许多家庭都得靠孩子的工资来维持生计，尽管小老师的工资在孩子们能找到的工作中并不是最高的，但除非家境极度贫寒，否则，只要有这样的机会，所有的家庭都会让孩子去争取。在他们之中，坚定和努力工作的人将能获得职业认证，并一跃成为中产阶级。仅由一代人就能完成从劳工到专业人士的转型，这无疑是一次巨大的社会变革。而随着教师需求的持续增长，这种模式为更多青年男女提供了机会。

除了英国学校和国立学校，维多利亚时代还有其他的教育机构。古老的文法学校[①]（Grammar School）蓬勃发展，多为中产阶级提供服务；此外，还有各种新建的或老牌的公立学校，它们为更富裕的中上层阶级服务。小型私立学校也开始涌现，以满足社会成员对收费制学校的需求。神职人员的女儿经常被送到慈善学校，而这类学校可能类似于夏洛蒂·勃朗特（Charlotte Brontë）在《简·爱》（*Jane Eyre*）中描述的洛伍德慈善女子学校，有着寒冷的房间、贫乏的餐食和压抑的环境。英国各地的屋后空地和村舍里也有许多小型的家庭小学（Dame Schools），这些学校在为孩子提供基础阅读和写作课程的同时，也照看着他们。在大多数情况下，家庭小学的教学内容都是手工艺。不仅如此，家庭小学的学费通常都很低，而其主办人也都很穷——由一位没有其他谋生手段的老人或妇女经营。父母们认为这类学校与正规的教育机构同等重要，而前者确实也提供了许多有用的技能。例如手工教学，手工课通常可以为孩子和他们的父母带来更加实际和

图 89　1846 年的贫民学校（Ragged School），为了给那些连得体的衣服都穿不起的穷人提供免费教育而建立。

①即英国的公立"重点中学"，20 世纪六七十年代，其被指责为具有阶级等级之分。——译者注

持久的作用，比起识字，有过之而无不及。蕾丝工艺学校、草帽编织学校和针织学校都为孩子们提供了真正的一技之长，可以使孩子在短时间内或一生中有一个谋生的手段。学校和家长对手工教学及书本教育的重视程度有着很大的差异。当地的经济性质和家庭的财务状况都可能会让人们偏重于一方。当然，这些学校的老师也非常了解自己的需求：让家长满意，并乖乖掏出学费。

正如中上层阶级的父母想让子女在识字方面取得成就一样，许多工薪阶层的家庭也试图让自己的儿女获取这样的技能，为此，当有负担得起的教育机会出现时，很少有家长会拒绝。

1870—1880 年（不同地区有着不同的时间），当接受教育成为一种强制性义务后，很少有人抵制这一规定。在英国学校和国立学校欣欣向荣的时代，家庭小学依然非常受欢迎，这表明工人阶级并非不愿意让孩子受教育，而是出于经济压力，更倾向于选择那些能满足家庭需求，提供实际性教育的学校。在家庭小学上学的孩子还能幸免于英国学校、国立学校和后来的私立学校中的宗教说教。不仅如此，上学的时间也是一个饱受争议的问题。家庭小学通常对普通家庭的需求更为了解，例如一些家庭有时候得留下一个孩子在家帮忙，又如在收获季节时，孩子们会请上几天假回家做农活。只要有家长的证明，家庭小学很愿意为孩子修改教学时间安排，或时长来配合他们。

尽管只提供了一种非正式的教育，但家庭小学通常能培养出更全面的学生。虽然有些人在学习单词时总会缺课，但更多人最终都成了自信的阅读者。每当托马斯·库珀（Thomas Cooper）回忆起他在格特鲁德·阿兰姆（Gertrude Aram）的指导下学习的日子时，总会感到无比的温暖和感激。他称格特鲁德为老盖蒂（Old Gatty），而后者的教室里“总是坐满了学生。她是教授阅读和拼写知识的专家，也是一位勤勉的老师。她也教编织手艺，因为听她讲课的人不止是男孩，还有女孩。她是这个城镇的奇迹”。在她的帮助下，托马斯成了一名自信的阅读者，甚至能够理解《尼希米记》[①]

① 《尼希米记》是《圣经旧约》的一卷书，第 10 章主要记载了宣读法律及与神立约。——译者注

（*Nehemiah*）的第 10 章和里面所有难读的单词，就像教堂里的牧师一样。同样，1872 年，匿名作家在《学校董事会纪事报》中发表了一篇文章，坚持认为他在家庭小学里接受的教育比后来在正式的国立学校里接受的要更有效，也更让他感到愉快。国立学校压制了他对学习的热情和兴趣，对此，他感到沮丧。然而，每个人的经历会有所不同，弗雷德里克·霍布利在家庭小学时的经历就不怎么愉快，对他而言，那里不过是一个他几乎记不起来的儿童托管所或培训机构，如果可以，他只想远远地避开它。

从整个维多利亚时代的教育经验来看，体罚普遍存在，无论是富家公子、小姐所在的公立学校，还是贫困人家的教育机构。家庭小学的环境有时甚至会更温暖一些，这或许也是一些父母对其青睐有加的原因。但一般来说，大多数成年人都认为教导孩子必须采用某种形式的体罚——自 16 世纪开始，人们普遍认为“棍棒底下出人才”。用更人性化的方式来吸引孩子的兴趣，并对他们的不良行为进行劝说，这只是少数人才有的态度。教学规模庞大也侧面激励了体罚方式，同样，这也与许多老师过于年轻，缺乏教育经验有关。试想一下，一个 16 岁的小伙儿在满是六七十个孩子的课堂里怎么能控制住场面呢？

除了用于加强权威，体罚还被用来确保学生集中注意力。许多教师坚定不移地相信，孩子们之所以犯错，是因为“没有努力尝试”或没有听取他们的建议。为此，一个又一个孩子因拼写错误、语法错误、算数错误和字迹潦草而被殴打。殴打是用来保持教室安静、确保孩子们朝正确的方向看以及要求他们坐好或站起来的一种手段，尤其是在公共场合。通过这种方式，孩子们被要求自己听取老师所说的每一个字。

守规矩和服从管教是一种非常有必要且被看重的品质，究其原因，其部分是因为这能使孩子准确地遵循指令，并通过自我控制来处理那些无聊而重复的练习，人们认为这样能让孩子成长为更好的工厂工人。毋庸置疑，许多学校给人的感觉就像个工厂，尤其是在 19 世纪末。学校注定会成为生活的训练场，具备森严的等级制度和严格的规章制度。从女佣到上班族，每个人都必须对权威绝对服从。校园体罚被认为是给那些恣意挑战人生规则的人的一种教训，而这种直接表现在身体上的惩罚则是为了让他们为即将面对的现实世界做好准备。

除了体罚，学校还经常会采取一系列侮辱性的公共仪式。傻瓜纸帽（Dunce Cap）是一种常见的做法，这是一种尖顶帽，通常由纸做成，上面会写着一个大大的“D”或“傻瓜”（Dunce），专门用来惩罚那些不讲规矩的孩子。此外，还可以让孩子们站在角落或教室前的一把椅子上，并在他们的脖子前挂块板子，用粉笔写下他们所犯的错。有些老师甚至会用更残酷的手段。在一所学校中，犯了错的孩子必须站着，而班上的其他孩子则被要求唱起来：“看看那个蠢货，他还没有学乖。”一些老师也会采取一系列我们现在称之为“压力姿势”的方式：要求孩子们长时间站立，同时用手臂端着书本或其他物品。抽打孩子时所用的工具也各不相同，比如棍棒、皮带和木尺，且往往伴随着公开羞辱和一系列仪式而发生，例如要求孩子亲吻用来殴打他的棍棒，这不仅增加了惩罚带来的恐惧感，也赋予了这种惩罚一个更深刻的意义。

1862 年，教育委员会——在一定程度上是为了监督政府对学校的拨款——建立了一个按教育成果支付费用的付款制度。作为改革的领导者，罗伯特·洛（Robert Lowe）承诺其体制不但能提供低成本的教育，更能提供有效的教育，尽管不是同时发生。

通过这种改革，那些没能把学生提升到理想学习水平的学校将得到较少的政府资金（低成本的选择），而那些成功提升学生能力的学校则能得到政府的奖励（有效的选择）。每年，每一所得到认证的学校都会接受检查：孩子们需要接受阅读、写作和算术方面的测验。教育委员会甚至针对不同年龄段的孩子，制定了一系列在全国范围内通行的标准。这给正规教育带来了全新的关注点。以前，老师们更愿意把自己的精力集中在少数具有积极性的学生身上，这些学生上课的时间较有规律，且已经较好地适应了学校的环境；而那些不愿上学的学生和难以适应校园体制的学生则可能会在中途辍学。但现在，由于学校的教育成果已与财政收入密切相关，教师们承受着巨大的压力，只能忽视班里那些更聪明、更听话的学生，而把注意力集中在让所有学生的基本水平达到检测要求上。基本的识字水平确实提高了，但却是以更鼓舞人心的教学内容为代价的。

19世纪中叶，尽管家庭小学、英国学校和国立学校都有了巨大的扩张，但它们并没有为所有孩子提供服务。它们收取的学费确实都很少，但依然处于贫困家庭可接受的范围之外。济贫院学校（Workhouse School）填补了其中一个空白，为其收容的儿童教授了简单的识字知识和手艺。然而，这类学校因其糟糕的学术标准而臭名昭著，而其经常发生的暴力事件也让人望而却步。1868年，一名监察员报告称，他发现一所学校是由校长13岁的女儿管理的；而在另一所学校里，他发现没有一个孩子能阅读文字，可当把书合上时，他们却能背诵几句，这都是训练的结果。事实上，若不是因为许多孩子在检测时无意中把书拿反了，这或许都不会露馅。更糟糕的是，一名被派到德特福德济贫院的教师发现，他的前任是两个不识字的水手，且已经担任了多年职务，一直以来，他们所做的就只是尽力让孩子们安静下来。19世纪30年代，沃尔科特济贫院也出现了类似的情况。一位来访的神职人员报告说，他被带到一间有30个孩子的教室里，一名男士站在他们的正中间，手里拿着鞭子。那里既没有石板，也没有书。于是，他向对方问话了：

> "你是教师吗？"他问。
>
> "是的。"他回答说。
>
> "你教孩子们什么？"
>
> "什么都不教。"
>
> "那他们来做什么？"
>
> "他们什么也不做。"
>
> "那你是来做什么的？"
>
> "我来让他们保持安静。"

在济贫院学校里，关于抽打的残忍故事比比皆是。虽然每个学校都有阴暗之处，但济贫院学校尤其暴力。1858年，艾玛·谢泼德（Emma Sheppard）夫人详细描述了一个女孩因拼写错误，而被暴力殴打的情况：“后来，当她脱衣服时，背后的皮肤因为黏在了亚麻衣服上，而被一起撕了下来。”另一个孩子也曾哭诉说：“女教师绑着我。”这个孩子的后背和手臂都被勒成了红色，上面覆盖着大面积的鞭痕。新闻记者亨利·莫顿·史丹利先生在圣阿瑟夫的一所济贫院学校接受了他童年时代的教育。50多年以后，当回忆起那段被不断欺凌的日子时，两次可怕的经历映入了他的脑海，一次是因为读错了“约瑟夫”这个词，另一次是因为吃黑莓。他还描述了在太平间里见到的同学的尸体：满是瘀青和伤口。然而，在暴力与痛苦的夹缝中，他最终仍获得了足够的知识，成为一名记者。

除了传统的宗教角色，主日学校还积极参与教育工作，以帮助更多的孩子识字。很快，其数量以令人惊异的速度增长起来。1833年，主日学校共有329个，而到了1858年，其数量增至916个。这类学校对农村儿童产生了巨大的影响。在农村，由于正规的学校尚未普及，且分布不均，许多村庄除了让富裕家庭中的妻子和女儿在某个星期日为贫困居民提供一些教育辅导外，再没有什么更好的办法了。就像家庭小学一样，这类学校的教育方式会因其自身的特点而有极大的差异。一些主日学校除了唱圣歌和背诵教义，几乎不会提供任何教学辅导；而另一些主日学校却能教孩子读书、写字，所教授的知识也能与那些正规学校教授的东西相媲美。在某些情况下，比起大礼堂里让孩子死记硬背的方式，小班授课和专职教师可以在一个星期的时间里完成更多的教学工作。威廉·查德威克（William Chadwick）从8岁起，每天都会在棉纺厂里工作13个小时。他在主日学校和夜校学会了阅读和写作，这使他最终升任伦敦警察局的首席治安官。主日学校为许多在年少时就加入工作的孩子提供了稳定而持续的教育。

和威廉的情况一样，这种“积极向上”的学习方式也受用于各种夜校、男孩俱乐部或女孩俱乐部，此三种机构很受那些整日忙于工作的孩子的欢迎。对于那些孩子来说，碎片化的教学方式往往最为适用，而这也导致许多年轻人所接受的教育都是流动化的。约瑟夫·伯吉斯（Joseph Burgess）

在当地的一所家庭小学学习了字母表，接着又在一所国立学校学习了大约一年。然而，随着家庭经济危机的逼近，他在7岁之前就辍学了，每周不得不在提花织机旁工作60个小时。一年后，他在一家纺织厂接了一份兼职：做接头工（Piecer）。纺织厂受到新法律的约束，规定童工必须在下午强制接受义务教育。因此，在工厂里度过了一个漫长而疲惫的上午之后，约瑟夫会去教室里学习。不幸的是，这段经历也很短暂。在12岁那年，他又换了另一份纺织行业的工作。在那里，工厂法并不适用，所以他的学校教育就此结束了。

强制性的毕业证书

1880年，法律规定所有年龄在5～10岁的孩子必须接受教育。由于学生人数激增，许多社区的学校资源缺乏，政府建立了一系列董事制学校。事实上，董事制学校与英国学校和国立学校几乎没有区别，但在1891年，由于政府要求强制性教育，而董事制学校是免费机构，因此，它们几乎

图90 免费的公立学校，董事制学校，1894年。

成了英国最普遍的教育机构，基本取代了除富人的公立学校外的所有教育机构。

在维多利亚晚期的英国，绝大多数孩子在 4 岁左右就开始上学，虽然在农村地区，教师有时也会把年龄小于 2 岁的孩子带在身边，以便帮助那些迫切需要母亲工作的家庭。许多孩子在婴儿时期就待在学校里，而直到 6 岁才开始接受正式教育。从那时起，他们会按照“标准”，被分入 7 个不同的年级。每学期末都有一场考试：如果你通过考试，你就能往上升一个标准；如果没有，就必须复读一年。聪明的孩子可能会升至更高的标准，进入更高的年级。反之亦然。例如 1894 年，位于巴斯的英国学校仍有两个 10 岁的孩子和一个 12 岁的孩子在 1 年级；而 4 年级则涵盖了更多年龄层的孩子，从两个 8 岁的到一个 15 岁的不等，不过，大多数学生都是 10 ～ 11 岁。

拥有毕业证书的维多利亚孩子可以达到当代英国教育系统中 8 岁孩子的水平。阅读测试一般是从班级的阅读课本中随机选择一段进行测验。鉴于孩子们全年都在使用同一本课本，所以不难想象，他们对课文的熟悉程度很高。如果孩子们的阅读能力不够，他们甚至可以单靠记忆力来完成测试。至于评估孩子们的书写能力，则可以让他们抄写一段文章或通过听写来测试。若想进入 5 年级，孩子必须听写一段慢速读出的段落。同样，这个段落也是从阅读课本里找出来的。拼写所考的词汇来自一张公认的单词表，孩子们靠没完没了地重复抄写来记忆这些单词。算术更具挑战性。5 年级的孩子必须用钱计算出简单的乘法、除法、分数、小数和求和。

1876 年，查尔斯·库珀（Charles Cooper）还是沃尔顿国立学校的一名学生。他极具学习天赋，在 12 岁时就升入了 7 年级，并成功毕业，后来成为一名学生教师。写字的时候，他会使用一本字帖和一支总会被墨水弄脏的笔，且必须按规定的方式握笔：拇指在笔的左边，食指在上，中指在右，小指放在纸上，手腕放平，保持笔的末端朝向右耳。这种握笔方式不能有任何偏差，即便是左撇子也不行。上算术课时，他的老师会让高年级（4 ～ 7 年级）的学生一起学习，而后者的任务是在石板上答题。不同年级的孩子被要求交叉地坐在教室里，通过这种方式，老师就能防止两个同年级的孩子坐在一起。各个年级的学生会被依次叫到教室的前面，在得到一组求和题后，再回到各自的座位上计算。不久之后，每个年级的学生又会带上答题的石板，走到教室前面给老师批阅。等在黑板上给出题目的正确答案和解析之后，老师就会惩罚那些粗心大意的孩子。拼写、乘法表和地理（他们只学习了河流、山谷、海湾、山脉和一些主要的贸易区域的商品）都是通过死记硬背来学习的。当黛西·考珀（Daisy Cowper）不得不回忆起她在利物浦的一所学校的经历时，她能想到的只有“那个地方似乎没什么好事发生”。

理想情况下，所有孩子在12岁离开学校之前都能达到7年级标准。然而，当地学校的董事会是可以为管辖区域内的学校设定毕业标准的。意料之中的是，在对童工需求高的农村地区，毕业标准要比那些没有雇佣压力的地区低得多。通常达到5年级标准就可以毕业了，但也有一些地区愿意接受4年级的标准，而其他地区则需要达到6年级。农村学校通常是毕业标准最低的学校，也正是在这些地方，官员最可能在繁忙的农业时期对孩子们的翘课行为视而不见。地方法官和学校的管理者通常就是雇佣这些孩子的人，而学区的教育可以轻易地反映出该地区的劳动力需求。

然而，那些留在学校里继续攻读7年级的学生和那些想成为教师的学生则发现，他们的学习生活在最后阶段有了翻天覆地的改善。他们有了更大的空间去探索个人兴趣，可以提出自己的疑问，也可以为自己而享受学习。这些学生的学习成就——可能是奖学金，可能是中学教育，也可能是成为学生教师——是获得传统毕业证书的必要前提。

精英化阶梯

无论是从起源、形式上来说，还是从风格上来说，公开笔试都是一种彻底的维多利亚式制度。19世纪30年代，除了少数学生有过这样的经历，几乎没有人知道考试是什么。然而，到了19世纪末，每一个工薪阶层的孩子，以及大多数中产阶级男孩和一小群中产阶级女孩都对考试了如指掌。和我们现在所处的时代一样，维多利亚时代的人生机遇和机会都受到了考试结果的影响。对中产阶级来说，考试成绩是雇主评判应聘者的一种方式，也是一种——几乎是唯一能证明男性申请者在学校学到了知识的证据。而对工人阶级来说，考试是他们评价老师和支付学费的方式，也是让他们的孩子从学生转变为全职工作者的途径。

在引入考试机制之前，老师提供的报告是唯一能让父母或者雇主参考的反馈材料，而且也没有合适的标准来衡量一所学校的“好”学生和另一所学校的“好”学生孰高孰低（除非有官方机构认证，但显然，这通常带有很大的偏见）。不过，在大多数情况下，并没有人在乎这个问题。社会各个阶层的好工作都是通过个人联系和推荐得到的。当一所大宅子想招一名新女佣时，这个空缺的职位通常会先让现有的用人知晓，而这些人通常能引荐合适的年轻女性。当矿场里开了新矿井的时候，矿工们会把他们的儿子和兄弟带来。神职人员的职位也不例外：在老员工和雇主的亲属或朋友之间就可以找到合适的人员。对于大多数雄心勃勃的年轻人来说，若想获得晋升，就必须依靠关系或他人的举荐。教育只是一种在机会来临时最大限度地发挥作用的方式，而不是人们的第一选择。

全国公认的书面考试开始于18世纪，但这并不是出现在学校中，而是在海军部队里。这种机制取得了巨大的成功，相比之前那些通过购买官职上位的船长和副手，从考试中脱颖而出的官员在日常工作中表现出了明显的优势。随着改革取得成功，对准军官的考试最终也推广到了其他行业里。考试机制进一步加强了整个帝国的管理职能。

大学紧随其后。几个世纪以来，英国评估学生成绩的方式总是一成不变：学生用拉丁文演讲，再回答教授们现场提出的问题。新机制让更多学生能够立刻被评估——这是大学得以扩张的一个关键性发展。不仅如此，它还能对学生的水平进行更客观的测试，并能按照学生的能力进行更清晰的分级。

与此同时，职业领域也变得越发精英化起来。1853年，印度行政参事会（The Indian Civil Service）成为第一个坚持要求新职员参与入职考试的政府机构；1858年，英国公务员服务（Home Civil Service）紧随其后。英国军方于1871年终于彻底废除了购买军职的制度，取而代之的是新的竞争性入学考试。以达尔文基本理论来说，残酷的选拔有助于减少竞争对手的数量，提高那些获得了职业资格的人的社会地位，并使之在社会的眼中证明自己的排他性。它也为努力工作的人和有天赋的人提供了希望，不论此二者的出身如何。例如1839年，只要有足够的启动资金，任何人都可以开药店来销售药物。然而，到了19世纪末，类似的追求则需要多年的学习和无数次考试才能实现。一个人若想进入该行业，就必须先成为一名合格的认证药剂师，因为法律规定，除了那些合格的专业人员，任何人都不能随意销售药物。

女子学校与青春期疑虑

19世纪60年代，在新构想的女子“高校”的女校长办公室外，经常能看见一些焦虑而富有的父母。和所有的教育领域一样，正规的女性教育也在不断发展，这使那些资金充裕的家庭有了很多选择。特权阶层的女孩长期以来只能在家中受家庭女教师的教导，但随着时间的推移，越来越多的学校为女孩开设了更广泛的课程，提供了更好的教学设施。19世纪三四十年代的中产阶级女子学校专注于培养女孩的社交礼仪和女性技能，比如钢琴演奏、绘画和法语。到了19世纪60年代，男孩所学的课程开始涉入女孩的学习范围。然而，许多家长对此表示担忧。他们的女儿会因为新课程而受到生理和心理上的永久性伤害吗？更糟的是，学校是否会让他们的女儿也参加新设立的考试——这个普通中等教育证书[①]（GCSEs）和普通教育高级证书[②]（A-level）的前身呢？

①英文全称是General Certificate of Secondary Education，简称为GCSE，是英国学生完成第一阶段中等教育所参加的主要会考。——译者注

②英文全称是Advanced Level，简称为A-level，其课程的考试类似于中国的高考。——译者注

这不是一种合乎礼法的问题，也无关女性“正确”的行为举止，这是一种健康问题，而且特指生理期。在维多利亚时代，一种思想在人们心中根深蒂固，无论是普通人还是医学专家都认为男性身体是一种完美的“模式”。相反，大多数女性特质都被视为这种理想模式的失常现象。女性生理期尽管被认为是生殖周期的重要组成部分，但仍在不知不觉中被当作了一种缺陷。它被认为与疾病有某种关联，且被普遍看作一段不可预测的危险时期。青春期通常被认为是一个脆弱的发展阶段，会剥夺女孩的力量和能量。因此，任何让女孩感到不安或不平衡的事情都可能会产生长期的影响。如果女孩想成长为一名健康快乐的女性，那么她的身体、情感和智力都需要受到谨慎和温柔的约束。

那么，富裕家庭的父母是如何引导他们的女儿度过这个微妙而混乱的时期的呢？从身体、情感和智力等各方面来说，休息无疑是被普遍认可的策略。女孩平时需要对运动进行严密监控，而后者在生理期间则必须被禁止。人们广泛建议女孩每个月都在床上躺一天。十几岁的女孩被建议永远不要在楼梯上奔跑，同样，她们也被要求禁止做任何其他可能会让子宫受影响的活动。在生理期间，许多女孩被教导用绷带将她们的下腹部绑起来，以支撑子宫内的额外重量。对于处在生理期的女孩来说，洗澡是另一件麻烦的事情。虽然一些专家提倡用水清洗（但不是浸入水中），但另一些专家坚持认为应该完全避免用水。更换内衣也不总是被允许的。生理期的女孩必须多穿些衣服，让自己时刻保持温暖，这样才能避免任何可能导致着凉的情况出现。例如，从温暖的床上走到冰冷的地板上就常常被认为是没有必要的危险举动。此外，女孩的饮食也要以清淡的热食为主。

精神上的休息是通过将社交控制在最低限度，同时远离生理期来保证的。此外，还得避免摄入任何种类的兴奋剂，如茶就常常被认为是不适合女孩的饮品。父母也得留意女孩阅读的书籍。耸人听闻的著作或浪漫的文学作品，比如艾米莉·勃朗特（Emily Brontë）的《呼啸山庄》（*Wuthering Heights*）就可能造成女孩的情绪混乱及其对性感觉的过度刺激。就连简·奥斯汀（Jane Austen）的小说也让一些家长忧心忡忡。人们普遍认为，喜欢阅读小说的女孩会比那些不怎么喜欢阅读冒险类文学作品的女孩更快达到生理成熟。青春期的过早到来或是过快结束都有害于女孩身体健康，不仅如此，此二者也被视为对道德的玷污。那么，什么样的书籍才是适合十几岁的女孩看的呢？这个问题在许多家庭中引起了激烈的争论。在《母亲的书》（*Mother's Book*）中，蔡尔德（Child）夫人写道："如果没有母亲的查看和准许，女孩们不应该阅读任何东西。12 ～ 16 岁的女孩尤其需要遵守这一准则，因为这个年龄段的感受是极其强烈的。"她接着谴责了诗人乔治·戈登·拜伦[①]（George Gordon Byron）的所有作品和安·拉德克利夫[②]（Ann Radcliffe）夫人的畅销小说，同时向女孩们推荐了一些可接受的读物。例如，对 13 ～ 14 岁的女孩来说，可阅读的书籍包含毕肖普·希伯（Bishop Heber）的传记，尼克尔斯（Nichols）的《自然神学教义》（*Catechism of Natural Theology*）以及沃尔特·司各特（Walter Scott）所著的《祖父的故事》（*Tales of a Grandfather*，这本书因涵盖法国历史而被推荐）。

智力上的"休息"在女子教育兴起的同时受到了最直接的威胁。让未进入青春期的女孩和她的兄弟们一起接受教育，并不会对她的健康造成任何威胁；然而，从 12 岁左右开始，女孩所接受的教育就与男孩有着明显的区别了。当同等年龄段和社会阶层的男孩在开发智力，进行全国考试时，女孩们却在学术上被限制了。她们在接下来的几年里，会被训练得温柔而恭顺，因为人们相信，不去追求一些有挑战性的东西（如智力生活）能让她们在成年后仍具备健康的身体和良好的状态，并为成为母亲做好准备。在 1872 年的《泰晤士报》上，一名记者断言，没有女性可以"在跟上高等教育课程的同时，不会冒着患上不孕症的风险"。因为，正如亨利·莫兹利[③]（Henry Maudsley）医生所指出的那样："当大自然在一个方向肆意

①英国 19 世纪初期的浪漫主义诗人。代表作是《恰尔德·哈洛尔德游记》（*Childe Harold's Pilgrimage*）。——译者注

②英国小说家，擅长写浪漫主义的哥特小说，被称为"第一位写虚构浪漫主义小说的女诗人"。作品融恐怖、焦虑悬念的情景和浪漫主义情调于一体。——译者注

③一名杰出的内科医师，英国最古老、最著名的医院——伦敦莫兹利医院（精神病院）就是以他命名的。——译者注

挥霍的同时，它就必须在另一个方向节衣缩食。”

随着世纪的发展，这些担忧开始逐渐消退。到了 19 世纪 90 年代，一系列研究和近 30 年的正规的女性教育实践证明了智力追求对女孩的影响。当亨利·西奇威克夫人（Henry Sidgwick）谈到自己在剑桥大学的纽汉姆学院和格顿学院的经历时，非常确定地指出上过大学的女孩的健康状况与她们同阶层没有上过学的女孩的健康状况是一样的。此外，她认为，即使是“娇弱的女性，也可以完好无缺地通过为提高考试成绩而开展的培训课程”，尽管她为了让自己更有说服力，补充称只有当女孩们在面对问题时按自己的步调稳步处理，而不过分激进时才能实现。许多被广泛宣传的对美国高中女生和大学女生健康状况的调查也显示出了同样的结果。女孩，即使是在青春期，也能负担起学习时所需要的智力工作，只要她们有更灵活的学习模式。

19 世纪末，一个普遍的共识是：虽然女孩在生理期间需要休息，但她可以快速恢复学习状态，并能取得与男孩一样卓越的成绩。关键是要让她们遵循适合女性身体的学习节奏，而不是强迫他们模仿男性的模式。出于这个目的，不论是男孩还是女孩，都需要专门的独立院校。

然而，这种焦虑和担忧主要集中在富裕阶层的女孩身上，而与绝大多数女孩无关。即使是在 19 世纪末，大多数 12 岁的女孩也从未有机会追求智力生活，更不会有机会进行体育运动。她们中的大多数都做着需要消耗大量体力的全职工作。没有哪个工厂的老板会给处在青春期的女工每月一天的时间作为例假休整，尽管前者偶尔会表现出对工人阶级女孩的体谅。玛丽·哈利迪（Mary Halliday）在《每年 200 英镑的婚姻指南》（*Marriage on £200 a Year*）中利用一个章节讲述了“女主人和女仆”之间的关系，她所展示的方法比同时期的大多数作家都更为人道。她提醒女主人们称：“有些时候，马虎或者敷衍了事或许是由于其他原因，而不一定是因为女仆们懒惰或粗心。因此，当有必要时，女主人应该给她的女仆减轻工作负担。因为大多数女仆都是 12 ~ 20 岁的女孩，这样的体贴会让无数的年轻女性由衷感激。”

缝纫：一门女性必修课

如果你想统计维多利亚女王在位期间女孩们所学的课程，就会发现她们花在缝纫课上的时间比其他任何科目都要多。在维多利亚女王统治的最后几十年里，义务教育也许让人们对阅读和写作有所偏爱，但是数学，毫无疑问，在 19 世纪的任何时候，都只能排在可怜的第四位。

缝纫，就像呼吸一般，是极普遍、极必要的技能之一。社会各阶层的女性都需要学习缝纫技能。在家里，家庭成员和家庭女教师负责教学；而在学校和大学里，则由教授和助教来传授。一位贵族女孩或许不需要为自己缝制内衣，但她通常会精通于此。她还需要熟练地处理一些极具装饰性的复杂的针线活。不会缝纫是令人无法想象的事，就好比身在 21 世纪，却不会使用手机一样。缝纫技能是穷人谋生的基本手段和节省家庭开销最基础的方式，同时，它也是最受女性欢迎的消遣活动，如刺绣或制作玩具。总之，无论是为了社交，还是为了追随时尚，是为表达爱意，还是为了教导自己的孩子，缝纫都必不可少。尽管从本质上来说，缝纫是一项女性技能，但许多男人和小男孩也具备基本的缝纫技能，如果他们一定得做些什么活儿的话。男裁缝们自然得用手中一针一线讨生活，而军队里的男性——尤其是水手们，早已习惯了自己动手缝补衣服。其他男性若找不到一名女性来帮忙，那么，他们在很大程度上能换个纽扣就已经对自己很满意了，不过，大多数男性在这些事情上仍然会寻求女性的帮助。

图 91　缝纫书籍《劳动妇女指南》(*The Workwoman's Guide*) 中的传统女性教育，1838 年。

就缝纫技能而言，维多利亚人眼中的“一般”（或完全不起眼的）水平比许多21世纪的专业纺织人士的水平要高得多。举个例子，在针对中产阶级女孩的杂志上，我们通常能看到一些指南。阅读这些内容的并不是接受过专业培训的女孩，事实上，她们中很少有人上过学，更没有多少人期望能把缝纫当作工作。这些杂志将缝纫视为一种消遣，且提供的指南大多是些不实用的花架子：装饰性的服装或是为了娱乐而制作的衣服。但其所需要的技巧十分惊人。随意而非正式的语言掩盖了年轻读者在针线活儿方面的高超技艺，这样的指南不会浪费时间来解释技术术语，因为后者常被时人认为是可以理解的。

图92 《少女杂志》上精致的刺绣工艺品，1866年。

一名想照着《少女杂志》来做装饰桌布的女孩只是被简单地告知："中间的星星是用棱纹网眼织布缝制的，而花纹处则用的是黑色的丝绸；扇贝的外围用的是锁扣眼的针脚，其余部分则采用的是缎纹针迹。"仅几句话，连同一小幅图案，就被认为是足够充分的指导了。这份杂志在提供指南时做了一定的假设，即看指南的女孩知道要在开始之前把布料洗好、烫好、浆好；接着，她还知道要如何运用这个设计，把它从2英寸的方形图样扩展为一个8或10英寸的正方形；同时，她还清楚地知道自己需要什么设备，以及哪种厚度和质量的线与哪种织物搭配在一起更好；她还需要具备足够精巧的技艺，能熟练地完成这个精细又复杂的设计，且按照指南的要求，在30个小时内实现。

当比顿夫妇在1853年推出第一份女性杂志时，他们希望这本杂志能吸引实际的已婚读者：那些身处中产阶级，却勤俭持家的人。在杂志中加入服装制作图样是一种开创性的想法。那些印在纸页上的手工图样只有几英寸高，也没有给出任何比例。其他的衣服甚至不是按同样的比例绘制的，只是给出了一个大概的轮廓，妇女们得自己把它放大并调整到合适的比例。通常情况下，图样的旁边会配上约50个单词，大致描述这件服装的样式，但通常不会涉及制作方式。再一次，人们理所当然地认为女性可以自己打褶缝边，假定她们已经习惯了设计和裁剪面料。衬里、装饰和系带，所有细节均没有被提及，相反，它们也都被认为是常识。这些所谓的图样其实不过是为经验丰富、技术熟练的裁缝准备的推荐设计。在后来的几年里，杂志上出现了全尺寸的纸样图案，而不再是之前的那种小型线图，但仍然没有文字说明。

如果已婚女性被期望具备这些技能，那么，她们多半在少女时期就已经在学习了。对大多数女孩来说，缝纫课程始于3～4岁。用边角布料和色彩鲜艳的线来制作简单的布娃娃，这不仅能让年轻的姑娘们觉得有趣，同时还能锻炼她们的灵巧性，使她们掌握处理针线活儿时的关键技巧。在大多数家庭中，缝纫技能的练习是固定而集中的。由八九岁的小女孩缝制的精美的样品，证明了中产阶级家庭的孩子们令人惊叹的精确性、耐心和长时间的练习。穷人家的女孩不能像她们一样，用色彩绚丽的丝绸或奢侈的织物来缝纫，但她们的练习并不比那些上层阶级家庭的孩子少。女孩们在刚开始学缝纫的时候，可能就已经在承担简单、实用的缝纫任务了。即使是5岁的孩子也可以帮忙折叠褶边，以便她的母亲缝制衣服。

这是一个十分有用的机会，与母亲或姐姐一起度过紧张的一对一的学习时间，对于许多年轻女孩来说可能有着无穷的乐趣。缝纫并不是一件被强迫的或者不情愿的事，相反，在一个忙碌的日子里，母亲可以把所有的注意力都集中在女儿身上。这是一种安静而亲密的休息方式，而母女二人可以一边工作，一边讲故事和聊天。每天仅需一个小时，这样的关注和教学就能产生卓越的成效。缝制出成形的、完整的产品也是孩子们自尊心和自豪感的源泉，她们的手艺变得越好，就越有可能发自内心地去找活儿干。

因此，学习缝纫能带来真正的情感上的回报。

从 19 世纪 70 年代开始，当对工人阶级的教育在正规的教育机构中变得越发普遍后，缝纫在学校的课程中占据了一席之地。在学生年龄最小的班上，男孩和女孩都会接受着基础教育，但当男孩和女孩被分开（即使只是在同一个教室里分开坐，而不是在单独的教室里）后，大多数男孩就将缝纫抛在脑后，转而学起了数学。缝纫课程变得越来越重要，为此，人们不得不实施一种新的教学方法。

就像阅读课和写作课通过机械地死记硬背和抄写来管理上百个孩子一样，一套可实现大规模训练和演示的辅助系统出现了。在 19 世纪的最后 30 年，几本教师手册问世，其中就提出了这个系统。这个系统通常会先说明如何“正确”地佩戴顶针和穿线，然后再教授拿“作品”的方式。老师会把这些操作演示给孩子们看，并以军事化的方式管理孩子们，让他们遵照规则重复训练。人们认为，采用这种方式教学，能确保某些操作成为孩子们的第二天性，为良好的姿势和技巧打好基础。教师手册的作者之一，詹姆斯（James）小姐推荐了一种“针脚训练”指令，指出它能帮孩子快速记住用顶针缝纫这个高效却复杂的动作 ：“备针（准备好针）、起针（开始工作）、立针（针尾直立）、顶针（用顶针推动）、捻针（捻住穿出的针头）、拉针（拉出针头，引线穿过）。书中的每一个动作，都配有精心的手绘图，这意味着，即使是最年幼的孩子也能掌握这种方法，而这正是缝纫技术中极快速、极准确的方法之一。如果一个人能熟练地使用顶针，并严格遵循这套“针脚训练”指令，那他穿针引线的速度将达到不用顶针的操作者的两倍。在职业生涯中，我手工缝制过现代服装，也缝补过古时候的服装，甚至教授过顶针法。改掉那些不使用顶针的操作者的不

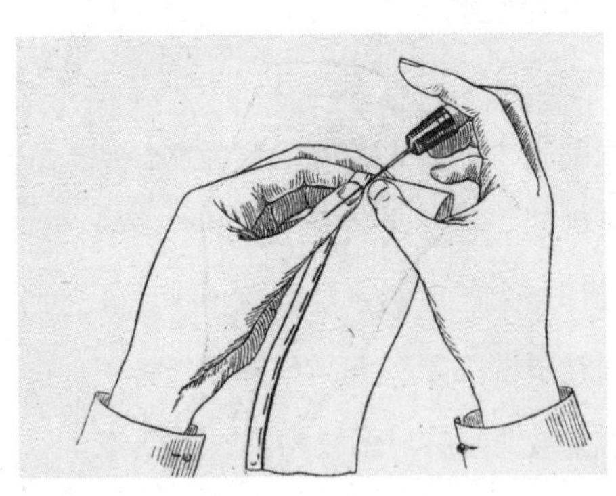

图 93　针脚训练。

良习惯是我在教学过程中遇到的非常困难的挑战之一。学生们总是抗拒这种技术，声称这种精确至极的方法让他们变得笨拙。然而，一旦抛开自己的疑虑，他们就会完全屈从于这种技术（通常能在数小时内习惯过来）。他们的针脚变得更加整齐，动作也更准确、更快。詹姆斯小姐和她同事都是大师级的女匠人。

在这些训练的基础上，维多利亚时代的学生还需掌握各种不同的针法，包括四种用于棉质面料的不同类型的卷边针法（Hemming Stitch）以及两种用于羊毛法兰绒面料的针法，此外还要学习织补和编织。在学校里，孩子们学会了如何缝制纽扣孔和门襟（缝隙或开口）、袖子（把它与衣服的主要部分逢合起来）以及袜子。当离开学校时（通常在10～11岁），女孩要能切割和缝制成年女性、婴儿和青年人日常穿的内衣和睡衣。这对10岁的孩子来说似乎是一个巨大的挑战，但事实上，几乎每个孩子都能达到要求。这些技能在以后的生活中会经常使用，而他们很可能已经在自己家里练习过了。

大多数孩子离开学校时，都希望能有一台缝纫机来帮自己处理日常杂务，而不是像在课堂上那样，事事都得用手工来完成，尽管如此，他们还是从亲自动手中体会到了缝纫课的价值。值得一提的是，不仅是在服装行业，许多制造业的老板也很重视对工人阶级女孩的培训。缝纫赋予了她们最灵巧的双手，这让女孩们能在很多工业过程充分发挥作用，尤其是在一些需要组装小部件的地方，比如钟表制造车间和缝纫机工厂。不仅是廉价的工资让许多雇主选择了雇佣女员工，事实上，在很多类型的工作中，女员工比男孩或男人都要更优秀、更整洁、更精确，而且在手工工作上也要麻利得多。草帽行业就对女员工有着大量需求。

中产阶级的女孩不像工人阶级的女孩那样参加教育机构，也不会像后者那样经历大规模的训练和考试。她们虽与工人阶级的女孩有着同样的缝纫水平，但这基本是通过帮助她们的母亲缝制家用的亚麻制品和自己缝制小玩意儿时学到的。1868年，一本《寓教于乐的家教书》（*Home Book for Pleasure and Instruction*）尝试着通过制作娃娃的衣服来教导女孩缝纫技巧。

它的目的很明确："在给洋娃娃制作衣服的过程中，小女孩用她的针和裁剪技巧收获了一项新技能，这对她以后的生活有着无可估量的作用。"书中的说明十分详尽，对一套完整而精致的迷你服装所需要的图案、布料、裁剪方式、需要做的操作以及针脚的类型都一一说明。而针对年龄较大的女孩和妇女，图样上就不会添入这些内容了。

How to Be a Victorian

第12章

闲暇时光

维多利亚早期的工作周里可没有多少空闲时间。每天的工作时间不满12个小时，这是极少数人才能享受的福利，而大多数人的工作时间都相当长。星期日通常都是空闲的，但作为休息日，那些照料牲畜和马匹的农村家庭仍有一系列琐事要完成。大多数妇女在星期日还得做饭和料理家务，但到了星期一，这些妇女又显得悠闲起来，这似乎是件约定俗成的事。星期一早上，工厂的工人、农民甚至办公室职员都会迟迟才去往工作场所。即使已经开始工作，维多利亚时代的职员也会拒绝在一个星期的第一天努力工作。他们宁愿在星期四或星期五花更长的时间来工作，也要让一个星期的第一天过得轻松而愉悦。而且，正如我们稍后会看到的，工人阶级运动也经常会发生于星期一。

随着时间的发展，雇主对工人施加了越来越大的压力：引入严厉的惩罚制度，以解雇为威胁，要求他们放弃“懒散星期一”（Slack Monday）这一古老的传统。一种商业优先的文化正处于优势地位。1825年，英国银行共有40天假日；1834年，这一数字下降为4天。与此同时，员工们也在为自己争取更短的工作时间。最初，掌握主动权的是雇主，但到了19世纪70年代初，形势发生了翻天覆地的变化。

受经济下滑的影响，许多企业开始缩短工作时间：各个行业的企业陆续将每天的工作时长缩短为 10 个小时，星期六更是只上半天班。相比于 1847 年只允许妇女和儿童享受这些有利条件（而且只在棉纺厂和煤矿等特殊行业）的《工厂法案》(*Factory Act*)，这一现实生动地证明：尽管企业家们对员工的“懒散”忧心忡忡，但严重的经济损失并没有发生。从 1874 年开始，企业家们惊讶地发现，工时的缩短并没有削减利润。相反，工人的工作效率更高了，机器以更快的速度运行，用餐时间缩短，工作流程也被精简。星期一变成了真正的工作日。实际上，工厂的工人们用早前那个懒散的星期一换来了一整个可以玩乐和聊天的星期六下午。人们对此高兴至极，更不用提每个工作日的晚上多出来的那一两个小时的空闲时光了。

1837 年，如果工厂在早上 7 点开工，那就意味着每个星期的 6 个工作日都能在下午 6 点时结束。从 1874 年开始，一个磨坊工人就可以在早上 7 点开始他的工作了。就像他的父亲和祖父一样，他每个星期一至星期五都能在下午 6 点下班；而到了星期六，他更是在下午 2 点就可以休息了。

作为这个新时期工人的代表，阿尔伯特·古德温（Albert Goodwin）的父亲表达了这样一种感受：他总得在新的工作安排赋予他的空闲时间里“找点事情来做”。他显然不是唯一有这种感受的人。无论是运动、饮酒、园艺还是度假，一个新的行业诞生了——休闲。当然，可选择的活动数不胜数。

然而，休闲时间对另一些维多利亚人来说仍十分奢侈。汉娜·卡尔威克从早上 6 点工作到晚上 11 点。她的日记里没有写下是否为自己预留了固定的休息时间。不过，她偶尔会利用几个小时或几个晚上来放松自己。例如，她在布莱顿为一户人家做工时，就曾在某个工作日和艾伦（Ellen）去码头散步。此外，她也曾和邻居家的女仆们外出度过了几个小时。如果她被允许在晚上出门，那么她就得先为主人准备好冷餐和茶，然后在晚上 7 点左右离开家，最后在晚上 10 点返回。然而在这段时间，即使是对像汉娜一样（休息时间稀少）的人来说，我们仍不可否认，“休闲”正迅速成为一种普遍的体验。而下一个需要决定的，就是在这宝贵的休息时间里做点儿什么。

男子气概的另一种表现

在19世纪，运动和锻炼也许是最受男性欢迎的消遣方式。维多利亚时代来临后，赛马吸引着众多人群。在大型城镇附近，赛马场上一天至少能有1万名观众；如果附近开通了铁路，这一数字最高能达到3万。全国越野障碍赛马（Grand National）或英国皇家爱斯科赛马会（Royal Ascot）甚至能吸引6万多名观众。富人拥有特殊优待和保护，只需花点儿钱，就能在临时或永久的大看台观看比赛；而工人阶级人群则聚集在免费的围观场地里。完全封闭的赛场直到19世纪70年代末才成为常态。围观场地往往人声鼎沸，四周满是摊位和杂耍表演。《布莱登赛马》（*Blaydon Races*）一歌写于1862年，其中就描述了当时的情景："韦斯（Wes）家的香料摊紧挨着表演杂耍的猴子，而猴子又紧挨着奥德（Aud）家卖苹果酒的婆娘。"对许多人来说，赌博是最具吸引力的一种消遣方式。据估计，在1851年的"切斯特杯"（Chester Cup）赛马会上，大约有100万人的赌金易手。与此同时，由于可以自由饮酒，赛马会常常演变成暴力集会。暴力集会通常是以争吵的形式发生，但根据伯明翰·默丘利（Birmingham Mercury）的说法，在1855年的一天，阿斯顿公园里聚集了1.1万名暴乱分子，他们分成"英国派"和"俄罗斯派"，上演了一场克里米亚战争，许多参与者

图94　赛马场的一天，1850年。

拔掉了马场周围的篱笆作为武器。这场动乱蔓延到邻近的城镇，最终，有16人因受伤而被送往了医院。

尽管有很多引人注目的滑稽动作，但赛马并不是唯一流行的运动。拳击在18世纪中叶就已经有了很大的发展。人们可以在旅馆和酒吧、谷仓和乡村绿地上看到空拳搏击的场景。当许多人从乡村搬到城镇时，拳击比赛也随他们而来。虽然拳击主要是工人阶级的运动，但一些绅士和贵族也对它饱含热情。拳击比赛分正式和非正式的两种，前一种通常是在全国知名拳手间进行，而后一种则是在绅士之间和工人阶级之间进行。

不同社会阶层的男性都因强身健体、娱乐和金钱而练习拳击，只有中产阶级的男性似乎并未感受到拳击比赛的魅力。在短篇书籍《男子气概》(*Modern Manhood*)和出版于18世纪80年代末的《英国拳击艺术和实践》(*The Art and Practice of English Boxing*)中，亨利·莱莫恩（Henry Lemoine）描述了一个喧闹且（通常是）非法的世界：满是拳击运动和恶性赌博。著名的拳击运动员角逐的是奖品，而年轻的贵族则更看重结果。当著名的汤姆·克里布（Tom Cribb）击败了同样著名的美国黑人汤姆·莫利诺（Tom Molineaux）时，前者就用赚得的奖金在伦敦莱斯特广场买了一间酒吧，然后金盆洗手。汤姆·克里布最终在赛马赌博上将万贯家财挥霍一空，但那间酒吧至今仍然存在。克里布和莫利诺在莱斯特郡乡村进行的那场比赛共有2万名观众，而克里布富有的支持者巴克莱（Barclay）在这场赌注中赢得了1万英镑。这个数字可不仅是间酒吧的价钱，它都能买下一个相当大的乡村庄园了。

拳击学校，通常由犹太人门多萨（Mendoza）等风靡一时的前拳击运动员经营，后者在短时间内人气飙升，继而又销声匿迹。拳击学校为那些上了年纪的拳击运动员提供了一份稳定工作，为那些不打算公开比赛的人提供了运动场地，也为那些想奋战的人提供了训练场地。冠军的称号需要漫长而血腥的过程，因此，富人与穷人在这里擦肩。对亨利·莫莱恩来说，拳击是一种武术，有助于提升人的运动技巧、力量和勇气，使之完美地为战争做好准备。大约过了20年，唐纳德·沃克（Donald Walker）捡起了莱莫恩的许多技术建议。因能塑造人们的性格，沃克称赞了这门具备“男子气概”的艺术，声称正是“拳击”发展了英国的公平竞争意识。他记录了这项运动的流行程度，就像19世纪中叶报道了全国各地惊人的观众数量的报纸一样。

我们今天所熟悉的拳击规则是由昆斯伯里（Queensbury）侯爵制定，约翰·格雷厄姆·钱伯斯（John Graham Chambers）撰写，并在最热情的贵族拳击拥护者的支持下不断发展而来。在拳击规则被广泛接受前，一轮比赛可以持续相当长的时间，直到当一或两名参赛者倒地不起才会结束。比赛双方有30秒钟的时间站起来，然后用脚在泥地上擦[①]出痕迹，以准备再次战斗。只有当其中一名参赛者失去意识或认输时，比赛才会结束，而这通常会持续好几个小时。

图95 梅斯（Mace）先生和戈斯（Goss）先生间的拳击比赛，1863年。

拳击比赛中有一系列被禁止的“动作”，比如在对手倒地时用头部撞击或打对手，但大量摔跤动作仍被允许。从1867年起，昆斯伯里侯爵规定拳击比赛的每个回合限时3分钟，且中间有一分钟的休息时间。他还有效地禁止了所有的摔跤动作，并建议参赛者时刻佩戴手套。手套或“消声器”在19世纪的大部分时间里都被拳击运动员戴在手上，但通常只用于练习或进行拳击比赛时。它们由皮革制成，内部填满了碎布。拳击运动员的手上往往也缠着碎布。昆斯伯里侯爵的规则制定之初，只有业余爱好者才会遵循，但渐渐地，职业拳击运动员也开始接受它。1892年，拳击运动员约翰·L.沙利

①英文为Scratch，下定决心（come up to scratch）这个短语正是因拳击比赛时的这一动作和意义而来。——译者注

文（John L. Sullivan）决定在昆斯伯里侯爵的规则下，戴着手套，捍卫自己的世界冠军头衔。这一幕发生于宽敞明亮的竞技场里，许多观众都穿着正式的晚礼服。

随着时间的推移，拳击渐渐成为一种更有序、更规范、也更城市化的运动。1837 年，乡村拳击比赛变得广泛而活跃。虽然冠军赛主要在伦敦举行，但在众多小型的拳击赛上，乡村同胞们也都是狂热的追随者，很多人甚至会亲自参加比赛。直到 19 世纪 50 年代，乡村拳击赛依然盛行。到了 1900 年，这种传统在乡村地区大大减少，但仍是大城市贫困地区的一股强大力量。特别是在伦敦，这项运动是由宗教领袖们推动的，他们雇佣工薪阶层的男人和男孩来比赛。比如伦敦贝思纳尔格林地区的神父杰伊（Jay）就曾通过设立拳击训练场和俱乐部来吸引人们进入教会。基督徒——或许都是肌肉发达的大块头——把这项运动视为一种能远离酒吧（后文将提到）的社交方式，且认为其能为工人阶级和贫民窟的人提供一条救赎之路。这类组织使拳击经久不衰，不仅抬高了拳击运动员的社会地位，还在一定程度上消除了中产阶级对这项运动的反感情绪。非正式的争吵和冲突仍是日常生活的一部分，在酒吧打群架也是英国长久以来的传统。

如果你喜欢更文雅的运动，那么板球可能会是你在 19 世纪的最爱。1860 年，板球是乡村最受欢迎的运动。无论是镇里的居民还是乡村居民都喜欢玩板球。尽管板球运动员和观众多为工薪阶层，但通常情况下，这种运动对中产阶级人群的吸引力更为突出。在乡村，板球运动通常由乡绅和牧师发起；而在城郊，这项运动通常由上班族和店主来主导。板球在大城市并不常见，但在一些地区，尤其是北方城镇确实受到了追捧。谢菲尔德的一位记者指出："在星期一的下午，如果大型制造业没有或没有太多工作时，其中一家企业的职员就会向另一家企业的职员发出挑战，定下一场板球比赛。"伯明翰蒂明斯父子工厂（Messrs R.Timmins & Sons）里的工人就拥有一整套运动器材，包括击球板、球门和球。

板球比赛举办之初，人们通常是为了享受比赛过程而不是观看比赛。那时的板球比赛没有严格的着装规范，其规则也可因具体情况而调整。在

图 96　板球，腋下击球，1850 年。

19 世纪 30 年代的板球场地上，我们经常能看见戴着黑色高帽子的板球运动员，尽管一些人更喜欢戴草帽。他们通常会在衬衫外面套一件法兰绒夹克，不过偶尔也会换成军装风格的夹克。至于下半身，除了少数人会穿老式的马裤，大多数人都选择穿长裤（并非总是白色）。护胫（Leg Pads）首次出现于 1836 年。在一场备受关注的板球比赛中，一名击球手的小腿不幸骨折，部分甚至被撞碎。消息很快传开，随后，人们开始使用护胫。1845 年，《笨拙报》（*Punch*）刊登了一幅漫画，里面的卡通人物穿着一件军用夹克、一顶尖顶帽和一条填满衬垫的厚裤子，这使他的小腿和脚踝看起来就像两个隔热的排水管。护胫有许多不同的设计，最简易的方式是用编织带将一条条垂直的藤条编织起来。在 1850 年的广告上，护胫因以马鬃填充而被广泛宣传。人们用皮带和扣带将之绑在腿上，看起来就像 21 世纪的护胫。19 世纪 50 年代，手套也流行起来。当时，黑色高帽子已基本被法兰绒帽所替代，而“白色”也成了板球的时尚色彩。到了 1860 年，当板球运动处于最鼎盛期时，板球运动员穿的衣服和使用的装备都已经成型。只需看一眼衣服，维多利亚人就能立刻联想到这项时兴的运动。

板球规则最早出现于 1744 年，但经常被修改和更新。例如，击球的姿势从腋下击球变成了挥臂到齐肩的位置击球（让人联想到棒球运动员的投球），再变成肩部以上击球。多年来，肩部以上击球的姿势总是因其危险性而被禁止，直到1864年，这项禁令才得以解除。就在击球技术变革的同时，板球运动还在继续发展，而旅行团队充分利用铁路网络，将这项运动从其诞生的南部乡村地区传至英国各地。

1864年，W.G.格雷斯（W. G. Grace）加入"甲级板球赛"[①]（First-class Cricket），为英国最好的球队效力。格雷斯是板球界最伟大的超级巨星，时至今日，其名声仍未减退。他的名气和声望极高，只要他的名字出现在球队名单上，那该场比赛的门票价格就会翻倍。格雷斯在他的三个兄弟中是第二个进入最高级别赛场的，他们兄弟三人都有很辉煌的运动生涯。他们从小就在父亲的教导下学习板球，父亲会让所有男孩在草坪上用球棒、球和树桩来练习，而让女孩扮演外场员的角色（她们不能接触球棒和球）。格雷斯家族是坚定的中产阶级，因此，他很早就进入医学院学习，以谋得一份稳定的工作。尽管这项运动为他带来了声望和许多商业赞助，但他仍仅以"业余爱好者"的身份飞奔在球场上。他确实是一位职业医生，不过据推测，他的患者可能并不多。

到目前为止，人们仍是以享受板球比赛过程为主，而不是观赏比赛。这就造成了许多问题。例如，利物浦有超过60家俱乐部，而所有俱乐部都需要比赛场地。因此，球队经常向当地的媒体抱怨没有合适的比赛设施。加的夫的93家俱乐部也在苦苦寻求比赛场地，其中许多俱乐部都属于特定的社区，比如在苏格兰板球俱乐部，所有成员都声称拥有苏格兰血统。然而，到了19世纪六七十年代，全民参赛变成了全民观赛。格雷斯的表现是一部分原因。他很容易被辨认出来：相貌出众，在球场上光芒四射，主导着整场比赛的节奏。在有关格雷斯的报道中，《贝利杂志》（*Bailey's Magazine*）刊载的几行文字最为典型，其在描述格雷斯所拥有的运动能力和荣耀地位时称："他们拥有来自北方的强大力量，这个由11人组成的队伍所向披靡，足以打败任何团队，只要没有遇到W.G.格雷斯……这位伟

①国际板球赛事中代表最高标准的官方等级。——译者注

大的击球手为他在第一日遭遇的挫败而展开的复仇攻势显然是压倒性的。在300分的攻防得分项中，他仅凭一人之力，就贡献了200分；而在436分的总分中，他一人就贡献了268分。”在那跨世纪的板球生涯中，格雷斯无可争议地为这项运动吸引了大量观众，即便没有走进球场，人们都能听到他的名字。他的英雄形象和超级巨星的地位激励了成千上万人去参与这项运动，或者至少是买张门票去看比赛。

板球运动最终成为一项足以吸引大量观众的观赏性运动，而其发展轨迹则预示着足球，这个主宰着19世纪末的男性运动在未来的道路。我们现在称之为足球或英式橄榄球（Rugby）的运动已经以各种名字存在了几个世纪。每个队伍都拥有让他们为之疯狂的传统规则，而比赛规模则从社团的男人们在开放场地进行的盛大赛事到酒吧外6人一队的比赛不等。在圣彼得教堂和各类圣徒教区之间展开的年度足球赛以其诡变难测的战术而闻名，其中甚至包括带球下水游泳，以及将球的表面撕开，藏在他人的衬衫里等。然而，简单的对抗比赛更为常见。体育报纸《贝尔的生活》（*Bell's Life*）早在19世纪30年代就报道过酒吧团队间的足球比赛。其他俱乐部也常受到教会和教堂的支持。这一时期，足球被认为是一种无害的体育运动，同拳击和赛马等与酗酒和赌博文化相伴而生的运动有着天壤之别，后者在教会眼中是英国的恶习。商人也是足球运动早期的支持者。今天我们看到的许多英国足球俱乐部都可以追溯到这个地域化、自由化的足球时代。曼彻斯特联队足球俱乐部（Manchester United Football Club）曾被称为奥尔德姆公路队（Oldham Road），总部设在三冠

图97　W. G. 格雷斯，1875年。无可争议，他是史上极有名的球员。

酒吧，旗下招募的球员都是经常在那里喝酒的男人。埃弗顿足球俱乐部（Everton Football Club）诞生于埃弗顿村的女王海德酒吧。女王公园巡游者足球俱乐部（Queens Park Rangers Football Club）并不是由酒吧团队组成，而是由学校组建而成，位于肯特郡的德鲁普街寄宿学校。博尔顿漫游者足球俱乐部（Bolton Wanderers Football Club）最初名为基督教会足球俱乐部（Christ Church Football Club），由尊敬的 J. F. 赖特（J.F.Wright）牧师建立。4 年后，该俱乐部搬到了格莱斯顿酒店。西汉姆联足球俱乐部（West Ham United Football Club）成立于 A.F. 希尔斯（A. F. Hills）造船厂，最初以泰晤士钢铁厂足球俱乐部（Thames Ironworks Football Club）命名。此外，阿森纳足球俱乐部（Arsenal Football Club）是由伍尔维奇兵工厂（Woolwich Arsenal）里的工人组建而成。令人惊讶的是，这些俱乐部的比赛规则各不相同。是否可以带球跑，球门有多大，每队上场球员应该有多少人，这些都是在比赛开始前必须解决好或争论一番的问题。1844 年，《贝尔的生活》曾报道了关于第 13 轻龙骑兵团（13th Light Dragoons）F 战队和 D 战队之间的比赛。起初，比赛双方各有 12 名队员上场，但在几个星期后的复赛中，每队的参赛人数增加到了 16 名。

1845 年，位于英国西北部的拉格比学校要求 3 名高年级学生记下他们在学校比赛时采用的规则。这些规则一经出版，就成了许多俱乐部在与对手争论赛前规则时所采用的标准。1863 年，英格兰足球协会（Football Association）制定了第二套影响深远的规则。这两套规则对比赛有着不同的设想，最终分别发展成了我们今天所说的英式橄榄球和足球比赛规则。1895 年，英式橄榄球再次分裂成截然不同的两大阵营：联合会式橄榄球（Rugby Union）和联盟式橄榄球（Rugby League）。

英式橄榄球的两种形式在整个英国拥有强大的观众基础，但相比于风靡一时的足球，这两者就显得黯淡无光了。随着板球运动的发展，人们更多的是去观看比赛而不再是亲自打球，为此，当足球盛行后，人们似乎都将之前参与比赛的精力投入到了足球运动员的身上。值得一提的是，与之前的板球运动员相比，参加足球运动的人多为工人阶级出身。正如本章开篇所说，这在很大程度上是由工作方式造成的。

在19世纪五六十年代，当板球运动蓬勃发展时，一大批白领发现自己有了可以自由支配的闲暇时间。随后，中产阶级就业市场也出现了许多类似的职位，而一大批新人口也有了空余时间。办公室的工作时间比以前更加标准化了，而且大部分工作的工时都比以前要短。19世纪七八十年代对工厂工作时间的限制意味着大量工人阶级男性也可以有一定的闲暇时间。每周工作56个小时为这些工人提供了些许安慰，后者可以在星期六下午和工作日的夜间放松自己。19世纪50年代时，工人就已经开始参与刚刚兴起的板球运动了，这为他们提供了一些锻炼和娱乐方式。而到了19世纪70年代，当工人阶级开始寻找类似的乐趣时，板球已经与上层阶级紧密联系在一起。为此，他们只好转向足球，这个没有阶级属性的运动。从伯明翰足球队的发展中，我们可以窥见足球崛起的整个过程。1870年，伯明翰几乎没有足球运动。但到了1880年，这个城市已经成立了800多家足球俱乐部。在英国，足球几乎在每一个工业城镇和城市都迅速发展起来。这一次，训练场地又成了难题。许多早期的俱乐部会与橄榄球运动员和板球运动员共用设施，而更多的俱乐部在能租用或购买场地之前，不得不将公园当作训练场地。

随着足球变成一项更加规范的运动，人们所穿的服装也变得越发统一。在19世纪四五十年代，足球运动员通常会穿各式各样的日常服装，包括斜纹棉布制成的长裤和马甲、针织背心和花呢套装；此外，他们也会穿不同风格的工作靴，但这些都不是为足球特别设计的。到了19世纪70年代，一种标准的运动服出现了。大多数运动员身上穿的是无领运动衫、没过双膝的短裤和长袜；头上戴着的是各式尖顶帽或柔软的药盒帽。另外，球队衣服的颜色尽管刚被引入，但很快就变得无处不在——经常出现在球衣上，袜子仍是各穿各的。1867年，劳特里奇（Routledge）在其《足球手册》（*Handbook of Football*）中建议："如果有条件……（应该）每个队伍穿一种颜色的条纹运动衫，比如一队穿红色的服装，另一队穿蓝色。这样就不会弄混队伍。"19世纪末，靴子开始变得专业化，至此，一套完整的运动服最终形成。运动员可以在系带运动鞋和松紧带运动鞋之间自由选择。只要走到球场上，足球运动员就能立刻被观众认出来。

然而，即便接受了英格兰足球协会的规则，足球比赛仍在发生诸多变化。比如，直到1870年左右，裁判才开始用小旗子控制比赛。再如，直到1880年，当约瑟夫·哈德逊（Joseph Hudson）的柱状口哨被警察局采纳后，哨子才开始在足球场上普及。经过测试，人们发现这种内含豌豆状物的哨子发出的哨声可传至1英里以外的地方，而这对追捕罪犯的警察和在欢呼的人群中疾呼的裁判十分有利。从1863年的规定来看，我们现在所称的"球门"在当时仅是由两根8英尺长的柱子组成，且柱子的高度从未设限。为了得分，足球运动员必须让球穿过或越过这两根柱子之间的空隙。足球运动员常会因球是否真的穿过了球门而争论，有时甚至会打起来。劲射（Hard Shot）或高吊射门（High Shot）最易引发争论，因为用这两种方法射出的球速度极快，力量也很大，足球运动员通常很难辨认到底有没有进球。大约两年后，规则再次发生改变：人们在两根8英尺长的柱子之间拉起了一根绳索，而任何射到绳索上方的球都不能得分。随着时间的推移，两根柱子之间的绳索逐步发展为横杠。不过，球网则是在1889年，利物浦的城市工程师约翰·布罗迪（John Brodie）说服英格兰足球协会采用他的新发明后才投入使用的。

改变的不只是球门。球场上的标记直到1902年才出现，而至1937年，罚球区才被划分出来。根据英格兰足球协会制定的第一套规则，球场上并没有任何标记，人们只是在球场的四个角落插了四面旗子。只要足球运动员愿意，球场可以是任意大小——最多可达220码 × 100码（如今的足球场通常为110码 × 70码，大概是它的一半）。1891年，足球场的规格变得规范化。从这时开始，球门线、边线、中心标记和守门员的区域都有了规定。场务人员必须用画线机来标记整个足球场，而这台机器经常是从网球协会（Tennis Fraternity）借来的。尽管规则、场地标记、球门和球网都逐渐改良了，但在泥泞的场地上追逐足球仍是维多利亚后期的工人们最喜爱的运动方式。

就像板球一样，足球也很快变成了一项观赏性运动。1901 年，更多来到足球场的人都是为了观看比赛而不是踢球。1872 年的第一届英国杯决赛只有 2 000 人观看；而随着人们兴趣的增长，1888 年的决赛则吸引了 1.7 万名观众；到了 1895 年，共有 11 万人涌入伦敦华丽的竞技场——水晶宫（Crystal Palace）。足球在英国人的生活中扮演了一个全新的角色。随着维多利亚时代的结束和爱德华时代的开始，足球所代表的不再是踢球，而是和朋友站在看台上欣赏比赛。

男孩的运动

作为一名 19 世纪 90 年代的男孩，弗雷德·鲍顿经常在英国西南部格洛斯特郡的迪恩森林里踩高跷、逗弄“卡特”（Cat）。卡特是一根长约 9 英寸的棍子，两端都磨得很锋利，被直直地插进土里。男孩们轮流用另一根棍子击打卡特露在外面的那一端，以便让它弹出来，飞到远处。谁能让卡特飞得最远，谁就是赢家。大约在同一时间，伦敦东部贝思纳尔格林区的沃尔特·索斯盖特（Walter Southgate）在大街上玩着足球和板球：“除了一些临时拼凑的简单工具，我们再没有任何设备。我们把外套或灯柱摆在路上当球门柱，用一块粗糙的木头来当板球棒……还用压实的纸团和线团做板球。”在整个维多利亚时代，男孩们都是在荒地、街道和院子里玩集体游戏的。他们通常不会严格遵循规则，但值得一提的是，他们可选择的运动极多，包括足球、橄榄球、手球、网球、壁球、棒球、圆球和板球等。每个地区都有自己的运动风格和独特的场地或标记。在英国东北部的泰恩和威尔郡，巴德尔寄宿学校里修建了一堵墙，将操场隔断为两片区域，一边是男孩，另一边是女孩。在男孩片区里，孩子们均玩着手球。由于手球运动在这一时期非常受欢迎，开明的

图 98　小男孩们在玩街头足球，1888 年。

图99 墙手球游戏，1868年。

学校管理者便将这堵墙的高度升至19英尺，并增加了扶壁以支撑墙体。令人意外的是，从那时起，这个长约60英尺，起支撑作用的扶壁就成了一场游戏和下一场游戏的分界线。英国西南部也有这类手球场地，而用作手球设备的通常是教堂或酒吧的墙壁。球被手掌推出，击中墙面，之后弹回地上，落入下一名球员手里。如果没有接住球，或球从你手中击出后没有撞在墙上，你将被扣掉一分。在伊顿公学，男孩们把这种游戏叫墙手球(Fives)。他们戴着手套，将球投向教堂的墙壁。教堂里厚实的地基、薄而高的墙壁非常适合玩手球，能决定球旋转和反弹的方式。

很多报道都指出，英式橄榄球这样的运动是在英国的公立学校中发展起来的。众所周知，英式橄榄球诞生于拉格比公学，正如我们在上一节中所说，它的规则被人们广泛采用。从更大的层面上说，英式橄榄球的规则似乎的确是由公立学校的男孩们传播到校园外的。在维多利亚初期，英国的公立学校通常都缺乏监管。除了实际的课程，这些男孩基本上都依靠自律，而且很少有成年人介入。他们有自己独立的游戏和娱乐传统，由年轻人代代相传，每代人都在仪式、规则、场地和时间上进行了些许改变。作为校园文化传统，男孩们在学校里玩的这些游戏似乎与其他地方不同，无论是从规则上讲，还是从形式上讲。就像游荡于偏远洞穴中的那些与世隔绝的鱼儿一样，学校沿着它们各自的独特道路发展成了独立的社区。公立学校的男孩长大后会成为极具社会影响力的人，因此，他们曾玩过的游戏被完好地记录下来一点儿也不奇怪。相较之下，其他男孩进行的游戏就没能留下这么多信息了。

游戏本身通常包含必须严格执行的规则。男孩们很清楚地知道谁可以玩某种游戏，谁又不能。例如，女孩们通常会被允许加入游戏，充当防守性的角色，但不能击球或射门。在公立学校体系之外，大多数维多利亚男孩都在做全职工作，这意味着即使义务教育在 1880 年已开始实行，孩子们的平均离校年龄仍然在 10 ~ 12 岁，而许多在工厂里举行的球赛都是由这些工人阶级男孩独立组织的。只要有空闲，他们就会组织这样的比赛。工厂空地可能和校园里的场地一样多。

最终，将公立学校里的游戏与穷孩子玩的游戏区分出来的关键因素是成年人的参与。19 世纪 60 年代，随着社会对运动精神的推崇，老师开始注意到学生们玩的游戏，并以全新的姿态组织、参与进来。这种现象对于公立学校的校长来说有百利而无一害，其不仅能展现集体意识，塑造凝聚力；更能打破上流社会男孩和他们的中产阶级平民教师之间的隔阂。19 世纪初期，公立学校频繁发生暴力活动。1818 年，温切斯特发生了一起极其恶劣的暴力事件，最终，孩子们冲进校园，无视治安官的传票，将自己关在里面长达 24 小时。直到当地的民兵出动，男孩们才停止抵抗。因此，在 19 世纪六七十年代，作为加强孩子纪律性的手段，一种有组织的、以老师为主导的游戏在这些学校流行起来。到了 19 世纪 80 年代，这种游戏已经成为课程的一部分。最终，为了吸引大量成年人参与，一些人将孩子们玩的游戏编纂成书。

维多利亚医生开始引导人们进行一些激烈的户外运动。医学界认为这尤其利于男性肌肉的发育。克里斯·布朗医生断言："那些从未做过运动的年轻人绝不可能发育成熟。"男性若想拥有强壮、健康的体魄，最好的办法就是在少年时期加强锻炼，尤其是做户外运动，这样一来，他们同时也可以呼吸新鲜空气。人们相信，锻炼不仅能帮助男孩增强体质，还能刺激他的大脑发育——只要他不过度运动，致使大脑受到损害。户外比赛似乎非常理想：赛跑能全面提高人的身体素质，而不只是过度开发某一组肌肉而忽略其他部位；这种活动也有利于锻炼肺部和促进血液循环。此外，在冷空气下拍打或撞击身体也能帮助小伙子长得高大和强壮。

除了是一种能强身健体的体育活动，团队游戏也被许多颇具影响力的思想家视为能增强道德感、锻炼社交能力的项目。牧师和畅销书作家查尔斯·金斯利（Charles Kingsley）在谈及这种活动的益处时就曾指出：团队游戏不仅给人带来了勇气和耐力，更促使人塑造了较好的性情，使之能严格自律、维护公平、对他人不吝称赞并能坦然接受生活得失。上述益处均能让人更好地立足于世，如果没有这些意识，他将永远无法取得真正的成功。团队游戏培养了团队精神，鼓励男孩将个人利益融入整体中。勇气、忍耐力和强烈的竞争意识都是让维多利亚人称赞和追求的男性品质。

不同于上流社会学校的管理者，很少有工人阶级学校的管理者能看到体育运动对人体的益处。为此，查尔斯·库珀的经历则要普遍得多：“操场很小，学生们在玩大部分游戏时都不得不跑到外面的公路上。学校不会教学生任何游戏，也不会为他们提供与游戏相关的物品——甚至连板球棒、板球、足球和曲棍球棒都没有。最终，布尔战争[①]（Boer War）的爆发促使国家实行一项新条例，规定工人阶级学校必须为学生提供体育教育。”1899年，志愿参军者糟糕的身体素质让整个英国震惊了，平均每9个人中只有2个人被判定符合战斗要求。军事化的训练课程很快就被纳入学校的通用课程，一些学校甚至雇佣了退役军人来执教。

19世纪80年代，在意识到体育运动的益处后，更多有组织的体育实践逐步被工人阶级男孩所接受。作为一种改进工人阶级孩子生活的办法，男童和男孩俱乐部被建立起来。这类俱乐部通常包括体育设施和图书馆，

①又称南非战争，发生于1899年10月11日—1902年5月31日。指英国同荷兰移民后裔布尔人建立的德兰士瓦共和国和奥兰治自由邦为争夺南非领土和资源而进行的一场战争。——译者注

且开设了一系列夜校课程。很多俱乐部都会专设一片区域，为男孩提供放松自己的家庭空间,从而远离酒精的影响。利物浦的高登理工学院（Gordon Institute）成立于1886年，其于次年开设了一个大型体育馆，除了常见的体操和田径项目，还组建了板球、圆球[①]（Rounders）、足球、游泳和拳击俱乐部。与此同时，曼彻斯特地区成立的休姆男孩俱乐部也提供了类似的设施。截至1907年的爱德华时代，曼彻斯特共有1万名男孩参加这类俱乐部，伦敦的参与者也达到了1万人，而许多其他城镇的类似机构也有着巨大的会员数量。尽管俱乐部创始人最初期望的是为男孩提供教育援助，但体育设施最终被证实是吸引男孩的主要因素。

除了团队游戏，维多利亚男孩还有另外两项传统运动：游泳和比赛。据阿尔弗雷德·艾尔森（Alfred Ireson）这个成长于19世纪60年代的当事人所说："自由开放的乡村为男孩和女孩提供了娱乐和游戏。我正是在这里学会了游泳和打架。男孩们的生活很大程度上就是这些内容。"几个世纪以来，小伙子们每年夏天都会脱掉衣服，跳入池塘、小溪、湖泊和河流。水面上大多备有一根绳子，绳子的一头拴在一棵寓意着吉祥的树上。人们可以借着这根绳子出水，也可以借着它在一个温暖的下午，带着肆意溅落的水花跳入满是光屁股男孩的水池里。在回忆学校的午餐时间时，阿尔弗雷德表示："夏天的午餐时光，我和我的朋友们大多是在北安普敦郡的奈奈河里度过的。"

工业城镇的供给与农村不同。早期的码头和运河里经常会看见裸泳的小伙子。利兹和利物浦运河上的柏林顿街大桥是一处极受欢迎的游泳区，因为泰莱工厂[②]排出的废水让河水的温度升高了。从一张拍摄于1890年的照片中，我们能看见30多个光着身子的男孩和一群穿着衣服的男孩聚集在那里。不幸的是，验尸记录为我们讲述了这样一件令人悲痛的事实：溺水事件在这些年轻的男孩中时有发生。当公共澡堂里的浴池（将在后面的章节探讨）变得越来越受欢迎后，许多男孩都将他们的游泳阵地转移到了

①一种类似棒球的儿童游戏，据美国有关专家考证，棒球源于英国圆球。——译者注

②即英国泰莱公司，全球领先的专业食品配料和相关解决方案的供应商。——译者注

图 100 打架是少年时代的共同记忆。

室内。但是，在炎热或阳光明媚的日子里，河堤和运河仍对这些青春期的男孩有着十足的诱惑力。

最后，无论是最高贵的绅士，还是最低贱的乞丐，大多数男性的童年都是在打架、争吵、拳击和日常的打闹中度过的。他们的这些行为深受成年人和父母的鼓励。能为自己挺身而出是令每一个男孩或成年男人崇拜的品质，而临阵退缩则为人所不齿。在维多利亚时代，虽然“挑事”的行为不被赞赏，但你仍应勇敢地为自己战斗。如果遇到挑战，你可以找些借口来蒙混过关，或至少使其变得让社会更容易接受。一系列出于“尊重”的复杂规则给被卷入争斗的人提供了很大的回旋余地，比如把某人的帽子敲下来的行为就被公认为在邀请对方一决高下。几乎没有哪场争斗毫无规则可言。尽管这些规则通常是非正式的，但在男孩中约定俗成。携带任何类型的刀具或武器都被认为是“不公平的”或“不可接受的”软弱行为，和欺凌弱小属于同一性质。如果其中一方倒地不起，那就标志着这场战斗已经结束。出拳是迄今为止最受推崇的一项技术，而抓挠之类的方法则过于女性化。毕竟，打架通常是为了让人见证自己的胜利，给自己争取最大的声望——就像胜利者所期待的那样，尤其是会有一大群同伴在旁围观。一场旗鼓相当的战斗，若以“体面”的方式和被人认同的技术进行，将会为比赛双方带来更大的声望。一场一对一的比赛通常会在一群男孩的包围圈里进行，这是最理想的比赛环境，而且最接近成人的拳击比赛。弗雷德·鲍顿在回忆他去伯纳德·帕克（Bernard Parker）的锡棚屋时，表示那里有很多类似多米诺骨牌的更文静的游戏：“有些人经常在那里玩拳击，你会看见墙壁上用粉笔写着‘今晚有盛大赛事。比尔·韦特（Bill Wet）对战杰克·弗罗斯特（Jack Frost），10 个回合。千万不要错过’。”

动若“处子”的女士

除了散步和体操，射箭和槌球（Croquet）也是最早被上层社会所接受的女性运动。这两项运动无需激烈的动作，也不要求女性穿“不得体”的衣服，而且能在开阔而安全的场地上进行。尽管如此，已婚妇女仍然很少参加。比起单身女性，她们更需要保持端庄的形象。而且因为随时可能怀孕，她们对那些会引发流产的活动格外谨慎。

18 世纪，当贵族阿什顿·利弗[①]（Ashton Lever）和托马斯·埃杰顿[②]（Thomas Egerton）等在利弗先生的秘书托马斯·韦林 (Thomas Waring) 的狂热倡导下建立了一系列绅士俱乐部时，射箭作为一项体育运动荣获新生。几乎从一开始，女性就作为陪衬被射箭运动圈所接受。她们有时与男性一起比赛，有时在彼此之间竞争，但更多的是前一种方式。然而，到了 19 世纪中叶，参与射箭运动的女性弓箭手人数已超过男性。

画架被放置得或远或近，上面固定着稻草做的靶子。参赛者会商定好每人一共能射出多少支箭，当然，可射出的数量不能过多，否则会将赛场

①曾在伦敦莱斯特广场建立一家自然史博物馆，但最后由于无节制搜宝，导致倾家荡产。——译者注

②布雷克利子爵，英国律师、外交家。——译者注

扎满箭，就像阿金库尔战役[①]的战场一样。射中靶子即得分，离靶心越近，得分也就越高。

射箭是贵族的专利，也是维多利亚时代新潮的运动之一，配有特制的高级服装。在保存至今的维多利亚服装中，我们可以找到几件射箭时专用的紧身胸衣。曼彻斯特附近的普拉特厅英国服装博物馆里就珍藏着一件年代久远的藏品。其由上等的精纺羊毛织物和丝绸做成，染上了英国皇家弓箭手俱乐部（早在1787年就将女性纳为正式会员）标志性的亮绿色。衣服采用包身款式，在肩膀处留足了空间，让穿者在运动时仍能保持紧身胸衣塑造的时尚造型。插着一根羽毛的帽子是射箭场上最常见的款式，让人不禁想起晚些时候埃罗尔·弗林（Errol Flynn）在《侠盗罗宾汉》（*The Adventures of Robin Hood*）中佩戴的头饰。

1874年，刊登于体育杂志《贝利》的一篇文章描述了在德文郡鲍德汉姆城堡里举行的一场射箭比赛，字里行间透露出对“女弓箭手所穿的彩虹色服装”的惊讶。其指出，当她们在靶子之间穿行时，整个赛场上“闪烁着光芒”。《贝利》以讽刺的口吻，对女性高端、时尚的服装做了一整页的描述；至于比赛的结果，则只写了短短三行文字。

如果一位女性有幸被邀请参加一场高端的箭术比赛，那她就得在射箭设备上下些本钱了。根据1868年的《寓教于乐的家教书》，一整套女士射箭设备的价钱在2～5英镑，远远超出了大多数中产阶级女性的购买能力。女士的弓通常比绅士用的更小，也更容易拉开，尽管在1908年奥运会上赢得金牌的奎尼·纽沃尔（Queenie Newall）使用的弓箭与男式弓箭的磅数相同。除了木制弓（通常由紫杉制成），女弓箭手还需一套箭；一个箭袋；一副皮革制的护腕，不仅能让女弓箭手把袖子整齐地束起，避免碍事，还能保护她的手腕不被拉开的弓弦或箭羽划伤；最后，还有一个小皮制指套，用来保护她拉动弓弦的手指。

1875年，安东尼·特罗洛普在小说《首相》（*The Prime Minister*）中

---

①发生于1415年的英法战争。在亨利五世的带领下，英军以弓箭手为主力，击溃了法国的精锐部队。——译者注

讲述了一位首相夫人格伦科拉（Glencora），后者命人将半英亩草坪的三面围上土墙，以便在家庭聚会上玩射箭。有了覆盖着草皮的土墙，来往的客人就不会被偏离的箭镞所伤，稻草靶子也能立起来了。在接下来的几天，贵妇和绅士在这里练习着箭术，偶尔也举行友谊赛来相互调笑或竞争。

到了1875年，射箭已不像以前那样处于时尚的最前沿。尽管如此，喜欢看小说的民众仍认为贵族女性都应该是射箭运动爱好者。

槌球是一种门槛较低的消遣方式。根据《少女杂志》的报道，这项风靡于1868年的运动在1862年时还无人问津。只需一块草坪和一套槌球你就能进行这项运动，而这两样物品仅需2先令就能买到。当然，草坪是这项运动的限制性因素。割草机的发明让中产阶级可以在家里的小别墅边修一块草坪，但这对工人阶级而言则是天方夜谭。槌球是一种家庭游戏，男女皆可，老少咸宜，尤其受女孩喜爱——她们几乎没有其他锻炼身体的机会。打槌球时，女孩不需要奔跑或跳跃，而只需步行。这是一款可以穿着紧身胸衣和衬裙进行的运动，女孩们能尽情享受室外的健康空气，而不用担心对自身的生殖系统造成负担。弗朗西斯·基洛特就非常享受他在克利福德修道院内参加的男女混合槌球派对：“我们在草坪上玩得很开心，一共6场比赛，满地都是槌球。”他记起了艾伦（Allen）小姐、布里奇斯（Bridges）夫人和小姐以及奥斯瓦德（Oswald）小姐等参与体育聚会的可爱女士。仅15年，槌球的流行风潮就褪去了。然而，它证明了体育运动并不会让女性受到伤害，也消除了女性对因过度劳累而受伤的恐惧。

图101　1866年的一场槌球比赛。

草地网球（Lawn Tennis）发展于19世纪70年代中期，几乎在同一时期，槌球消失了。在之后的20年，草地网球吸引了大批中产阶级重新回到草坪上，而在花园里画出一块网球场地，则成了体面和财富的有力象征。女孩从一开始就是这项运动最热情的拥护者。当然，这项运动并不是凭空出现的。真正的网球发源于14世纪的法国，其于15世纪传入英国。众所周知，亨利八世是一位狂热的网球爱好者，至今仍有大量记录可查——比如他更换网球鞋的记录。17世纪，网球场被规定需以建于1625年的汉普顿宫为原型来建造，这一要求随后被证明对这项游戏的传播造成了阻碍。网球场的建造成本很高，只有筑起高高的围墙，球才能像现代的壁球一样弹回来。然而，这意味着观众只能被限制在狭小而封闭的区域内，后者通常仅能容纳30人。真正的网球已经演变为上层社会的游戏，而与普通民众无缘了。因此，这项运动若想流行，就必须走向户外，并且抛弃一些晦涩的礼仪规矩。

有两个独立的申请人都声称自己是“草地网球的发明者”。1874年，沃尔特·克洛普顿·温菲尔德（Walter Clopton Wingfield）少校获得了一项新运动的专利，并开始销售运动套装。而利物浦的商人哈里·杰姆（Harry Gem）则声称在15年前就和他的葡萄牙朋友奥格里奥·佩雷拉（Augurio Perera）一起发明了这项运动：场地为未使用的槌球草坪；球拍即普通的室内网球拍（由木头和羊肠弦做成）；球采用的是一种新型充气橡胶球，与打槌球所用的由实心软木和绳子做成的老式球不同，能在草皮上反弹。除了球拍，他们还使用了许多户外网球场中的网（尽管尺寸略小）和计分系统。如果没有查尔斯·古德伊尔（Charles Goodyear），这种新运动绝不可能出现。1839年，这位美国人发现了橡胶的“硫化过程”，这才有了新式的弹球。此外，还有爱德温·巴丁（Edwin Budding），他在1827年发明了割草机。

草坪对这项运动的迅速普及至关重要。自槌球运动消失后，许多中产阶级庭院中的草坪就再未被使用。若想把它们改造成网球场，步骤极其简单——只需几行白色的油漆、一张网、几副球拍和一两颗球，你就能参与到这个时髦的新运动中。毋庸置疑，比起槌球，网球的运动量更大，包括跑步和急速转向（这显然会导致气喘和出汗）。然而，由于与槌球运动有着密切的联系，那些关注女性健康的民众普遍接受了这项运动。最初，女孩们只能以温和的方式打网球，但随着世纪的发展以及体育狂热时期的到来，女孩的运动能力真正展现了出来。1874 年 7 月，曾挚爱槌球的牧师弗朗西斯·科尔维特在第一场商业拳击赛举行几个星期后，参加了第一次草地网球比赛，并称："这项运动很有趣，但在夏天玩还是太热了。"

第一批参与这项新运动的女孩穿起了全套运动服，而不是衬裙（这已经过时了）。她们把紧身胸衣收得紧紧的，又将长裙打成结，收在裙撑下。到了 1879 年，人们经常能看到打网球的淑女穿着围裙来保护时髦而昂贵的衣裙，帽子也成了标准网球服装的一部分。19 世纪 90 年代，瑞士系带式的紧身胸衣出现在网球场上。它仍紧紧地缠绕着淑女的腰部，但下摆只及臀部上方，能让淑女自在地迈开步子；上沿只及胸部下方，不给胸部任何支撑或约束，以便淑女自如地挥动手臂。这种款式的紧身胸衣让女孩在展现运动活力的同时，不需牺牲展示纤细的腰身这一社交需求。在打网球时，女孩经常会在这种紧身胸衣外套上白色的衣服，而很少会穿带花褶和装饰的日常衣服。到了 1890 年，杂志里开始出现专业的网球裙图样，通常都是在袖口和衣领处做收紧、定型处理的较宽松的紧身胸衣。

洛蒂·多德（Lottie Dod）在温布尔登全英草地网球和槌球俱乐部（Wimbledon All England Lawn Tennis and Croquet Club）的比赛中 5 次蝉联冠军。她在 21 岁时放弃了这项运动，并于 1904 年成为女子高尔夫球赛冠军，之后，又在 1908 年的奥运会上获得了射箭比赛银牌。此外，在那惊人的运动生涯中，她还是一名著名的滑冰选手、骑手、桨手和女子帆船运动员。然而，洛蒂的运动生涯是从草地网球开始的，正因如此，她的运动天赋才得到了公众的认可。19 世纪末，草地网球成为最受女孩欢迎的运动项目，同时，它的流行也让其他盛行于女校的运动，如长曲棍球和曲棍球等被更多女性所接受。到了 1900 年，草地网球协会旗下已有约 300 家俱乐部，其中包括 1868 年以槌球俱乐部之名成立的温布尔登全英草地网球和槌球俱乐部。

在维多利亚统治的最后10年，人们对女性运动的恐惧已经消退。然而，绝大多数医疗机构、教育家和家长仍然建议女孩或者女人在生理期时停止运动。

从园艺到公园

在维多利亚时代，许多寻求户外休闲活动的人开始转向种植花木。19世纪初，富人在花园里赏花，而那些有一小块土地的工人阶级也会种花。尽管这些工人通常是为了种植能食用的蔬果而在自家花园里劳作，但我们仍不能忽视这一活动所带有的消遣性质。19世纪30～50年代是花卉爱好者交流的全盛时期：许多工人阶级人士会通过种植高品质的花卉来比赛。这类人大多是在以家庭为基础的小型作坊中工作，他们要么是编织工或框架编织工，要么是木匠或制钉人，花卉是他们生活的激情所在。他们会培育新的品种，挑选最健康的种子，并以多年积累的耐心、细心和精湛的园艺技能来选育自己看重的花。他们会将花种在房子和作坊周围的小块土地上，或窗台上的花盆里。风信子、报春花、郁金香、西洋樱草、毛茛、秋牡丹、康乃馨和石竹都是备受花卉爱好者喜欢的品种，而有着鲜艳色彩的天竺葵、大丽花、倒挂金钟、满天星和菊花也很快得到人们的青睐。花卉大赛的赢家可以得到现金奖励，最成功的花卉爱好者还可以通过售卖自己的种子或球茎来挣钱。19世纪40～90年代，位于达勒姆郡的陶顿矿场每年都会在8月的第一个周末举办花展。组织活动的花卉协会几乎全部由矿工组成。托马斯·库珀，一位花卉爱好者的儿子回忆道："最漂亮的花圃里盛开着五颜六色的花，颜色丰富得让人难以置信。每一个缝隙和角落都用花盒或花桶装饰着。"

在乡村地区，许多村舍旁都配有小块的土地，当然，也有一些村舍并没有。对于那些没有用地的居民来说，为他人打理土地也是不错的选择。这些土地主要用于种植马铃薯和卷心菜，以补充家庭的饮食。由于主人赋予了佃农一定的土地支配权，因此后者可以在忙碌了一整天后，也为自己

图 102 懂园艺是英国女孩的荣耀，1868 年。

种上一些植物，这是他们的骄傲感和满足感的源泉。当回忆起自己 80 年代在牛津郡的生活时，弗洛拉·汤普森（Flora Thompson）天真地说："大多数人都在一边挖地一边唱歌或吹口哨。越来越多的人开始为了娱乐而摆弄花花草草。人们在小径的边缘和小屋的墙壁上种了很多植物，而他们种植的水果和蔬菜比善良的中产阶级人士建议的还要丰富。例如，好心的富裕邻居建议他们只种植醋栗这一种水果，然而，他们将醋栗和草莓种满了整块土地，此外，还有桂竹香和美洲石竹。"

到了 19 世纪 50 年代，中上层阶级也发现了种植花木的乐趣。贵妇和神职人员首先参与进来。由于有各种关于园艺技能的图书和杂志可供参考，他们在新兴市场中占得了先机。此时，仅翻阅书中精美的花园图案、雅致的窗台装饰和各种花园用具，人们就能打发好几个小时。

插花一直以来都是最令女性向往的活动，需要一定的审美技巧；而植物学作为一种传统科学，也被视为最适合女孩、妇女和牧师研究；相较之下，园艺工作则囊括了上述两者所需的全部技能和能获得的全部乐趣。1868 年，《寓教于乐的家教书》指出："花卉园艺，无论其以何种形式表现，几乎都称得上是英国女孩的快乐、职业、骄傲和荣耀。"在维多利亚人看来，园艺意味着教养和家庭美德，不仅体现了个体的整洁有序，更与视觉品味和植物学知识联系在一起。很快，一套完整的"女士园艺工具"

被设计出来，比男性专业人士使用的更轻便、更小巧。那些没有花园的人则可参考各类杂志，里面会手把手教你制作窗台花箱和室内植物标本。皇室家族很早就走在了园艺发展的最前沿。阿尔伯特亲王坚持说，他的每一个孩子都应该有一块自己的地，以便在宫殿里耕种。

与此同时，当中产阶级发现在公园里挖地、除草和修剪残枝的乐趣后，公园运动进入公众视野。利物浦在这方面是先行者。随着默西塞德码头的建成和蓬勃发展，工人纷纷涌入该区，致使住宅区变得拥挤不堪。最初可住2～3户家庭的两层建筑被多个家庭所占据；纵横交错的街道上满是酒吧，几乎没有一棵树或一块草地。针对这一现状，人们迫切希望有一个可以呼吸新鲜空气的公园，并在那里进行“适当”的娱乐和休闲活动，远离酒精。作为缓解城市压力、减轻住房影响的区域，伯肯海德公园可谓独一无二：它是第一座由公共机构投入资金修建的公园，与伦敦的皇家公园不同，前者是送给整个国家的礼物，往往用于抵扣皇室债务。迂回的小道曲径通幽，树木和湖泊装点着四处的景观，伯肯海德公园参考了最优秀的贵族花园的设计。人们希望大自然的抚慰和平静有序的布局能成为指引附近居民的道德指南针。直到今天，我仍能在这些小径上散步。这是美丽的地方，因为曾经，人们在为贫穷的社会成员修建这些基础设施时，并没有吝于钱财或用二流的物质来弄虚作假。

伯肯海德公园十分开阔，为无数渴望公园生活的民众提供了便利。那里有可以做运动的开放空间，包括一个板球场和一片种满灌木的树林，让人想起记忆中在乡下度过的童年；那里有为花卉爱好者准备的苗圃和花田；那里有假山、湖泊、小桥和凉亭，还有宽阔的林荫大道供人散步，更有狭窄、蜿蜒的小道供人沉思。伯肯海德公园为国内外许多新公园的创作带来了灵感，纽约中央公园便是以此为原型。随着公园在利物浦和其他地区的流行，仅在一个星期内，伯肯海德就迎来了4万名游客。根据维多利亚早期的照片，城市公园里总是挤满了人。人们会穿着最好的衣服，在这个新的社交环境里尽情享乐。公园是免费的，在经过单调、忙碌的生活后，这个地方显得尤其美好。公园里还有演奏台，经常会举行免费的音乐会，当然，体育比赛也是如此。事实证明，公园是一个不分阶级，能让人共享闲暇时光的地方。

尽管公园、园艺、运动等闲暇活动流行起来，维多利亚时代的男人、一部分女人和男孩最喜欢的消遣还是喝酒。

酒吧的诱惑

当你走进一家维多利亚时代的酒吧时，一种温暖的感觉将扑面而来。无论维多利亚人有多节俭，酒吧的壁炉里总是充满火光。温暖、男性的陪伴和啤酒是酒吧最吸引人的地方。在乡村，大多数村庄也都会有几家乡村酒吧，它们从外面看起来和其他房子没有什么区别，只有挂在门上的标志能让人把它们和其他农舍区分开。酒吧里面也和普通房子没有什么不同，人们会将最大的一间房当作公共区域，但并没有酒吧的标志。

如今，英国还有几家乡村酒吧，忠实保存了维多利亚时代的样子。我最了解的是德文郡的伯克利·阿姆斯（Berkeley Arms）酒吧。这所房子覆盖着茅草，离教堂很近。如果你从前门进入酒吧，其公共区域就位于你的左侧。那是一个很小的房间，约 12 英尺长，8 英尺宽。壁炉就在远处的那面墙上，一旦点燃壁炉，房间很快就会变得温暖起来。公共区域的地面是由石头铺成的，其中一面墙上嵌入了一块高约 6 英尺、被漆成白色的木板。房间的边缘有一个内嵌式的木制长椅，前面摆着几张简单的木桌和椅子，可以容纳 12 个人。从一道小门里穿过，你会进入一个小房间，啤酒就是从这里端出来的。小房间的地面凹凸不平，在漫长的工作日结束之后，满身泥泞的农民们会在那里把鞋底的泥巴敲下来，然后瘫倒在长椅上。男人们很大程度上是根据常在那里喝酒的人来选择乡村酒吧的，从本质上来说，每个酒吧都是一个小型俱乐部，人们彼此之间非常了解。

许多城市酒吧也都大同小异：开在某个房子的前厅里，配有简单的家具和烧得旺盛的炉火。啤酒和杜松子酒从仓库的小门或储藏室的半腰门里端出。就像乡村酒吧一样，许多城市酒吧的规模很小，且数量众多。在工人阶级的聚居区，几乎每30栋房子里就有一家这样的酒吧。极度拥挤的家庭住房促使酒吧成了一个极受欢迎的放松场所。有了城市酒吧，人们得以远离家中哭闹、喧哗的孩子，离开冰冷的房间，暂时从家务中逃离出来。德文郡的另一家酒吧是位于埃克塞特（Exeter）的欢迎旅馆，从维多利亚时代开始，这间酒吧就未发生过太大的变化：它建在工人阶级聚居区，以最原始的煤气灯和零星的油灯为照明设备；墙壁被漆成深褐色，这样一来，刚从工厂回来的酒客就不会因为脏衣服而感到不自在了；壁炉里的火持续不断地为房间输送着热量。

然而，并不是所有维多利亚时代的酒吧都是如此。事实上，一些酒吧看上去宏伟而壮观，堪称民间的宫殿。19世纪40～60年代随处可见金碧辉煌、瓷砖精美、配备奢华的城市酒吧。那些有钱投资的酿酒厂会竭尽所能地让自己的酒吧看上去讨喜，由此来吸引潜在客户。他们的酒吧里铺着色彩鲜艳的瓷砖，还配备着大大的窗户、明亮的灯光、闪闪发光的金属装饰和高度抛光的木制品。酒吧通常最先采用煤气灯照明，后来的电灯也是如此。在我曾光顾的酒吧中，位于伯肯黑德的鹳旅馆便是典型的维多利亚式酒吧。鹳旅馆靠近公园，试图吸引那些远离饮酒文化的人进来尝鲜。木制的吧台在房间的中心，周围分布着一系列小隔间，每间隔间里都有一个便利的大壁炉。酒吧本身是一个封闭的空间，墙边设有几个小型窗口，饮料就是从那里送进来的。到处都是华丽的装饰：磨砂的玻璃、精致的瓷砖图案、墙纸和天花板上的灰泥。这类酒吧通常被富人视为投资项目，因此，为了占领不断扩张的市场，其在新街区最为常见。相较之下，那些非正式的、以家庭为基础的酒吧则较少建立在新街区。

除了纯粹的饮酒，酒吧还有许多社会功能：它是体育爱好者的俱乐部，是辩论社团的根据地，是园艺爱好者的会议室，甚至是各种储蓄计划的发源地。《蓝宝石案》[①]（*The Adventure of the Blue Carbuncle*）一书曾描述一家由房东及其常客经营的鹅俱乐部，人们每个星期都会上交一小笔钱，以便

①该书收录在《福尔摩斯冒险史》（*Adventures of Sherlock Holmes*）中，讲述夏洛克·福尔摩斯于1890年12月侦破的蓝宝石一案。——译者注

在圣诞节那天买回一只鹅。在格洛斯特郡的伯克利，有好几家酒吧都组建了友好的社会团体，会员缴纳会费以换取病假工资和其他福利。这些社团每年会将获得的利润与会员分享一次。5 月的第一个星期三是“集会日”，就在这一天，伯克利·阿姆斯酒吧、白鹿酒吧和水手手臂三家酒吧的成员会带着铜管乐队和丝绸横幅走到富人的房子前，而后者则会用苹果酒和啤酒来迎接他们。

然而，维多利亚时代的酒文化也有着黑暗的一面。酒吧店主和啤酒酿造商会将各种物质掺入酒水中，包括普通的水、毛地黄、天仙子、马钱子[①]、印度浆果和马拉巴尔地区的肾形浆果，但最常见的掺假物是蜜糖水。酒吧里充斥着酗酒、贫穷和暴力的故事。爱丽丝·福利（Alice Foley）在饥饿的童年时常遭到醉酒父亲的拳打脚踢，她还清楚地记得父亲向母亲要钱的场景：“父亲在母亲身后纠缠不休地说，‘借我 1 便士吧，梅格，就 1 便士。我就要窒息了！’绝望不已的母亲只得将 1 便士扔在桌子上。”一旦有了钱，父亲就会让她提着罐子去酒吧打 1 及耳[②]的啤酒回家。爱丽丝的父亲一再重复着这样的伎俩，直到把家里的粮食钱一点点耗尽才作罢。阿尔伯特·古德温的祖母在 19 世纪 70 年代也染过类似的瘾症，她把房子里稍微值点钱的东西，比如衣服、毯子、平底锅和水壶等都拿去典当了，以便换酒喝。

图 103　无良商家肆无忌惮地将糖浆和盐块掺在啤酒里，1850 年。

维多利亚富裕阶层的男人通常比他的穷兄弟们喝得要多。他们几乎时

①毛地黄、天仙子和马钱子均具有轻微的毒性，可加强掺水啤酒的醉酒效果。——译者注

②英美制液量单位，在国际单位制中属应淘汰单位。1 及耳等于四分之一品脱，英制 1 及耳合 0.1421 升；美制 1 及耳合 0.118 升。——译者注

刻离不开酒，无论是在家里还是在俱乐部里——全男性氛围和舒适的环境使俱乐部本质上变成了私人酒吧。男性的社交离不开酒精，这被视为英国生活的一大弊病，而禁酒运动就是为了消灭这种弊病而展开的。然而，当英国少年禁酒会和其他戒酒组织吸引了大量妇女和儿童成为会员后，成年男子却变得更易受饮酒的诱惑了，他们认为饮酒能带来温暖和友谊。

孩童之趣

孩子们的休闲活动基本上围绕着工作和学校展开。如今，你可以在英国任何一个操场上看到维多利亚时代的游戏，譬如抓人游戏（Tag）、英国斗牛犬[①]（British Bulldog）、老奶奶的脚步声（Grandma's Footsteps）以及“几点了，狼先生？”（What's the Time, Mr Wolf?）。当孩子们凑到一起的时候，就会玩起这些游戏。你能在安静的角落里看到玩弹珠游戏的孩子，

图 104　滚铁环的游戏，1868 年。

①一种追逐游戏。——译者注

当然，还有备受欢迎的五块石头、抓子游戏以及女孩们爱玩的跳绳。一些维多利亚时代的玩具几乎已经消失，比如滚铁环（Hoops）和陀螺。孩子们在玩这两款游戏时，必须让玩具时刻处于运动状态。滚铁环时，孩子们首先需要让一只铁环滚动起来，之后再用一根棍子敲打它，让它不停地转。技巧熟练的孩子甚至可以在铁环滚动的过程中穿过它。抽陀螺则更简单了：用绳子沿着木陀螺的侧面缠上一圈，然后拉紧，再猛地抽出，陀螺就转起来了。之后，只需顺着陀螺旋转的方向不断抽打，你就能让陀螺不停地转下去。

维多利亚时代的孩子若参加现代校园活动，基本上都不会遇到麻烦。与我们今天在体育课上所学的足球运动相比，现代校园足球似乎更像维多利亚早期无组织的足球运动。许多校园中至今依然回响着球撞击墙壁的声音。甚至连各学校不同的分区规则，也让 21 世纪的孩子与维多利亚时代的游戏紧密联系起来。唯一不同的是，以前的运动多为消遣，而我们如今已将运动规范化。

1868 年的《家庭生活》（*Home Life*）曾对“橘子和柠檬”游戏做出描述。这种游戏和我小时候玩的很相似：两个孩子用手臂搭起拱门，一群孩子轮流穿过拱门下方；当唱起“砍头刀要来砍下你的头”这句歌词时，两个孩子就会将双手放下，迅速网住下面的人。就在最近，我还听到孩子们在学校操场上玩这个游戏，他们唱着同样的歌谣，遵循着同样的规则。我也曾看到类似的游戏，不过，孩子们唱的歌谣是某位流行歌手的歌曲。孩子们似乎有一种与生俱来的天赋，能自如地修改传统的操场游戏。1877 年，英国米尔希尔学校（Mill Hill School）的校刊上记录了一种孩子们在院子里念叨的计数歌谣：“艾弗·韦弗（Eaver Weaver）呀，烟囱清洁工；他有一个老婆呀，跟别人跑了；还有一个老婆呀，不讨他喜欢；把她带上烟囱呀，推下去啦。”11 岁的威尔士女孩唱着的歌谣在 100 年后依然存在。1888 年，爱丁堡传唱着另一首歌谣：“王后王后卡洛琳（Caroline），脑袋浸在松脂里。为什么她还没事呢？因为她穿着大撑裙。”这首歌谣在弗洛拉·汤普森（Flora Thompson）的作品《雀起乡到烛镇》（*Lark Rise to*

Candleford）中出现过，作者是根据自己童年时在牛津郡班伯里近郊的经历创作的。卡洛琳王后的年代实际上早于维多利亚时代，大撑裙则是19世纪五六十年代的服装，但这首歌词流传了下来，就像20世纪和21世纪的童谣一样被一代代传唱着。维多利亚时代还有被人们传唱的小诗："母亲，母亲，我想吐，去找医生，快快快。医生医生我会死吗？是的，宝贝我也会。我有几副担架呢？1副、2副、3副、4副……"这首诗被记录在1864年12月的《记与问》（*Notes and Queries*）中，但直到20世纪70年代早期，我仍然在诺丁汉的街头哼唱着它。

在维多利亚末期，当改进的摄影技术可以拍摄非正式的动作镜头时，摄影师便在街头拍摄儿童的即兴游戏了。无论是在伦敦的东部，还是在约克郡的村庄，人们常会用粉笔在墙上画出板球的门柱；或者用箱子上的板条和粗糙的木棒做球棒；又或者把一条条破布用绳子捆在一起，当作球来踢、打或扔在墙上。只要用粉笔或木炭画出标记，那些能在尘土飞扬的乡村里玩的游戏通常也能在城市的街道上玩。根据留存至今的照片，我们可以看到许多孩子在玩跳房子游戏，这是少数由女孩而非男孩主导的游戏之一。不过，苏格兰格拉斯哥有一种由年轻男孩主导的跳房子游戏：当一个男孩在跳房子的时候，另外两个男孩会趴在地上，努力辨别前一个男孩扔出的石头究竟是在线内还是在线外。

正式的九柱戏[①]（Skittles）和保龄球设备让许多孩子求而不得，但这两种游戏都以一种更简单的方式流行着：向各种各样的靶子扔石头是最简便的替代方式，在淘气的男孩中极受欢迎。孩子们会将各类物品放在篱笆或墙上，如腐烂的苹果和啤酒瓶。啤酒瓶显然是最合适的道具，但由于大多数人都看中废瓶子的回收价值，因此很少有人乱扔。今天，我们能从许多维多利亚时代的照片中看到一些手拿石头的男孩，他们害羞地站在一旁，似乎打算等摄影师离开后再继续游戏。

打保龄球用的大球就更难获得了，因为可以用作替代品的道具，如苹果、卷心菜和其他蔬果更有可能被人们吃掉而不是拿来玩耍。不过，缩小

①也称撞柱游戏，被认为是现代保龄球运动的前身。——译者注

版的道具——弹珠，倒是很容易找到。19 世纪 50 年代，弹珠汽水瓶为城里的孩子提供了高质量的玻璃弹珠，然而，仍有很多孩子选择寻找大小合适的石头或栗子来玩耍。他们似乎已把寻找道具视为一种乐趣。弹珠汽水瓶的诞生与禁酒运动有关，随着人们对碳酸非酒精饮料的兴趣大增，许多创新产品发展起来，不仅包括饮料本身，还包括汽水瓶设计方面，如标签和广告语。截至目前，最成功的汽水瓶设计是在瓶颈处放置一个玻璃珠塞子。当饮料的气泡即将喷出时，玻璃珠会被顶向瓶口，形成一个封闭的结构，这样气泡就不会涌出来了；而当你想喝饮料时，则必须快速按压弹珠，以打破密封结构。经过清洗，这些瓶子可以被再利用，而饮料公司为了降低生产成本，也乐意提供瓶子的退货费。这种方式有益于环保，是维多利亚时代回收的例子，更重要的是，瓶颈处的玻璃球对小男孩来说是一种不可抗拒的诱惑。只要打碎瓶子，你就能得到一个完美、圆润、引人注目的玻璃弹珠，朋友们一定会羡慕不已。

这些悠闲玩耍的孩子有一个共同特点：年龄。在维多利亚时代，很少有孩子到了十一二岁还在玩小游戏。六七岁的孩子有较多的游戏时间，但随着年龄的增长，他们的这种自由很快便被剥夺了。尽管偶尔有放肆玩闹的时光，但工作和学习始终充斥着大多数孩子的生活。工作对家庭的生计十分重要，因此，在某些情况下，孩子甚至会主动承担工作任务。一个女孩在 19 世纪 60 年代接受了亨利·梅休的采访，尽管只是一名街头小贩，但她认为这比待在家里无所事事要有趣多了。在家里，她没有玩具，也没有同伴；但在街上工作，她至少能看到其他人，并与人交谈。她偶尔也会与街边的孩子一同玩游戏。对她来说，工作就是她玩耍的方式。然而，她只有 7 岁。

图 105　一个孩子幸运地拥有许多小玩具，1887 年。

由于住房狭窄，工人阶级的孩子通常只能在空旷的场地寻找小同伴来玩耍。相比之下，传统的室内游戏更像一种专属中产阶级的玩耍方式。中产阶级的孩子，尤其是女孩，不能随意在街头玩闹。男孩可能会与他们的兄弟或堂兄弟在花园里追逐打闹，但中产阶级女孩绝不能抛头露面，因此，即便是在花园里玩闹，谨小慎微的父母也无法接受。对大多数中产阶级女孩来说，在桌边玩娃娃或者小兵玩具几乎是唯一的玩耍方式。

玩具对中产阶级女孩来说极为重要，也十分容易获得。但在流传至今的玩具中，除了娃娃，室内九柱戏玩具也十分具有代表性。室内九柱戏玩具的制作方法非常简单：首先，将2～6英寸的木棍剪下，剥掉树皮；其次，将木棍修剪成型，再仔细打磨，让它们变得平滑；最后，给打磨过的木棍涂上漆料。许多乡村工人阶级孩子很可能拥有类似的玩具，但后者并没有被涂上油漆或打磨成型，只是一根普通的棍子。或许除了孩子，没人会把它们当作玩具，因此，它们最后总是被视为木柴，丢进了火焰中。大多数幸免于难的玩具都遵循着同样的式样：一根长棍被打磨光滑，粗糙地雕刻成型，有时甚至只是被简单地刻出头和身体的轮廓，再涂上漆料。制作玩具士兵时，你只需用小刀自下而上地削木棍，就能做出两条粗糙的腿，看起来就像个穿衣服的木偶娃娃似的。这种玩具或娃娃很容易掉进地板缝隙中，直到很多年后才被人重新发现。到那时，它们就成了传家宝和博物馆藏品。

木制的陀螺、动物模型和后来的小火车为许多孩子提供了良好的服务。大多数家庭都负担得起这些玩具，而那些画着精美图案的玩具则是为更富裕的工人阶级或下层中产阶级的孩子准备的。锡玩具要昂贵得多，当车匠或小店老板的儿子或女儿玩着木头小牛的时候，只有雇得起两个或两个以上仆人的家庭才有可能给孩子购买锡火车。我们也可以从兵头，而不是木制的小兵上看出谁是富裕阶层，因为富人的玩具的脑袋是用蜡或陶瓷做成的。

当实现大规模生产后，玩具的价格就更便宜了。这时，更多孩子拥有了玩具。新技术让玩具的种类变得更多，颜色更鲜艳，弹跳性更高，伸缩性也更好。1839 年，“硫化橡胶”的发现使玩具，尤其是球的弹跳性变得更强，更适合孩子玩耍。此外，硫化橡胶也促使了弹射器和各种发条玩具的出现——只需一条橡皮筋，孩子就能让小船在池塘和浴缸中航行，甚至转弯；竹蜻蜓也可通过橡皮筋缓缓降落。19 世纪 60 年代，新型墨水和染料出现在许多领域。随着印刷技术的飞速发展，印有鲜明色彩的图画书、标签和纸等变得十分便宜。正因如此，普通的木制玩具或者硬纸板玩具也变得栩栩如生起来。这一系列技术革新带来了一种新的游戏——第一张拼图出现了。木偶戏作为另一项传统游戏，也从这场光明、实惠的大变革中获益。例如，一艘粗糙的木船，只因在船身两边都贴上了印花图案，而变得更有吸引力了。

随着彩色印刷革命的出现，剪贴簿也变得流行起来。长久以来，孩子们，尤其是女孩们，一直被鼓励收集剪报。他们会用一些奇怪的东西来装饰简报，有时也会在简报里夹东西当作纪念品。彩色印刷的出现使收集剪报成为一种更具吸引力的消遣方式，而这反过来又促使印刷商设计出更多色彩鲜艳的图案。就像今天，许多孩子喜欢把收集好的贴纸贴在书上一样，维多利亚时代的孩子也会小心翼翼地剪下图案，粘在书本上、盒子上，甚至是防火墙上。

维多利亚末期，由于精密工程技术已经足够先进，医生或律师也能够以合理的价格在商店里买到发条玩具了。直到 1838 年，机械木偶（Animatronics Figure）还是一种富人专属的游戏，其制作精妙，但过度使用很容易磨损。而到了 1901 年，一个细心的孩子就可以玩发条火车了，且后者历经好几年都不会出现问题。

“现代化”海滨城

闲暇时光的最后一层含义即假日。随着维多利亚时代工作制度的改变，人们的休假方式得到了充分的发展。19 世纪末，许多家庭开始享受幸福的假日时光。

在维多利亚早期，当度假还是一种非同寻常的事时，富裕阶层就将出海旅行几个星期视为一种健康的活动了。英国海岸附近的许多城镇，如布莱顿和斯卡伯勒都把自己打造成优雅的度假胜地，配备着一系列休闲设施。这些度假胜地的顾客都很富有，且穿着讲究。浅色的棉质连衣裙和大胆的粗条纹图案构成了女性的海滨时装，而男性的着装则充满了海军制服的元素。

度假流行之初，正是海洋本身吸引了这些人到海岸。富人们会到海边呼吸健康的氧气，在海边悠闲地散步。而对那些身强体壮的游客来说，海水浴则是一种有效的养生方式，可以刺激血液循环，帮助清除体内的毒素。人们通常会站在齐腰深的水里，然后浸入水中两三次，待晒干身子后再换回平常的服装。男人基本上都赤身裸体，但女人需穿一件特殊的衣服——泳衣，来保持风度。从本质上讲，此时的泳衣看上去就像个毛织的粗麻袋，最上方有一根细绳，两侧留有简单的缝，可以让你的胳膊穿过。泳衣通常是由深色的法兰绒做成，它的款式很长，因此能避免身体暴露在外。通常情况下，女性会在穿上泳衣 10 ～ 15 分钟后又脱下它。由于它极大地限制了人的行动，女性几乎不可能穿着它游泳。如果遇到最理想的情况，比如没有人注意到你穿了什么，那你就可以穿 19 世纪 50 年代的泳衣了。这类泳衣既廉价又方便，能遮住你的身体，而且即便海水把它弄坏了也无所谓。

铁路的出现使维多利亚人的旅行成本降低，也促使度假成了一种更平民化的活动。首先加入富人队伍的是中产阶级家庭，在炎热的夏季，他们会举家来到海边。之后，随着火车票价的进一步下跌，工薪阶层也开始享受他们的海滩一日短途旅行了。

19 世纪中期，海滩上开始出现洗浴小屋。这是一些装着轮子的小木棚，前面设有几级台阶。在维多利亚女王统治的 30 多年里，人们习惯了穿戴整齐地进入洗浴小屋。之后，洗浴小屋会被驴子拖到齐腰深的海水里，而洗澡的客人则换了一套装束。当穿戴完毕后，客人就会经过洗浴小屋前的台阶，慢慢走进水里。这时，洗浴小屋的主人“水女”(Dipping Women)会带着洗浴的客人反复浸入海水中几分钟。在海水中浸泡后，客人们会再次回到洗浴小屋，以便晾干身体。最后，洗浴小屋会被拖回海滩，而洗浴的客人则穿好衣服，走了出去。在维多利亚人看来，这是最健康的海水浴方式：水质干净，不会与海滩上的泥沙或其他浴者混在一起。

图 106　洗浴小屋。水里的女人年纪很大了，穿着麻布袋一样的衣服，而在台阶上的淑女则穿着新式的两件套泳衣，1873 年。

图 107　在沙滩上享受一般得穿戴整齐，1876 年。

19 世纪 70 年代初，游泳作为锻炼方式和娱乐项目，逐渐以一种医疗实践的角色取代了单纯的洗澡。最受欢迎的海滩已经按性别分区，度假村甚至发布了地图，以帮度假者找到“只有男人”的海滩和“只有女人”的海滩。威尔士牧师弗朗西斯·基洛特兴奋地记录了他在 1872 年的滨海威斯顿脱光衣服奔向大海时的愉悦心情：“赤裸着身体，在蓝天下自由地跑向大海可真是舒服啊，海水翻滚着白色的泡沫，早晨那红色的阳光就照耀在游客光溜溜的四肢上。”

然而，裸浴很快就被社会所诟病。男人们被迫在海滩上遮盖身体，海岸线上也开始实行混合浴。1873 年，在畅快的裸浴经历结束一年之后，弗朗西斯·基洛特因为在公共场合赤裸身体而遇到了麻烦——他被要求穿上一件红白相间的条纹短裤。一些小男孩嘲讽他为“粗鲁的裸男”，但他在日记中指出，那些在附近散步的年轻女士似乎对他的裸露没有任何异议。

在海滩上，衣冠楚楚的维多利亚人正在快速研发可以穿着衣服进行的娱乐项目。颇有远见的镇议会早已准备好了新的散步通道、花园和休息区。当地人做起了游客的生意，为越来越多的度假者提供食物和饮料，而剧院、音乐厅和乐队则为夜晚带来了欢乐。

尽管仍是一个非常新颖的想法，但在维多利亚时代，外出度假的观念确实已建立起来。在过去的几个世纪里，无论是短途旅行，还是参加博览会或比赛，娱乐和休闲很少会花上一天以上的时间。上层阶级有季节性地搬回乡村住宅住一段时间的传统。但是，这种把商业或其他社会责任抛诸脑后，把各种安排搁在一旁，纯粹享受快乐的想法是崭新的。在这个"远离尘世喧嚣"的地方，人们普遍认为应该遵循点儿不同的行为准则：衣服可以更鲜亮、更轻便、更不正式；行为举止可以更随意，甚至更轻浮也没什么关系。

19 世纪 70 年代，由于水女们经营的洗浴小屋逐渐从海边消失，游泳成了备受欢迎的新选择。此时，海岸线充满了自由的风气。男性通常比女性更大胆，在自己的风度方面没有那么多顾虑。他们长时间穿着泳衣，觉得没有必要换上日常的衣服，反而自在地享受着运动的乐趣。海边的空气和阳光是对皮肤的另一种福利，男人们几乎没有顾虑，毕竟，他们不需要担心长雀斑或晒黑等问题。一些年轻的男士似乎更喜欢用暴露的泳衣展示自己的身材。这些泳衣与男性运动服风格相似，一件短袖和一款长及大腿的潜水服紧贴在男性的皮肤上，展现着他们的身体轮廓。19 世纪末，一位年轻而身材匀称的男人会迈着自信的步子走在沙滩上或浪花里，享受着少女们（穿戴整齐）投来的目光。

女性的泳衣也在变化。这些衣服不再只是宽松的麻袋，而是由一件及膝长衫和一条用相同布料制作的过膝衬裤组成。通常情况下，这些泳衣还会搭配一根对比色的发带和一条腰带。可选择的泳衣材料从法兰绒变成了哔叽面料。尽管仍是一种羊毛织物，但哔叽面料所用的纱更为细密，织法也更紧凑。这两种面料的主要技术差异在于哔叽面料吸收的水分要少得多。然而，这种松散宽大的样式让许多穿了一辈子束身胸衣的女性感到不安。因此，《英格兰女性居家杂志》于 1868 年发表了一篇关于新型女士泳衣的文章，指出："泳衣非常小巧，以鲸骨而非钢材为支撑物，正是为了在洗澡的时候穿。"1877年，时尚杂志《女王》（*The Queen*）回答了关于"新型浴用胸衣"的问题。显然，部分女性更喜欢熟悉的支撑感，即使她们穿着宽松的泳衣。然而，对于绝大多数人来说，泳衣要么是由上衣和衬裤组成的两件套，要么是一条可拆卸、可搭配的裙子。尽管这些泳衣都遮住了女性的膝盖，却没有遮住她们的手臂。此外，泳衣的腰部都做了紧缩处理。除了让泳衣看着有型，这种紧缩处理更重要的作用是把面料紧紧固定，以防它在水中四处浮动。

我穿过一件维多利亚时代的两件套式泳衣，这种衣服在当时的许多时尚杂志中都有描述。这是一段奇妙的经历：我不用露出上腹部，而且尽管湿透的泳衣比现代泳衣略重，但它并不会妨碍我在水中的行动。这种泳衣需花很长时间才能晾干，或许正因如此，许多维多利亚女性才会相对快地把它换下来。不过，作为一件在下水前穿着的干燥衣服，它极为实用：为人们提供了一定的保护，让其免受英国变幻莫测的气候的影响。这套泳衣由编织物制成，穿起来既轻便又舒适，游泳时不会束缚身体，而且无论是湿的还是干的，都能保持形状。当然，对那些想晒黑的人来说，它或许不太合适。维多利亚女性很害怕被晒黑，亮白的皮肤是她们的追求，因为这能将她们与那些不得不在户外工作的人区分开。但此时并没有防晒霜等能保护她们不被晒伤的产品，所以，把皮肤遮盖起来才是更加明智的选择。

19世纪90年代，洗浴小屋消失殆尽，取而代之的是路边的一排排更衣小屋或者帐篷。人们换好衣服后就自己走进海里。此时，无论是工人阶级还是富裕阶层，都开始到海滨享受假期。度假村蓬勃发展，各个海滨城镇形成竞争关系，为迎合不同群体的需求，最大限度地扩张着自己的业务。例如，英国西北部的海滨小城布莱克普尔（Blackpool）在海岸线上方几公里处投资建造了游乐园来吸引工厂工人；而英国塞夫顿地区的海滨城市绍斯波特（Southport）则在离海岸几公里的地方投资了高尔夫球场和优雅的购物街，不过，其目标人群是工厂老板而不是工厂工人。《潘趣和朱迪》[①]

①伴随英国人成长的木偶剧。潘趣和朱迪是木偶剧中的丑角。——译者注

(*Punch and Judy*) 表演、白面小丑（White-faced Clowns）杂耍表演、骑驴表演和“佩妮·里克”冰淇淋推销成了工薪阶层游客在海滩上必看的特色项目。那些有中产阶级客户的沙滩通常会将小商贩赶出沙地，并在里面配置更昂贵的店面。此外，海滨城市开始开设有轨电车、花园和植物园、溜冰场、宴会厅和体育设施，试图将海边的度假者吸引到城中，这些业务已构成了旅游业必不可少的一环。维多利亚人相信，到了 1900 年，英国一半以上的人口都将有机会在海边休息。

How to Be a Victorian

第 13 章

晚餐变迁

变化的晚餐

我们很难精准地说出维多利亚时代的晚餐“通常”是什么样的，因为一个家庭所处的地理位置和财富决定了他们究竟能吃什么。事实上，在维多利亚女王执政过程中，人们享用的主要食材发生过多次改变。不过，只要我们对维多利亚统治初期、中期及末期的家庭进行调查，就一定能很好地了解种类繁多的食物和饮料——即使不是所有人都能享用它们。

统治初期

1837 年一个典型的工作日，生活在英国东南部的农妇，比如住在牛津郡泰姆市的弗雷德里克·霍布利的母亲，会简单地为家人准备几片面包当晚餐。家人并不总是坐在一起吃饭，更多时候，他们会选择独自吃面包，因为当漫长的工作日结束后，每个人回到家的时间都不同。面包是从当地的面包店买来的，其以当地谷物制作而成。大多数农妇都没有烘焙面包的设备，烘焙家庭面包是富农的专利，后者拥有更好的烤箱，也买得起燃料。城镇和乡村的工人早已习惯依靠专业的面包师来满足日常需求。

面包并不完全由小麦制成，而是由小麦和大麦粒混合制成的。全麦面

包较为昂贵，农妇花同样的钱能买到的两份普通面包。在家庭条件较好的时候，农妇可能会准备自制的布丁来欢迎晚归的家人。这种布丁的做法很简单：将淀粉、水和一小块脂肪混合后搓成球，再加入少量草药，倒入沸水中。待一切准备就绪，人们就可以就着啤酒享用它了。

就在同一天，一位兰开夏郡工厂工人的妻子，比如爱丽丝·福利的祖母，会为家人准备一锅煮沸的马铃薯和一小撮盐。她偶尔会用多出的预算买下一块培根，用油炸熟后，切碎并拌入饭中。家人会从当地的酒吧里带回一罐啤酒佐餐。有时，为了换个口味，他们也会用燕麦和水煮粥喝，但依然用盐来调味。

1837年，英国北部和南部的伙食非常不同。南方人仍依赖于传统的面包和啤酒，而北方人则通常用燕麦和马铃薯（从美国引进）代替小麦。虽然两个地区的饭菜都很简单，但不可否认，北方工人吃得比南方农民要丰富，也比爱尔兰部分地区的居民吃得要好。同年，由于作物歉收，住在爱尔兰科克郡农舍中的家庭可能根本就没法烹制任何食物。在所有的家庭中，那些养家糊口的男人通常能吃到最优质的食物。

随着社会阶层的攀升，人们的饮食水平也得到了显著改善。在英国和苏格兰低地的几乎任何一个市镇里，技术工人，如木匠或铁匠会将一天的主食放在中午。晚餐通常被称为“茶餐”或“晚餐”，基本上以面包和黄油为主，辅以冷切肉、少量咸菜和一杯热可可。有时，还有一块蛋糕。

然而，这与伦敦职工家庭——家政员汉娜·卡尔威克所服务的家庭——的晚餐有着明显的差距。当辛苦工作的男人回到家后，职工家庭会享用牛肚炖洋葱、一大片面包和卷布丁。女主人通常会在一名女仆的协助下，提前3个小时准备餐点。甜点的制作十分耗时，因此通常要最先做准备。首先，一大锅水会被架在炉灶上温度最高的地方——火焰的正上方，以便煮沸。幸运的是，炉灶已燃了一整天，正适合烹饪美食。其次，挑一块牛脂，小心地剔除它的膜皮和筋络，再切碎。这是一项非常基础但缓慢、乏味的工作。接着，将两份面粉与一份牛油混合后，倒入冷水搅拌成面团。之后，把面团揉成半英寸厚，铺在桌面上，用大量果酱覆盖，再卷成香肠的形状。

紧接着，将布浸泡在水中，拧干后洒上面粉，裹住果酱面团（使用时再剥下来）。最后，等锅中的水沸腾后，就将果酱面团放进去。被包裹的面粉在与开水接触时会产生反应，形成防水密封层。值得注意的是，为了彻底煮熟布丁，必须将果酱面团煮上 2 个小时。

女主人或女仆只需每隔一刻钟去灶前看一眼，检查炉火是否烧得旺，锅里的水是否充足即可。灶台的一侧通常备有水壶，一旦发现锅快烧干，她们就可以第一时间加水。这样一来，女主人和女仆就有充足的时间来准备洋葱和牛肚了。牛肚是女仆当天早上买来的，因此只需简单地用冷水冲洗一会儿。之后，再将切碎的洋葱和切成丁的牛肚（长约 2 英寸）放入牛奶中。牛奶需要小火慢炖，因此需放置在炉灶上温度最低的位置，通常得煮半个小时。在炖煮牛奶的同时，女主人和女仆会一同摆桌子，切面包。当男主人回来后，晚餐已经摆在餐桌上，茶、可可或啤酒也作为佐餐被摆在了一旁。

随着社会阶层进一步攀升，餐点变得更加奢华。新潮的中上层阶级家庭通常在晚上 5 点左右开始用餐，并将这一餐称为“正餐”。尽管他们早前可能已吃过午餐或蛋糕，但这仍然是他们最主要的进餐时间。在一名成功的律师家的洋房里，厨房用人准备的菜单通常包括咖喱肉汤、牛肋条、约克郡布丁、骨头汤、马铃薯、李子（梅子）布丁等。这种风格的晚餐被称为“法式大餐”(à La Française)，所有食物（除了梅子布丁）都将作为单独的一道菜被摆在桌子上。汤被放在桌子的最前面，家里的女主人将坐在那里。汤盘堆放在她的一侧，长柄汤勺放在汤盘旁的桌布上。桌子的末端坐的是男主人，他面前的碗盖下放着牛腿肉。蔬菜和约克郡布丁被装在带有盖子的餐盘里，占据桌子的中心部分。而在桌子的最中间，则摆放着一小瓶鲜花。烛台被放置在餐桌两端，装着盐、胡椒和其他调味料的调料瓶则被放在靠近花瓶的地方。每样餐点都会分批送到主人的面前。开餐前，桌子上还放有折叠好的餐巾和一个小面包卷。主人的左手边摆着一个汤匙，右手边摆着一把餐刀；葡萄酒杯则在靠近刀尖的位置。女主人盛汤的动作标志着晚餐的开始，一旁服务的仆人会将满满的汤盘（宽边的浅碗）传给在座的每一个人。当每个人都拿到汤盘后，仆人会取走汤盘和长柄汤勺，离开房间。如果家里有客人，那额外的餐点就会被摆上桌，放在汤盘所在的位置。不过，在日常的晚餐中，这个位置常会被空出来。

等仆人从厨房回来后，汤基本上已经喝完。这时，仆人会将汤盘和餐具撤下。男主人现在可以开始分牛腿肉了。仆人将新的餐盘和刀叉从餐具柜中取出。随着肉被一刀刀切好，仆人会递过盘子，并帮用餐者传递蔬菜餐盘。之后，仆人将确保每个人面前的杯子里都倒上了葡萄酒，最后再次离开房间。

待餐食吃完后，主人只需拉动桌子上的铃就能把仆人叫回来清理餐桌。干净的盘子和餐具将被重新放在主人面前。这一次，布丁被摆在了女主人面前，等待分食。

作为一种延续至今的用餐模式，“法式大餐”在每年的圣诞节依然十分常见。不得不说，许多人仍喜欢在餐桌上分食禽类，互递蔬菜。当然，如果我们的维多利亚大律师更慷慨些，就会有更多的餐点——不是在一道主菜后加一道点心，而是有两道单独的主菜。汤品已上过，在“换菜”①，以及第一批菜肴享用完毕后，桌子将被打扫干净，而第二批餐点也将迅速就位。这次，奶酪和沙拉会被分配到每个人的盘子里。最后，桌子会被再次清理，而仆人则会将甜点端上来。所有的餐盘、刀叉和玻璃杯都会早早备在餐具柜里，用过的餐具和刀具会被快速撤走。

统治中期

如果我们把目光投向一代以后（即1865年）的家庭，将会发现很多不同之处。

弗雷德里克·霍布利的生活此时已经发生翻天覆地的变化。他所受的教育使他成为一名校长，脱离了工薪阶层。然而，他儿时的邻居仍日复一日地重复着农民的工作。在维多利亚中期，尽管啤酒能提供足够的卡路里和维生素，但由于容易引起醉酒，人们常被劝诫少喝啤酒。现在，如果负

①指新的菜肴被带上餐桌。换菜的目的是填补撤下去的汤盘空出来的空间。——译者注

担得起，他们会选择喝茶，虽然后者无法提供太多营养。他们仍十分依赖面包，不过，他们几乎每周都可以享用一次培根了。这些培根会被放进布丁和在锅中沸腾的菜汤里。这只是一个很小的变化，但能对食物的风味和用餐者的情绪产生巨大的影响。

兰开夏郡的居民则没那么轻松了。根据爱丽丝·福利母亲的回忆，他们的生意正面临着危机：收入下降，失业现象普遍。他们连过去常吃的一小块培根都无法承担了，只能选择多喝点儿水。麦片粥和煮马铃薯是他们唯一的餐食。尽管19世纪的饮食水平总体得到了改善，但这一水平绝非处于稳步上升状态。兰开夏郡的织工只是维多利亚时代生活水平显著下降的人群之一。

在爱尔兰，新的家庭搬进了老宅——上一代家庭可能已经饿死——而且会比前人过得更好。100万人死亡，100万人移居，马铃薯枯萎病最严重的时期已经过去，人们重新在这片土地上繁衍生息。现在，人们手里的土地面积更大了，新的租户可以种植更多作物。马铃薯在他们的饮食中仍占有极大的比例，但更重要的是，为避免对薯类作物过度依赖，他们也开始吃面包和黄油了。

技术工匠只要有稳定的工作，就会比以往任何时候都吃得要丰盛，且每天都能吃上一顿肉。他们食用的布丁经常含奶油，因为奶油粉已成为商店的常见产品。用鸡蛋和牛奶制作而成的奶油，此前往往处于家庭的财务预算之外，但现在，工人阶级妇女的口袋里有了额外的资金，可以在“伯德先生”[①]买到性价比超高的牛奶。便利食品也给女性带来了巨大的影响，她们不用费力给肥肉去皮、去筋，预先处理好的板油会被装在袋子里直接出售。

汉娜·卡尔威克所服务的伦敦职工现在成了收入剧增的人群之一。新兴工业和企业的不断扩大，为中低层阶级带来了更多就业机会。这一阶层的饮食仍依赖于碳水化合物和较便宜的肉类。随着城市的扩张，获取新鲜的农产品变得越来越难。尽管乡村的交通运输情况已有所改善，但水果和

① Mr Bird，一家小店铺的名字。——译者注

蔬菜的价格比中产阶级的工资上涨得更快。于是，一系列价格合理的新型加工食品涌现出来。浓缩牛奶和炼乳可轻易购买，且比市面上所谓的“新鲜”牛奶更可靠。此外，用水稀释的炼乳在被制成通心粉布丁后，与煮羊肉和马铃薯一同端上桌，成了一道可口的甜点，备受中低层阶级喜爱。

大律师的家里有更多让人羡慕的地方：桌子上经常能看到新鲜的蔬菜、奶制品、野味，甚至还有从富裕的朋友和客户那儿拿来的花园种植产品。小说家安东尼·特罗洛普是一位失败的律师的儿子，他在写作上取得的成功拯救了家人的命运。到了19世纪60年代，他已经完全适应富裕阶层的饮食起居方式，也买得起从镇里运来的优质食材。当季的芦笋刚摘下来就摆在了他的餐桌上，这既得益于农民、铁路运输和零售商之间的高效协调，也得益于他们一家人遵循的时尚理念——将晚饭时间推迟到夜里。正如比顿夫人所记录的那样，晚餐将于下午6点开始，而不是维多利亚初期的下午5点。

统治末期

1901年，维多利亚时代的晚餐类别又出现了巨大的变化。

凯特·泰勒居住于英国东南部萨福克州的彭肯市，是一名劳工的第14个孩子。她回忆中的晚餐与当地其他劳工并无差别。果酱已成为他们的日常餐点之一，但曾被广泛食用的面包已不再那么流行。碾粉机取代了旧的石磨，其运转速度比石磨要快得多，用它磨出来的面粉不仅比之前更便宜，也比之前更白，因而销量很好。值得一提的是，用机器碾出来的面粉并没有多少营养价值。当我们用石磨时，磨碎的小麦与淀粉会被混在一起，难以分离；而当我们用碾粉机时，麦粒将被碾成薄片，能轻易与淀粉区分开。磨坊主和零售商之所以选择将薄片筛出来，主要有两方面原因：首先，如前所述，这让面粉看上去更白，也更具吸引力；其次，小麦在被碾碎时会释放出油脂，这意味着它会在短期内变得腐臭。如果是小批多次购货，且在本地销售，那是否被碾碎并不重要；但是，大型公司更希望在全国各地储存和运输面粉，因此选用由高效率碾粉机制成的面粉更为实际。此外，在碾压之前，人们必须将小麦胚芽去除。不幸的是，当时没有人意识到，小麦的大部分营养都位于小麦胚芽中。因此，新生产的白面粉和白面包缺少了至关重要的矿物质和维生素，尤其是维生素 B。这对饮食丰富的人来说无关紧要，但对那些以面包为主食的人来说则至关重要：这种缺乏很可能导致严重的健康问题。劳工的饮食此时由白面包、果酱、茶、布丁和廉价的肉类（如牛腩肉或小羊羔的颈肉，每星期一两次）组成。这些食物此时也有马铃薯作为补充，最终，马铃薯在南方也像在北方一样受欢迎了。

兰开夏郡的工人阶级家庭，如爱丽丝·福利一家在维多利亚末期也将回归健康的轨道。白面包和果酱取代了粥，饮茶也逐渐成为一种趋势。发酵粉的普及和廉价的新型人造黄油使简单的烘焙菜成了家庭烹饪的保留菜目。蛋糕卷也变得十分受欢迎。马铃薯仍是这里常见的主食，有时会以薄片的形式和炸鱼一同出现在油炸食品店。人们偶尔也会吃肉。

住在伦敦的职员家庭开始充分食用加工食品。冷冻的新西兰羔羊在同类食品中最受顾客喜爱，低廉的价格让它们常被设为主菜；更便宜的牛肚、鳟鱼、肝脏、牛尾等肉类也是如此。各种调味料，如伍斯特郡酱和蘑菇番茄酱让职员的饮食变得丰富多彩。上述食材都可以在街角的小店里购买。工厂制作的饼干也很受欢迎。它们比较便宜，是一种不需要烹饪的小零嘴。

特罗洛普家族和其他的律师家庭可能不会注意到他们在饮食上有什么显著的变化，尽管餐饮时尚有所转变，但新型的加工食品对他们的影响仍微不可察。早在 1865 年，当正式的“法式大餐”仍被社会广泛接受时，比顿夫人为这种传统的晚餐模式提供了几个正式方案，但到了 1901 年，它便被彻底遗忘了。现在，各种正式的晚宴都以“俄式大餐”（á La Russe）为标准。俄式大餐包括一系列不同的菜色，每道菜都有单独的餐盘和刀叉，且由仆人分切、装盘，送到用餐者面前。俄式大餐至今依然被视为正式的晚餐模式。桌子上除了调味罐，装在里面的盐、胡椒等调味品和面包卷外，没有放任何主菜。桌子的中心摆放着水果、鲜花和烛台。餐具也变得更具装饰性。法式大餐要求将所有备用餐具摆放在餐具柜上，但俄式大餐则要求将餐具放在每个用餐者面前。

从本质上来说，俄式大餐很容易分辨：每道菜都配有一套完整的餐具，摆在最外面的最先使用，用餐者在进餐期间逐渐向内取用餐具。值得一提的是，玻璃杯是从内向外摆放的。因此，用餐者需最先使用离他最近的玻璃杯，之后，再随着用餐过程的推进，沿着对角线向外取用。俄式大餐展示了主人家餐具的质量——抛光的银色餐具、完美无缺的瓷器和玻璃器具在烛光中熠熠生辉，与桌子中心充满艺术感的展示区遥相呼应。食物被分为多个单独的小份，用餐者不参与分切、递送食物或上菜。所有的工作几乎由数量增加了的仆人进行，同样增加的还有餐具。这种晚餐模式意味着分切任务都是由专业人士完成。菜在摆上桌之前，将会一直搁在厨房里。

维多利亚末期的另外一系列变化主要体现在各种用餐礼仪和更为精妙的用餐工具上。上层阶级的美食家在餐桌礼仪上发展出了一系列规则。人们是用叉子的前端还是后端吃豌豆，是用刀还是用勺子吃葡萄柚，是用叉还是用勺子吃甜点，是用手掰还是用刀切面包，所有微不足道的细节都赫然在列。只有最常在专业餐饮机构吃饭的人才能跟上这些不断发展的规则。这种变化在宽大的餐桌上为一些人提供了嘲讽他人餐桌礼仪的机会。

到了维多利亚末期，上层阶级直到晚上 8 点才开始用餐。这是一个转变，如果没有家庭照明技术，尤其是厨房照明技术，那根本就不可能实现。此前，厨师不得不在漫长的冬夜或夏夜昏暗的光线下长时间工作。这十分费力。不过，油灯的出现为他们提供了极大的便利。而后，随着 19 世纪 60 年代的汽灯和 80 年代的电灯的广泛运用，推后的晚餐时间才成为可能。

烹饪习艺

大多数人的烹调技术（烹饪晚餐或茶）都是从下层中产阶级女性那里习得的，譬如他们从事家政服务工作的母亲或妻子。很少有工人阶级母亲愿意冒着破坏珍贵食材的风险来教 10 岁的孩童烹饪，此外，这类女性本身具备的烹饪知识也非常有限。面包、马铃薯和三四个简单的菜肴很少能给她们提升烹饪技能的机会。

19 世纪后 20 年，维多利亚人通过努力，在学校开设了烹饪课程，为工人阶级女孩展开了相关培训。这样做既是为了帮助她们成为合格的女仆，也是为了使她们成为好妻子。为配合烹饪课程，董事会学校甚至印刷了教科书。我就有一本这样的教科书，作者是梅布尔·露易斯（Mabel Lewis），出版时间为 1889 年，上面还写着适用于 11 岁。书里详细讲解了百余种食物烹饪方法，从最简单的煮马铃薯到最受欢迎的“蟾蜍在洞”[①]和牛排腰子布丁不等。食谱中的菜式并不昂贵，不仅在技工家庭和有稳定收入的家庭的财务预算范围之内，而且非常适合职工家庭雇佣女仆来协助完成。因此，烹饪教科书和烹饪课程非常适合年轻女仆，而非在自己家里做饭的女孩。爱尔兰炖肉需用 1 磅羊肉、2 磅马铃薯、0.5 磅洋葱，水、盐和胡椒，这对大多数工人阶级家庭来说都不切实际。后者只有在最好的日子里——通常只能是假期——才能吃到。

这种成功的教育模式不可避免地涉及资金。为了使烹饪课程有效地展开，学校不得不投资烹饪设备，学生家庭也必须负担食材的费用。许多学校甚至选择为已经就业的女孩提供夜间烹饪课程，并鼓励她们的女主人支付必要的学费。然而，一些女主人并不愿支付这项额外费用。自从结婚后，玛丽·哈利迪（Mary Halliday）每年的花销大约为 200 英镑。1893 年，她指出了更常见的情况：“女主人（比如她）通常会亲自参与烹饪过程……通过观察女主人的工作，任何聪明的女仆都可以快速学会烹饪知识。”如果女主人是一名好厨师，有足够的时间和耐心教导女仆，那后者就能获取足够多的烹饪知识。不过，对于许多年轻的中产阶级女主人来说，烹饪可能是一个巨大的负担。如果没有能力雇佣至少两名仆人和一个厨子，她们就得亲自为家人做饭，而能提供帮助的通常只有一名年轻女仆。

19 世纪中后期的文学作品充满了对中产阶级女孩缺乏教育的讽刺。许多人认为，大费周章地让女孩在绘画或钢琴等时尚领域取得“造诣”完全是浪费时间，她们应该将时间用在家政管理和烹饪上。政治评论家（主要是男性）担心，如果对厨房的了解不足，社会上层女孩将无力监管她们

① Toad in the Hole，其实就是在布丁里放整根香肠。——译者注

的仆人；下层社会妇女很可能成为糟糕的厨师，而她们的丈夫将会为了一顿体面的餐点跑去便宜的餐馆或俱乐部。大多数年轻的新娘在刚开始掌管自己的家庭时会手足无措。这也许与缺乏烹饪知识无关，事实上，它强加给20岁女孩的责任才是令她们恐惧的原因。

烹饪教科书不仅提醒了一名年轻女性，自己曾受过怎样的烹饪培训；而且让她明白，自己并不是孤身一人。烹饪作家随时准备着为她们提供帮助。比顿夫人的食谱如此受欢迎的原因之一，可能就是她乐意为最简单的食谱提供细致的说明。例如，仅煮马铃薯的食谱就有3种：煮马铃薯、煮带皮马铃薯、煮新鲜马铃薯。她给每一种食谱都做了解释，就像制作蛋奶酥和野味馅饼的食谱时一样。此外，她的用语温和，那些寻求帮助的人在看她的书时丝毫不会感到尴尬。如果你想知道如何煮鸡蛋或烤面包，比顿夫人也会以简单、实用的方式为你提供解答。她和她的烹饪教科书不仅能帮助一名年轻的女主人安排和烹饪重要的晚宴，而且能为一名20岁左右的年轻女仆提供基础的烹饪知识。

到了1901年，包括爱尔兰家庭在内，几乎所有家庭的饮食条件都得到了改善。除了马铃薯、黄油和面包，培根偶尔也会出现在他们的餐点中。然而，虽然饥饿几乎不再是令人担忧的问题，许多家庭仍对食物抱有忧虑。

“轻”口味饮食

1862年8月，66岁的伦敦商人威廉·班廷（William Banting）发现自己已无法轻松爬楼梯。自从步入40岁，他的健康状况和生活质量就快速恶化。他的个子不高，只有5.5英尺，而体重已不断涨至14英石。按照维多利亚时代的标准来看，他已经超重了。为了减轻重量，他为自己设计了一套饮食方案。他最终在9个月内成功减轻了2英石，并将这种饮食方案发表出来，供他人使用。威廉·班廷的这种方法很快得到大肆宣传，且触动了维多利亚人的敏感神经。不久，他的名字被改编成一个动词——“去班廷”（To Bant），意思是“去减肥”。

减肥餐此前早已产生，市面上的许多减肥药物便是以此而来。然而，威廉·班廷的饮食方案被证明比任何一种方案都要更有效。这套饮食方案的基本理念是减少淀粉摄入，禁食脂肪和糖。早餐时，人们可享用以下食物：4 ～ 5 盎司的牛肉、羊肉、肾脏、烤肉、培根或除猪肉以外的任何冷肉，一大杯（或两杯）不加牛奶或糖的茶，以及少量饼干或烤面包。中午时，人们可以吃 5 ～ 6 盎司除三文鱼之外的任何鱼类、除猪肉以外的任何肉类和除马铃薯以外的任何蔬菜，1 盎司干面包，煮熟的干净水果，家禽肉或野味，以及 2 ～ 3 杯红葡萄酒或雪利酒。节食时，人们不可饮用波特酒、香槟或啤酒。如果要吃零食，则最多吃 2 ～ 3 盎司水果，一点面包干和一杯不加牛奶或糖的茶。最后，在晚上时，可用一杯红葡萄酒搭配 3 ～ 4 盎司的肉或鱼。

班廷那个以肉、鱼和水果组成的饮食方案是基于维多利亚时代对食物和营养的全新了解而来，这大大激励了对饮食研究感兴趣的大众和科学家。德国化学家尤斯图斯·冯·李比希（Justus Freiherr von Liebig）在 19 世纪 30 年代后期和 40 年代初期取得了重大突破，他对食物进行了最精准的化学分析，甚至指明食物会在人体内进行化学重组。在一项实验中，他研究了以玉米饲养的鹅是如何长出脂肪的：尽管玉米本身只含有少量脂肪，但由于食物及其组成部分被分解并以新的形式重新组合，鹅的身上产生了脂肪。他将食物分为两大类：含氮食品和非含氮食品。前者即我们今天熟知的蛋白质，被他视为健康养生的食物，后者为碳水化合物和脂肪，被他视为动物热量和能量的主要来源。

与此同时，美国的博蒙特（Beaumont）博士正在从事胃部研究工作。他以一名病人为研究对象，展开了实验。这名病人在枪伤治愈后，胃部与体壁之间留下了一个永久性瘘管。博蒙特博士通过瘘管将食物引入病人胃部，观看它们被消化的过程——不是像前人所说的那样，通过发酵、浸渍而腐化，而是通过胃液的作用被消化。李比希的工作在比顿夫人的《家庭管理》中被大量引用，后者尝试着将新的想法应用于烹饪之中。就像许多人一样，比顿夫人看到了这些新信息与日常生活之间的紧密关联。她认为，如果能了解化学成分和食品的作用，不仅可以为受众提供更经济、更营养的食物，还可以使补给供应制度和烹饪更具针对性，从而极大地减少食物损耗。

食谱本身受营养价值观和消化观念的影响。早在1845年，伊莱扎·阿克顿就呼吁厨师按照李比希的建议，以缓慢加热的方式来烹制肉汤——将肉放入冷水中，文火慢炖至沸腾，这样调制出的肉汤最香浓，也最有营养。根据这一全新的科学理论，比顿夫人提出应该对所有传统汤品和肉汤进行改进。她在写煮肉的做法时，再次引用了李比希的观点：在吃肉之前，建议将其放入快速沸腾的水中涮一下。通过这种方式，肉质会变得紧致，而其营养也会完好地留在里面。即便过了多年，比顿夫人依旧跟随着伊莱扎·阿克顿的步伐。最终，在烹饪界这两大巨头的带领下，人们纷纷迈出了脚步。

制造商紧随其后。市场上出现了一系列食品，均声称是以李比希等人的工作为基础而产生。李比希也曾多次尝试生产保健食品。他所取用的肉类提取物产自乌拉圭西部弗赖本托斯，那里的牧场主饲养了大批牛，且很难在世界市场上销售。牛肉包装上明确写着：1磅肉类提取物含有38磅牛肉的营养。他认为这种提取物可以取代肉本身，这是毫无根据的。事实上，他收到的评价大多并不积极。不过，作为补充的营养品，这些肉类提取物确实具有一定的营养价值，并持续被销售着。

食品科学也将注意力转到了掺假问题上。以次充好早已不是新鲜事了：肆无忌惮的卖家和经销商长期以来使用各种手段增加陈旧、腐烂或劣质商品的转售价值，并用便宜的东西来填充商品。1820年，弗里德里克·克里斯汀·阿库姆（Friedrich Christian Accum）发表了一篇论文，使用科学分析曝光了手工贸易中常见的几种物质，试图论证食品掺假和烹饪毒害现象。由于以先进的分析方法指认并羞辱了无良商家，阿库姆的书轰动一时。然而，这并没有带来任何实质性的结果。最终，其他化学家改进了阿库姆的研究方法，试图再次用实验结果来吸引公众的注意力。相关法律也姗姗来迟。1860年，第一部《食品药品法》（*Food and Drugs Act*）颁布，但效果并不显著：没有资金做进一步分析，也没有人向当局起诉。1872年，当《修正案》（*Amended Act*）公布后，罚金和起诉的比例开始上升。尽管没有将掺假问题彻底剔除，但这种行为确实有所减少，至少，商人们不再那么明目张胆了。

就在当局因自己的举措而自满时，那些被添加到食品中的物质令公众震惊不已。白垩和明矾几乎存在于所有面粉和面包中；白垩作为增白剂，被加入过淡的牛奶中；铅作为增甜剂，被添入了苹果酒和葡萄酒中；砖灰作为浓稠剂，被用来给可可增稠；茶叶里通常只有几片象征性的叶子或根本没有叶子，有的只是用红丹染色的各种灌木植物的干叶子。大多数人都意识到了这种卑鄙的做法，一位精明的女士能通过仔细甄别商品来避免上当受骗。许多针对中产阶级的烹饪书籍甚至提供采购生活必需品的指导，能让妇女通过一些简单的测试，来确定自己所购买的食品的质量。然而，虽然一些掺假食品相对容易发现——比如掺过白垩和明矾的面包有黏性且偏胶质，但大部分食品仍需要进行化学分析才可被识别。这远远超出了普通妇女的能力，哪怕是最专业、最博学的女性。

针对难以甄别的食品，专家通常会建议妇女从信誉良好的零售商那里购买。遗憾的是，大多数妇女并没有余钱四处采购或寻找优质零售商，除了接受便宜食品，她们别无选择。掺假最多的食物自然最便宜，面包、面粉和茶被大量不可食用的掺假剂替代。最贫穷的家庭在缺乏营养的同时，通常还遭受着白垩、管黏土和明矾的摧残，后者取代了部分面包原料，被人们摄入。大多数人都知道这些勾当，却无计可施。

随着许多科学发现将食品质量与健康等同起来，人们对食疗的兴趣变得日益浓厚。威廉·班廷的饮食计划只是“节食”类食疗中最著名的一种。许多人将其奉为经典，但同样，他们也信任着一系列更具针对性的健康饮食疗法。19世纪90年代，葡萄疗法（Grape Cure）曾被热切追捧。该疗法要求人们两星期内只吃面包和葡萄（主要是葡萄），而葡萄汁和水则是唯一的饮品。再如奥特克（Oetker）医生将运动和饮食相结合的方案，其相当于在做现代有氧运动的同时，摄入肉类、鱼和水果。这与班廷的饮食方案相似，但不允许饮用红葡萄酒和雪利酒。19 世纪八九十年代，阿林森博士撰写并发表的素食和近素食饮食方案为受众提供了更平衡的方法。他把这种方法推荐给那些想“比普通人更健康”的公民，建议人们常吃意大利面、蔬菜和豆类，而不是肉和任意两种蔬菜。对于那些想保持健康的人来说，他的饮食机制十分“奇怪”，且与班廷的方案有着很大的区别。阿林森建议人们早餐时食用黑面包、黄油和一杯可可，或者以粥为主食，配上黑面包和炖水果；午餐时选择 4 盎司瘦肉或鱼、两种不同的蔬菜和一个牛奶布丁、炖水果或水果馅饼；晚餐则以更多的黑面包和黄油为主，搭配一些熟蔬菜或炖水果，再配上一杯淡茶。

比起威廉·班廷的方案，大多数现代营养师更愿意推荐阿林森博士的方案。不过，这两种方案都在很大程度上依赖着当时的食物科学。就在班廷呼吁李比希的研究时，阿林森对碾粉机生产的白面粉，以及被剔除的小麦胚芽和麸皮进行了科学分析。阿林森认为，新兴的碾制面粉缺乏生活必需的营养元素。他最终自己购买了碾粉机，经营起面包公司，研磨出了留有胚芽和麸皮的面粉。

维多利亚末期，英国人开始以全新的方式理解食物。不过，我们很难将这种理解与今天的标准做比较。生活方式上的巨大转变改变了我们对食物和饮食的了解。现在，我们在家、学校、办公室和其他室内空间都能享受到中央供暖系统提供的暖气，这与维多利亚时代的生活和工作环境截然不同。我们日常锻炼的规范也与维多利亚时代有着明显的不同。

幸运的是，我体验到了这些差异。在缺乏供暖设备的维多利亚住宅中生活了一整个冬天，并参与了相应的家庭生活和农业生活后，我发现自己的食欲和口味改变了。那些曾被我嫌弃的食物，突然变得美味起来。我能狼吞虎咽地吃下面包、猪蹄和蘸了少许果酱的牛油点心。我曾认为地中海饮食[①]的概念荒诞无比，且毫无吸引力，但这一想法也很快改变了。当我想起异国风味的食物时，几乎已失去味蕾上的记忆；但当我想到卷布丁或腌肉时，却不由自主地咽起了唾沫。我的身体非常清楚地告诉我，它需要

①指地中海沿岸以蔬菜、水果、鱼类、五谷杂粮、豆类和橄榄油为主的饮食风格。——译者注

大量碳水化合物和动物脂肪来维持维多利亚式的生活。

我开始理解维多利亚人对重口味的厌恶。在19世纪的厨房中，草药、香料和洋葱等调味料都很稀少。我对自己能快速适应这种原始的风味感到颇为惊讶。我不确定自己是否已经习惯了一种不同的饮食方式，重塑了味蕾，又或者，这只是生活习惯赋予我的新能力。我的味觉变得敏锐起来，可以分辨出不同品种的马铃薯在味道上的微妙差异；肉汁的丰富滋味能让我的味蕾炸开；只需将一颗大蒜头在碗中摩擦，就可以为一家人食用的马铃薯泥调味了。至于体重，我会因摄入了额外的碳水化合物和脂肪而增重吗？没有。那我是否因额外的运动和辛苦的工作而减重呢？也没有。事实上，为了保持健康，我的身体自动调节了食物摄入量。

How to Be a Victorian

第14章

睡前洗浴

洗浴必须等到一天结束时才可享受。那时候，炉灶或铜炉已闲置下来，且达到了烧水的温度。由于大多数人都没有专用浴室、室内管道或浴缸，人们在洗澡前通常需要做大量的准备工作。维多利亚人洗澡的目的往往与21世纪的人不同。对他们而言，洗澡与清洁无关。洗澡在成为一种能放松身心的淋浴项目之前，还有很漫长的路要走。

奇妙的养生法

维多利亚早期的洗浴是因健康诉求而产生，前者可按不同的水温、规模、洗浴设备、洗浴场地等进行划分。有滚热、温暖或冰凉的洗浴，也有海水洗浴、淡水沐浴、泥浴、空气浴甚至日光浴——正如这个名字所暗示的一样，是将皮肤暴露在户外的阳光下。还有足浴、臀浴和全身浴。人们可以借此舒缓神经，或刺激和加快自身的血液循环。一些洗浴方式可用于治疗皮肤问题；一些能帮助消化；另有一些可用于治疗风湿病。此外，还有一些洗浴方式是用来治疗神经紊乱的。

19世纪50年代，医疗洗浴得到高度发展。便携洗浴公司（Portable Bath Company）是在繁荣的洗浴市场中赚得盆满钵满的商家之一。他们在

图 108 1850 年的流动浴缸。它能让绅士们安全地洗浴，而不用担心当地河水里的泥巴。

报纸和杂志上广泛刊登广告，并提供一系列洗浴盆，既能让人们直接购买，又能按星期、月或年来出租。该公司还提供送热水服务，为避免打扰生病的客人，通常会由穿着拖鞋的男人送来。这种模式之所以赢利，是因为包括富人在内的大多数人都没有永久性的浴缸；此外，尽管医生也开始推荐这类养生疗法，但购买或租用设备比专门跑去私人诊所要便宜得多。

维多利亚人将洗浴称为“水疗”(Hydrotherapy)，这与欧洲长期以来的“矿泉疗养”不同，后者要求人们亲自前往著名的泉水进行疗养。人们认为泉水富含可治愈某些疾病的矿物质。然而，许多评论家声明，旅行途中的新鲜空气和运动对人们做出的贡献更让人称道。许多健康度假村都通过为顾客提供散步服务来提高疗效。

19 世纪初，欧洲大陆开发出了泉水的新用途。居住在西里西亚的文森特·普里斯尼茨（Vincent Priessnitz）发明了一款著名的治疗方法：以传统的方式饮水，同时泼洒大量水在整个身体上。当然，除了洒水，人们也可以站在瀑布下面，坐在喷涌的泉眼上，或者用泉水泡过的床单裹住全身。此时，冷水洗浴已开始出现，且在男性人群中十分流行。人们普遍认为，以冷水冲刷身体能刺激血液流通，让人体适应寒冷。它不仅能增强人们的体质，更能提高人们对常见疾病的防御能力。

将患者裹在湿布中的办法是由普里斯尼茨发明的。人们的身体被层层叠叠的亚麻布包裹，就像穿着21世纪的潜水服一样。而随着水温上升，人们将逐渐感到温暖。这种做法据说能使人感到舒缓和放松，甚至在新闻界获得了极高的评价。期刊《简单问题与卫生事实》（*Simple Questions and Sanitary Facts*）声称："湿布包裹治疗法是一种简单而有效的保健方法，能治愈疾病。从现有的案例来看，它可在惊人的短期内改善发烧和炎症等症状。当身心劳累或兴奋时，治疗带来的舒适感最能让人放松。因此，通过这种方法，那些神经高度紧绷的人将感受到无法言喻的平静。"

在亲自前往西里西亚体验这种革命性的新疗法后，詹姆斯·威尔逊（James Wilson）医生将之带到了英国。他说服自己的朋友和同事詹姆斯·加利（James Gully）医生一起推广这种治疗方法。威尔逊与加利在英国中部渥斯特郡的马尔文泉（Malvern Springs）为人们提供治疗服务，那里是长期提供制药用水的地方。他们既擅长创新，又精于经商。他们经营的水疗业务尽管收费，但很快就流行起来。

然而，在尝试用医疗理论解释泉水的疗效时，他们因科学的局限性而受到了阻碍。在缺乏相应免疫系统知识的情况下，这两位医生认为答案藏在身体内堵塞的液体中，尤其是过量的血液。他们指出，这些液体聚集在病人的组织中，如果能够通过水疗来刺激血液循环，疏导患者体内的"危机"，那身体就能以尿液、粪便、呕吐物、汗液的形式解决这个问题。消除这种"危机"是维多利亚早期医学的主要目标之一。威尔逊和加利认为，他们的治疗提供了一种更安全、更自然的方式，能替代其他医生所开的含有微量毒性的药物。

我曾在传统马尔文水疗专家约翰·哈尔卡普（John Harcup）医师的指导下，用马尔文湿布包裹治疗法进行过简单的尝试，随后在冷水中浸泡。他向我描述了自己在几年前所进行的一系列实验，并指出，如果每日泡5分钟冷水浴，那么人的白细胞数量将显著上升。这意味着，免疫系统的刺激方式与威尔逊和加利声称的相同，尽管后二者当时并不了解白细胞在对抗疾病的过程中所扮演的角色。哈尔卡普向我保证，被湿布包裹是一件非常放松的事，我甚至会睡着。然而，这一经历并未令我满意。尽管我最后确实感觉到了温暖，但那比我预期的时间要长得多。事实上，在大部分时间里，我虽然闭着双眼，却一直非常清醒，且冷得直发抖。当然，湿布包裹治疗法的支持者们会说，我的体验只能证明我从持续的治疗过程中获得了多少收益。如果我每天都这么试试，血液流通的速度将得到改善——我不仅可以更快地加热湿布，还能快速感到温暖。

接下来是冷水坐浴（Cold Sitz Bath）。坐浴通常指的是坐在浴缸里，但由于水位限制，许多人也将其视为“臀浴”。大多数维多利亚人会把脚搁在浴缸外，而在浴缸里留下 4 ~ 5 英寸的水。这个水位只能覆盖一个人的臀部、大腿上部和下腹部。坐浴的益处很多，据称它能“从头脑中吸取不良情绪”。它对各类胃部疾病的治疗十分有效，尤其是消化不良和肠道问题。此外，它也常用于背痛。派伊·谢瓦斯在《给妻子们的建议》中似乎也对坐浴持肯定态度。他认为坐浴是一种补救措施，几乎能治疗所有“妇科问题”。在他看来，痛经、过度劳损和流产只是一些小病，都可以通过坐浴来改善。

然而，我的亲身体验并没有那么神奇。我坐在约 5 英寸的冷水中，并用额外的冷水冲洗自己的身体。至于我的免疫系统提升了多少，我毫不清楚；我只知道，我变得越来越疲倦，也越来越虚弱，甚至还有轻微的咽痛症状。第二天，我几乎连话都说不出来，咽部甚至在之后的 6 个星期都没有恢复。从那以后，我对水疗的态度就颇为保守了。

在维多利亚末期，冷水洗浴的技术已得到改善。人们仍相信水疗会刺激血液流通，但狂热分子坚信的防瘀血疗效最终受到了医学界的质疑。医生不再热衷于推荐这种治疗方法，即便偶尔推荐，其建议人群也缩小了很多，只有最强壮的或体格最好的人才能进行冷水洗浴。此时，人们开始利用一系列温水浴和热水浴来改善身体状况。

坐浴和足浴可能是水疗中最常使用的方法。此二者既经济实惠又简单方便，且得到医学界的普遍认可。在家进行足浴比坐浴要容易得多，只需一个温水盆，你就能痛快地浸泡双脚达 10 分钟。这是一种连工人阶级也能实现的洗浴方式。每个维多利亚人都有浴盆，因此，只需准备一壶温水，任何人都可以享受足浴。作为一种被普遍采用的洗浴方式，足浴也被推荐为普通感冒的补救措施。在维多利亚时代的画像里，我们经常能看到男人们坐在椅子上，卷着裤腿，将毛巾搭在肩上，让双脚浸在一盆热气腾腾的水中。在维多利亚时代，这种形象已被标准化，成为许多人对感冒的额外印象。

温水浴或热水浴的目的是安抚情绪和放松身体。发烧的人常被推荐使用这种洗浴方法，人们相信用浸入温水的海绵温柔地擦拭肌肤可以缓解病情。长牙期的小孩也有机会享受热水浴，此外，皮肤问题也可用温水护理。

还有一种更热的洗浴方式。蒸汽浴（Vapour）和土耳其浴（Turkish Baths）的温度为 40℃ ~ 50℃。蒸汽浴是现代桑拿的近亲，通常安装在专门的房舍里，如有必要，也可以装配在家里。只需在地上放一个装着沸水的浅盘和一把椅子，脱了衣服的病人便可坐在室内，用一条长及脚踝的大毯子盖住自己。这个临时房舍内充满了蒸汽，病人被建议在此深呼吸和洗澡。如果你想在家尝试硫黄浴、酒浴和草药浴，那只需将必要成分加入沸水即可。

对许多维多利亚人来说，土耳其浴是一种充满异国情调的奢侈品，只有在特殊的浴室里才能有幸体验。那些浴室十分昂贵①，除了上层阶级，几乎无人能触及。《简单问题与卫生事实》中的描述对大多数读者来说都极具启发性。据报道，沐浴者首先会脱去衣服，进入“闷热的房间”，并停留 5 ~ 10 分钟；之后，再到“稍凉爽的房间”里待 10 分钟；接着，他们将被送入“温暖的房间”，而服务员会在那里为他们揉搓身体、“抓揉”肌肉，以去除他们“衰老的皮肤”，使他们的肌肉变得柔软。接下来就该用肥皂搓洗全身了，然后，用“热水—温水—冷水”的顺序依次冲洗。最

① 1888 年，查尔斯·狄更斯在他的《伦敦词典》（*Dictionary of London*）中列出了 10 间浴室，其中只有 4 间是为女士打造的。——作者注

后再洗个冷水澡，进入更衣室，用温暖的毛巾擦干身体。土耳其浴的复杂性要求沐浴者有大量的空闲时间和资金，而大多数人并没有这个条件。

另一种无法在家进行的洗浴方式是喷浴。这需要“一股喷射状水流，水流的粗细从羽毛笔到男人的手臂不等”。它“以强大的力量，向身体的特定部位，如身体上方、下方或一侧喷射”。在马尔文泉，快速下降的水流对直立的身体形成了巨大的压力。一位体验喷浴的人回忆说，水柱直喷在肩膀上，就像推积木一样把他推倒了。但是，根据个人喜好的不同，喷浴也有不同的冲洗方法，比如有在病人坐着时向上喷射水流的，也有用精密的仪器模拟下雨的。

到了1900年，医疗卫浴已成为一种附加功能。人们对疾病的恐惧因对细菌和病毒的全新理解而消除，水不再是需要小心对待的东西。现在，人们洗澡的目的是保持身体清洁。尽管洗澡在医疗上的作用正被逐渐淡忘，但这种洗浴习惯已经给人留下了不可磨灭的印记。

洁净之躯

挂在门后的镀锌锡制浴缸并不是典型的维多利亚式洗浴设备。它直到20世纪初才在贫民的家庭中变得常见。这种洗浴设备对于普通劳工来说是一笔巨大的开销，它的零售价几乎是一套儿童服装的两倍。煤矿家庭似乎是首先购置该设备的。他们确实需要彻底清洗身体，当然，不可忽视的是，他们的可支配收入比大多数工人阶级人群要多。尽管我们普遍认为矿工的生活十分艰辛，但肮脏、艰难又危险的工作环境仍为他们带来了丰厚的收益。他们是英国工人中最赚钱的一群人。

买好了浴缸，首先要操心的问题就是如何加热足够多的水。如果你有铜炉，那这个任务就要容易得多。铜炉是一口大锅，由砖底座支撑，底部有一个燃烧室（加上烟囱就能去除不必要的烟雾）。它平时主要存放在碗碟槽上，远离做饭的主要区域和炉火，唯一目的是烧水。洗澡前，人们首先需要把铜炉装满水。如果你住在城镇里，而且足够幸运，那你有可能会使用水龙头或泵。但你更有可能在街上和其他几个家庭共用一个泵。相反，如果你住在农村，你可以就地取用河水或井水。若想舒服自在地洗一次澡，你大概需用到 5 桶水。根据你和水源之间的距离，把铜炉灌满可能需要 10 分钟到 1 小时不等。

下一个任务是给铜炉点火。燃料当然很昂贵，但你可以用便宜的燃烧材料，而不需要用优质的家用煤。许多人都会从炉子的煤渣中收集炭块，用来给铜炉生火。一旦火燃起来，任何东西都可以作为燃料。5 桶水从冰冷到沸腾大约需要花费一个小时；如果铜炉此前已经被加热，那半小时就足够了。最后的步骤是从铜炉中舀出热水，倒进浴缸。

并不是所有家庭都拥有铜炉。在一些设施完善的厨房里，灶具边常会装置一个内嵌式的水箱。这提供了一个长期不间断的供水系统，能让人随时从水龙头取用热水。这种水箱内部通常装有 1 ～ 2 加仑的水。这些水显然无法注满浴缸，但若混合冷水，基本上就足够了。如果这还不够，就用炉灶再烧一壶水。如果你的家里只有一个简易的便宜炉灶，那你就得用一组大锅和水壶来烧水。为了让所有的锅同时烧好热水，你需要在加热过程中不断更换锅的位置——炉灶的某些部分会比其他地方温度更高，这取决于火焰的中心在哪里。无论你家是否配有铜炉，仔细为烧水做准备都必不可少。

浴缸的摆放同样十分重要。一般来说，它会被放置在最温暖的房间，通常是厨房（因为厨房经常是唯一有炉火的房间）。温暖的房间不仅能让你享受更愉快的洗浴过程，还能使浴缸的温度维持更长的时间。很多人会通过在浴缸下方垫地毯、毛巾或报纸来将浴缸与寒冷的地板隔离开。

正因为准备时间非常久，整个家庭使用同一缸洗澡水也就变得毫不奇怪了。简单地利用一壶温水和一个浴盆就能清洁身体，这是令人难以想象的事。大多数母亲和妻子发现了洗澡水的其他用途，她们会将换洗的衣物浸泡在浴缸中，为洗涤日做准备。从我个人的清洗经验来看，添满和排空维多利亚浴缸是件苦力活。我很讨厌做这件事，特别是在天气寒冷，日照短的时节。

19世纪末，上层中产阶级家庭安装了洗浴设备。此前，仆人需要手工装满水。水被加热后，会通过一个金属罐送上楼，运到更衣室。要想装满整个浴缸，仆人必须运很多次水；当然，等主人洗完澡后，他们又必须将之从楼上抬下来。大多数家庭都雇不起那么多劳动力，其成本高昂，不切实际。然而，从19世纪70年代开始，洗浴变得容易多了。室内管道成为选择，第一间专用的浴室出现了。燃气热水器（Gas-fired Geysers）非常适合给单独的浴室提供热水。欧内斯特·汉密尔顿勋爵（Lord Ernest Hamilton）的家中购置了燃气热水器，但他在回忆19世纪六七十年代奢华的洗浴经历时，表示那并不令人满意：

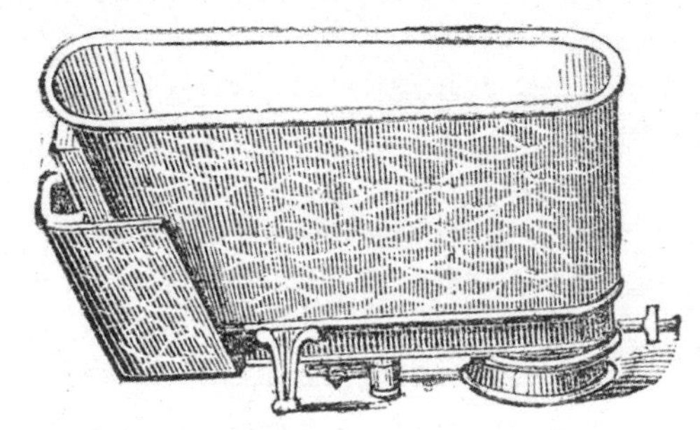

图109　浴缸，1880年。

> 想加点热水，但水流无法成股，甚至连一点儿也不温暖。一连串阴森森的轰隆声之后，终于成功喷出了一小股带着锈色的水，还经常伴有几只地蜈蚣和绿头苍蝇。这股水流只能持续几分钟，之后就完全停止了。热水和冷水之间唯一可察觉的区别在于前者的颜色和里面夹杂着的动物尸体。但它们实际上都是冰冷的。

我们今天已习惯了干净的浴室，更愿意在瓷砖浴室里把自己洗得干干净净，所以我们不禁会认为，维多利亚人一旦有了洗澡的机会，就不会再想回到没法洗澡的日子了。热水浴必然是值得投资的吗？每个有能力负担室内管道的人都会立马购买它吗？

维多利亚人可不这么想。室内管道的实用性还有待考证。即使是富裕家庭，也很少会配备它。有钱的租客可能会想要浴室，但一旦房东安装了室内管道，租金就会立刻上涨。管道装配涉及很多改动和费用，而且只有结构合理的建筑和大到能容得下管道系统的建筑才适合安装它。

还有一种流行的洗浴方式可以替代在家洗澡的方法。它被称为公共洗浴。

男女共浴？做梦！

在21世纪，当提到公共浴场时，我们首先想到的是游泳池，但这并不是它们产生之初的目的。维多利亚时代设立的第一个公共浴室是为公众提供洗浴服务的。最初，商家的想法是向那些没法使用浴室，甚至家中连自来水都没有的人提供最先进的洗浴场所。最早的公共浴室通常与洗衣房相连，人们可以利用自来水和大水槽洗涤每周的衣服，而不用挤在狭窄、简陋的住所里洗涮。

公共浴室的构思似乎是因报纸上一篇关于利物浦女性的文章而产生。1832年，即维多利亚执政的5年前，霍乱疫情导致数十万人死亡，大型港口城市首当其冲。基蒂·威尔金森（Kitty Wilkinson）夫人以及她的丈夫汤姆（Tom）住在利物浦一条贫穷的街道上。然而，他们有幸拥有了一个内置的铜炉，可以相对轻松地烧水。他们是街上唯一一个拥有这种便利条件的家庭。随着疫情的肆虐，基蒂和汤姆主动向街坊分享了这个优越的设备，且每周仅向每个家庭收取1便士的煤炭费和水费。他们让街坊在自己的地下室和厨房洗衣服，并把院子变成了晾衣服的场所。

1832年，没有人确切知道霍乱是如何传播的，但人们普遍认为，只要将衣服和床上用品煮沸，就能使人体免受感染。基蒂和汤姆表现出的慷慨和利他主义着实令人钦佩，因为在这个危机时刻开放自己的家园，意味着他们被霍乱感染的风险将增加。此外，大多数工人阶级都穿着二手服装，且经常与他人合睡一张床，这无疑更加危险。然而，他们毫无顾忌，仍为一大群担惊受怕的家庭提供了帮助。

报商在听到这个故事后，立刻就对基蒂——洗衣服是女性领域，所以是她，而不是她的丈夫汤姆——表达了赞扬，她被称为“贫民窟的圣人”。

让这个故事更具新闻价值的是，基蒂不仅是一名工薪阶层慈善家、劳工的妻子，更是一名出生于爱尔兰的移民。在当时，爱尔兰移民被普遍认为是最底层的劳动者，而她组织了慈善机构，采取了自助行动，那是许多中产阶级都不愿承担的职责。

当商家的构思付诸实践后，公共洗浴运动开始了。各地区互济会（Provident Society）和富裕的慈善家威廉·拉斯伯恩（William Rathbone）贡献了自己的一分力。在各种各样的政治手段下，英国首家公共洗浴房和洗衣房终于开放。这花了近十年的时间。1842 年 5 月，弗雷德里克街的公共浴场在利物浦开张，汤姆和基蒂是负责人。最初，洗衣房才是公共浴场中最受人们重视的部分，而不是能让工薪阶级清洗身体的洗浴房。经过 4 年的游说，议会最终通过了《洗浴房和洗衣房法案》（*Baths and Wash Houses Act*）。自 1846 年起，地方当局有权在自己的社区建立这样的设施，且不需缴纳税款。

1846 年，利物浦在保罗街开了第二家公共浴场，保罗街公共浴场是弗雷德里克街公共浴场水容量的 6 倍。一年后，伦敦在玻璃屋院子街(Glass House Yard）开了一间公共洗衣房，紧随其后的是古尔斯顿广场洗衣房和怀特查佩尔浴场，就坐落在伦敦最贫穷的居民区里。十年内，利物浦又增建了第三家公共浴场，翻新了原来的弗雷德里克街公共浴场；而伦敦则增加了七家浴场：威斯敏斯特有两家，马里波恩有一家，一家位于布鲁姆斯伯里，一家位于汉诺威广场，圣马丁的田野和最东边的波普拉区也各有一家。

图 110　一家私人的洗浴机构，1844 年。产生于公共洗浴运动大规模发展之后。

公共浴场被分为不同的区域。除了男女分区，更多是按价格或阶层来细分。最昂贵的浴室不仅有宽敞、布置精美的卧室与浴缸，还为客人提供足量的热水、毛巾、肥皂和换衣服的空间。便宜的浴室位于狭窄、简陋的隔间，但通常会提供足够的水，能让人舒舒服服地洗澡。更便宜的是公共浴池。客人会在公共浴池旁的小隔间里换好衣服，然后和其他人一起泡澡。

公共浴池最初只收取 0.5 便士，后来上升到 1 便士。这是 11 或 12 岁的小孩就能负担的费用，而实际上，公共浴池正是以此来定价的。早期的浴池并不大，但温度适中。这里不提供肥皂——事实上，在公共浴池里，肥皂是禁止使用的——不过，人们认为浸泡和快速搓洗也能起到同样的效果。池子里只有男性，因此男孩基本都是赤身裸体的。直到 20 世纪初，大多数公共泳池都未强制要求穿泳衣。

池子里的水大多是河水，且没有经过过滤，但每周会更换一次。泥沙通常会在一个星期内慢慢聚集起来，不过，当人们从公共浴池里爬出来时，他们经过浸泡和揉搓的身体仍比刚进池子时要干净得多。这是修建公共浴池的初衷，随后，事情变得有趣起来：浴池成了工人阶级男孩的社交空间，小伙子们会开心地在水中嬉戏打闹，与朋友度过一段愉快的时光。此外，它还提供了温暖的环境，这对那些很少能待在温暖的房间里的人来说极具

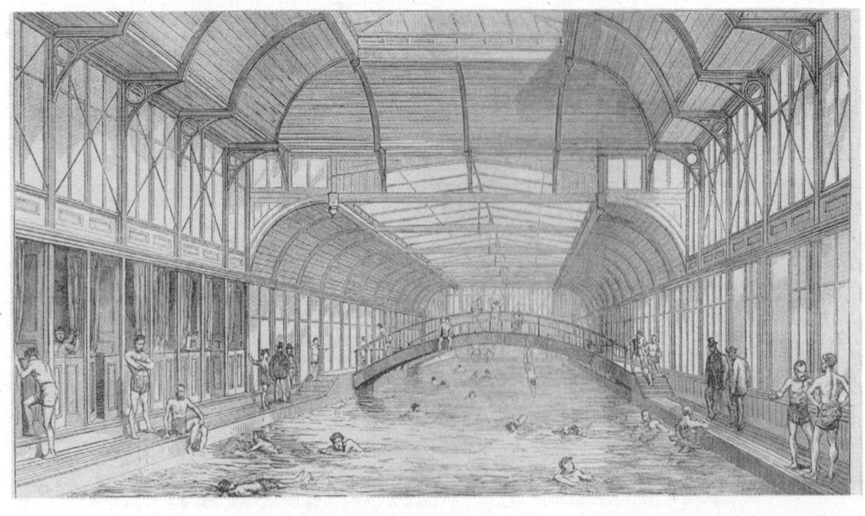

图 111　伦敦泰晤士河上的浮动公共浴池（Floating Baths）在 19 世纪 70 年代获得了巨大的成功。其他城市如英国西北部的切斯特，也以自己的浮动公共浴池为荣。

吸引力。浸泡在温水中为男孩提供了一个难得的机会，能将体内的寒意驱逐出来。清洁对许多人来说只是找乐子的附赠品。据说，小男孩经常聚集在公共浴池外，只为了讨1便士来买张门票。小型的公共浴池得到普及后，新的甚至更大的公共浴池又被建造出来。为避免聒噪的下层阶级男孩惊扰了上层贵族，这些浴池被仔细地按阶级分区。小伙子们被分入了第二级甚至第三级公共浴池，尽管不令人愉快，但这确实给他们提供了一个自由的公共场所和一个不会被批评的地方。这也许还是第一次。

伦敦威斯敏斯特的圣詹姆斯浴场建于1852年，其最初的构思是配备64个小隔间，分为男子一等和二等，女子一等和二等这几个区域。一等区域收取6便士，二等区域只收2便士，而各个区域的冷水浴均为半价。大型公共浴池也分为两个等级。这就是全部的洗浴设施。洗衣房与洗浴房一样要收取费用。洗衣房里有60个用来洗衣服的隔间，此外，还有60个独立的干燥室和16个熨烫间为客人提供熨斗和其他设备。洗衣设施的使用是按时间收费的，每小时为1便士。

很显然，无论是为中产阶级客人还是工人阶级客人，当看到浴场按性别分区时，他们立刻就会明白，公共浴池基本是供男性使用的，而洗衣房是供家庭妇女使用的。家庭妇女可使用的浴室较少，且开放时间较短。一些公共浴场只为男性提供服务，然而，并没有专为妇女提供服务的公共浴场。

洗衣设施最先从公共浴场中脱离。在第一个洗衣服的隔间出现15年后，“洗衣房”一词已在很大程度上不复存在。随着第一个狂热的建筑时期结束，新建的公共浴场很少会提供洗衣设施。

接下来被丢弃的是浴缸。然而，“公共浴池”或者说“游泳池”变得越来越受欢迎。公共浴池最初较小，仅被视为简单的洗浴设施，而非娱乐或体育设施。不过，随着人气的增长，公共浴池通过建造大型游泳池满足了大众的需求。这个变化在第一个公共浴池开放十年后就能看到。一则描述圣乔治浴场的广告在开篇写道：“游泳池，66英尺×30英尺。”巨大的游泳池显然是公共浴场的主要卖点，能提升吸引力；排在第二位的是浴室和价格；洗衣设施在广告的最底部。奥尔巴尼浴场则更昂贵，其广告上写着帕克（Parker）教官教授的游泳课程。

21 世纪的英国依然保存着许多维多利亚时代的公共浴场。当我还是个学生时，我就尝试过一次。里面充足的热水让我感到十分欣慰。

How to Be a Victorian

第15章

性爱世界

牧师弗朗西斯·基洛特的就寝时间通常是晚上 11 点。若有客人到访，他会睡得更晚一些；而如果他要参加晚宴，那他回到家后就已经是午夜了。1870 年 4 月 5 日星期二，他与好友莫雷尔相谈甚欢，一直聊到了深夜 12 点半。

这并不常见。维多利亚的工人通常很早就入睡，一天的劳动已经耗尽他们的全部精力。当然，无法承担照明费也是一部分原因。冬天，寒冷的黑夜总是催促着人们早早钻进被窝。当夜幕笼罩在农工和他们的家人身上时，端坐在冰冷的小屋里没有任何意义。他们无法承担蜡烛和灯油钱，而且晚睡只会令他们因缺乏食物而饥饿难忍。到了晚上 7 点，大多数家庭都已躺在床上，即使他们并没有睡着。

温暖的夏夜会诱惑人们晚睡。挖土工人的儿子杰克·伍德（Jack Wood）居住于英国西北部奥尔德姆市，他在 19 世纪初写下一篇日记，表示："如果这是个令人愉快的夜晚，大家就会坐在自家的台阶上，直到深夜十一二点，然后静静地回屋睡觉。"后来，由于燃料价格下滑，照明费和供暖费也随之下降，人们的睡眠时间开始缩短。

19 世纪 90 年代，磨坊工人艾伦·卡尔维特（Ellen Calvert）会在晚上 10 点睡觉，第二天早晨 6 点开始工作。10 点是维多利亚人最常见的睡觉

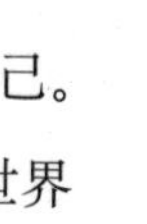

时间。人们有足够的时间吃晚饭，与家人闲谈，还可以好好地放松自己。不过，维多利亚人在享受舒缓的睡眠时间之前，必须先在复杂的性爱世界中探索一番。

男人天生的强烈性欲

“男人天生拥有强烈的性欲”，这是维多利亚时代公认的真理，甚至得到了医学界、教会和广大民众的赞同。然而，男人们应该如何作为，又该如何领导自己的性生活呢？对此，整个维多利亚时代出现了两种比肩并立的观点。第一种观点理直气壮地表示，男人应该顺从于自己的性欲，可根据个人条件或生活状况的不同，通过与妻子、情妇和妓女的结合来以一种健康的方式解决生理问题。另一种观点恰恰相反，认为男人无论是出于道德考虑，还是为了身体健康，都应该控制自己的欲望，不宜放纵。

婚内性行为是主要的战场。人们相信，上帝赋予了男人这项基本权益，让他们在有需求时随时要求妻子配合，而妻子有义务服从。然而，此事还存在着一种强烈的文化观念，认为“善良的人”在某些情况下应该克制自己。与孕妇或刚刚从分娩中恢复的妇女发生关系是不可原谅的；当妻子在生理期、生病或在礼拜日时，也不应该进行性行为。如果某个男人打破这些约定俗成的规则，人们就会认定他是个“禽兽”，他的行为也将被男人和女人所唾弃。因此，在性欲方面稍加约束才是最理想的状态。

然而，无论是男人还是女人，都对性欲强烈的男性更加钦慕。无论能否接受，妇女通常都希望自己的丈夫有强烈的性欲。没有性欲的男人不能被理所当然地视为“男人”。医学界长期以来也有着这样一种理论：如果男人不经常射精，他的精子就会变得“不新鲜”，从而引发健康问题。春梦通常被视为自然的清洁行为，很适合年轻男孩和单身汉，尽管一些道德权威认为只要能在清醒的时候去除邪念，男人就能遏制这种现象。这种思想让许多男人，包括医生和少数教会会员在内，意识到自己必须定期进行性行为。手淫并不是健康的选择。1884 年，豪（Howe）博士指出：“每周射精 3 ~ 4 次对于健康的男人来说不会有太大的负担，而同样频率的手淫或梦遗则会导致身体虚弱。”

维多利亚人将性生活视为治疗一系列男性健康问题的方法。患有抑郁、焦虑、过度疲劳和头痛的男人有时会被医生诊断为缺乏性交。许多医生甚至会为他们的男性病人提出结婚、找情妇或召妓等治疗方案。然而，也有很多医生曾抱怨，那些隔三岔五来找他们要滥交许可证的男人快把他们逼疯了。

威廉·阿克顿（William Acton）是一位内科主治医师和作家，专注于研究性健康问题，他认为："大多数人，特别是年轻人，往往只是美滋滋地来找一个能让他们放纵的理由。" 在他看来，男人口中的各种症状 "经常被夸大"，因此，他为这些年轻人制定了低量饮食以及体操锻炼疗法。不过，如果你是豪博士的病人，结果可能会有所不同。"若没有办法进行婚内性行为"，豪博士指出，"尽管医生对此并不情愿，但必须将病人的偷情行为合理化，且提出相应的医嘱，这是医生的职责。"

这种医学观点遵循着一种双重标准，但仍被人们广泛接受。妇女被要求严格维护贞节，而男人则可以理直气壮地性交。渐渐地，很多女性产生了困扰：如果她们不能或不愿迎合丈夫的需求，那丈夫该如何维护自身的健康？这类担忧一直持续到了 20 世纪 20 年代，许多妇女写信给玛丽·斯特普诊所[①]（Marie Stopes Clinics），以寻求帮助。在这些妇女中，尽管有许多是对再次怀孕感到担忧的，但拒绝丈夫后产生的内疚感可能才是最主要的原因。

如果说有一些医学意见正在将频繁的性行为合理化，那么也有一套同样强大的科学理论认为性行为过于频繁十分危险。性交频繁会导致男性虚弱无力、疲惫不堪。对维多利亚人而言，男人的生命力与他的精子是相互依存的，纵欲过度会夺去他的活力和男子气概，甚至可能让男人显露阴柔气质。然而，人们很难界定纵欲过度的范围。大多数专家承认，人与人之

①玛丽·斯特普是英国学者、女性权益活动家以及避孕节育领域先驱。她创办了英国第一家节育诊所，也是最早提出计划生育概念的人。——译者注

间可能有所不同，有些人即便每星期进行 3 ～ 4 次性行为也不会失去活力，而有些人每星期一次都嫌多。医生通常建议男人将性行为的频率固定在大约每星期一次，如果在性行为之后产生了疲劳感，那间隔时间就应该延长。

阳痿通常被视为过度纵欲所致。因此，如果一对夫妇结婚的时间与第一次怀孕的时间相隔太久，旁人就会认为他们在婚姻初期投入了太多热情，从而导致男人生产高质量精子的能力减弱了。人们相信，只有等到婚姻生活的第一波激情结束，性生活变得适当而不频繁时，夫妻才更容易怀上孩子。通过这种方式，性行为受到了一定的约束。

大多数维多利亚男性都会经历一段自我克制的时期和一段自我放纵的时期。即使是那些持有严格禁欲态度的男人，其性行为也会在婚后（与妻子行房后）逐渐增多。通常情况下，许多夫妇只会因为怀孕分娩，或健康问题而暂时禁欲。

中产阶级男性的晚婚情况让人忧心忡忡。医学界的普遍意见是：男性的欲望和性能力从青春期开始稳步上升，在 27 岁左右达到峰值，然后慢慢消退。但是，中产阶级男性的结婚时间已普遍后推至 30 岁，在那个年龄段，他们正好积累了足够的财富来组建家庭。人们普遍认为，处在性欲最旺盛时期的男性很难顶住生理上的压力，他们的生育能力很可能会因禁欲而受到影响，因为他们错失了生命中最美好的时期。

一些英勇的斗士在为消除双重标准而奋斗着，他们想让男性与女性一样保持贞洁，呼吁男性早婚，以更健康的方式来满足生理需求。不过，结婚时间也不应太早，因为性行为可能会危害男孩的健康和心智发展。大多数医生和家长建议，中产阶级男性最早的结婚年龄应为 20 岁，最佳结婚年龄则为 22 ～ 24 岁。这既确保了年轻人有足够的时间来稳步成长，又促使其不会因花天酒地而伤害身体。

妓女的客户（而不是妓女本身）手中留存的极零碎的证据似乎表明了人们对单身男人的强烈偏见。警察只有在发生打架或盗窃等案件时，才会将客户的名字写入记录簿。在这种情况下，警察通常会使用绰号，但“单身汉”最为常见。一些权威人士——如阿克顿医生、亨利·梅休记者展开的私人调查为我们提供了复杂的证据。士兵也是极具代表性的人群：只有10% 的士兵被允许结婚。普通士兵若想结婚，必须得到指挥官的允许。然而，军队规定，得到这种特权的人在任何情况下都不宜超过 10%。维多利亚时代的单身汉只能以嫖妓的方式来解决生理问题。在结婚之后停止嫖妓，这对男人而言是司空见惯的事。但因此而染上性病也是常事。新婚妻子常会担心男人将青年时染上的性病带入婚床，污染了自己贞洁的身体。许多小说都将这类故事写得出神入化，那些引诱无辜少女的角色一般不会被描述为已婚男子，而是“浪子”。譬如伊丽莎白·盖斯凯尔笔下的亨利·贝林厄姆[①]（Henry Bellingham）先生就被描述为风流浪荡的单身汉。然而，贝林厄姆在“浪子回头”（维多利亚时代的另一个代表性角色）后，被一位善良的年轻女子的爱所拯救，并在结婚前放下了自己的不堪往事。

困扰国民的手淫

19 世纪后半叶，手淫或对手淫的恐惧几乎成了整个国家的困扰。这种“邪恶”的行为给男孩带来了巨大的危险，必须立刻制止。父亲、母亲、医生、宗教领袖和校长都被赋予了教育青少年的责任，前者引导他们进行自我约束，以抵制诱惑。19 世纪的进步医学似乎证实了传统观念中对男性消耗生命力的担忧。用临床医学术语来说，到了 19 世纪 50 年代，医生将手淫与脑软化、精神错乱、癫痫、痴呆、哮喘、神经过敏、抑郁症、歇斯底里症和自杀行为联系在了一起。医生的基本观点是：由于人的精液是新生命的载体，精子的产出必定会耗费大量的精力。这很容易被证明：射精后，睾丸必须花费更长的时间才能产生更多精液；第一次射精后，短时间内进行的第二次射精所产生的精液要比第一次少得多。

道德层面的恐惧加剧了医疗方面的关注。手淫被认为是一种边缘行为，会导致不道德的生活习惯。放纵自己的男孩很容易被蛊惑，并最终沦为妓女和情妇身下的牺牲品。此外，这种猥亵行为会让他们缺乏对女性的尊重，

①出自 1853 年的开创性小说《露丝》（*Ruth*）。——译者注

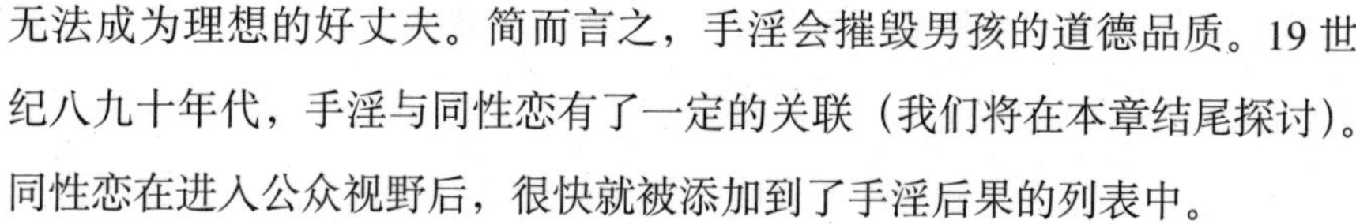

无法成为理想的好丈夫。简而言之，手淫会摧毁男孩的道德品质。19世纪八九十年代，手淫与同性恋有了一定的关联（我们将在本章结尾探讨）。同性恋在进入公众视野后，很快就被添加到了手淫后果的列表中。

公立学校处在手淫泛滥的风口浪尖上。1866年，E.B.蒲赛博士（Dr. E. B. Pusey）致信《泰晤士报》，提到了这些机构里放纵自慰的情况。他声称这种可耻的做法在50年前几乎不为人知，而现在已成为“男孩的困境。它腐坏了孩子的根基，并将对他们的智力造成诸多破坏”。我们很难想象性健康问题有一天会被搬上台面，引发公然讨论。虽然维多利亚时代的性爱经历大都躲在遮羞布下，但手淫备受人们关注。

公立学校受到的批评之一是男孩的不当行为全靠同学的检举揭发。在这种情况下，仅一个“堕落”的男孩，就很可能导致整个学校陷入罪恶。反对手淫行为的人将之视为下流语言和猥琐行为的萌芽。学校为男孩分配了各自的床（由于经济条件和供暖等原因，男孩公用床铺的现象十分常见），并将床铺搬到单独的隔间，而不是放在长时间开放的宿舍中。课程安排也出现了改变，新增了有组织的田径运动和体育运动，这也是对手淫恐惧的一种回应。大多数医生和教师也将体育锻炼视为有效的预防措施：“让男孩精疲力竭，你就什么麻烦也没有了。”食疗也是一种方法。大量供应的热餐会刺激性欲，为了防止这种情况，晚餐时间被提前，且以清淡的冷餐为主。1894年，杜克斯（Dukes）博士在《在校健康》（*Health at School*）一书中提出，少用床上用品也是一种措施。清凉的床褥能冷却男孩的热情，就像洗冷水澡一样——人们对洗热水澡也颇为警惕。

尽管采取了上述措施，主日学校也定期进行布道，但父母们依然忧心忡忡。许多父母会不断教育孩子学会自我控制，劝诫他们维护贞洁。19世纪末，美国的劝诫文学（在英国也有出版）也曾强烈要求父母与儿子进行这类谈话。这有时是父亲的责任范围。一些成年男性仍能回忆起与尴尬的父亲进行这种对话时的痛苦感受。李特尔顿爵士是一个12岁男孩的父亲，也是一位备受尊敬的保守党政治家。当把儿子送到公立学校后，李特尔顿爵士给他留下了一封信，语气恳切、恩威并施地指出了他今后可能会面临的道德危机。李特尔顿爵士在结尾处写道："只需查阅，无需告知，过后莫再提起。"

然而，一些劝诫书清楚地表明，孩子的母亲应该尽早与男孩提起这个话题。简·埃利斯·霍普金斯（Jane Ellice Hopkins）是"白十字军"[①]的创建者，他指出："母亲应该在孩子幼年时就向他解释性行为，从而避免他有任何不正当的想法，或者做出任何过激的行为。"伊丽莎白·布莱克威尔（Elizabeth Blackwell）博士对这种针对儿童的培训表示赞同："母亲应该谨慎小心，避免孩子触摸或玩弄自己的身体。孩子的身体是美好而神圣的存在，不应肆意玩弄或视作儿戏。"

与其他任何形式的道德问题不同，中产阶级孩子的手淫行为被认为更具威胁性。诚然，工人阶级的男孩就生活在母亲的眼皮底下，从小从事繁重的户外工作，既不可能在深夜吃大量热菜，也不可能在洗完奢侈的热水澡后爬上高床暖枕呼呼大睡。对大多数人来说，由于饮食匮乏、生活环境寒冷和缺乏运动等因素，穷人家的孩子在独处时的道德风险要比中产阶级男孩低得多。只有在学校等机构中，男孩才有可能聚集起来，传播不良的习惯。

被误读的女性

21 世纪有一个普遍的误解，那就是认为受人尊敬的维多利亚女人十分拘谨，对性不感兴趣。1857 年，杰出的医生威廉·阿克顿曾多次声明，大多数妇女不会在意任何一种性感受。但是，这只是众多观点中的一个。许多文学家并不同意阿克顿的观点，并公开承认新婚少妇对于能与丈夫发生性关系感到非常高兴。1838 年，威廉·科贝特称："自然设定就是如此。婚礼后，男人的激情会开始平复，而女人不会。她们的性欲在上升……她们出人意料地迅速对这件事产生了兴趣和好奇。"

---

①在英国教会支持下成立。其致力于推动男女贞洁，抨击公开的和隐秘的罪恶，还主张保护妇女和女孩免于卖淫和堕落。——译者注

医学界认为，妇女可按照性感受的不同分为三组。第一组性欲最淡或没有性欲；第二组（人数最多）的性欲适中；第三组虽然人数较少，但性欲强烈。即使是像豪博士这种对女性性行为持怀疑态度的作家，偶尔也会注意到女性对性事的偏好，并承认高潮对一部分女性来说确实存在。他叙述了女性性玩具的存在，并指出它们是由不知廉耻的女性代理人出售给学校里的女学生和其他不愿承担性交风险的人群的。木制性玩具和皮革性玩具被 19 世纪中叶的橡胶假阳具所替代，这是一种更舒适、卫生的设备，受到许多人的喜爱。女性的自我慰藉是维多利亚时代的重要议题，但仍比不上男性手淫的规模。妇女的自慰行为不像男性的“纵欲”行为那么普遍，也不会过于伤害自己的身体，因为女孩很可能会因自慰行为而自我谴责。正如几位男性评论家所指出的，这会影响她在未来享受“真正的”性交时所体会到的乐趣，因此，她不会像男人那样耗损自己宝贵的身体。

奥尔巴特（Allbutt）博士在《妻子手册》（*The Wife's Handbook*）中写道：“丈夫和妻子在进行性行为时，应该保持愉悦的心情。”这来源于一个长期以来被广泛反对的观念，后者认为父母在受孕时的心理状态将决定孩子的特征。例如，醉酒时发生性行为会生出笨拙的孩子；因性暴力而孕育的孩子会十分野蛮；在无爱的性生活中诞生的孩子，会变得冷酷而残忍；如果母亲在性行为中不够热情，孩子就会十分懒惰；如果性交过程太过强烈，孩子就会缺乏自控、易于浮躁。人们相信，只有父母双方都投入爱与体贴，严格自律并且享受过程，才会生出最完美的孩子。

这只是众多传统性观念中的一种。随着维多利亚女王执政，许多人仍坚持认为女人的性欲潜伏于她的少女时期，只有在新婚之夜才会因为丈夫而“觉醒”。从那一刻起，她的性欲就变得旺盛起来，甚至比男人更强烈。女性的性欲需要由男性来控制，丈夫要确保妻子的肉体忠贞。威廉·科贝特有关婚礼之夜的评论便是对这些传统观念的重申。理想的新娘应该是温柔而天真的处女，她们所寻求的应该是情感，而不是与新郎的肉体关系。强烈的文化压力要求妇女在结婚前抑制并隐藏对性的兴趣。一旦肉体结合，这种兴趣在文化上被接受，女性的欲望就会被解封。从此，许多妇女在性上解放了。维多利亚女王十分享受与阿尔伯特亲王进行的主动而愉悦的性生活。在写给墨尔本勋爵[1]（Lord Melbourne）的一张便笺中，她将新婚夜晚描述为“既令人眼花缭乱又让人满意”，而在她的日记里，她表示他们当晚“几乎没有睡觉”。在其他地方，很多已婚妇女也含蓄地记下了自己对性的感受。19 世纪 40 年代，尽管已经结婚 20 年，有了 10 个孩子，但当丈夫斯坦利亲王（Lord Stanley）离世后，亨丽埃塔·玛丽亚（Henrietta Maria）仍在给朋友的信中哀叹着她“孤枕难眠”的境遇。50 年代，艾萨克·霍尔顿（Isaac Holden）因自己的业务，不得不与他的第二任妻子尼·萨格登（Née Sugden）长期分居。在写给丈夫的信中，萨格登表示很想念自己的丈夫，并渴望彼此“拥抱”。

科学挑战着一套更严肃的关于性的传统观念。此前，人们普遍认为女人只有体验到快乐，其卵子才能受精。这种想法源于男性性高潮与射精之间不可逆转的关系。在 1814 年的《法律职业手册》（*Manual for the Legal Profession*）中，塞缪尔·法尔（Samuel Farr）写道：“如果没有欲望带来的激励，或是在性行为中享受乐趣，女人是不可能怀孕的。”然而，到了 19 世纪 50 年代，大部分医生都接受了如下事实：女人可以在没有高潮或者没有“享受”到任何快感的情况下怀孕，譬如，妇女可能因强奸而怀孕。尽管新的认识使少数女性获得了公正对待与同情，但研究最广泛和普遍的影响是对妇女施加了压力，迫使她们在婚后依然对性事持冷淡态度。

然而，人们对激情的态度已经开始转变。1869 年，乔治·纳斐（George Naphey）博士在他的作品《妇女的生理生活》（*Physical Life of Women*）中指出，一些妇女为自己对性的厌恶和冷淡而公开表示自豪。即使在婚姻生活中，性欲也被认为是堕落的标志，在某种程度上，这成为许多夫妻不和谐的根源。1859 年，玛丽·西奇威克（Mary Sidgwick）与爱德华·本森（Edward Benson）牧师结婚。她自认是一个纯洁而美好的女人，然而，正因为这份纯洁以及她丈夫对她的纯洁的坚信，他们的蜜月变得无比艰难。“我为什么会在巴黎哭泣？都是这夜惹的祸！”

---

①英国政治家，在维多利亚执政早期发挥了导师般的作用。——译者注

我们也能从小说家查尔斯·金斯利与范妮·格伦费尔（Fanny Grenfell）结婚前（1844 年）的话中了解到无性理想的盛行。他要求未来的妻子必须“屈从于激情”，而不是“圣洁的天使，不需要动情”。19 世纪中叶，随着对妇女“纯洁”的渴望变得更加强烈，由男人来控制已婚妇女旺盛的性行为，变成了由妇女来遏制并约束其丈夫的性行为。在后来的生活中，玛丽意识到，爱德华娶她为妻的原因之一是“确保自己不在爱情中犯错误”。毕竟，她在 7 岁那年就与爱德华相识，18 岁时就和他结婚了（当时他 30 岁）。爱德华相信她的“纯洁”能帮自己克制强大的性欲。

然而，影响女性性行为的另一个主要因素是怀孕和分娩的频率。在经历一连串艰难的生产，忍着疼痛给孩子哺乳后，许多女性，尤其是工人阶级妇女对怀孕感到异常恐惧。19 世纪末，3 个孩子的母亲玛吉·弗莱特（Maggie Fryett）想避免重复她母亲的命运。她的母亲生下了 14 个孩子。她写道：“我不想这样。再这样下去我就得一直缝补衣服……估计等我爬上床时，丈夫都已经睡着了。”

避孕套与洗涤器

1843 年的橡胶硫化技术极大改善了避孕设备的技术性能。在 19 世纪 20 年代以前，避孕套就已经有很长的历史了，但它并不是一种避孕设备，而是一种改善男性健康的手段。戴避孕套能有效防御性病，特别是梅毒，而这正是大多数男人所担心的疾病。18 世纪末，伦敦设立了两家专门销售避孕套的商店。这些避孕套由羊肠制成，在使用前，人们需将它仔细浸泡几个小时，使其充分软化；之后，再将丝带绑在避孕套的底部，牢牢固定好。使用过后，人们会小心地将它清洗干净，晾干并储存在小盒子里，直到再次使用。这种设备对拥有固定伴侣或经常逛妓院的富人来说十分方便，他们可以有计划地进行性行为，并从容地享受这个过程。偶然发生的邂逅则很少能用到避孕套。

我曾试着制作这种避孕套，但后者需要极精细的手工技术才能完成。

我必须彻底清洗羊肠，并将它浸泡在碱性溶液中，之后，剥去它周围的组织，只留下肠壁。为避免在避孕套上留下洞，我必须非常小心。接着，我将洁净的羊肠切成长段，套在一个木制的模具上，将一端裹上一条丝带，另一端用一段细丝完全捆扎。最后，我将基本干燥的避孕套移出模具，待它完全干燥后，装箱储存起来。或许是为了鼓励工人阶级使用，这些避孕套的价钱并不算贵，售价在 2 ～ 6 便士不等。

由硫化橡胶制成的子宫套是一种更令人愉快，也更可靠的选择。这种橡胶制品既便宜又耐用，用起来既方便又舒服，因此越来越受人们欢迎。子宫套有一个额外的优势，那就是它可以让女人偷偷使用，而不至于被男人发现。奥尔巴特博士在《妻子手册》中所描述的子宫套与 21 世纪的产品很相似："子宫托是圆形的，看上去就像个菜盘罩，其圆顶部分由薄而光滑的印度橡胶制成。其材质柔软，一碰就会凹陷。子宫托边缘由厚橡胶环制成，可以挤压成任何形状；中空部分可在性交期间覆盖宫颈和子宫口，将精液隔离在子宫外。"

但是，这两种避孕设备并不是维多利亚时代仅有的选择。1823 年，弗朗西斯·普雷斯（Francis Place）出版一系列小册子和传单，向英国工人阶级宣传了海绵避孕用具的优点。海绵避孕是欧洲大陆常用的一种避孕方法，上层阶级几乎无人不知。这是另一种生育控制法，掌握在女人手中，而非男人。将一小段海绵与一段长丝带连接，浸泡在能杀精的溶液中，如明矾和水；在性交前，将之插入女性体内；性交结束后，再用丝带拉出海绵，冲洗干净。

理查德·卡莱尔（Richard Carlisle）是一位作家和活动家，他呼吁大众使用避孕措施。在《写给每位女性的书》（*Every Woman's Book*，销售超过 1 万册）中，他推荐人们采取体外射精、使用避孕套和海绵法来避孕。和弗朗西斯·普雷斯一样，卡莱尔由于其主题的丑陋本质遭到了公众的谴责和抗议，但当局已无法阻止这些信息被广泛传播。

1834 年，另一种避孕方法被引入了市场。查尔斯·诺尔顿（Charles Knowleton）的《哲学产物》（*Fruit of Philosophy*）首次描述道："性交后，

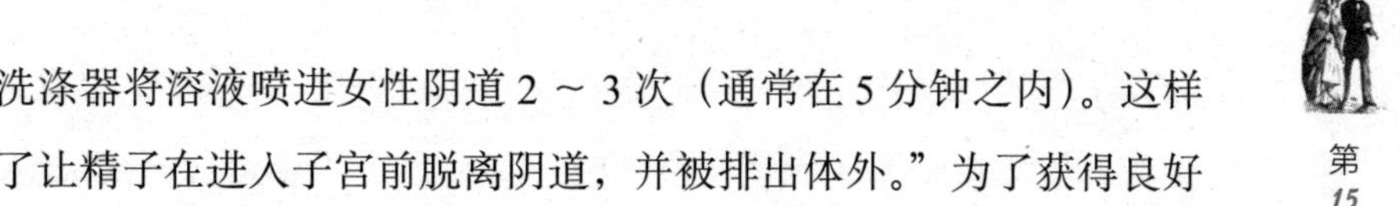

用阴道洗涤器将溶液喷进女性阴道 2 ～ 3 次（通常在 5 分钟之内）。这样做是为了让精子在进入子宫前脱离阴道，并被排出体外。”为了获得良好效果，女性也可以在阴道洗涤器中注入白水或杀精的溶液。推荐使用明矾和水，此外，还有硫酸锌加水、醋加水、碳酸氢钠（小苏打）或液态氯化钠加水。将阴道洗涤器装满溶液后，女人会蹲在一个碗上，将混合物喷进阴道，再让它流出来。

对许多维多利亚人而言，普雷斯和卡莱尔的工作充满了浓厚的激进派色彩。他们提出了各种各样的避孕措施，并将之视为保障女性健康的工具。普雷斯的目的是让身体虚弱的妇女免受怀孕的伤害，因为怀孕很可能导致她们的骨盆变形，引发流产和死胎等问题。卡莱尔则更为叛逆，他倡导更平等愉快的婚姻生活，声称避孕的目的是让妇女享受性爱，而不用担心会怀孕。这些前瞻性想法要在一个世纪之后才能得到共鸣，但在维多利亚时期，它被大部分人群，特别是宗教人士所拒绝。

不过，上述说教仍取得了部分效果。1876 年，英国的出生率整体呈下降趋势，且直到 20 世纪 20 年代都未曾改变。中产阶级家庭人口的下滑趋势可追溯到 19 世纪 50 年代。这种变化更多是受维多利亚人观念转变的影响，而非避孕设备本身（没有明确的证据能证明产品销量究竟有多少），这种转变及时渗透到了社会各阶层。人们开始主动选择生育多少个孩子。为了减轻经济压力，人们常选择组建人数较少的家庭，并集中所有资源来为孩子提供教育等服务。减少怀孕次数不仅能让妇女的身体更健康，而且能让她们更好地经营家庭、照顾家人。尽管此前也曾有人因为某些原因限制自己的生育能力，但这已转变为一个全新的、涵盖各个阶层的大概率事件。这是一个新的文化目标，一种将自己标榜为有道德的现代人的新方式。19 世纪后 20 年，典型的中产阶级家庭可能最多只有 4 ～ 5 个孩子。根据人口普查，在 1861—1869 年结婚的英国夫妇平均有 6.9 个孩子，这个数据自维多利亚初期就一直十分稳定。然而，在 1890—1899 年结婚的英国夫妇平均只有 4.3 个孩子。

我们无从得知这种锐减是如何发生的。当然，我们也不可忽视，此时的避孕方法比以往任何时候都要多。但在这些避孕方法中，也有一些根本无法起实质性作用。阴道洗涤器常作为一系列医疗用具而被采纳。例如，大多数医生和助产士会用这种方法来为生产过后的母亲清理阴道，希望能减少其受感染的概率。因此，对于一些人来说，它们只是一种清洁设备，使用效果类似于坐浴。子宫套也很难与阴道子宫托区分开来，后者属于医疗用具，主要用于治疗各种女性疾病。

大多数家庭都能在没有购买任何避孕设备的情况下减少怀孕次数——自我克制无论是对男性而言，还是对女性而言，都是一种性美德。正如我们所指出的，即使是在婚姻生活中，人们也认为过度沉溺于性生活会对健康造成恶劣的影响。这种压力来自医学权威、宗教权威、通俗建议文学、小说、教育家和校园指导。人们更希望通过禁欲来限制家庭人数，这比避孕设备更容易让人接受；体外射精可能是对这种自我控制的延伸。维多利亚时代结束后不久，“谨慎行事”成了这种做法的委婉表达。

堕胎的幌子

堕胎也许也是19世纪末出生率下降的另一个原因。我们永远无法知晓小巷子里的堕胎现象有多可怕、多严重，但我们知道，维多利亚人确实有许多种处理幼小生命的方式。派伊·谢瓦斯博士在《给妻子的建议》中遗憾地指出，在“胎动”（Quickening）之前，胎儿就已经是一个活着的小生命了，因此，在产生胎动前把孩子拿掉一样是堕胎。“胎动”是女人第一次感觉到孩子在她的身体里移动的那一刻。传统上来说，这是婴儿被注入生命的时刻。“胎动”一词最古老的含义就是“生命”。这导致了一种公认的观念，即在胎动前处理掉婴儿就不算是罪过，因为它还没有生命。派伊·谢瓦斯博士严厉谴责了那些因被误导而犯下错误的夫妇，恶言道：“如果不能把他们吊死，至少也要把他们流放。”

另一方面，服用堕胎药则多少含有自我欺骗的意味，能使人把堕胎与“慢慢流产”视为两种毫不相干的事。堕胎药打着“女性药丸”的招牌，

以维系女性经期规律为借口，以防止痛经等疾病为幌子，在各个药铺广泛销售。大多数药铺都有多种品牌的“女性药丸”，以普通滋补剂和帮助调整经期的名义刊登广告。当然，你也可以自己制作堕胎药，时尚杂志和咨询类书籍都写有药方。1883 年版的《阅我》（*Consult Me*），一本面向中产阶级妻子的家庭咨询书就写有两个药方，均包括芦荟、松节油（摄入会引起肾脏衰竭）、半边莲（一种类似尼古丁的泻药，对孕妇十分危险）和黑升麻（毛茛的亲缘植物，目前用于治疗更年期综合征），此外，还有一些配料，可通过“去除障碍物来治疗头痛、情绪低落、神经质和肤色灰黄”。

无论是将之作为堕胎药还是补品，许多妇女似乎每个月都会服用这些有毒物质。对于刚怀孕的妇女来说，堕胎与进补并无实质性差别。维多利亚女性几乎都会使用堕胎药来控制子女的数量。费丝·多萝茜·奥斯格比（Faith Dorothy Osgerby）出生于 1890 年，她的母亲承认曾试图阻止她出生。为了流掉她，她的母亲甚至不惜用上了火药。“每天晚上，她都会把火药制成糊剂，装在洗脸盆旁的肥皂盒里。”费丝回忆起母亲的话时说。

卖淫、出轨与同性恋

针对维多利亚时代究竟有多少名妇女在以卖淫为生，人们的猜测千差万别。埃克塞特主教认为，1839 年，伦敦的妓女多达 8 万人。不过，正如《伦敦城市使命杂志》（*London City Mission Magazine*）一位匿名作家所反对的那样，如果埃克塞特主教所言非虚，那将意味着在伦敦 15 ~ 50 岁的女性人口中，每 5 个人就有一个是妓女。这个数据无疑是不准确的。《伦敦城市使命杂志》与许多其他人都指出，这个夸张的数据并不是准确的数字，而是危言耸听，目的是鼓吹一系列“道德使命”。相比之下，警察给出的数据则更为实际，更为精准。这些数据由官员记载在当地的记录簿上，包含着所有已知的妇女，而不仅仅是那些被指为妓女的人。当然，这种数据依然有所保留，因为“警察没法认出情妇和姘妇”，但它们至少是由当地人仔细观察得来的。1857 年，伦敦大都会警察局给出的总数为 8 600 人，只有埃克塞特主教那夸张数据的十分之一。不过，这仍占了该地区女性的五十分之一。这是一个惊人的数字，在某种程度上也解释了为什么卖淫是老生常谈的话题。

维多利亚时代的文学作品充斥着关于"堕落女人"的故事。比起世俗的读物，宗教出版物包含了更多道德故事，讲述着屈服于诱惑将导致何种危险。许多杂志，如《战栗》和《星期日在家》均将这类故事作为主题。对我而言，在所有讲述"卖淫"的故事中，伊丽莎白·盖斯凯尔的《露丝》不仅写得最好，也最能引发读者共鸣。这本书讲述了女主人公的生活：露丝是一名裁缝，在一家血汗工厂里工作，而亨利·贝林厄姆是一位年轻的贵族，在露丝生病绝望时，向她伸出了援手。年轻的露丝深深被他诱惑。然而，当得知露丝怀了自己的孩子后，贝林厄姆狠心抛弃了她。即使是勇敢的盖斯凯尔夫人也无法为女主角在社会中觅得片刻的安宁与宽恕（露丝后来死了），不过，露丝仍通过将爱奉献在孩子的身上获得了某种形式的救赎，而孩子，则被赋予了希望和未来。小说以温情动人的笔触诠释了这

THE CHRISTIAN. 17

FRIENDLESS AND FALLEN.

NEW PREVENTIVE HOME. *See "Christian," July 1, 1886, page 12.*

This proposed extension is for the reception and training of really FRIENDLESS YOUNG GIRLS in their 'teens. Many may be rescued from dangerous surroundings by Missionary effort, and saved for time and eternity by Christian and industrial training. This Home is in connection with the LONDON FEMALE PREVENTIVE AND REFORMATORY INSTITUTION.

£1550 REQUIRED for building and furnishing, and donations toward this amount will be thankfully received by

Messrs. Morgan & Scott, 12, Paternoster-buildings, London, E.C., or

EDWARD W. THOMAS,

200, Euston-road, London, N.W. Secretary.

图 112 风尘女子经常被诸多媒体拿来广泛讨论。图为《克里斯汀杂志》(*The Christian Magazine*) 上的慈善倡议书，1886 年。

个大胆的主题，遭到了激烈的抗议，但也促使人们对该话题做出进一步的讨论。之后，就连新闻报道和布道也加入了公开讨论的队伍中。

为妓女建立住房或教养所是一项很受欢迎的慈善活动，中产阶级人士，特别是那些参与了筹款基金活动的妇女尤其热衷于此。查尔斯·狄更斯也曾创建这样的机构——乌拉尼亚之家（Urania House）；而诗人克里斯蒂娜·罗塞蒂（Christina Rossetti）则花了很长时间在教养所中与年轻女孩一起工作。此外，在政治世界中，两条法案即将在抗议和讨论中被通过：一条是针对性病的预防而来，另一条则是为提高法定结婚年龄而产生。“卖淫”在维多利亚时代并不是被忽视或抑制的话题，从很多方面来说，关于这类话题的讨论比 21 世纪要更公开，更频繁。

在维多利亚统治初期，人们讨论的话题主要集中在两性健康和对色情行业的控制上。受政府控制下的健康检查和合法妓院的启发，人们建议在全国范围内对妓女进行检查和治疗，以防止疾病蔓延。最有影响力的拥护者之一是威廉·阿克顿医生。1857 年，他针对英国卖淫产业的性质出版了一本书，对维多利亚时代伦敦的相关产业进行了详细的描述，内容涵盖我们所能找到的所有资料。他指出，社会上并没有组织周密的妓院，妓女在很大程度上只是为自己工作，把客户带回自己的住处或租用的房间。他笔下的妓女大都穿着优雅而整洁的衣服，略施粉黛，与漫画中的形象颇有不同，后者经常顶着张花里胡哨的脸，穿着粗俗的礼服。男人似乎很排斥这种花哨的形象，他们更希望看到自己的非法性伴侣符合维多利亚时代的普遍审美观，就像他们的姐妹、妻子和女儿一样。

阿克顿医生指出，音乐厅、剧院、舞厅和餐馆是妓女最主要的招揽地。很少会有受人尊敬的妇女出现在这种场合。在 19 世纪 50 年代的伦敦，西区[①]就是著名的红灯区。白日里讨喜的公园和漂亮的花园，在夜幕降临后立刻换上了一副新模样。晚上 10 点，在泰晤士河畔的克雷蒙花园里，或在北伍尔维奇花园、海布里谷仓花园和罗舍福尔花园中，妓女们会等待着

①与纽约百老汇齐名的世界两大戏剧中心之一，既是表演艺术的国际舞台，也是英国戏剧界的代名词。——译者注

男性顾客的到来，尽管这种生意通常是由男性悄悄找女性进行的。阿盖尔郡的公寓和霍尔本的赌场都是热闹的场所，在那里，人们既能尽情地赌博、抽烟，又能找到盛装打扮的热情妓女。此外，阿罕布拉音乐厅也以其诱人的芭蕾舞表演而闻名。当音乐厅和剧院打烊时，秣市街的酒吧、咖啡馆和俱乐部便成了新的聚集点，在那里，人们的情绪又将波动起来。

尽管西区是伦敦最主要的红灯区，但在东区[①]的公共房屋和大多数音乐厅里，人们也可以找到便宜的性服务。伦敦音乐厅经常被称为肖迪奇帝国（Shoreditch Empire），商业大街上的皇家剑桥音乐厅和霍克斯顿大厅都是大型娱乐场所，里面鱼龙混杂，人潮涌动。再往北边，威尔顿音乐厅在1859—1888年时曾享有盛誉，之后被改造成卫理工会[②]（Methodist）的场地。然而，在维多利亚时代的音乐厅中，只有它被完好地保存下来。如今，我们依然可以从这里看出当时的欢乐场面。在这些不繁华的地区，社会融合的程度反而更高；就连好人家的女人甚至也会在深夜与熟人“暧昧”地交谈。这就让妓女更好招呼客户了。男人很少敢自己来召妓，因为所谓的“妓女”很可能就是他身旁某位码头工人的温柔妻子。西区不会容忍这种情况。一位在剧院里享受夜晚，在欢乐的气氛中安静吸烟的绅士，会因为受到这样的招揽而感到被冒犯。

根据阿克顿医生的说法，其他城市的情色交易也都大同小异。不过，由于人口比例不平衡，牛津和剑桥并没有多少妓女。

除了伦敦，阿克顿医生还仔细调查了奥尔德肖特的驻军小镇，那里有大量未婚军人。根据他的报告，小镇里共有243名公认的妓女，而军人有12 000名，因此，一名妓女每天晚上可能会接待8 ~ 10个客人。“交易”集中于少数公共建筑中，如国王大道上的海陆军用品商店，高街上的皇家军事酒店。在这些地区生活和工作的妇女与她们的恩客有着经济上的仆从关系，恩客向她们出租房子，也允许她们在自己的酒吧里揽客，但前提是，

①伦敦东部、港口附近的地区，曾是拥挤的贫民区，街道狭窄、房屋稠密。——译者注

②是新教宗派之一，亦译卫理宗或循道宗。该宗是以创始人、英国神学家约翰·卫斯理的宗教思想为依据的各教会的统称。——译者注

她们和她们的客户都必须在酒吧里面买酒喝。

然而，阿克顿的报告不仅没有让英国对妓院投入规范化管理，反而牵出一系列受人争议的法规，其中包括 1864 年、1866 年和 1869 年的《传染性疾病法案》(*Contagious Diseases Acts*)。该法案要求对所有妓女进行强制性医疗体检，后者会被拘留在特殊的隔离医院里。这种做法是为了确保男人，尤其是驻地军和海军不会染上性病。人们通常认为，四分之一及以上的妓女都患有性病，尤其是淋病。这种说法缺乏事实佐证，虽然文件记录确实表明，三分之一的军人得过这种病。在人们看来，只有让妓女“承担责任”，才能在全国范围内遏制这种流行病。然而，男性顾客并没有被限制。1869 年，驻军小镇的任何一名妇女都可能因被怀疑是妓女而遭到逮捕。医生不顾前者的意愿，对其阴道进行强制性检查。受感染的人会被监禁在隔离医院里。一旦走进这里，妇女便会被剥光衣服，强制沐浴并穿上统一病服。她们每星期都需进行两次内窥镜检查，并用“阴道洗涤器”冲洗阴道 4 次。这种监禁通常会持续 6 个星期，但也有人被关了足足 6 个月。

抗议活动很快发生，并成为新女权运动出现的原因之一；而《传染性疾病法案》的确立则通常被视为促发现代女权主义的标志性时刻。人们担心令人尊敬的工薪阶层年轻女性会被打着法律旗号的人性骚扰甚至是强奸，这种愤怒和屈辱让社会各阶层的妇女团结起来，为自己的人权而抗争。纵容男性性行为，惩罚和监禁工薪阶层妇女的不平等法案最终引发了更大规模的女权运动，妇女们呼吁为公平而战，为职业或政治权力而战。在维多利亚时代的剩余时间里，女权主义斗争和对社会恶行的对抗不可避免地交织在一起。

值得庆幸的是，《传染性疾病法案》于 1884 年被废除。然而，几乎在同一时间，一个新的丑闻爆发：拐卖妇女和儿童从事性交易。1884 年，记者阿尔弗雷德·戴尔（Alfred Dyer）曾报道将年轻的英国女孩卖去比利时卖淫的事件；1885 年，另一位记者威廉·斯特德（William Stead）以“现代巴比伦的进贡少女”为主题，讲述了诱拐、绑架、监禁和强奸女孩的种种恶行，其中许多女孩甚至还未进入青春期。居住在迈尔底路的一名妓院老板曾告诉威廉："我以20英镑的价格，把一名12岁的女孩卖给了牧师。他假装在分发传单，然后走进了我的房子。"用一些好吃的零食就能诱惑孩子，这简直骇人听闻。妓院老板常会在招募女仆的代理机构外或者济贫院的门口蹲点，有时也会用一份靠谱的工作来诱骗女孩。一旦被诱拐，女孩们就会被麻醉、毒打、绑在床架上，而那些花了大价钱的男人则会肆意"享用"她们。然而，也许更令人惊恐的，是父母把自己的孩子卖给人贩子的故事。住在达尔斯顿B街的N夫人很好说话，但她的要价很高。没有5或10英镑可别想让她把女儿卖给你——她的女儿不仅漂亮，还是个13岁的处女，在市场一定能卖到更好的价钱。威廉想证明组织这种勾当是多么简单而廉价，因此，为了让自己更有说服力，威廉从东区的一位母亲手里买来了12岁的伊莱扎·阿姆斯特朗（Eliza Armstrong）。威廉的相关报道引发了公众极大的厌恶和愤怒，议会也迅速做出反应。1885年，女性的最低结婚年龄从13岁提高至16岁，女孩们得到了一定的保护。

然而，抛开政治手段和公众的愤慨不谈，大多数从事性工作的女性不得不继续她们的真实生活。在最大的工业城市中，那些居住在穷人区的性工作者几乎都是十几岁（最小的可能是12岁），30岁以上的妇女很少会做妓女。她们大都住在租来的房子里，支付的租金要比"值得尊敬"的租户高出许多。尽管她们中的大多数人都在更繁荣、更富娱乐性的地区工作，把客户带回按小时租的房间里，但她们平时仍住在底层的街道中。伦敦女孩可能会在秣市街的一家咖啡厅里见客户，在奥克森顿街的"公寓之家"里"工作"，但住在贫穷的怀特查佩尔街。当然，也有一些妓女会把客户带回自己的住处，但通常是因为交易地点离家更近。公园有时也会成为性交易的地点，这类性交易比较便宜，但危险性要大得多：很有可能被检举和监禁，也更容易遭遇暴力事件。

一位成功的性工作者往往能得到丰厚的报酬，至少可以与工薪阶层女孩的工资相当。小女仆辛苦工作一个星期才能赚到的钱，妓女只需花两三个晚上就能赚回来。即使算上高额租金，妓女的财务状况也比大多数女工和女仆要好。她们的工时长短，不会给身体带来太多负担。此外，大多数妓女还能保持自己的独立性，不受老师、女主人和家长的监管与干预。

通过两个人的人生故事，我们可以看出婚外性行为者的现实情况。当丈夫在南威尔士的矿场不幸遇难时，玛丽·戴维斯才19岁。因为与当地的远房亲戚并不熟悉，她搬到了英国西南部的加的夫，与在老虎湾一带当妓女的表妹住在一起。1884年，她搬到伦敦，在西区工作，之后离开英国，在巴黎待了几个月。很快，她又回到伦敦，在拉克斯利夫大道的一个妓院里工作。1887年，她的社会地位发生了重大的变化。虽然没有正式结婚，玛丽和约瑟夫·巴内特（Joseph Barnett）还是过上了日子。约瑟夫在史密斯市场做码头工人和搬运工，他们一直都是受人尊敬的工薪阶层“夫妇”。然而，这对“夫妇”遭遇了失业带来的沉重压力。他们付不起租金，只能去典当行里当东西。这时，玛丽的妓女朋友给他们提供了睡觉的地方。约瑟夫最终还是离开了玛丽，而后者不得不再次从事性工作。至于之后的事，我们只知道玛丽最终被谋杀了，她是“开膛手杰克”[①]的最后一名受害者。然而，她这样的职业经历似乎在英国十分常见。由于贫困不已，女性只能在“受人尊重”的家庭生活和性工作之间摇摆不定。

第二个故事来自亨利·梅休，一位记者和社会研究员。他常采访伦敦的工人阶级，并在《纪事晨报》发表文章。通过查看他的文章，我们将了解维多利亚女性是如何看待自己和自己的生活的。有一名年轻女子（他从来不会暴露采访对象的名字或地址）是专业的罩衫裁缝，同时也为一家大型成衣制造厂缝制罩衫和衬裤，她靠这些工作养活自己和老母亲。当工作量稳定时，她即使每星期工作6天，每天工作18个小时，也只能刚好支付小房间的租金和每天的两顿饭钱。然而，当工厂给她分配的工作只够干4天时，面对着饥饿和把母亲送去济贫院的艰难选择，她不得已与一个男人进行了性交易。“当我刚开始工作的时候，我是贞洁的，直到最后的12个月，我也一直保持着这样的态度。我努力地恪守着自己的贞节，但我发现这根本无法为自己和母亲挣到食物和衣服。”她有着与中产阶级一致的

① 1888年8月7日—11月8日，“开膛手杰克”在伦敦东区的白教堂一带以残忍手法连续杀害了至少5名妓女。——译者注

道德观念，她向亨利·梅休保证，自己真的只是迫于无奈。事实上，在她看来，不管有多么艰苦，再多东西都不如"诚实"重要。然而，她也接受了工人阶级的实用观念。她认为自己的行为是合理的，并且对自己的决定十分坚持。她愿意让人把这些事情记录下来，因为她知道邻居们不会因此而谴责她。"店里的很多年轻女孩都建议我往错误的路上走。她们告诉我，她们过得有多么舒适。她们说，这样做不仅能获得足够的食物和水，还能穿上好衣服。"

在大城市的穷人区里，卖淫可能更多是年轻女性有意识的选择，她们相信这是能让她们早早独立和享乐的唯一机会。在这些地区，尤其是伦敦，许多年轻女性在15岁时就已经与年龄相仿的年轻男孩有了基于情感的性关系。她们的浪漫爱情通常都很短暂，这种恋爱模式我们可能比大多数维多利亚人都更熟悉。这些年轻女性中的许多人在那之后拥有了传统的婚姻生活，但也有一部分变成了性工作者。对于后者来说，商业性行为似乎被赋予了一种与众不同的文化内涵，与社会大多数成员的想法相去甚远——这只是女人生命周期中的一个阶段，并不意味着对道德的背弃。

当然，并非所有的婚外恋都涉及商业交易。对于许多在城市打工的工人来说，婚姻的定义远比教会或道义上规定的要宽泛。人们很难弄清一个人是否已经结婚。如果两个人搬了新家，并向邻居声称他们已经结婚，那邻居很有可能会相信他们。事实上，非正式的离婚和再婚也只需要用搬家来证明。许多亲朋好友和街坊邻里都愿意对当事人婚姻的合法性睁一只眼闭一只眼，只要他们的孩子能得到社会的认可，夫妻相处的模式也符合社会规则就够了。

上层社会也有许多著名的未婚伴侣。以乔治·艾略特（George Eliot）为笔名的小说家马丽·安·伊文斯（Mary Ann Evans）和哲学家、评论家乔治·刘易斯（George Lewes）也许是最著名的未婚伴侣——乔治无法与他的第一任妻子艾格尼丝（Agnes）离婚。离婚的困难，或乱伦法的复杂性让一个男人可以娶自己的表妹，却不能娶他死去妻子的妹妹或姑姑。这种情况迫使一些同样受人尊重的男女只能在未经法律批准的情况下结合。

维多利亚时代的乱伦法是基于《圣经》中的姻亲关系而不是遗传而来。遗传学在此时仍是未知的科学领域，查尔斯·达尔文本人就娶了自己的表妹。教会认为，男人和女人一旦结婚，就合二为一了。因此，妻子的妹妹就是自己的亲妹妹。对于许多鳏夫来说，将死去妻子的妹妹娶回家似乎是一个理想的解决方案：比起毫无血缘关系的陌生女子，妹妹自然会更疼爱她死去的姐姐留下的孩子。例如，埃丝尔·格拉迪斯·赫克斯利（Ethel Gladys Huxley）就在父亲的陪同下，前往挪威与姐姐的丈夫约翰·科利尔[①]（John Collier）结婚。实际上，很多妻子在临终前，都会向丈夫提出这样的心愿。然而，由于法律含糊不明，许多人，包括科利尔和赫克斯利[②]就会前往国外结婚，以规避法律约束。

法律对同性恋关系的规定也十分明确。1535 年，鸡奸[③]已属于非法行为；到了 1828 年，法律被重新制定，并得到进一步加强。然而，维多利亚人对同性恋的态度逐渐发生了改变。随着男性同性恋行为的普遍出现，相关法律变得更明确、有效起来，而国内媒体的尺度也变得更大了。简而言之，在维多利亚时代，更多的案件被审判，更多的人对同性恋爱有了认识。不过，在 19 世纪的大部分时间里，公众对此的态度仍有一定的回旋余地。以博尔顿（Boulton）和帕克（Parke）为例。这两位年轻人喜欢在剧院和西区的商场里男扮女装，还和男人公开调情。两年多来，他们过着奢华的日子，有时候会穿着全套女性衣服四处招摇，但更常见的是穿着男装，用着女性化妆品和香水，出现于各大娱乐场所。1870 年，招摇过市的他们最终发现自己站在了被告席上。在审判时，他们表示曾经参加牛津和剑桥的划船比赛，去过斯特兰和阿罕布拉的剧院，进过霍尔本的赌场，甚至在西区的酒店里打过几次网球。但是，由于碰上了开明的法官，加上没有找到任何一个承认自己与他们发生过性关系的证人，他们被无罪释放了。新闻界热切追踪着案件进展，而公众的态度基本都是宽容的。审判结

①肖像画家，英国皇家艺术协会的会员。——译者注

②出生于英国的物理学家。1939 年 8 月，赫克斯利在普利茅斯海洋生物实验室参加了霍奇金的工作，这是他第一次开始从事研究工作。——译者注

③指男性与男性之间的性行为。——译者注

束后，博尔顿和帕克决定采取更务实的方式，谨慎地生活。至于他们是否是一对儿，这个问题从未被公开回答。

男性同性恋行为之所以引起了越来越多的关注，主要是商业层面上的原因。英国新闻媒体的总部设在伦敦，这也确保了维多利亚公众的意识是由伦敦和伦敦人所主导。西区以各种性交易闻名，皮卡迪利广场成为公认的男子娱乐中心。19 世纪 80 年代，随着公众的关注度逐渐上升，同性恋行为被认为是一种由没有自控力的人做出来的，道德败坏且有辱人格的淫秽行为。维多利亚人并不认为一个人生来就是同性恋，虽然这样的想法正在不断被讨论。同性恋常被认为是富裕阶层的特质；尽管工人阶级男孩和男人也经常参与同性恋行为，但大多是为了钱。在维多利亚人看来，如果不是贪婪放荡的富人正在腐蚀工人阶级群众，后者根本不会面临这样的境况。士兵被认为尤其容易受到侵害。他们的制服引起了人们的关注，他们的低薪让他们容易被诱惑。他们不受家庭道德的束缚，且经常驻扎在有富人游荡的地方，士兵，尤其是卫兵，几乎成了工人阶级同性恋者的标志性形象。维多利亚时代最著名的几个同性恋起诉事件就涉及年轻的卫兵。

通常情况下，如果一个男人参与了同性恋行为，那一定会有外在的迹象能让人察觉出来。其中一些是故意制造出来的：在 19 世纪 30 年代，如果男人想寻找男性性伴侣，他就会敲击手背，或者将拇指夹在腋下，再用手指敲击胸部。阴柔的动作一般也被认为与同性恋欲望有关，但也并非总是如此——也可能是一个男人沉溺于异性恋中的迹象。当一个男人做出阴柔的动作时，他通常是在炫耀自己不受控制的性欲，而不是向男性爱人撒娇。剃须则是更加明显的迹象了。尽管胡子刮得干净不能代表一个男人有同性恋倾向，但大多数正在寻找男性性伴侣的人都会把自己的胡子剃得十分干净。那些对戏剧表演毫无兴趣，却将自己打扮成女性的年轻人，通常也会把胡子剃得干干净净。不过，如果你想让人知道你对同性恋丝毫不感兴趣，那就吹哨吧。法国性问题作家查尔斯·费勒（Charles Féré）曾相当明确地表示，那些有同性恋倾向的男人是不会吹口哨的。这种常识很快就传入了英国。

图 113　卫兵，工人阶级同性恋者的标志性形象。

1895 年对奥斯卡·王尔德（Oscar Wilde）进行的臭名昭著的审判（王尔德因为同性关系而被判处为期两年的劳动改造），不但表明了公众对男性之间的性行为的不满，也激化了当下的社会矛盾。从这时起，除了握手，男人们在公共场合相互碰触时会十分谨慎。这场审判是一个标志性的转折点。主流思想中对男性身体吸引力的反应比以往任何时候都更强烈。自此，对同性恋爱的不同理解第一次出现了。

1898 年，哈夫洛克·埃利斯（Havelock Ellis）和约翰·西蒙兹（John Symonds）共同出版了一本名为《性反转》（*Sexual Inversion*）的书，收集了流传于欧洲大陆的关于男女同性关系的一些新想法，包括一些被首次编入书籍的英国案例。这本书最终被禁止销售了。书商若出售这本书，将被罚款 100 英镑。然而，这本书的出现仍标志着性思想的新黎明即将到来。它也照亮了女性同性恋领域的盲点。哈夫洛克的妻子尼利丝（NéeLees）就是一名女同性恋，并且在婚姻期间始终与女性保持着性关系——在哈夫洛克的授意之下。她和她的朋友为哈夫洛克提供了大量证据。女性同性恋关系从来都不是非法的，且很少引起媒体的关注。尼利丝描述的同性世界是女学生之间的爱恋，她们同睡一张床，互相抚摸和口交。在对中产阶级女性进行的小规模调查中，很少有女性会进展到口交的程度，但爱抚被一致认为是合理的，且不会有损贞节或阻碍她们与男性结婚。在这组研究之外，哈夫洛克·埃利斯还报道了一些著名的女扮男装的案例，他认为许多妓女在服务男性以获取钱财之后，又通过投入女性性伴侣的怀抱来寻求愉悦和慰藉。然而，他的说法并没有得到回应。

结/语

随着维多利亚时代的一天渐入尾声，我清楚地认识到还有许多未知的历史隐藏在我们的视线之下，而我们此次的探险是那么简单与短暂。不论弗雷德里克·霍布利和爱丽丝·福利等人留给我们的匆匆一瞥有多么让人惊艳，他们的思想和回忆也不过是沧海一粟。那些存留下来的物件也只是不具代表性的普通样本，是见证维多利亚式生活的一种形式。

从某种意义上来说，这正是历史的诱人之处。它激起了我的欲望，让我不断追寻线索、揣摩真相与舆论，将证据一点点拼凑起来。我十分享受调查的过程：爬上一辆保存完好的公共马车；从报纸和杂志中搜寻公众对交通系统的态度——通常是抱怨的；在地图上描摹车辙的痕迹，并模拟车费的计算模式。在撰写本书前，我从未发现生活的诸多领域对我有如此大的吸引力，这让我十分惊喜。以运动为例，它那丰富而有趣的特点让我沉醉不已。无论是弗朗西斯·基洛特在草地上玩槌球的故事，还是足球赛前讨论比赛规则的小故事，无论是穷苦人民对洗澡的渴望引发了游泳运动的故事，还是网球的产生影响了女士紧身胸衣的故事，均让我颇受启发，也让我以尊敬的态度去看待 21 世纪的体育比赛。

然而，这次调查也使我备受饥饿、疾病和过劳的折磨。在维多利亚时代，穷人往往过得十分艰辛。他们的一生各负苦难，那一副副残躯骸骨就是不可辩驳的证据。当然，骸骨上的累累伤痕也映照出维多利亚时代的其他方面。维多利亚人的平均寿命在缓慢上升，且比 14 世纪黑死病爆发后的最低点要高出很多。然而，食物短缺致使人们营养不良和畸形的概率比我们所知道的任何时代都要高。在维多利亚时代的自吹自擂下，这样的事实很容易被遗忘。然而，一旦调查平凡的百姓，你会发现这样的情况遍地都是。

我的研究促使我对那些一直在恶劣环境中挣扎的人抱有极大的同情和钦佩。例如穿着内衣在厨房里劳作的托尼·威杰。他每天都会为自己和妻子准备茶与小饼干，以便在忙碌的一天开始之前，躺在床上享用。再如汉娜·卡尔威克。在准备主人家的早饭前，她每天都得先完成两个小时的工作，之后才能吃饭。不要忘了六岁的威廉·阿诺德。为了驱赶乌鸦，他从黎明开始就孤零零地站在田野里，一直到黄昏。无论从哪个层面考量，这些人都十分平凡，但他们坚强、刚毅的性格以及对家人的爱与奉献让我看到了英雄般的光辉。

如果我可以回到那段岁月，和他们中的任何一位对话，那我一定会道一声“谢谢”。没有他们的付出，那些让我们的生活变得舒适的伟大进步就不会出现。新世界不仅是由革命性的思想或权力运动引发，更是由每个人的汗水汇聚而成。维多利亚人啊，我感激你！

致谢

如果没有他人的帮助，本书就不可能面世。我想感谢所有与我分享资料，助我体验维多利亚生活的同伴。正因他们的帮助，我才对维多利亚时代有了更多的认识和理解。彼得（Peter）、艾利克斯（Alex）、斯图尔特（Stuart）、内奥米（Naomi）、菲利西亚（Felicia）、克莉丝（Chris）、吉利亚（Guilia）、蒂姆（Tim）、戴维（David）、尼克（Nick）和汤姆（Tom），感谢你们在我被冰冷的雨水冲打时，给予我支持；感谢你们在我因牛蒡过敏冒出水痘时对我的关心与慰问；感谢你们将我救离火海；感谢你们在我彷徨时不断鼓励我。我要感谢我的父母杰夫（Geoff）和克莱尔（Claire）。此外，我还要感谢琼（Joan）和肖纳（Shona），他们就生活中的实际问题为我准备了技能训练，这些技能使体验维多利亚式的生活成为可能。

让我受益最多的是那些写下观点、思想、指南和回忆的维多利亚人，他们的作品帮我解开了一个又一个谜团。无论他们是出于何种原因才将当时的生活记录下来，我都由衷感谢提供了日记的汉娜·卡尔威克、弗朗西斯·基洛特；撰写并保存了书信的简·卡莱尔；记录了托尼·威杰一家生活点滴的史蒂芬·雷诺兹（Stephen Reynolds）；还有自传作者如弗雷德里克·霍布利、威廉·阿诺德、爱丽丝·福利、约瑟夫·贝尔、杰克·弗兰尼根、约翰·芬尼（John Finney）、约瑟夫·阿奇（Joseph Arch）、约瑟夫·伯吉斯、阿尔弗雷德·艾尔森、詹姆斯·邦维克、阿尔伯特·古德温、弗雷德·鲍顿、费丝·多萝茜·奥斯格比、约瑟夫·艾斯比（Joseph Asby）、乔治·比克斯、约瑟夫·特里、詹姆斯·卡特（James Carter）、玛丽·马歇尔（Mary Marshall）、托马斯·库珀、丹尼尔·蔡特（Daniel Chater）、詹姆斯·霍普金森（James Hopkinson）、查尔斯·肖（Charles Shaw）、玛丽安·弗雷明汉姆（Marianne Farningham）、罗伯特·布林克（Robert Blincoe）、约翰·比泽（John Bezer）、詹姆斯·桑德斯（James Saunders）、伊斯雷尔·罗伯特（Israel Roberts）、欧内斯特·肖顿（Ernest Shotton）、威廉·赖特（William Wright）、罗杰·兰登、本·布赖尔利（Ben Brierley）、路易斯·杰明（Louise Jermy）、威廉·查德威克、罗伯特·科利尔（Robert Collyer）、乔治·莫克福特和弗朗西斯·克里托尔（Francis Crittall）。

因描述了许多维多利亚时代的真实生活，新闻记者亨利·梅休从他的同行中脱颖而出。这位在各大报纸、期刊和杂志刊登文章的作者，为我们提供了许多珍贵的资源。我从以下出版物中挖掘了大量信息：《伦敦新闻画报》、《新闻画报》（*Illustrated News*）、《泰晤士报》、《纪事晨报》、《每日电讯报》（*Daily Telegraph*）、《家庭导报》（*The Family Herald*）、《战栗》、《男孩报》（*The Boy's Own Paper*）、《女孩报》（*The Girl's Own Paper*）、《基督徒报》（*The Christian*）、《家庭箴言》（*Household Words*）、《园艺杂志》（*Gardening Magazine*）、《英格兰女性的家佣杂志》、《少女杂志》、《贝利杂志》、《温莎杂志》（*The Windsor Magazine*）、《卡塞尔家庭杂志》（*Cassell's Household Magazine*）、《淑女衣橱》、《贝尔的生活》、《体育新闻》（*Athletic News*）、《善言》（*Good Words*）、《星期日在家》、《女人在家》（*The Woman at Home*）、《曼彻斯特卫报》（*Manchester Guardian*）、《麦克米伦杂志》（*Macmillan Magazine*）和《体育评论》（*Sports Argus*）。

此外，我非常感谢写下建议书和指南的维多利亚作家，他们为我剖析了那个时代流行的观点、礼仪和实用小诀窍。《深入探究》（*Enquire Within*）是维多利亚时代的畅销书，它于1856年首次出版，到1878年时已售出50多万本，并催生了大量衍生品和跟风之作。值得一提的是，后者与原著一样，都对我有很大的帮助。派伊·谢瓦斯、威廉·阿克顿、托马斯·鲍尔（Thomas Ball）、阿奇博尔德·唐纳德（Archibald Donald）、玛丽·伍德·艾伦（Mary Wood Allen）、塞万努斯·斯塔尔（Sylvanus Stall）、约翰·麦格雷戈里·罗伯逊（John McGregory Robertson）、乔治·纳菲斯（George Naphys）和伊丽莎白·布莱克洛克（Elizabeth Blacklock）的医学著作都是为普通人准备的，里面有许多实用的信息。而威廉·科贝特、伊迪丝·巴奈特（Edith Barnett）、唐纳德·沃克、弗洛伦斯·南丁格尔、乔治·弗雷德里克·帕顿（George Frederick Pardon）、哈维·纽科姆（Harvey Newcomb）、玛丽·哈利迪、伊莱扎·阿克顿、朗德尔（Rundell）夫人和比顿夫人则对其他生活领域进行了深入研究。

我也受益于许多21世纪的历史学家，比如海伦·罗杰斯（Helen Rogers）、帕梅拉·霍恩（Pamela Horn）、帕特里夏·布兰卡（Patricia Branca）、简·汉弗莱斯（Jane Humphries）、沃利·塞科姆（Wally Seccombe）、马特·库克（Matt Cook）、K.D.M.斯内尔（K. D. M. Snell）、保罗·厄尔（Paul Ell）、约翰·托什（John Tosh）、丹尼斯·布雷斯福德（Dennis Brailsford）、西蒙·英格尼斯（Simon Inglis）、巴里·雷伊（Barry Reay）、帕特里夏·马尔科姆森（Patricia Malcolmson）、尼尔·斯托里（Neil Storey）、彼得·霍奇（Peter Hodge）、休·威尔克斯（Sue Wilkes）、诺曼·隆美特（Norman Longmate）、艾奥娜·奥佩（Iona Opie）和彼得·奥佩（Peter Opie）、凯瑟琳·格利德尔（Kathryn Gleadle）、亚当·库珀（Adam Kuper）、朱莉娅·莱特（Julia Laite）、约翰·伯内特（John Burnett）、安妮·布罗格登（Anne Brogden）、金杰·弗罗斯特（Ginger Frost）、费格斯·莱纳尼（Fergus Linnane）、克莱尔·罗斯（Clare Rose）、克里斯蒂娜·沃克利（Christina Walkley）、万达·福斯特（Vanda Foster）、休·麦克劳德（Hugh McLeod）、约翰·哈尔卡普（John Harcup）、C.安妮·威尔逊（C. Anne Wilson）、黛博拉·卢茨（Deborah Lutz）、珍妮特·阿诺德（Janet Arnold）、雷切尔·沃思（Rachel Worth）、迪尔德丽·墨菲（Deirdre Murphy）、J.汉尼（J. Honey）和瓦莱丽·桑德斯（Valerie Saunders）。他们

的作品使我深受启发。我还要感谢企鹅集团的成员，尤其是本（Ben），他在本书的制作中扮演了非常重要的角色。

最后，就我个人而言，我还想感谢马克（Mark）和伊芙（Eve）。如果没有他们，我将被工作压得喘不过气来。

中资海派出品

为精英阅读而努力

我只是想看看世界其他角落的人们是如何生活的

◎遇见艺术：高炀《为无名山增高一米》、巴特罗公寓、圣家族大教堂、凡·高墓地、赛尚《泉》、梵蒂冈圣彼得大教堂……

◎遇见故事：向房客布置作业的大学教授、收集黑胶唱片的房东、抠门房东、在爷爷餐馆帮忙的脚踝纹着“夏”字的希腊青年、吼“我”的男人、亲“我”的大妈……

◎遇见成长：孤独是孤独人的功课。我完成了它。我开始在现实里做梦，在梦里活出自己的现实。

◎遇见另一种生活：在布鲁塞尔游荡的英国女人、行动大于语言的R姐、闯荡西班牙的阿根廷女孩、女铁匠、做烟斗的爷爷……

叶 丹 ◎著

中资海派出品

定 价：42.00 元

本书不是心灵读本，更不是旅行攻略。它是波西米亚人的精神苗裔所写的一部“笑忘书”，它采用一种特别的生命行走方式，正告它的读者，自由比什么都重要。

在这本书中，文字很轻，风景很大。它发出明亮而不刺眼的光芒，令人着迷。不可思议。建议你只读一遍就好，阅后即焚，因为它的主人不怀好意，她在诱惑你抛开现在唯恐失去的事业和生活。

资深媒体人、作家、视觉艺术家叶丹的欧洲独行之旅

发现也许你去过但似乎又从未去过的欧洲

内含 100 多张精美图片

“iHappy书友会”会员申请表

姓　名（以身份证为准）：__________　性　别：__________

年　龄：__________　职　业：__________

手机号码：__________　E-mail：__________

邮寄地址：__________　邮政编码：__________

微信账号：__________（选填）

请严格按上述格式将相关信息发邮件至中资海派“iHappy书友会”会员服务部。

邮　箱：szmiss@126.com

微信联系方式：请扫描二维码或查找zzhpszpublishing关注“中资海派图书”

中资海派公众号

中资海派淘宝店

<table>
<tr><td rowspan="8">优惠订购</td><td colspan="2">订阅人</td><td></td><td>部门</td><td></td><td>单位名称</td><td></td></tr>
<tr><td colspan="2">地址</td><td colspan="3"></td><td>邮编</td><td></td></tr>
<tr><td colspan="2">电话</td><td colspan="3"></td><td>传真</td><td></td></tr>
<tr><td colspan="2">电子邮箱</td><td colspan="2"></td><td>公司网址</td><td colspan="2"></td></tr>
<tr><td>订购书目</td><td colspan="6"></td></tr>
<tr><td rowspan="2">付款方式</td><td>邮局汇款</td><td colspan="5">深圳市中资海派文化传播有限公司
中国深圳银湖路中国脑库A栋四楼　　邮编：518029</td></tr>
<tr><td>银行电汇或转账</td><td colspan="5">户　名：深圳市中资海派文化传播有限公司
开户行：工商银行深圳八卦岭支行
账　号：4000 0273 1920 0685 669
交通银行卡户名：桂林　　卡　号：622260 1310006 765820</td></tr>
<tr><td>附注</td><td colspan="6">1. 请将订阅单连同汇款单影印件传真或邮寄，以凭办理。
2. 订阅单请用正楷填写清楚，以便以最快方式送达。
3. 咨询热线：0755-25970306 转 158、168　传　真：0755-25970309 转 825
E-mail: szmiss@126.com</td></tr>
</table>

→利用本订购单订购一律享受九折特价优惠。

→团购 30 本以上享受八五折优惠。